Gymnasium Bayern

# Deutschbuch

## Sprach- und Lesebuch

## 5

Herausgegeben von
Bernd Schurf und Wieland Zirbs

Erarbeitet von
Karl-Heinz Brauner (Rosenheim),
Andrea Carl (Passau),
Gertraud Fuchsberger-Zirbs (Pfaffenhofen),
Isabel Grübel (München),
Martin Hann (München),
Wilhelm Matthiessen (München),
Rainer Poßmann (München),
Gerhard Ruhland (Freyung),
Martin Sachse (Pfaffenhofen),
Christine Steinmüller (Passau),
Ursula Winberger (Ingolstadt)
und Wieland Zirbs (Passau)

Unter Beratung von
Kurt Finkenzeller (Ingolstadt)
und Rainer Meisch (Würzburg)

Cornelsen

1

2

3

4

5

6

7

12

13

14

15

16



UMGEHEN MIT TEXTEN UND MEDIEN

ARBEITSTECHNIKEN UND METHODEN

GRUNDWISSEN

# Wie ihr mit dem „Deutschbuch“ arbeiten könnt

## Lernbereiche

- SPRECHEN UND SCHREIBEN
- NACHDENKEN ÜBER SPRACHE
- UMGEHEN MIT TEXTEN UND MEDIEN
- ARBEITSTECHNIKEN UND METHODEN

## Kapitelaufbau im Dreischritt

Beispiel:
*3 Wir schreiben Briefe*

**Hauptlernbereich**

Im ersten Teil wird das Thema des Kapitels erarbeitet.

*3.1 Briefe für verschiedene Anlässe*

**Verknüpfung mit einem weiteren Lernbereich**

Im zweiten Teil werden die Kenntnisse und Fertigkeiten, die ihr euch erworben habt, mit einem anderen Lernbereich verbunden.

*3.2 Briefe – früher und heute*

**Üben und Vertiefen des Gelernten**

Der dritte Teil eines jeden Kapitels enthält Übungen zur Wiederholung und Vertiefung des Gelernten.

*3.3 Briefe richtig schreiben*

## Grundwissen

! Wichtige Inhalte und Begriffe sind in den Kapiteln deutlich hervorgehoben.

TIPP Die Tipps geben euch Hilfestellungen, wie ihr an bestimmte Aufgaben herangehen könnt.

Am Ende des Buchs ist das Grundwissen aller Kapitel noch einmal zusammengefasst (▷ S. 266–287).

## Piktogramme

 Partnerarbeit

 Gruppenarbeit

 Rollenspiel

 Arbeiten mit dem Computer

 fächerverbindende Aufgabe

# 1 Wir und unsere neue Schule

## 1.1 Wir lernen uns kennen

**1** *Sicher habt ihr eure neue Schule schon ein wenig kennen gelernt. Dabei hat jede/r von euch andere Eindrücke gesammelt und Unterschiedliches erlebt oder empfunden. Sprecht darüber so, dass jede/r mindestens einmal zu Wort kommt.*

**2** *a) Um sich in einer Gruppe besser kennen zu lernen, gibt es unterschiedliche Möglichkeiten. Welche kennt ihr?*
*b) Probiert einen der beiden folgenden Vorschläge aus:*

### Kennenlernspiel mit Wollknäuel

Euer Lehrer oder eure Lehrerin hat ein Wollknäuel in der Hand und erzählt zunächst etwas über sich. Dann wird das Knäuel einem Schüler oder einer Schülerin zugeworfen, wobei der Lehrer das Ende des Fadens in der Hand behält. Wer das Wollknäuel aufgefangen hat, stellt sich kurz vor und wirft es dann weiter. Zum Schluss ist die ganze Klasse „verknäult“ und alle kennen sich schon ein bisschen.

### Vorstellung durch den Partner

Jeder befragt einen Mitschüler oder eine Mitschülerin, um ihn/sie näher kennen zu lernen, und macht sich dabei Notizen. Anschließend tauscht ihr die Rollen. Nach den gegenseitigen Interviews zeichnet jeder von seinem Partner ein Bild. Nehmt dabei möglichst ein großes Blatt, damit die Klasse das Porträt erkennt, wenn ihr es abschließend vorstellt und erläutert.

**3** *a) Entwerft einen* ***Steckbrief:*** *Welche Angaben sollten gemacht werden?*
*Zur Ausgestaltung könnt ihr Fotos und Abbildungen von Gegenständen verwenden, die ihr besonders mögt.*

*b) Ladet auch eure Lehrerinnen und Lehrer dazu ein, sich durch einen Steckbrief vorzustellen. Dabei sollten sie nach Möglichkeit Fotos aus ihrer Kindheit verwenden, vielleicht sogar ein Bild aus der Zeit, als sie selbst ans Gymnasium gekommen sind.*

*c) Heftet die Steckbriefe an der Klassenwand an. Zusätzlich können sie zu einem Heft zusammengestellt und für alle vervielfältigt werden, damit ihr jederzeit nachschlagen und euch auch später noch leichter an eure Klasse erinnern könnt.*

Vorname: Peter
Name: Hoffmann
Adresse: Goetheweg 8
92660 Neustadt
Telefon: 98332/981436
Geburtsdatum: 3.6.1993

Mein Lieblingswitz:
Tochter: Papa, wie schreibt man Gewehr?
Vater: Weiß ich nicht. Schreib Flinte.
Das geht mit V.

In was ich mich gerne verwandeln würde:

# 1.2 Schulgeschichten von hier und anderswo

Häuptling Büffelkind Langspeer

## Indianerschule

*Häuptling Büffelkind Langspeer gehörte zum Stamm der Schwarzfußindianer, die erst spät mit den Weißen in Berührung kamen. Er schrieb 1928 einen Bericht darüber, wie die Kinder dieses Stammes aufwuchsen.*

Während der langen Winter in den hohen nördlichen Breiten, wo die Tage nur wenige kurze Stunden dauerten, verwendeten unsere Mütter einen großen Teil jedes Tages dazu, uns Kinder in Sitte und Brauch des Indianers zu unterrichten. Wie der weiße Knabe erhielten auch wir unsere Schulung hauptsächlich im Winter. Die Mütter belehrten uns täglich etwa zwei Stunden lang im richtigen Gebrauch der Stammessprache. Dies – ein fehlerfreies und gewandtes Beherrschen der Sprache – ist ungemein wichtig für den Indianer, denn seine gesellschaftliche Stellung in späteren Jahren hängt davon ab. Ein Indianer, der ins Mannesalter wüchse, ohne seine Sprache mit peinlicher Genauigkeit gelernt zu haben, würde sich zu einem Rechtlosen im Stamme erniedrigen; nie dürfte er öffentlich reden, denn seine Sprachfehler könnten an andere – besonders an Kinder – weitergegeben werden und so die Stammessprache verderben. Darum mussten, weil wir weder Bücher noch eine geschriebene Sprache besaßen, unsere Mütter uns stundenlang die alten Formeln und Regeln unserer Stammessprache einlernen; und das war gar nicht leicht – es gab neun Abwandlungen der Zeitwörter, vier Geschlechter und achtzig verschiedene Formen.
Die Väter überwachten unsere körperliche Ausbildung, die sehr streng war. Den Hauptzweck suchten sie darin, uns abzuhärten und uns die Fähigkeit zu geben, jeden Schmerz zu ertragen. Der einzige Beruf des Indianers war der des Kriegers und Jägers. Darum galt, abgesehen von dem Unterricht in Sprache und Sitte, unsere ganze Ausbildung nur dem einen Ziel, uns zu guten und furchtlosen Kriegern zu machen.
Um unsere Körper zu stählen, peitschten in jeder Familie die Väter ihre Knaben, sobald sie morgens aufwachten. Nachdem sie uns gehörig geschlagen hatten, gaben sie uns die Fichtenzweige und hießen uns an den Fluss gehen und im kalten Wasser schwimmen. Im Winter badeten wir im Schnee. Bei jedem Regen mussten wir uns ausziehen und zu einem Regenbad hinauslaufen. All dies galt der Abhärtung unseres Körpers. [...]

Wir Knaben erhielten täglich von zwölf der ältesten Männer des Stammes Ermahnungen über die richtige Lebensführung. Weil sie selbst ein so hohes Alter erreicht hatten, nahm man an, dass sie besser zu leben verstanden als die anderen. Jeden Morgen vor Sonnenaufgang, während noch alles im Tipi[1] schlief, stand der Reihe nach einer dieser alten Männer auf und ging durch das Lager; er verkündete mit lauter Stimme, wie man leben sollte, um alt zu werden, und was er sonst an guten Ratschlägen über Sitten, Tapferkeit und Angriffslust wusste. Seine Stimme weckte uns und wir lagen und lauschten jedem Worte, das er sagte. Zu jener Zeit des Morgens, da wir eben aus dem Nachtschlaf er-

1 **Tipi:** Indianerzelt

wacht waren, schienen seine Worte besonders tief einzudringen. Wir merkten uns jedes Wort, den ganzen Tag hindurch fielen uns die Ermahnungen ein, und wir suchten sie zu befolgen.

**1** *a) Beschreibt, was die Indianerkinder lernen müssen, und erklärt, warum das Gelernte für das Leben der Indianer wichtig ist.*
*b) Sprecht in der Klasse über die Unterschiede zwischen der Indianererziehung und eurer eigenen Erziehung.*

**2** *Versucht zu erklären, warum die Schwarzfußindianer, die im Norden Amerikas in Reservaten leben, immer noch große Schwierigkeiten mit den Lebensgewohnheiten der Weißen haben.*

**3** *Wenn ihr noch mehr über das Leben der Indianer wissen wollt, leiht euch Bücher zu diesem Thema in der Schul- oder Stadtbibliothek aus.*

Judith Kerr

## Als Hitler das rosa Kaninchen stahl

*Judith Kerr wurde 1923 in Berlin geboren. Ihr Vater war der berühmte Theaterkritiker Alfred Kerr. 1933 verließ die jüdische Familie Deutschland aus Angst vor der Verfolgung durch die Nationalsozialisten. Ihre Flucht führte sie über die Schweiz und Paris nach London, wo Judith Kerr heute noch lebt. Für ihren Roman „Als Hitler das rosa Kaninchen stahl", in dem sie ihr eigenes Leben schildert, erhielt sie den Deutschen Jugendliteraturpreis.*
*Kurz nach der Machtübernahme durch Adolf Hitler und die Nationalsozialisten im Jahre 1933 muss die jüdische Familie der neunjährigen Anna aus Deutschland fliehen. Da sie nur wenig Gepäck mitnehmen kann, muss Anna ihr rosa Stoffkaninchen zurücklassen. Mit ihren Eltern und ihrem Bruder kommt Anna über die Schweiz zunächst nach Paris. Nach einiger Zeit kann sie dort auch wieder zur Schule gehen.*

Am nächsten Montag machte sich Anna mit Mama auf den Weg zur École communale[1]. Anna trug ihren Schulranzen und eine Pappschachtel, die ihre Frühstücksbrote enthielt. Unter dem Wintermantel trug sie einen schwarzen Kittel mit Falten, den Mama ihr auf den Rat der Schulvorsteherin gekauft hatte. Sie war sehr stolz auf diese Kittelschürze und froh, dass der Mantel sie nicht ganz bedeckte, sodass jedermann sie sehen konnte.
Sie fuhren mit der Metro[2], aber obgleich es nicht weit war, mussten sie zweimal umstei-

1 **École communale:** staatliche Grund- und Hauptschule

2 **Metro:** U-Bahn in Paris

gen. „Ich glaube, das nächste Mal versuchen wir, zu Fuß zu gehen“, sagte Mama. „Es ist auch billiger.“ Die Schule lag in einer Seitenstraße der Champs Elysées, das war eine wunderbare, breite Allee mit glitzernden Läden und Cafés, und es war überraschend, hinter dieser Pracht das altmodische Tor verborgen zu finden, das die Aufschrift trug: „École de filles“[3]. Das Gebäude war dunkel und stand offenbar schon lange dort. Sie gingen über den leeren Hof und hörten aus einer der Klassen Gesang. Die Schule hatte schon angefangen. Während Anna neben Mama die Steintreppe hinaufstieg, um der Schulvorsteherin vorgestellt zu werden, war sie sehr gespannt, was sie erleben würden.

Die Schulvorsteherin war groß und munter. Sie gab Anna die Hand und erklärte Mama etwas auf Französisch, das Mama übersetzte. Es tue ihr leid, dass niemand in der Schule Deutsch verstehe. Sie hoffe aber, dass Anna bald Französisch lernen werde. Dann sagte Mama: „Ich hole dich um vier Uhr ab.“ Anna hörte ihre Absätze die Stufen hinunterklappern, während sie im Büro der Schulvorsteherin zurückblieb.

Die Vorsteherin lächelte Anna an. Anna lächelte zurück. Aber es ist so ein seltsames Gefühl, jemandem zuzulächeln, ohne zu sprechen, und nach einer Weile fühlte sie, wie ihr Gesicht starr wurde. Auch die Vorsteherin musste Ähnliches spüren, denn plötzlich knipste sie ihr Lächeln aus. Ihre Finger trommelten auf dem Pult und sie schien auf etwas zu warten, aber nichts geschah. Anna fragte sich schon, ob sie wohl den ganzen Tag da stehen bleiben würde, als es an der Tür klopfte.

Die Vorsteherin rief: „Entrez!“[4], und ein kleines, dunkelhaariges Mädchen in Annas Alter tauchte auf. Die Vorsteherin rief etwas, von dem Anna vermutete, dass es „endlich“ hieß, und begann eine lange, ärgerliche Rede. Dann wandte sie sich an Anna und sagte, der Name des anderen Mädchens sei Colette und noch etwas, das wohl heißen mochte, Colette werde sich um sie kümmern. Colette ging auf die Tür zu. Anna, die nicht wusste, ob sie ihr folgen sollte, blieb stehen.

„Allez, allez!“[5], rief die Schulvorsteherin und winkte mit der Hand, als wollte sie eine Fliege wegscheuchen, und Colette nahm Annas Hand und führte sie aus dem Zimmer.

Sobald sich die Tür geschlossen hatte, zog Colette eine Grimasse und sagte: „Ouf!“ Anna war froh, dass auch ihr die Vorsteherin auf die Nerven gefallen war. Sie hoffte, dass nicht alle Lehrer so sein würden. Dann folgte sie Colette durch einen langen Flur und durch mehrere Türen. Sie konnte aus einem der Klassenzimmer das Gemurmel französischer Stimmen hören. In den anderen war es still. Wahrscheinlich schrieben die Kinder oder sie rechneten. Sie kamen zu einer Garderobe und Colette zeigte ihr, wo sie den Mantel aufhängen sollte, bewunderte den deutschen Ranzen und wies darauf hin, dass Annas Kittelschürze genauso war wie ihre eigene – das alles in schnellem Französisch und durch Zeichen. Anna konnte keins der Wörter verstehen, aber sie erriet, was Colette meinte.

Dann führte Colette sie wieder durch eine Tür, und jetzt befand sich Anna in einem großen Raum, der mit Pulten vollgestopft war. Es mussten wenigstens vierzig Mädchen sein. Sie trugen alle schwarze Kittelschürzen, und dies, verbunden mit dem dämmrigen Licht in der Klasse, gab dem Ganzen etwas von einer Trauerszene.

Die Mädchen hatten etwas im Chor aufgesagt, aber als Anna mit Colette eintrat, unterbrachen sie sich und starrten sie an. Anna starrte zurück, und sie fing an, sich recht klein zu fühlen, und es stiegen plötzlich heftige Zweifel in ihr auf, ob es ihr in dieser Schule gefallen würde. Sie klammerte sich an ihren Ranzen und versuchte so zu tun, als ob ihr alles gleichgültig wäre. Dann fühlte sie eine Hand auf ihrer Schulter. Ein leichter Duft von Parfüm mit einem Hauch von Knoblauch vermischt wehte sie an und sie

3 **École de filles:** Mädchenschule
4 **Entrez!:** Herein!
5 **Allez, allez,** hier: Los, los!

blickte in ein sehr freundliches, runzeliges Gesicht, das von fusseligem schwarzem Haar umrahmt war.

„Bonjour[6], Anna", sagte die Frau, die vor ihr stand, langsam und deutlich, sodass Anna es verstehen konnte. „Ich bin deine Lehrerin. Ich heiße Madame Socrate."

„Bonjour, Madame", sagte Anna leise.

„Sehr gut!", rief Madame Socrate. Dann schwenkte sie die Hand gegen die Pultreihen und fügte langsam und klar wie vorher hinzu: „Diese Mädchen sind in deiner Klasse", und noch etwas über „Freunde".

Anna blickte von Madame Socrate fort und riskierte einen schnellen Blick zur Seite. Die Mädchen starrten nicht mehr, sondern lächelten, und sie fühlte sich viel wohler. Dann brachte Colette sie zu einem Platz neben ihrem eigenen, Madame Socrate sagte etwas, und die Mädchen – alle außer Anna – begannen wieder im Chor zu rezitieren[7].

Anna saß da und ließ die Stimmen über sich hinwegdröhnen. Sie hätte gern gewusst, was sie da aufsagten. Es war komisch, in einer Schule zu sitzen und Unterricht zu haben, ohne zu verstehen, um was es sich handelte. Während sie horchte, erkannte sie in dem Dröhnen einige Zahlwörter. War es das Einmaleins? Nein, dazu waren es bei weitem nicht genug Zahlen. Sie schaute auf das Buch auf Colettes Pult. Auf dem Umschlag war das Bild eines Königs mit einer Krone auf dem Kopf. Da verstand sie, genau in dem Augenblick, als Madame Socrate mit einem Händeklatschen befahl, dass die Schülerinnen aufhören sollten: Es war Geschichte! Die Zahlen waren Daten und sie war gerade zur Geschichtsstunde gekommen. Aus irgendeinem Grunde machte diese Entdeckung sie sehr froh.

Die Mädchen nahmen jetzt Hefte heraus und Anna bekam ein ganz neues. In der nächsten Stunde schrieben sie ein Diktat. Anna verstand das Wort, weil Mademoiselle Martel ihr und Max manchmal ein paar einfache Wörter diktiert hatte. Aber dies war etwas anderes. Die Sätze waren lang und Anna hatte keine Ahnung, was sie bedeuteten. Sie wusste nicht, wo der eine Satz aufhörte und der nächste anfing. Es schien hoffnungslos, sich darauf einzulassen, aber dazusitzen und überhaupt nichts zu schreiben, sah gewiss noch schlechter aus. Sie tat also ihr Bestes, die unverständlichen Laute in Buchstaben zu übertragen und sie in mögliche Gruppen einzuteilen. Als sie ungefähr eine Seite auf diese seltsame Weise voll geschrieben hatte, war das Diktat zu Ende, die Hefte wurden eingesammelt, es schellte und es war Pause.

Anna zog den Mantel an und folgte Colette auf den Schulhof – ein gepflastertes, von einem Eisengitter eingefasstes Viereck, das sich schon mit anderen Mädchen füllte. Es war kalt und sie rannten und hüpften umher, um sich warm zu halten. Sobald Anna mit Colette auftauchte, scharten sich einige Mädchen um sie und Colette stellte sie vor.

Da war Claudine, Marcelle, Micheline, Françoise, Madeleine ... Es war unmöglich, alle diese Namen zu behalten, aber alle lächelten und streckten Anna ihre Hand hin, und sie war für diese Freundlichkeit sehr dankbar. Dann spielten sie ein Singspiel. Sie hängten sich einer beim andern ein und sangen und hüpften im Takt der Melodie vorwärts, rück- und seitwärts. Es sah zuerst ganz harmlos aus, aber im Verlauf des Spiels ging es immer schneller und schneller, bis schließlich ein solches Durcheinander entstand, dass alle lachend und außer Atem auf einen Haufen zusammenstürzten. Beim ersten Mal stand Anna dabei und schaute zu, aber beim zweiten Mal nahm Colette sie bei der Hand und stellte sie ans Ende der Kette. Sie schob ihren Arm in den Françoises – oder vielleicht war es auch Micheline – und tat ihr Bestes, dem Schrittwechsel zu folgen. Wenn sie es falsch machte, lachten alle, aber auf eine freundliche Weise. Wenn sie es richtig machte, waren alle entzückt. Sie wurden ganz heiß und aufgeregt, und wegen Annas vieler Fehler endete das Ganze in einem noch größeren Durcheinander. Colette lachte so sehr, dass sie

6 **Bonjour:** Guten Tag
7 **rezitieren:** etwas Gelerntes aufsagen

sich hinsetzen musste, und auch Anna lachte. Sie merkte plötzlich, wie lange sie schon nicht mehr mit anderen Kindern gespielt hatte. Es war herrlich, wieder in die Schule zu gehen. Am Ende der Pause konnte sie sogar die Worte des Liedes singen, obgleich sie keine Ahnung hatte, was sie bedeuteten.

Als sie wieder ins Klassenzimmer kamen, hatte Madame Socrate Rechenaufgaben an die Tafel geschrieben, und Anna fasste Mut. Um sie lösen zu können, musste man kein Französisch verstehen. Sie arbeitete daran, bis es schellte, und damit war der Morgenunterricht beendet.

Das zweite Frühstück wurde in einer kleinen, warmen Küche unter Aufsicht einer großen, dicken Frau namens Clothilde eingenommen. Fast alle Kinder wohnten nahe genug, um zum Essen nach Hause zu gehen, und außer Anna blieben nur noch ein viel jüngeres Mädchen und ein kleiner Junge von etwa drei Jahren da, der zu Clothilde zu gehören schien.

Anna aß ihre Butterbrote, aber das andere Mädchen hatte Fleisch, Gemüse und einen Pudding, und Clothilde wärmte alle diese Speisen sehr bereitwillig auf ihrem Herd auf. Sie sahen viel appetitlicher aus als Annas Butterbrote, und das schien Clothilde auch zu finden. Sie betrachtete die Butterbrote mit einer Grimasse, als wären sie Gift, und rief: „Nicht gut, nicht gut!", und suchte Anna mit Gesten verständlich zu machen, dass sie das nächste Mal auch ein richtiges Mittagessen mitbringen solle.

„Oui"[8], sagte Anna und wagte sich sogar an ein „demain", was „morgen" bedeutete, und Clothilde mit ihrem dicken Gesicht nickte strahlend.

Als sie ans Ende dieses Meinungsaustauschs gekommen waren, der einige Zeit in Anspruch genommen hatte, ging die Tür auf und Madame Socrate kam herein.

„Ah", sagte sie in ihrer langsamen, deutlichen Aussprache, „du sprichst Französisch. Das ist gut."

Clothildes kleiner Junge lief zu ihr hin. „Ich kann Französisch!", rief er.

„Ja, aber du kannst nicht Deutsch", sagte Madame Socrate und kitzelte ihn am Bauch, dass er vor Vergnügen quiekte.

Dann winkte sie Anna, ihr zu folgen. Sie gingen ins Klassenzimmer zurück und Madame

**8 Oui:** Ja

Socrate setzte sich mit Anna ans Pult. Sie legte die Arbeiten vom Vormittag vor sie hin und deutete auf die Rechenaufgaben.
„Sehr gut", sagte sie. Anna hatte fast alles richtig. Dann wies Madame Socrate auf das Diktat. „Sehr schlecht", sagte sie, aber sie machte dabei eine so drollige Grimasse, dass Anna nicht traurig war. Anna schaute in ihr Heft. Das Diktat war unter einem See von roter Tinte verschwunden. Beinahe jedes Wort war falsch. Madame Socrate hatte das ganze Stück noch einmal abschreiben müssen. Unter der Seite stand in roter Tinte „142 Fehler", und Madame Socrate wies auf diese Zahl und machte dazu ein überraschtes und beeindrucktes Gesicht, als ob dies ein Rekord wäre. Dann lächelte sie, klopfte Anna auf den Rücken und bat sie, die korrigierte Abschrift noch einmal abzuschreiben. Anna tat das mit großer Sorgfalt, und obgleich sie immer noch sehr wenig von dem, was sie schrieb, verstand, war es doch schön, etwas im Heft zu haben, das nicht ganz durchgestrichen war.
Am Nachmittag hatten sie Zeichnen, und Anna malte eine Katze, die sehr bewundert wurde. Sie schenkte sie Colette, weil das Mädchen so lieb zu ihr gewesen war, und Colette erklärte in ihrem üblichen Gemisch aus schnellem Französisch und Zeichensprache, dass sie das Bild in ihrem Schlafzimmer an die Wand heften werde.
Als Mama sie um vier Uhr abholen kam, war Anna in bester Stimmung.
„Wie war es in der Schule?", fragte Mama.
„Schön", sagte Anna. [...]

**1** *Erklärt, mit welchen Schwierigkeiten Anna in ihrer neuen Schule zu kämpfen hat und warum sie dennoch am Ende des ersten Tages „in bester Stimmung" ist.*
*Untersucht auch das Verhalten der Lehrerinnen und Mitschülerinnen Annas.*

**2** *a) Legt eine Liste von Annas Erfolgserlebnissen und Misserfolgen an ihrem ersten Schultag an.*
*b) Erinnert euch an eigene positive und negative Erfahrungen in der ersten Zeit an der neuen Schule und tauscht euch darüber aus.*

Harald Grill

## Da kräht kein Hahn nach dir

*Nachdem Bernds Vater bei einem Unfall ein Bein verloren hat und seinen Bauernhof nicht mehr bewirtschaften kann, soll er für einen neuen Beruf umgeschult werden. Deshalb ziehen die Eltern mit den beiden Kindern in ein Hochhaus in der Stadt, wo der Junge auch zur Schule geht.*

In der Schule glotzen sie wieder alle so komisch, obwohl der Papa jetzt nicht mehr dabei ist – vielleicht wegen dem Kinderwagen.
Am liebsten würde sich der Bernd irgendwo verkriechen.
Am liebsten würde er die Mutter mit dem Renate-Baby ganz schnell loswerden.
Aber zuerst müssen sie ins Sekretariat zum Anmelden.
Die Sekretärin holt den Rektor, der ist ganz grau vom Scheitel bis zur Sohle, als wäre er verschimmelt: Anzug grau, Haare grau, Gesicht grau, Schuhe eigentlich schwarz, aber vom

Staub grau, er redet mit der Mama, hat zwischendurch ein paar aufmunternde Worte für den Bernd, ist aber schrecklich in Eile, schickt ihnen die Klassenlehrerin, ja, eine Lehrerin bekommt er, eine ganz junge mit Jeans und gelbschwarz gestreifter Tigerbluse. Platzer heißt sie. Sie redet auch kurz mit der Mama. Und dann, Gott sei Dank, nimmt sie den Bernd einfach mit.

Der Bernd atmet auf. Er dackelt neben seiner Lehrerin her.

„Ich werde dich gleich der Klasse vorstellen, wirst bestimmt schnell Freunde finden, ist eine nette Klasse, Bernd, wirst sehen", so redet sie mit ihm. Sie gehen eine Treppe hinauf, da stehen sie schon vor dem Klassenzimmer.

Und wie auf Bestellung gongt es. Die Schule beginnt.

Die Lehrerin stellt den Bernd der Klasse vor.

„Wir haben auch einen schönen Platz frei, ganz vorne, dort neben dem Michael", sagt die Frau Platzer und schaut den Jungen in der ersten Bank an.

Der stiert einfach an ihr vorbei und gibt keinen Ton von sich.

„Ach, Entschuldigung, ich vergesse das immer, du nennst dich ja jetzt *Mike*!"

Der Mike steht auf und nimmt die Schultasche und seine Jacke vom Nachbarstuhl. Er ist etwa so groß wie der Bernd, nur stämmiger, bulliger, auch ein bisschen dicker. Und eine breite krumme Boxernase hat er und eine blonde Igelfrisur. Feuerrot ist er im Gesicht. Die Sonne hat ihn anscheinend ganz schön erwischt. Soll er doch im Schatten bleiben, wenn er die Sonne nicht verträgt.

Obwohl es im Klassenzimmer recht warm ist, zieht er seine braune Lederjacke an. Dann lehnt er sich zurück, setzt einen verächtlich gleichgültigen Gesichtsausdruck auf, streckt seine Beine weit von sich und murmelt irgendwas wie: „Geht das schon wieder los!"

Das klingt nicht unfreundlich, aber freundlich auch nicht.

Alle anderen Schüler in der Klasse schauen den Bernd erwartungsvoll an. Einige tuscheln. Manche kichern.

Machen die sich über ihn lustig?

Da erkennt er in der Mitte der Fensterreihe die Blonde mit dem Pferdeschwanz und dem Donald-Duck-T-Shirt wieder.

Das ist doch die aus dem Fahrstuhl.

So ein Zufall.

Im Unterricht wird der Bernd viel zu oft aufgerufen. Ausgerechnet Deutsch – Rechtschreiben, dann Mathe ...

Nicht gerade meine Lieblingsfächer, das fängt ja schon gut an, denkt er.

Immer wieder bemerkt er, wie sein Banknachbar ihn von der Seite ansieht. Das macht den Bernd ganz kribbelig. Er schielt zu diesem Mike hinüber. Was will er denn, warum schaut er denn dauernd so blöd. Der Bernd kratzt sich am Kopf, am Knie, er reibt sich die Augen, bohrt in der Nase, puhlt in den Ohren herum, alles deshalb, weil ihn das aufregt, wenn ihn einer ununterbrochen anschaut.

Da wird der Mike aufgerufen. Die Rechenfrage für die Textaufgabe soll er stellen. Doch er schaut, als ob er nicht bis drei zählen könnte. Der Bernd will ihm helfen, flüstert ihm zu:

„Wie viel kostet das Fahrrad!"

Der Mike scheint ihn nicht zu verstehen.

„Wie viel kostet das Fahrrad!", wiederholt der Bernd nun etwas lauter. Jetzt muss er es verstehen. Aber er schweigt.

Dafür hat die Frau Platzer alles gehört.

„Gut, Bernd", sagt sie. Und der Unterricht geht weiter.

Bald denkt auch der Bernd nicht mehr an die Textaufgabe. Seine Gedanken springen mal hierhin, mal dorthin, irgendwann landet er bei der „Schatzinsel"[1], sucht eine Person in der Geschichte, die der Mike sein könnte ... Der Gong ertönt. Pause!

Die Kinder rennen hinaus. Riesenlärm!

Die Frau Platzer bittet den Bernd zu sich. Dann gibt sie ihm einige Bücher und erklärt ihm, dass er sich nicht lauter neue Hefte kaufen muss, weil sowieso bald große Ferien sind ...

Aber das weiß er ja selbst.

1 **„Die Schatzinsel":** berühmter Roman von Robert Louis Stevenson (1883)

Dann geht sie mit ihm durch die Gänge, zeigt ihm das Klo, die Pausenhalle, den Verkaufsstand für Brezen und Limo, den Milchautomaten. Also, das hätte er doch selbst auch herausbekommen. Jetzt erst bemerkt er, dass er sein Pausenbrot vergessen hat. Vielleicht oben in der Schultasche oder gar zu Hause auf dem Wohnzimmertisch.

Hungrig und einsam schleicht er durch den Pausenhof. Endlich entdeckt er einige Kinder aus seiner Klasse. Mitten unter ihnen der rotgesichtige Mike mit seiner Lederjacke, neben ihm die blasse Blonde mit dem Pferdeschwanz. Sie lachen laut und unterhalten sich.

Der Bernd kommt näher, stellt sich zu ihnen. Sie verstummen. Ein paar lachen leise. Auch das Pferdeschwanz-Mädchen. Der Bernd sieht wieder ihre Zahnspange. Es ist ihm, als würden sie über ihn lachen.

Es gongt schon wieder. Die Schülerherde trottet auf den Eingang zu. Da spricht ihn einer an:

„Ich heiß Stefan, ich sitz in der dritten Bank."

Der Stefan warnt den Bernd vor dem Mike.

„Pass bloß auf, der spinnt manchmal gewaltig, deswegen hat ihn die Frau Platzer ja in die erste Bank gesetzt, und zuhauen tut er auch gleich wegen jedem Dreck."

Im Klassenzimmer sucht der Bernd seine Schultasche. Die ist weg.

„Hast du meine Schultasche gesehen?", fragt er den Mike.

„Welche Farbe?", fragt der gelangweilt zurück.

„Na, die blaue, du hast sie doch gesehen!"

„Hat einer eine blaue Schultasche gesehen?", brüllt der Mike in die Klasse.

Einige Kinder kichern.

Der Bernd geht im Klassenzimmer herum und schaut sich beinah die Augen aus dem Kopf. Da findet er die Tasche im Waschbecken. Sie ist ganz leer. Wütend kehrt er zurück zu seinem Platz. Nacheinander rufen einige Schüler:

„Wem gehört denn das da?"

Und das Federmäppchen, der Block, ein Buch nach dem anderen segeln nach vorn zur ersten Bank ...

Das Gesicht vom Bernd verzerrt sich. Er könnte losheulen vor Wut. „Ihr Dreckhammeln!", schreit er. „Ihr hinterfotzigen Dreckhammeln!“ Der Stefan und ein paar andere helfen ihm, die Sachen einzusammeln. Der Mike hockt auf seinem Stuhl, streckt die Beine weit von sich, verschränkt die Arme und grinst. Der Bernd bückt sich, will das Lesebuch aufheben, aber der Mike hat seinen Fuß draufgestellt. „Gib das Buch her!“, faucht der Bernd.

„Welches Buch denn?“, fragt der Mike lässig.

Doch da stößt der Bernd schon seinen Fuß weg, will das Buch nehmen ...

„Langsam, Kleiner!“

Der Mike wird plötzlich sehr beweglich, springt auf, gibt dem Bernd einen heftigen Stoß. Der fliegt bis zum Heizkörper am Fenster und landet auf dem Boden.

„Damit du in Zukunft ein bisschen freundlicher zu Onkel Mike bist! Kapiert?“, zischt er und setzt sich wieder.

Der Bernd rappelt sich hoch. Am liebsten würde er sich auf diesen Idioten stürzen und ihm die Zähne einschlagen.

Aber er kann gerade noch das Lesebuch aufheben, denn die Frau Platzer betritt das Klassenzimmer.

Der Kampf ist erst mal vertagt.

Nun hat der Bernd eine Rolle für den Mike in der „Schatzinsel“: ein Bandit, den er auf der Insel zurücklassen wird, wenn die Zeit gekommen ist, da kann der Gift drauf nehmen.

Nach der Schule trottet der Bernd ein Stück neben dem Stefan her. Der wohnt aber in der anderen Richtung drüben in den Reihenhäusern. So trennen sich ihre Wege bald.

In der Friedrich-Ebert-Straße sieht der Bernd den Mike wieder. Der hat sein Rudel um sich geschart, auch die dumme Ziege mit dem Pferdeschwanz ist wieder dabei. Sie ist das einzige Mädchen in der Gruppe.

Dem Bernd fällt die Zeile auf der Fahrstuhlwand wieder ein: „Gabi liebt Mike!“

Ob das *der* Mike ist? Und ob sie vielleicht *die* Gabi ist? Immerhin hängt sie an ihm dran wie eine Klette.

**1** *Beschreibt, welche Probleme der Wohnortwechsel für Bernd mit sich bringt.*

**2** *Versucht herauszufinden, in welcher Gegend Deutschlands die Geschichte spielt. Welche sprachlichen Besonderheiten des Textes können euch Hinweise geben?*

**3** *a) Überlegt in Kleingruppen, wie ihr euch als Mitschüler/innen von Bernd verhalten würdet, um ihm zu helfen.*

*b) Führt eure Vorschläge in kurzen Rollenspielen (▷ S. 25) der Klasse vor.*

### Arbeitsanregungen zu den drei Texten auf S. 11–19

**4** *a) Stellt fest, welche Fächer in den Schulen bei Häuptling Büffelkind Langspeer, Judith Kerr und Harald Grill auf dem „Stundenplan“ stehen und wie die Kinder unterrichtet werden.*
*b) Vergleicht die Ergebnisse mit euren eigenen Schulerfahrungen.*

**5** *Erklärt, welche Bedeutung „Sprache“ vor allem in den Texten von Judith Kerr und Häuptling Büffelkind Langspeer hat.*

**6** *a) Überlegt, was ihr von euren neuen Lehrern und Mitschülern erwartet. Schreibt jeweils drei Eigenschaften auf, die ihr für besonders wichtig haltet.*
*b) Tragt eure Notizen zusammen und vergleicht eure Vorstellungen mit den Verhaltensweisen der Lehrer und Mitschüler in den Geschichten von Judith Kerr und Harald Grill.*

# 1.3 Wir erkunden unsere neue Schule

**1** *Entwerft einen **Grundriss** eurer neuen Schule und markiert darin die Räume, die für euch wichtig sind. Hängt den Grundriss in eurem Klassenzimmer auf.*

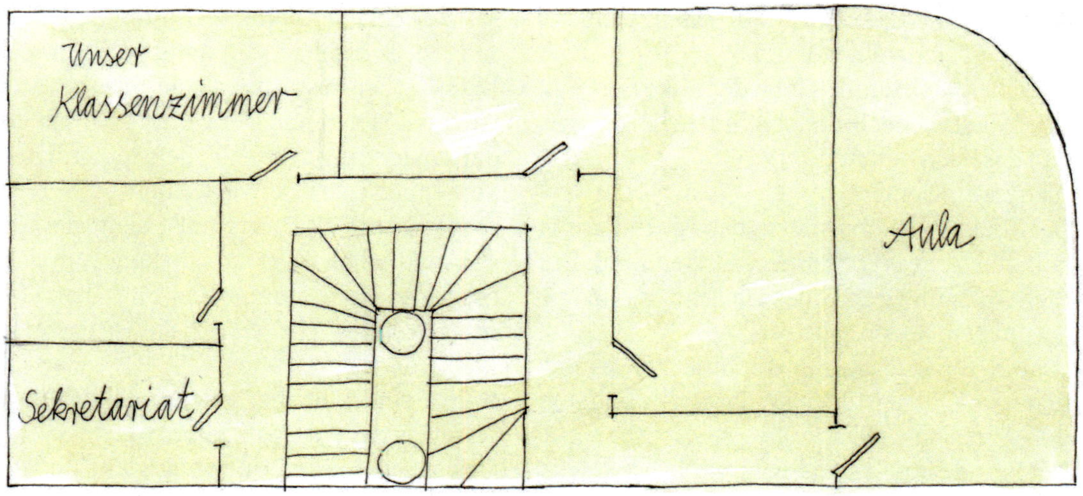


**2** *a) Bestimmt habt ihr an eurer neuen Schule schon einige Personen kennen gelernt: Schulleiter/in, Sekretär/in, Hausmeister/in usw. Schreibt ihre Namen an die Tafel und tragt zusammen, was ihr schon über sie wisst.*

*b) Wenn ihr über einige Personen und ihre Aufgaben noch mehr wissen wollt, könnt ihr **Interviews** mit ihnen durchführen. Dazu bildet ihr am besten kleine Gruppen und bereitet Fragen vor, die ihr stellen wollt.*

*c) Informiert euch über Mitglieder, Aufgaben und Aktionen der SMV (Schülermitverantwortung).*

**3** *a) Erstellt **Quizfragen** zu eurer neuen Schule.*

*b) Führt damit einen Wettbewerb durch. Dazu stellt ihr Gruppen in eurer Klasse zusammen, die gegeneinander spielen. Ihr könnt auch gegen eine Parallelklasse antreten.*

## Schulquiz

- Woher hat die Schule ihren Namen?
- Welche Telefonnummer hat eure neue Schule?
- Was kostet im Pausenverkauf eine Käsesemmel?
- ...
- ...

# 2 Miteinander sprechen

## 2.1 Regeln für das Klassengespräch

**1** *a) Sprecht in der Klasse darüber, welche Fernsehsendungen der vergangenen Woche euch besonders gut und welche euch überhaupt nicht gefallen haben.*
*b) Stellt nun in einem Klassengespräch eine Hitliste der fünf besten und fünf schlechtesten Sendungen auf.*

**2** a) *Wie ist euer Gespräch über die Tops und Flops im Fernsehen verlaufen (▷ Aufgabe 1, S. 21)? Sammelt eure Eindrücke zum Gesprächsverlauf an der Tafel.*

b) *Was könntet ihr ändern, damit das Gespräch besser läuft? Notiert Vorschläge in einer dritten Spalte an der Tafel.*

**3** *Stellt Regeln für das Klassengespräch auf. Führt dazu eine* ***Kartenabfrage*** *durch. Das geht so:*

a) *Bildet Arbeitsgruppen von 4–6 Schülern und Schülerinnen und verteilt an jede Arbeitsgruppe 5 Karteikarten.*

b) *Schreibt auf jede Karteikarte eine Regel für das Klassengespräch, über die ihr euch in der Arbeitsgruppe verständigt habt.*

c) *Legt alle Karten aus allen Arbeitsgruppen nebeneinander. Ordnet dann die Karten auf einen Stoß, auf denen sinngemäß dieselbe Regel steht. Diese Regeln finden offensichtlich allgemeine Zustimmung und sind gültig.*

d) *Über die übrig gebliebenen Regelkarten muss nun diskutiert werden. Welche sollen zu euren endgültigen Regeln gehören, welche nicht? Begründet eure Meinung.*

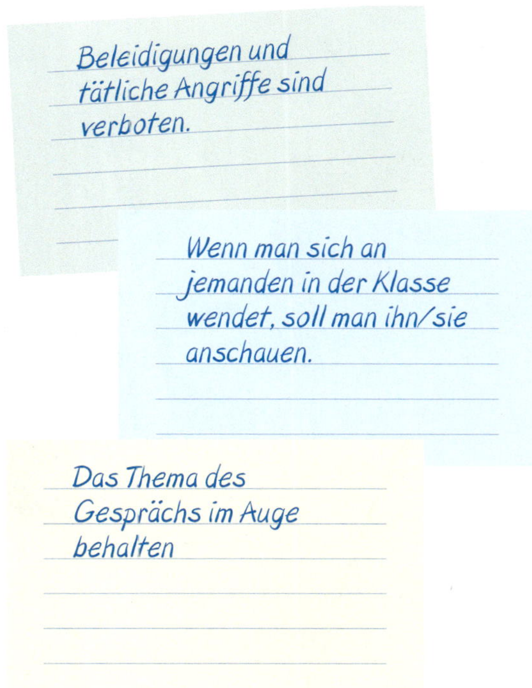


**TIPP**

In Diskussionen kann man zwischen Meinungen und Argumenten unterscheiden. Eine **sachliche Begründung** für eine Meinung nennt man **Argument.**

**4** *Notiert alle Regeln auf einem Blatt. Gestaltet (am besten mit dem Computer) ein Poster, auf dem alle eure Gesprächsregeln aufgelistet sind, und hängt es in der Klasse auf.*

**Regeln**
für das Klassengespräch der 5 a

**§ 1** Beleidigungen und tätliche Angriffe sind verboten.

...

**5** *a) Um das Klassengespräch mit euren Regeln zu üben, könnt ihr einen der folgenden Gesprächsanlässe zum Thema „Fernsehen“ wählen:*

- Wer entscheidet, welches Programm eingeschaltet wird, wenn die Familienmitglieder verschiedene Sendungen sehen wollen?
- Sollte jeder in der Familie einen eigenen Fernseher haben?
- Wie lange sollte ein Kind in eurem Alter pro Tag fernsehen dürfen?
- Was haltet ihr von den Werbespots?
- ...

*b) Findet weitere Themen, über die ihr einmal sprechen möchtet. Legt eine* ***Themenliste*** *an, in die jeder einen Themenwunsch eintragen kann.*

**6** *Ändert bei euren Gesprächen die Sitzordnung in der Klasse. Führt zum Beispiel ein* ***Kreisgespräch****, bei dem ihr euch alle in einen großen Kreis setzt. Oder setzt eine Kleingruppe in einen Innenkreis und lasst diese ein Gespräch führen. Alle anderen bilden einen Außenkreis und beobachten das Gesprächsverhalten, um anschließend darüber zu sprechen.*

## Das Echo-Spiel

Falls das Zuhören und Aufeinandereingehen in euren Gesprächen noch nicht so gut klappt, könnt ihr zur Übung das Echo-Spiel einsetzen: Jeder, der mit dem Sprechen an der Reihe ist, muss zunächst einmal möglichst genau das wiedergeben, was sein Vorredner gesagt hat. Dann erst darf er seinen eigenen Beitrag vorbringen.

## 2.2 Sich streiten und sich verständigen

Irina Korschunow

### Ich bin so gemein gewesen

Ich heiße Anne. Ich sitze in der Schule neben Carola. Früher war sie meine Freundin. Wir haben uns fast jeden Nachmittag getroffen; bei ihr zu Hause oder bei mir. Am liebsten haben wir Theater gespielt. Wir hatten einen großen Karton mit Kram zum Verkleiden, und manchmal waren unsere Mütter zum Zugucken da. Aber das ist jetzt alles vorbei, bloß wegen der blöden Brille. Und weil ich so gemein war.

Die Brille hat Carola vor zwei Wochen bekommen. Sie wollte sie nicht aufsetzen. Sie hat geweint und ich habe gesagt, dass sie sich nicht anstellen soll. „So viele Menschen tragen eine Brille", habe ich gesagt. „Sogar der Rudi Carrell! Das ist doch wirklich nichts Besonderes."

Aber als Carola mit der Brille in die Schule kam, hat Udo Hoffmann „Brillenschlange" hinter ihr hergerufen.

Dieser eklige Kerl! Carola hat gleich wieder geheult, und seitdem war sie in der Schule ganz anders als früher. Sie redete kaum noch. Sie hat sich auch nicht mehr gemeldet. Sie saß da und guckte auf den Tisch, sonst nichts. Nur nachmittags beim Theaterspielen war sie manchmal so lustig wie früher. Bis zum vorigen Dienstag. Am Dienstag wollten wir bei mir zu Hause „Die Prinzessin und der Schweinehirt" spielen. Ich hatte ein altes Nachthemd von meiner Mutter bekommen, oben und an den Ärmeln mit Spitzen.

„Das ziehe ich als Prinzessin an", sagte ich.

„Nein, ich", sagte Carola. „Du warst schon so oft Prinzessin."

„Nicht öfter als du", sagte ich. Und plötzlich wurde Carola wütend. Das war noch nie passiert.

„Du willst immer Recht haben", schrie sie mich an.

Da fing ich auch an zu schreien.

„Das Nachthemd gehört mir!", schrie ich.

„Dann spiel doch allein mit deinem blöden Nachthemd. Du denkst wohl, mit mir kannst du alles machen!", schrie Carola, und weil ich das so ungerecht fand und weil ich Carola eins auswischen wollte, schrie ich: „Hau doch ab, du Brillenschlange."

Ich weiß noch, was für einen Schreck ich bekam, als mir das Wort herausrutschte. Am liebsten hätte ich es gleich zurückgeholt. Aber gesagt ist gesagt.

Carola starrte mich an. Sie war ganz still. Sie nahm ihre Sachen und ging. Und nun redet sie nicht mehr mit mir. Sie guckt an mir vorbei, als ob ich nicht da bin.

Ich möchte ihr gern etwas sagen. „Es tut mir leid", möchte ich sagen. „Ich war so gemein. Ich will es nie mehr tun. Vertrag dich wieder mit mir."

Doch wenn ich mit Carola reden will, dreht sie sich um und geht.

**1** *Woran kann man erkennen, dass Anne und Carola gut befreundet waren?*

**2** *Untersucht, wie sich der Streit der beiden Mädchen steigert. Legt dazu eine Übersicht an:*

Anne beschließt, die Prinzessin zu spielen. → Carola widerspricht und wirft Anne vor, schon so oft die Prinzessin gespielt zu haben.

Anne weist den Vorwurf zurück. → …

**3** *Warum scheint am Ende keine Versöhnung zwischen den beiden mehr möglich zu sein?*

**4** *Spielt in einem Rollenspiel den Streit der beiden Mädchen. Versucht dabei aber, die Auseinandersetzung zu einem anderen Ende kommen zu lassen.*

**5** *Ihr kennt doch sicher ähnliche Situationen wie die in der Geschichte von Anne und Carola. Entwickelt dazu mit Hilfe der folgenden Informationen eigene Rollenspiele.*

**!**

Bei einem **Rollenspiel** sind folgende Schritte wichtig:

- Bevor ihr mit dem Spiel beginnt, müsst ihr die Situation und die Rollen genau beschreiben, z. B. mit **Situations-** und **Rollenkarten.**

**Rollenkarte**
Frau Murkel,
Hausfrau,
Besitzerin eines Dackels,
gerät schnell in Zorn.
...

**Situationskarte**
Im Supermarkt in einem
Regal mit Hundefutter ist
nur noch eine Dose
„Schlappi" vorhanden.
...

- Spielt die Situation mehrmals und besetzt die Rollen immer wieder neu.
- Gebt euch gegenseitig Tipps, wie man die Rollen besonders überzeugend spielt.

*Auffallende Äußerungen:*
...
...

*Auffallende Gesten und Gesichtsausdrücke:*
...

Mark Twain

## Tom und der Neue

Die Sommerabende waren lang. Noch war es nicht dunkel. Auf einmal hörte Tom auf zu pfeifen. Vor ihm stand ein Fremder, ein Junge, der eine Spur größer war als er selbst. Für die armselige kleine Stadt St. Petersburg[1] war ein Neuankömmling jeden Alters und Geschlechts eine eindrucksvolle Kuriosität[2]. Dieser Junge war noch dazu gut gekleidet – an einem Wochentag gut gekleidet! Das war einfach erstaunlich. Seine Mütze war ein zierliches Ding, seine fest zugeknöpfte blaue Tuchjacke neu und schmuck, ebenso auch seine Hose. Er hatte Schuhe an, und dabei war erst Freitag. Sogar eine Krawatte trug er, ein farbiges Stück Band. Es lag etwas Städtisches in seinem Aussehen, was Tom bis ins Innerste reizte. Je länger er das prächtige Wunder anstarrte, umso mehr rümpfte er die

1 **St. Petersburg,** hier: amerikanisches Städtchen am Mississippi
2 **Kuriosität:** etwas Seltenes, Aufsehenerregendes

Nase über dessen Putz und umso schäbiger und schäbiger kam ihm seine eigene Kleidung vor. Keiner der beiden Jungen sprach. Sobald sich der eine bewegte, bewegte sich auch der andere – jedoch nur seitwärts, im Kreise herum. Sie hielten ohne Unterlass das Gesicht einander zugewendet und maßen sich mit Blicken.

Endlich sagte Tom: „Dich kann ich verdreschen!"

„Versuch's doch, das möchte ich sehn."

„Kann ich, ganz klar."

„Nein, das kannst du nicht."

„Doch, das kann ich schon."

„Nein, das kannst du nicht."

„Kann ich wohl."

„Kannst du nicht."

„Kann ich."

„Nicht."

Eine unbehagliche Pause. Dann sagte Tom: „Wie heißt du?"

„Geht dich nichts an, du."

„Ich werd dir schon zeigen, dass es mich was angeht."

„Na, warum tust du's denn nicht?"

„Wenn du noch viel sagst, werd ich's."

„Viel – viel – viel! Bitte!"

„Hältst dich wohl für besonders schlau, was? Wenn ich wollte, könnt ich dich mit einer Hand runterkriegen."

„Warum machst du's denn nicht? Du sagst doch, du kannst's."

„Wenn du mich noch lange anödest, mach ich's."

„Mensch – da sind mir schon ganz andere untergekommen!"

„Kommst dir wer weiß wie vor, was? Und erst der Deckel, den du aufhast!"

„Wenn er dir nicht gefällt, musst du dich eben dran gewöhnen. Versuch's nur und schlag ihn runter; jeder, der das versucht, kann aber vorher seine Knochen nummerieren."

„Du Lügenmaul."

„Selber eins."

„Du bist ein Großmaul und feige!"

„Ach, Mensch, hau ab."

„Du, wenn du mir noch lange frech kommst, dann nehm ich einen Stein und knall ihn dir gegen die Birne!"

„Na, bestimmt tust du das!"

„Tu ich auch."

„Na, warum machst du's denn nicht, wozu erzählst du denn bloß, du willst's machen? Warum machst du's denn nicht? Bloß weil du Angst hast!"

„Hab keine Angst."

„Doch."

„Nein!"

„Doch!"

Wieder eine Pause, wieder gegenseitiges Anstarren und seitliches Umkreisen. Auf einmal standen sie Schulter an Schulter.

Tom sagte: „Weg hier!"

„Selber weg hier!"

„Denk gar nicht dran."

„Ich erst recht nicht."

Sie standen da, jeder als Stütze einen Fuß zur Seite gestemmt, beide aus Leibeskräften schiebend und einander hasserfüllt anstarrend. Keiner vermochte jedoch die Oberhand zu gewinnen.

Nachdem sie gekämpft hatten, bis sie heiß und hochrot waren, ließen beide voll vorsichtiger Wachsamkeit in ihren Anstrengungen nach und Tom sagte: „Ein Feigling bist du und ein Fatzke. Ich sag's meinem großen Bruder, der kann dich um den kleinen Finger wickeln, und ich sag's ihm, dass er's auch machen soll."

„Auf deinen großen Bruder pfeif ich. Ich hab einen Bruder, der noch viel größer ist, der wirft ihn wie nichts über den Zaun da." (Beide Brüder existierten nur in der Einbildung.)

„Du lügst."

„Wenn du's sagst, noch lange nicht."

Tom zog mit dem großen Zeh einen Strich in den Staub und sagte: „Einen Schritt da drüber und ich verdresche dich, bis du nicht mehr stehen kannst. Wer's wagt, ist ein toter Mann."

Sofort trat der Neue über den Strich und sagte: „Du hast gesagt, du machst's, jetzt woll'n wir mal sehn, wie du's machst."

„Komm mir nicht zu nahe, pass ja auf, du!"

„Du hast doch gesagt, du machst's, warum machst du's denn nicht?"

„Donnerwetter, für zwei Cent mach ich's wirklich."

Der Neue nahm zwei große Kupfermünzen aus der Tasche und hielt sie ihm verächtlich hin. Tom schlug sie ihm aus der Hand.

Im nächsten Augenblick wälzten sich die beiden Jungen im Dreck, kollerten wie zwei Katzen ineinander verkrallt umher, rissen sich gegenseitig am Haar, zerrten sich an den Kleidern, zerbläuten und zerkratzten einander die Nase und bedeckten sich mit Schmutz und Ruhm. Nach einiger Zeit nahm der verschlungene Klumpen Form an, und durch den von der Schlacht aufgewirbelten Staub wurde Tom sichtbar, der rittlings auf dem Neuen saß und ihn mit den Fäusten bearbeitete.

„Sag: genug!", rief er.

Der Junge rang nur, um sich zu befreien. Er weinte, hauptsächlich aus Wut.

„Sag: genug!" Toms Fäuste trommelten weiter.

Endlich ließ der Fremde ein ersticktes „Genug" vernehmen; Tom erlaubte ihm aufzustehen und sagte: „Dir werd ich das schon lernen. Das nächste Mal pass lieber auf, wen du anödest."

Der Neue lief davon, klopfte sich schluchzend und schnüffelnd den Staub von der Kleidung, blickte sich gelegentlich um, schüttelte den Kopf und drohte, was er mit Tom tun wolle, wenn er ihn „das nächste Mal erwische". Darauf antwortete Tom mit Hohngelächter und machte sich prächtig gelaunt auf den Heimweg; kaum hatte er sich jedoch umgewandt, als der Neue einen Stein ergriff, ihn auf Tom schleuderte und diesen zwischen den Schulterblättern traf; dann gab er Fersengeld und rannte so schnell wie ein Wiesel davon. Tom setzte dem Verräter nach und verfolgte ihn bis zu dessen Haus, wodurch er erfuhr, wo der Bursche wohnte. Eine Zeit lang bezog er Posten vor dem Zaun und forderte den Feind heraus, nach draußen zu kommen; der aber schnitt ihm durch das Fenster Grimassen und lehnte die Einladung ab. Schließlich erschien die Mutter des Feindes, nannte Tom einen ungezogenen, bösartigen, ordinären Jungen und befahl ihm sich davonzuscheren. So trollte er sich von dannen, äußerte jedoch, diesen Bengel werde er sich schon noch vorknöpfen.

**1** *a) Erklärt, warum Tom zu streiten beginnt.*
*b) Wie fängt Tom den Streit an? Unterscheidet, was er sagt und was er tut.*
*c) Durch welche Bemerkungen reizen sich die beiden Streithähne besonders? Notiert sie der Reihe nach.*
*d) An welchen Stellen entstehen Pausen im Streit? Gliedert den Text anhand dieser Pausen in Abschnitte.*

**2** *Gebt der Geschichte in Rollenspielen von diesen Pausen an jeweils eine andere Wendung.*

**3** *Den Anfang des Wortduells zwischen Tom und dem Neuen leitet Tom selbst ein mit den Worten „Wie heißt du?" (▷ Z. 37).*
*Ergänzt in den Zeilen 38–59 zu jeder Aussage der beiden Jungen einen kurzen Begleitsatz mit einem treffenden Verb nach folgendem Muster:* „Geht dich nichts an, du", entgegnete der Junge.
*Der folgende Wortspeicher hilft euch bei der Suche nach treffenden Verben:*

prahlen · drohen · herausfordern · verhöhnen · sticheln · kontern · beharren · auffordern · wiederholen · erwidern · sich brüsten

# 2.3 Überredungskünste

A. H. Chapman

## Tauziehen

*Der Vater sitzt vor einem Stapel von Büchern und Heften. Es ist sieben Uhr abends. Nebenan im Wohnzimmer, aber im Blickfeld des Vaters, hält sich die Mutter mit der sechsjährigen Tochter auf.*

VATER: Bernhard! Bernhard! Wo steckt denn der Junge?

BERNHARD: Ich bin im Badezimmer.

VATER: Beeil dich. Es ist höchste Zeit für die Hausaufgaben.

BERNHARD: Ich komme ja schon!

*(Der Vater wartet, immer nervöser werdend, drei Minuten. Ein Rauschen in der Toilette beruhigt ihn, als aber weitere zwei Minuten vergehen, beginnt er sich zu ärgern.)*

VATER: Bernhard, wenn du nicht sofort erscheinst, hole ich dich da heraus!

BERNHARD: Ich bin ja schon da.

*(Er geht durch das Wohnzimmer, wo seine Mutter und seine Schwester fernsehen, und bleibt vor dem Apparat stehen.*

*Erst nachdem ihm der Vater noch einmal gedroht hat, kommt er endlich an den Tisch.)*

VATER: Also was habt ihr in Geschichte auf? ... Betty, stell doch bitte den Apparat leiser!

BERNHARD: Ich weiß nicht ... Ich finde den Zettel nicht.

VATER: Deine verdammte Unordnung! Was, zum Kuckuck, habt ihr denn nun auf?

MUTTER: Verlier nicht die Nerven, Fred. Vom Fluchen wird's auch nicht besser.

VATER: Vielleicht möchtest du dich mit ihm beschäftigen?

*(Die Mutter lehnt dankend ab. Sie hat schon eine Reihe solcher Sitzungen hinter sich und fühlt sich der Sache nicht mehr gewachsen.)*

BERNHARD: Ich muss den Zettel in der Schule vergessen haben.

VATER: Dann ruf deinen Freund Peter an und frag ihn.

*(Es dauert fünf Minuten, bis man Peters Telefonnummer und von ihm die Aufgabe bekommen hat. Die erste Runde „Tauziehen“ ist beendet und sie geht an Bernhard.)*

Vater: Der Krieg gegen Mexiko also. Ihr sollt die Seiten 162 bis 165 lesen. Tu das. *(Bernhard liest.)*

Vater: Und nun die Fragen: Warum wollte Präsident Polk einen Krieg gegen Mexiko?

Bernhard: Um gegen die Mexikaner zu kämpfen.

Vater: Dummkopf! Was steht hier im Buch?

*Der Krieg gegen Mexiko nimmt vierzig Minuten in Anspruch und dann sind noch Mathematik und Geografie zu machen, aber als Bernhard zu gähnen anfängt, gibt der Vater auf und die Geografie kommt zu kurz. Am Ende des Schuljahres sind Vater und Bernhard die Letzten ihrer Klasse. Ihre Beziehung zueinander ist unerträglich geworden. Auf beiden Seiten herrschen Widerwillen und Erbitterung. Sie haben noch sieben Schuljahre vor sich und später soll Bernhard eine Universität besuchen und imstande sein, selbstständig zu arbeiten!*

*Wie kann ein solches „Tauziehen" beendet werden?*

**1** *Macht Vorschläge, wie Vater und Sohn das „Tauziehen" beenden können.*

**2** *a) Erzählt von euren Problemen beim Hausaufgabenmachen.*
*b) Erarbeitet Tipps, wie ihr eure Hausaufgaben zügiger und besser erledigen könnt. Gestaltet die Tipps mit dem Computer und hängt sie zu Hause über eurem Arbeitsplatz auf.*

Volker Ludwig, Reiner Lücker und das GRIPS-Ensemble

## Aufräumen

*Das Zimmer ist in Unordnung. Klaus und Trixi liegen auf dem Boden, mit den Füßen gegeneinander spielen sie „Fahrradfahren". Annemarie klingelt draußen an der Haustür.*

Trixi: Is offen!

Annemarie *(kommt herein):* Warum wart ihr denn nicht mit schwimmen?

Klaus *(bleibt mit Trixi auf dem Fußboden liegen):* Wir müssen aufräumen.

Trixi: Weil ein Mann zu Besuch kommt.

Annemarie: Aber ihr räumt ja gar nicht auf!

Trixi: Hat noch Zeit! Mutti kommt erst in 'ner Stunde.

Klaus: Musst du gleich nach Hause?

Annemarie: Nöö ...

Klaus *(springt auf):* Prima! Dann könnt ihr beide ja aufräumen!

Trixi: Bei dir piept's wohl?

Klaus: Wieso? Ihr kriegt auch 'n Kaugummi.

Trixi: Ach nee!

Annemarie: Jeder von uns? Trixi, dann räumen wir auf. Jungen sind doch viel zu ungeschickt zum Aufräumen.

Klaus: Genau! Die schmeißen nur alles runter! *(Er schmeißt nacheinander Hefte auf den Fußboden.)* Siehste?

Annemarie: Das war aber Absicht!

Trixi: Du merkst auch alles.

Klaus: Ich weiß doch gar nicht, wo was hingehört!

Trixi: Ich auch nicht.

Annemarie: Wenn Besuch kommt, müssen wir aufräumen, Trixi. Mein Pappi will auch immer, dass alles schön aufgeräumt ist.

**1** *Verteilt die Rollen in der Klasse und setzt den Dialog fort. Wiederholt die Spielszene mehrmals.*

**2** *Diskutiert in der Klasse eure unterschiedlichen Lösungen. Achtet vor allem darauf, warum sich die einzelnen Spieler durchgesetzt haben.*

# Dialoge selbstständig verfassen

Um jemanden dazu zu bewegen, das zu tun, was man gerne möchte, kann man unterschiedlich vorgehen, wie die folgenden Dialoge von Stephanie und Michael zeigen:

*STEPHANIE: Keiner aus meiner Klasse kriegt so wenig Taschengeld wie ich.*
*VATER: Ganz bestimmt tun sie auch was dafür! Zum Beispiel Gartenarbeit.*
*STEPHANIE: Ich könnte Mama beim Abwasch helfen und dafür pro Woche 3 Euro bekommen.*
*VATER: Und was tust du für mich? Nein, das sehe ich nicht ein. Dann hast du deiner Mutter einen Dienst erwiesen, aber ich werde von dir vernachlässigt.*
*STEPHANIE: Und wenn ich für dich den Rasen mähe?*
*VATER: O.k., dann musst du ihn mindestens zweimal im Monat mähen und einmal im Monat alle Blumen gießen. Dafür würdest du einen Euro mehr Taschengeld in der Woche bekommen. Also 3 Euro.*
*STEPHANIE: O.k. Damit bin ich einverstanden.*

*MICHAEL: Mutti, ich brauch mehr Taschengeld.*
*MUTTER: Du hast doch erst letzten Monat eine Erhöhung bekommen.*
*MICHAEL: 5 Euro reichen aber nicht. Wenn ich pro Woche einmal ins Kino gehe, habe ich nichts mehr übrig.*
*MUTTER: Du musst auch nicht jede Woche ins Kino gehen.*
*MICHAEL: Meine Freunde tun das aber alle.*
*MUTTER: Du bekommst erst dann mehr Geld, wenn ich die nächste Lohnerhöhung kriege.*
*MICHAEL: Wann ist das denn?*
*MUTTER: Wahrscheinlich Anfang nächsten Jahres.*
*MICHAEL: Puh, das sind ja noch drei Monate.*
*MUTTER: So lange wirst du dich gedulden müssen.*

**1** *a) Beschreibt, wie Stephanie und Michael vorgehen, um ihr Ziel zu erreichen.*
*b) Überlegt, wie ihr bei Mutter oder Vater eine Erhöhung des Taschengeldes erbitten würdet. Verfasst dazu einen Dialog.*

**2** *a) Stellt eine Liste zusammen, was man alles tun kann, um andere zu etwas zu bewegen:*

- *Man kann argumentieren, also seine Forderungen, Bitten, Wünsche usw. begründen.*
- *Man kann seinem Gegenüber drohen.*
- *Man kann ...*

*b) Wann und wo sind euch diese Vorgehensweisen begegnet? In welchen Situationen sind sie eurer Meinung nach angebracht?*

**3** *Beschreibt selbst Situationen, in denen ihr andere zu etwas bewegen wollt. Überlegt genau, worum es geht, welche Personen dazugehören und was passieren soll. Formuliert abschließend einen schriftlichen Dialog.*

# 3 Wir schreiben Briefe

## 3.1 Briefe für verschiedene Anlässe

### In Briefen erzählen

In dem Jugendbuch „Jim Knopf und die Wilde 13“ von Michael Ende (1929–1995) schreibt die Piratenbande „Die Wilde 13“ dem Drachen Mahlzahn den folgenden Brief:

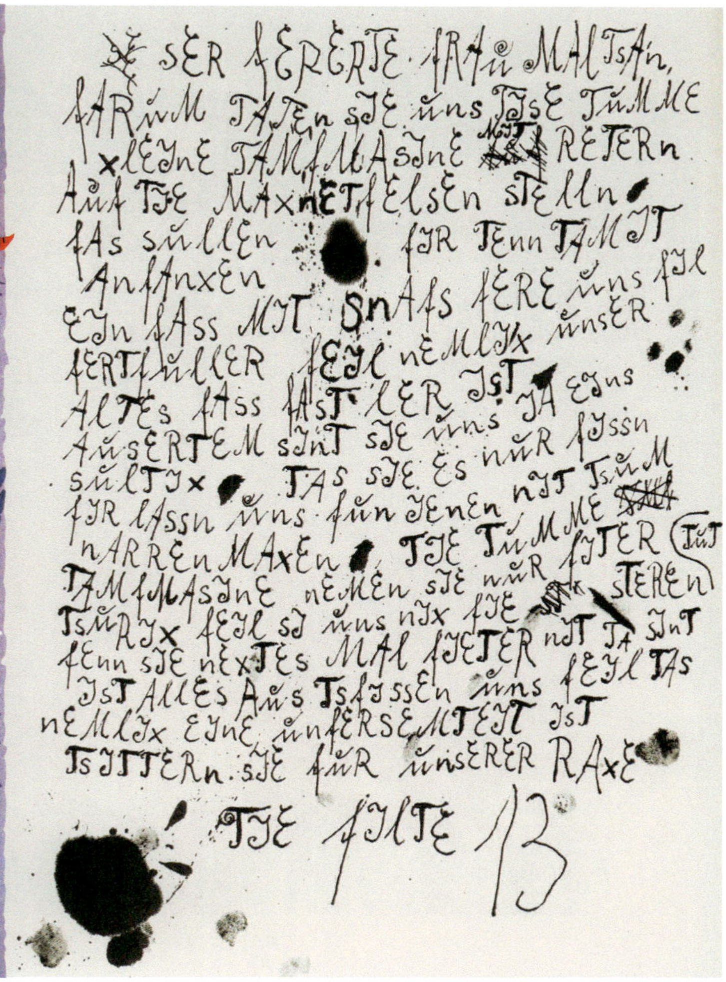
SER GERERTE FRAU MALTSAN,
FARUM TATEN SIE UNS TISE TUMME
XLEINE TAMFMASINE MIT RETERN
AUF TIE MAXNETFELSEN STELLN.
FAS SULLEN FIR TENN TAMIT
ANFANXEN. SNAFS FERE UNS FIL
EIN FASS MIT SNAFS FERE UNS FIL
FERTFULLER FEIL NEMLIX UNSER
ALTES FASS FAST LER IST JA EINS
AUSERTEM SINT SIE UNS NUR FISSN
SULTIX. TAS SIE ES NIT TSUM
FIR LASSN UNS FUN JENEN NIT
NARREN MAXEN. TIE TUMME FITER TUT
TAMFMASINE NEMEN SIE NUR FIETER STEREN
TSURIX FEIL SI UNS NIX FIE NIT TA SINT
FENN SIE NEXTES MAL FIETER FEIL TAS
IST ALLES AUS TSFISSEN UNS
NEMLIX EINE UNFERSEMTEIT IST
TSITTERN. SIE FUR UNSERER RAXE
TIE FILTE 13

**1** *„Eine Schande ist so was!“, meinte der Briefträger, der diesen Brief auch lesen durfte. Erklärt, was ihm daran nicht gefallen hat.*

**2** *Berichtet, zu welchen Anlässen ihr schon Briefe geschrieben und bekommen habt.*

**3** *Einige der auf den Fotos dargestellten Situationen habt ihr sicher auch schon erlebt. Dabei hat wohl jede/r von euch andere Eindrücke gesammelt und Unterschiedliches empfunden. Erzählt davon.*

**4** *Wählt ein Foto aus. Schreibt einem Freund oder einer Freundin einen Brief, in dem ihr erzählt, was ihr in dieser oder einer ähnlichen Situation erlebt habt.*

**5** *Beim Briefeschreiben muss man bestimmte Regeln beachten. Überprüft eure Briefe (▷ Aufgabe 4, S. 32) und nehmt dabei die folgende Checkliste zu Hilfe.*

**!**

**Briefkopf:**
Achte auf das Komma zwischen Orts- und Zeitangabe und setze den Artikel richtig („den").

*Passau, den 4. Oktober 2006*

**Anrede:**
Du kannst entweder ein Ausrufezeichen setzen und groß weiterschreiben oder ein Komma setzen und klein beginnen.

*Liebe Barbara,*
*jetzt bin ich schon zwei Wochen auf der neuen Schule.*
*...*

**Anredepronomen:**
Bei befreundeten oder vertrauten Personen („Liebe Ute, ...", „Liebe Großeltern, ...") verwendest du die Anredepronomen (Fürwörter) „du", „dir", „dich", „dein" und „ihr", „euch", „euer" usw. Diese Pronomen kannst du groß- oder kleinschreiben. Lediglich bei Personen, die du nicht duzt („Liebe Frau Finke, ..."), benutzt du die Pronomen „Sie", „Ihnen" und „Ihr", „Ihre" usw. Diese Höflichkeitspronomen schreibt man groß.

*Sicher willst du wissen, wie es mir geht. Deshalb erzähle ich dir von meinen ersten Eindrücken.*
*...*

*Sicher wollen Sie wissen, wie es mir geht. Deshalb erzähle ich Ihnen von meinen ersten Eindrücken.*
*...*

**Briefschluss:**
Den Brief beendest du mit einer Grußformel, die auch in den Schlusssatz einbezogen werden kann. Die Grußformel und die Unterschrift stehen jeweils in einer eigenen Zeile. Am Ende setzt man weder Punkt noch Ausrufezeichen.

*Mit lieben Grüßen*
*deine Claudia*

*Es grüßt dich herzlich*
*deine Claudia*

**Briefkopf**

Freyung, den 12. Okt. 2006

Liebe Claudia,

**Einleitungsteil**

vielen Dank für deinen Brief.
Ich habe mich darüber so gefreut, dass ich postwendend zurückschreiben muss, obwohl ich eine Menge Hausaufgaben zu erledigen habe. Aber die können jetzt warten. Toll, dass du schon so nette Freunde in der Klasse gefunden hast. Das erleichtert die Umstellung auf die neue Schule, findest du nicht auch? Mir gefällt es am Gymnasium sehr gut und die neuen Fächer bereiten mir viel Spaß, besonders Biologie.

**Hauptteil – Kern des Briefes**

Letzte Woche hatten wir übrigens schon unseren Wandertag. Eigentlich bin ich ja ein Wandermuffel, wie du ja weißt, aber der Ausflug wurde dann doch richtig lustig. Davon muss ich dir unbedingt erzählen. Unser Klassenleiter Herr Bauer verpasste nämlich eine Abzweigung des geplanten Wanderweges und so marschierten wir querfeldein durchs Gelände. Das war vielleicht anstrengend, kann ich dir sagen! Auf einmal standen wir vor einem kleinen Bach. Umkehren wollten wir nicht mehr, also hieß es „Augen zu und durch!". Herr Bauer musste als Erster das Wasser durchqueren, schließlich hatte er uns das ja eingebrockt. Er zog sich Schuhe und Socken aus und krempelte die Hosenbeine hoch. Ein Bild für die Götter, sage ich dir ...
Dann wagte er den ersten Schritt in das flache Wasser. Er sah aus wie ein Seiltänzer, als er so von Stein zu Stein balancierte. Plötzlich rutschte er ab und ruderte wild mit den Armen. Und platsch! Schon lag er im Wasser!
Zuerst getrauten wir uns gar nicht zu lachen, aber als Herr Bauer sich grinsend aufrappelte, brüllten wir natürlich los. Du kannst dir sicher vorstellen, wie komisch er aussah, so tropfnass.

**Schlussteil**

Was gibt es bei dir Neues in der Schule? Du hattest in deinem Brief erwähnt, dass du beim Elternabend im Schulchor auftreten wirst.
Hat das geklappt?
So, jetzt muss ich aber Schluss machen.
Unser Mathelehrer hält uns nämlich ganz schön auf Trab!

**Grußformel**

Viele liebe Grüße, auch an deine Eltern
deine Barbara

**6** *Untersucht Barbaras Brief an Claudia (▷ S. 34) mit Hilfe der folgenden Leitfragen. Geht mit eurem Nachbarn/eurer Nachbarin die einzelnen Punkte durch und schreibt eure Antworten in euer Heft.*

*a) Der **Briefkopf** enthält wichtige Informationen.*
- □ *Was muss im Briefkopf unbedingt stehen?*
- □ *Welche Anredeformen kennt ihr?*
- □ *Wonach richtet sich die Wahl der Anrede?*

*b) Im **Einleitungsteil** bezieht ihr euch auf den Brief, den ihr beantwortet.*
- □ *Wie hat Barbara das gemacht?*
- □ *Welche weiteren Möglichkeiten könnt ihr euch vorstellen?*

*c) Der **Hauptteil** enthält den eigentlichen Kern des Briefes. Hier erzählt ihr zum Beispiel von einem besonderen Erlebnis.*
- □ *Welche Idee hat Barbara ausgeführt?*
- □ *Warum ist das hier Erzählte auch für Claudia interessant?*
- □ *Woran erkennt man in Barbaras Brief, dass sie ein „Gespräch in schriftlicher Form" führt?*

*d) Im **Schlussteil** geht ihr nochmals in besonderer Weise auf den Empfänger des Briefes ein.*
- □ *Wie bringt Barbara Claudia dazu, ihr bald wieder zu schreiben?*

*e) Mit der **Grußformel** verabschiedet ihr euch von eurem Briefpartner/eurer Briefpartnerin.*
- □ *Welche Möglichkeiten, den Brief zu beenden, kennt ihr? Beachtet, wie bei der Anrede, den Empfänger.*

!

Beachte beim Schreiben eines **Briefes** folgende Regeln:
- □ Achte auf die **Form** des Briefes (Briefkopf, Anrede, Grußformel, Raumaufteilung, ▷ S. 33–34).
- □ Wähle einen klar gegliederten inhaltlichen **Aufbau:**
  - Einleitungsteil
  - Hauptteil
  - Schlussteil
- □ Gehe auf **den Empfänger/die Empfängerin** ein:
  - Überlege, was ihn/sie interessiert, beantworte Fragen, stelle Fragen.
  - Rede den Empfänger/die Empfängerin immer wieder direkt an.
  - Baue Anreize ein, die den Empfänger/die Empfängerin deines Briefes dazu anregen, einen Antwortbrief zu schreiben.
  - Denke daran, dass jeder Brief ein Gespräch in schriftlicher Form ist.
- □ Schreibe unterhaltsam, abwechslungsreich und natürlich.
- □ Denke bei den Formulierungen immer daran, an wen du schreibst.

**7** *Wenn ihr euren Brief abschicken wollt, müsst ihr die richtige Form der Anschrift und des Absenders beachten:*

Barbara schreibt gerne Briefe. Wenn sie einen Einfall hat, was sie ihren Briefpartnern erzählen könnte, notiert sie das auf kleine Zettel ...

**8** *Sprecht über Erlebnisse, die euch zu den Notizen einfallen.*

**9** *Erzählt in einem Brief ein Erlebnis, das zu einer der Notizen passt. Den Empfänger oder die Empfängerin könnt ihr euch aussuchen.*

**10** *Ihr könnt selbst in eurer Klasse „Ideenschnipsel" sammeln und als Anregungen für Briefe verwenden.*

# Sachliche Briefe schreiben

Einige Schülerinnen und Schüler der 5. Klassen des Ignaz-Taschner-Gymnasiums Dachau sind verärgert: Sie würden gerne an einer der beiden Tischtennisplatten in der Pausenhalle Tischtennis spielen, aber Schüler aus höheren Jahrgangsstufen machen ihnen den Platz streitig. Das wollen die 5. Klassen nicht länger hinnehmen. Die Klassensprecher beschließen, beim Schulleiter die Aufstellung einer weiteren Tischtennisplatte zu beantragen.
Christoph Böhm, der Klassensprecher der Klasse 5 b, schreibt folgenden Brief an den Schulleiter:

Christoph Böhm
Erich-Ollenhauer-Str. 28
85221 Dachau

Dachau, den 24. Oktober 2006

Herrn Oberstudiendirektor
Roland Reger
Ignaz-Taschner-Gymnasium
Martin-Vierengel-Straße 4
85221 Dachau

**Anschaffung einer Tischtennisplatte für die 5. Klassen**

Sehr geehrter Herr Oberstudiendirektor Reger,

als Klassensprecher der Klasse 5 b möchte ich Sie im Namen aller 5. Klassen darum bitten, in der Pausenhalle eine weitere Tischtennisplatte aufstellen zu lassen. Diese Platte sollte ausschließlich für die 5. Klassen reserviert sein.

Viele Schülerinnen und Schüler der 5. Klassen spielen gerne Tischtennis. Leider hatten wir bisher kaum die Möglichkeit dazu, denn Schüler aus höheren Klassen verhinderten meistens, dass wir an einem der beiden schon vorhandenen Tischtennistische spielen konnten.

Für die 5. Klassen wäre es deshalb sehr gut, wenn eine weitere Tischtennisplatte aufgestellt werden würde, die nur von Schülern der 5. Jahrgangsstufe benutzt werden darf. Besonders geeignet wäre eine fahrbare, wetterfeste Platte, weil man dann im Sommer auch im Freien spielen könnte.

Wir, d. h. alle Schüler der 5. Klassen, sind bereit, einen Teil der Kosten für den Tischtennistisch zu übernehmen. So wollen wir z. B. am Elternsprechtag Kaffee und Kuchen verkaufen. Mit dem Gewinn, den wir dabei machen, könnten wir zur Finanzierung der Platte beitragen.

Wir würden uns freuen, wenn Sie unseren Wunsch erfüllen würden.
Vielen Dank im Voraus.

Mit freundlichen Grüßen

Christoph Böhm

**1** *Zeigt auf, wodurch sich dieser Brief inhaltlich, sprachlich und von der Form her von einem persönlichen Brief (▷ S. 34) unterscheidet.*

**2** *a) Arbeitet heraus, welche Absicht der Schreiber mit diesem Brief verfolgt.*
*b) Beurteilt, ob der vorliegende Brief geeignet ist, um das angestrebte Ziel zu erreichen.*

**3** *Der Schulleiter wird Christophs Brief in die Schulakten einordnen. Überprüft, ob der Brief die notwendigen Informationen enthält, damit man sich auch später noch ein zutreffendes Bild von dem Vorgang machen kann.*

!

**Sachliche Briefe** schreibt man, um ein Anliegen vorzubringen, z. B. eine Anfrage, einen Antrag, eine Entschuldigung oder eine Beschwerde. Meist richtet man sich an Amtspersonen oder Leute, die man nicht persönlich kennt. Deshalb hält man sich strenger an bestimmte Regeln als im persönlichen Brief:

- Man bringt sein Anliegen genau, aber **knapp** und **sachlich** vor.
- Man verwendet die **Anredepronomen** der Höflichkeitsform („Sie“, „Ihnen“ usw.). Sie werden **großgeschrieben.**
- Wenn man nicht weiß, wer den Brief bearbeitet, verwendet man die Anrede „Sehr geehrte Damen und Herren“.
- Das Schriftbild ist ordentlich, die Seitenaufteilung **übersichtlich.** Meistens werden sachliche Briefe mit dem PC oder der Schreibmaschine geschrieben.
- Der Brief wird handschriftlich unterschrieben.
- Für die äußere Form gibt es bestimmte Vorgaben:

Name des Absenders — Ort, Datum
Straße und Hausnummer
PLZ und Ort

Name des Empfängers
Straße und Hausnummer
PLZ und Ort

**Betreff** (in möglichst wenigen Stichworten, worum es geht)

Sehr geehrte Frau ..., / Sehr geehrter Herr ...,

Text

Mit freundlichen Grüßen
Unterschrift

**4** *Der Klassensprecher Christoph Böhm verfasst noch mehrere sachliche Briefe. Schreibt mindestens einen der Briefe Christophs an den entsprechenden Adressaten und haltet euch dabei an die oben aufgeführten Regeln. Namen und Adresse könnt ihr selbst auswählen:*

- *Er bittet den Elternbeirat der Schule um einen Zuschuss für die Tischtennisplatte.*
- *Er schreibt einen Brief an ein Sportgeschäft, um nähere Informationen über wetterfeste Tischtennisplatten zu bekommen.*
- *Er schlägt der Schülermitverantwortung eines anderen Gymnasiums vor, ein Tischtennisturnier zu veranstalten.*

**5** *Überlegt, an wen ihr eure Anliegen richten müsst, wenn ihr eines der folgenden Vorhaben organisieren wollt. Schreibt einige der notwendigen sachlichen Briefe:*

- *Faschingsveranstaltung der Unterstufe*
- *„Lesenacht“ in der Turnhalle (Leseveranstaltung mit anschließender Übernachtung)*
- *„Computernacht“ im Computerraum*
- *Anschaffung einer digitalen Kamera für die Redaktion der Schülerzeitung*

# 3.2 Briefe – früher und heute

Fritz La Roche

## Brief an Sophie La Roche

*Als der Schriftsteller und Gelehrte Christoph Martin Wieland (1733–1813) als Professor nach Erfurt berufen wurde, gab ihm seine Cousine, die Schriftstellerin Sophie La Roche, ihren ältesten Sohn zur Erziehung mit. Als Fritz diesen Brief nach Hause schrieb, war er noch keine zwölf Jahre alt.*

Meine allerliebste Mama. [Erfurt, 15.9.1769]

Schon oft habe ich mich hingesetzt, Ihnen zu schreiben und Sie meiner kindlichen Liebe zu versichern, aber allemal ist es bei meinem guten Vorsatz geblieben. Liebe Mama, rechnen Sie die Ursache meines verzögerten Schreibens ja nicht einigem Kaltsinne[1] von mir zu; ich werde aber diesen Fehler dadurch zu verbessern suchen, dass ich alles, was ich weiß, schreibe. Mit sehr großer Freude habe ich von Herrn Wieland vernommen, dass mein lieber Papa glücklich und gesund zu Hause angekommen sei und nunmehro schon wiederum eine Reise nach Würzburg getan habe, wozu ich denselben eine dauerhafte Gesundheit wünsche. Den 28. August ist die Anna Marie glücklich hier angelangt und von uns allen wohl aufgenommen worden, und ich zweifle nicht, dass ihr Bezeugen der Erwartung des Herrn Wielanden entsprechen werde. Sonsten befindet sich G[ott] L[ob] alles in unserm Hause recht wohl. Das Sopherlein hat ein Zähnlein bekommen. Seit einiger Zeit hat man hier einen Kometen gesehen. Von einem Erdbeben aber, wie in Schwaben gewesen sein soll, haben wir hier nichts verspürt. Herr Wieland haben mir ein grün, holländisch-tuchenes Kleid mit schmalen goldenen Börtchen machen lassen, wovor ich Ihnen herzlichen Dank abstatte. Ich werd mir immer mehr angelegen sein lassen[2], durch einen unermüdeten und großen Fleiß in meinem Studieren zu bezeugen, dass ich Ihrer nicht ganz unwürdig erfunden werden möchte. Meine liebe Mama, ich umarme, ich küsse Sie, nebst meinem teuresten Papa und meinen lieben Geschwistrigen recht zärtlich und versichere Sie, bis an meinen letzten Atemzug mit kindlichem Respekt und Liebe zu verbleiben

Ihr treu gehorsamster Sohn

Fritz La Roche.

Grüßen Sie mir die gute Cordel recht freundlich, und empfehlen Sie mich dem braven Herrn Liebethalen gehorsamst. Flor. Meyer und Anna Marie empfehlen sich Ihnen gehorsamst.

1 **Kaltsinn:** Gleichgültigkeit

2 **Ich werd mir immer mehr angelegen sein lassen:** Ich werde mich immer mehr darum bemühen.

**1** *Sucht Stellen im Brief, die euch ungewöhnlich erscheinen, und findet Gründe dafür, warum Fritz so schreibt.*

**2** *Fasst den Inhalt in Stichpunkten zusammen und schreibt den Brief dann in heutiger Sprache.*

Andreas Steinhöfel/Anja Tuckermann

## David Tage Mona Nächte

*Mona und David treffen sich bei einer Großveranstaltung in Berlin und tauschen ihre Adressen aus. Ein Briefwechsel beginnt …*

Berlin, den 21. 07. 2006

Hallo Mona,

wie fang ich jetzt bloß an? Du hast mich ganz schön überrumpelt. Als du gesagt hast, du würdest mir schreiben, da dachte ich: Das macht die nie. Die erzählt nur so rum. Und was soll das überhaupt, sich zu schreiben, schließlich, wozu gibt's Telefon? Briefeschreiben finde ich altmodisch.

Warum hast du mir nicht einfach deine Telefonnummer gegeben?

Früher musste ich immer meiner Patentante schreiben. Die wohnt irgendwo in Süddeutschland, ich hab sie nie besucht in ihren Schwäbischen Alpen. Zu jedem Geburtstag und zu jedem Weihnachten hat sie mir ein Buch geschickt. Was okay war, weil meine Eltern nie Geld für Bücher ausgeben wollten – tun sie heute noch nicht. Ich lese gern. Aber bei den Dankschreiben an meine Patentante hab ich mir regelmäßig die Finger abgebrochen. Ich kann nicht so gut von mir erzählen. Ich bin kein guter Briefeschreiber.

Sich zu treffen wäre doch viel netter, findest du nicht? Ich würde dich wirklich gern wiedersehen, Mona. In dieser blauweiß karierten Bluse zum Beispiel. Die könnte von mir aus irgendwelche Flecken haben oder auch Mickymäuse drauf, völlig egal.

Hättest du vielleicht mal Lust auf ein Eis oder so was?

Soll ich wirklich bei dir klingeln?

Würdest du aus allen Wolken fallen?

Ich weiß nicht. Ich dachte halt: Die siehst du nie wieder, schade. Und jetzt schreibst du mir was von meinen Augen. Das bringt mich durcheinander. Das würde jeden durcheinanderbringen, oder?

O Mann, was für ein Gekritzel, und dabei ist das schon der siebte Anlauf, also schick ich diesen Brief einfach mal los, sonst wird ja nie was draus: Der nächste wird besser. Versprochen! Aber denk noch mal über das Telefon nach, ja? Am Telefon bin ich wirklich besser.

Dein David

24. 7. 2006

Lieber David,

so schnell hast du geantwortet. Post für dich, hat mein Bruder gesagt. Wer ist denn das?

Hast doch schon den Absender gelesen.

Der liest, was er kriegen kann.

Ja, hat er gesagt. Wer is'n das?

Ich hab mir den Brief geschnappt und bin in mein Zimmer. War das schön. Langsam den Umschlag aufzuppeln, dann das Blatt rausfischen, deine Schrift, aber erst mal am Papier schnuppern.

Wie kann ich über das Telefonieren nachdenken, wenn du sagst, der nächste Brief wird besser.

Auf den bin ich ja jetzt schon gespannt, da ruf ich lieber nicht an. Außerdem – ich und Telefon.

Ich wette, wenn ich deine Stimme höre, na ja, wie ich eben bin am Telefon: leer im Kopf, wenn ich jemanden noch nicht so gut kenne und aufgeregt bin. Es fällt mir dann plötzlich nichts ein. Und schweigen an der Strippe? Das geht nicht. Es ist immer so, kaum habe ich aufgelegt, denke ich, das hättest du sagen können und das wolltest du doch erzählen. Und hab es nicht. Oder nur schnell was Doofes gesagt und bereue es hinterher. Ich kann einfach nicht telefonieren. Mir wird schon mulmig, wenn ich nur dran denke. Weißt du, der Freund von meiner Mutter zahlt die Telefonrechnung. Und er stinkt immer rum, wenn ich oder meine Schwester lange reden. Läuft dauernd durch den Flur oder guckt aus dem Wohnzimmer raus, und einmal habe ich mit meiner Freundin gequatscht, da war's plötzlich still in der Leitung. Was war? Der Typ hat den Stecker rausgezogen. Nur damit ich aufhöre. Der wollte gar nicht selber telefonieren.

Können wir uns weiter schreiben? Würdest du es versuchen?

Wir können ja alles weglassen mit „Danke für deinen Brief. Ich habe mich sehr darüber gefreut. Wie geht es dir? Mir geht es gut." Das habe ich früher in meinen Briefen an meine Patentante geschrieben.

Jetzt habe ich bloß über Telefonieren und Briefeschreiben geschrieben ... ich erzähl dir noch was von mir.

Meine Mutter sitzt den ganzen Abend am Küchentisch und raucht. Sie denkt darüber nach, ob sie sich mal wieder von ihrem Typen trennen soll. Er ist ein Flop. Ich rede nicht mit ihm. Kann es nicht hören, wie er sie immer anschreit. Da will ich gar nicht in der Nähe sein. Wenn meine Mutter so leben will, soll sie. Aber ohne mich. Am liebsten würde ich abhauen.

Meine Schwester hängt nur in ihrem Zimmer und guckt aus dem Fenster, wenn sie nicht gerade auf dem Klavier rumhackt. Sie ist jünger als ich und eigentlich ganz nett, man müsste mal mehr mit ihr reden. Mit meinem Bruder habe ich nicht so viel zu tun. Nur, wenn wir uns um die Wäsche streiten. Er stopft seine Socken in den Wäschekorb, ohne sie auseinanderzumachen, und er leert nie seine Hosentaschen aus. Dabei ist er älter als ich. Wenn ich Geld drin finde, behalte ich es. Das ist mein Lohn fürs Wäschewaschen.

Hast du auch Geschwister? Was machst du so den ganzen Tag außer Schule?

Und wenn du bei mir klingelst? Bin schon bei dem Gedanken ganz aufgedreht.

Stell dir vor, wir würden beide zur selben Zeit loslaufen, wo würden wir uns wohl treffen?

Über Stock und über Stein. Doch, du siehst mich wieder

Mona

**1** *a) Findet heraus, aus welchen Gründen Mona lieber Briefe schreibt und David lieber telefoniert. Diskutiert in der Klasse, was ihr bevorzugt.*

*b) Welche Möglichkeiten, jemandem etwas mitzuteilen, gibt es noch? Stellt die Vor- und Nachteile der verschiedenen Formen der Verständigung zusammen.*

**2** *Beschreibt, was ihr über Mona und David aus diesen beiden Briefen erfahrt.*

**3** *a) Erzählt einem Klassenkameraden/einer Klassenkameradin ein Erlebnis vom Wochenende. Stellt ein Telefongespräch nach, in dem ihr das Erlebnis erzählt, und schreibt es in einem Brief.*

*b) Untersucht, worin sich mündliche und schriftliche Mitteilung unterscheiden.*

Joanne K. Rowling

## Harry Potter und die Kammer des Schreckens

*Wer kennt ihn nicht, den jungen Zauberer Harry Potter, den die englische Autorin Joanne K. Rowling erfunden hat und der sie zu einer der erfolgreichsten Autorinnen der Welt werden ließ? Nicht nur Kinder, auch Erwachsene sind geradezu süchtig nach den Geschichten des Waisenjungen, der mit seinen Freunden Ron Weasley und Hermine Granger das Internat für Zauberer und Hexen in Hogwarts besucht, wo er spannende Abenteuer im Kampf gegen den bösen Lord Voldemort erlebt, der Harry nach dem Leben trachtet.*

*Der folgende Auszug stammt aus dem 2. Band der Harry-Potter-Reihe „Harry Potter und die Kammer des Schreckens". Ron, der nach den Ferien mit Harry im verbotenen Zauberauto seines Vaters nach Hogwarts zurückgekehrt ist, erhält in dieser Szene einen sehr merkwürdigen Brief.*

Vom Frühstück in der Großen Halle an ging es bergab. Die vier langen Haustische unter der magischen Decke (heute in wolkig trübem Grau) ächzten unter ihrer Last aus Schüsseln mit Haferbrei, Platten voll geräuchertem Hering, Tellern mit Eiern und Schinken und Bergen von Toastbrot. Harry und Ron setzten sich an den Tisch der Gryffindors, neben Hermine, die „Abstecher mit Vampiren" aufgeschlagen gegen einen Milchkrug gelehnt hatte. Ihr „Morgen"-Gruß klang ein wenig steif, und Harry spürte, dass sie immer noch die Art und Weise, wie er und Ron nach Hogwarts gelangt waren, missbilligte. Neville Longbottom dagegen grüßte sie fröhlich. Neville war ein rundgesichtiger und unfallträchtiger Junge mit dem schlechtesten Gedächtnis von allen Menschen, die Harry jemals kennen gelernt hatte.

„Die Post müsste gleich kommen. Ich glaube, Oma schickt mir ein paar Sachen, die ich vergessen habe."

Tatsächlich hatte sich Harry gerade über seinen Haferbrei hergemacht, als auch schon ein Rauschen über ihren Köpfen zu hören war und gut hundert Eulen hereinströmten, in der Halle kreisten und Briefe und Päckchen in die schnatternde Schülerschar fallen ließen. Ein großes, klumpiges Paket prallte von Nevilles Kopf ab und einen Augenblick später fiel etwas Großes und Graues in Hermines Krug und bespritzte sie alle mit Milch und Federn. „Errol!", sagte Ron und zog die bedröppelte Eule an den Beinen aus der Milch. Errol sackte ohnmächtig auf dem Tisch zusammen, die Krallen in die Luft gestreckt und einen feuchten roten Umschlag im Schnabel.

„O nein", seufzte Ron.

„Schon gut, er lebt noch", sagte Hermine und tätschelte Errol sanft mit den Fingerspitzen.

„Das ist es nicht – sondern das hier."

Ron deutete auf den roten Brief. Harry kam er ganz gewöhnlich vor, doch Ron und Neville sahen ihn an, als würde er gleich explodieren.

„Was ist denn los?“, fragte Harry.
„Sie ... sie hat mir einen Heuler geschickt“, sagte Ron mit matter Stimme.
„Mach ihn lieber auf, Ron“, flüsterte Neville ängstlich. „Sonst wird es nur noch schlimmer. Meine Oma hat mir mal einen geschickt und ich hab ihn nicht beachtet und –“, er schluckte, „es war schrecklich.“
Harry betrachtete ihre versteinerten Gesichter und dann den Brief.
„Was ist ein Heuler?“, fragte er. Doch Rons Aufmerksamkeit war ganz und gar auf den Brief gerichtet, der an den Ecken zu rauchen begonnen hatte.
„Mach ihn auf“, drängte Neville. „In ein paar Minuten ist alles vorbei.“
Ron streckte zitternd die Hand aus, zog den Umschlag aus Errols Schnabel und schlitzte ihn auf. Neville steckte die Finger in die Ohren. Den Bruchteil einer Sekunde später wusste Harry, warum. Einen Moment lang dachte er, der Brief wäre tatsächlich explodiert; ein ohrenbetäubendes Dröhnen erschütterte die riesige Halle und Staub rieselte von der Decke.
„... DEN WAGEN ZU STEHLEN – ES HÄTTE MICH NICHT GEWUNDERT, WENN SIE DICH RAUSGEWORFEN HÄTTEN, WART AB, BIS ICH DICH IN DIE FINGER KRIEGE, NATÜRLICH HAST DU NICHT DARAN GEDACHT, WAS DEIN VATER UND ICH DURCHMACHEN MUSSTEN, ALS WIR SAHEN, DASS ER WEG WAR.“
Mrs Weasleys Geschrei, hundertmal lauter als sonst, ließ Teller und Löffel auf dem Tisch erzittern und hallte gellend laut von den steinernen Wänden wider. Alle Köpfe in der Halle wirbelten herum, neugierig, wer den Heuler bekommen hatte, und Ron versank so tief in seinen Stuhl, dass nur noch seine puterrote Stirn zu sehen war.
„... BRIEF VON DUMBLEDORE GESTERN ABEND, ICH DACHTE, DEIN VATER WÜRDE VOR SCHAM STERBEN, NACH ALLEM, WAS WIR FÜR DICH GETAN HABEN, DU UND HARRY HÄTTET EUCH DEN HALS BRECHEN KÖNNEN.“
Harry hatte sich bereits gefragt, wann sein Name fallen würde. Angestrengt versuchte er den Eindruck zu erwecken, als ob er die Stimme, die in seinen Trommelfellen dröhnte, gar nicht hören würde.
„... EINE UNGLAUBLICHE SCHANDE, DEIN VATER HAT EINE UNTERSUCHUNGSKOMMISSION AUF DEM HALS, UND WENN DU DIR NOCH EINMAL DEN KLEINSTEN FEHLTRITT ERLAUBST, HOLEN WIR DICH SOFORT NACH HAUSE.“
Grabesstille machte sich breit. Der rote Umschlag, den Ron auf den Tisch hatte fallen lassen, flammte auf und zerschrumpelte zu Asche. Harry und Ron saßen sprachlos da, als wäre eine Flutwelle über sie hinweggegangen. Ein paar Schüler lachten und allmählich stellte sich wieder munteres Geplapper ein. Hermine klappte „Abstecher mit Vampiren“ zu und sah hinab zu Ron.
„Nun, ich weiß nicht, was du erwartet hast, Ron, aber du –“
„Sag bloß nicht, ich hab es verdient“, fauchte Ron sie an.

**1** *Das Postwesen ist in Hogwarts so merkwürdig wie der gesamte Tagesablauf in der Zaubererschule. Erklärt aus dem Text, wie die Schüler ihre tägliche Post erhalten.*

**2** *Beantwortet Harrys Frage „Was ist ein Heuler?“ (▷ Z. 54).*

**3** *Einen „Heuler“ zu erhalten ist das Schlimmste, was einem Hogwartsschüler passieren kann. Versetzt euch in Rons Situation und schildert seine Gedanken und Gefühle in einem Brief an seine Schwester Ginny Weasley.*

# 3.3 Briefe richtig schreiben

**1** *Die folgenden Briefe enthalten einige Schwächen im sprachlichen Ausdruck.*
*a) Sammelt in Kleingruppen Verbesserungsvorschläge.*
*b) Schreibt verbesserte Fassungen der Briefe in euer Heft.*

Hallo Jonas,

na, was machst du denn so alles, weil du mir gar nicht mehr schreibst?
Das macht zwar nichts, denn ich mache auch so allerhand in meiner neuen Schule, mit meiner neuen Klasse.
Wir haben sogar schon einen Wandertag gemacht.
Unsere Klasse machte eine sehr lange Wanderung, dann machten wir Spiele und zum Abschluss machten wir ein Picknick.
Auch Feueralarm gab es schon. Der machte uns allen viel Spaß, denn so konnten wir in der Mathe-Stunde nichts mehr machen.
Wir mussten uns am Schulhof sammeln und die Lehrer machten dann die Kontrolle, ob wir vollzählig „gerettet" waren.
Wir machten viel Lärm und auch ein bisschen Chaos.

Liebe Tante Lisa,

vielen Dank für deinen schönen Brief.
Ich möchte dir gern ebenso schön antworten. Hoffentlich gelingt es mir.
Es gibt sehr viel Schönes zu erzählen.
Vor ein paar Tagen habe ich aber ein besonders schönes Erlebnis gehabt.
Es war schönstes Wetter und wir, Mama, Papa und ich, wollten eine schöne Wanderung machen.
Unser Ziel war ein schönes, romantisches Tal, von dem Papa in einem Wanderführer gelesen hatte. Schön und gut!
Aber es kam alles ganz anders, als wir es uns so schön ausgemalt hatten.

**2** *Als Thomas seiner Mutter den folgenden Brief zeigt, rät sie ihm, die Sätze noch zu verbinden. Verbessert den Brief, indem ihr jeweils zwei oder drei Sätze miteinander verknüpft. Das unten stehende Netz von Verknüpfungswörtern kann euch dabei helfen.*

Augsburg, den 23.3.2006

Sehr geehrter Herr Neuberger,

ich möchte mich bei Ihnen entschuldigen. Mein Freund und ich haben gestern vor Ihrem Haus Lärm gemacht.
Peter kam gleich nach dem Mittagessen zu mir. Wir wollten ein wenig skaten. Meine Mutter ermahnte uns. Wir wollten hinausgehen. Sie halten um diese Zeit Ihren Mittagsschlaf. Wir versprachen ganz leise zu sein. Peter hatte ein paar Knallfrösche dabei. Die wollten wir später ausprobieren. Sie gingen plötzlich los. Wir bekamen selbst einen großen Schrecken. Dann schimpften Sie aus dem Fenster. Meine Mutter war auch sehr ärgerlich. Ich habe drei Tage Hausarrest. Es tut mir sehr leid. Hoffentlich darf ich Ihnen wieder beim Modellbahnbauen helfen.

Viele Grüße
von Ihrem Nachbarn Thomas

**Verknüpfungswörter**
(Konjunktionen und Adverbien)

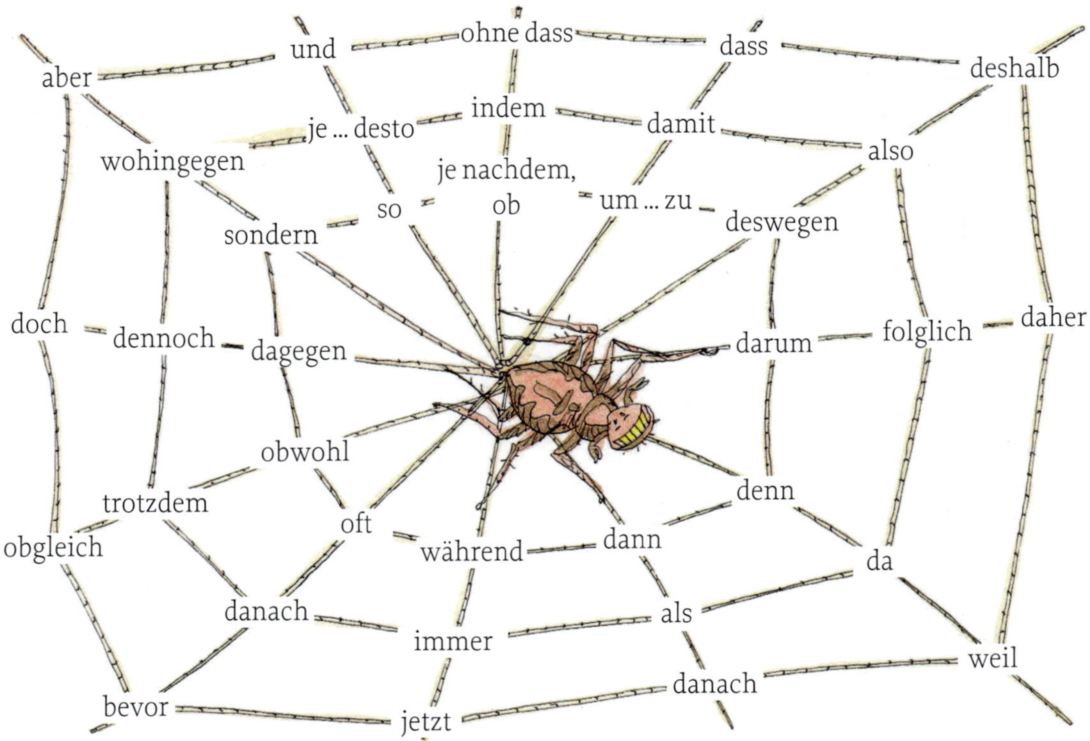

Der 11-jährige Robert hat von seiner Großmutter zum Geburtstag 25 Euro geschenkt bekommen. Er schreibt ihr daraufhin folgenden Brief:

*Hey Oma!*
*Mama hat gesagt, ich soll mich bei dir bedanken für die 25 Euro.*
*Du weißt schon, die 25 Euro, die du zu meinem Geburtstag hast springen lassen. Habe mir gleich 2 CDs dafür gekauft.*
*Von den „No Angels". Du kennst sie ja sicher. Sind klasse Girls.*
*Ich stehe voll auf die. Eigentlich hätte ich mir ja lieber einen tragbaren CD-Spieler gekauft. Aber da haben deine 25 Euro nicht gereicht.*
*Zu Weihnachten wünsche ich mir einen solchen von dir.*
*Neue Lautsprecher für meinen PC brauche ich auch. Die alten Boxen gehen mir schon lange auf den Geist. Mama sagt, am Heiligen Abend kommst du uns besuchen und übernachtest bei uns. Du wirst in meinem Zimmer schlafen. Da muss ich vorher aber noch aufräumen. Das wird ein hartes Stück Arbeit für mich. Bleibst du länger als eine Nacht?*
*Robert*

**3** *a) Versetzt euch in die Situation der Großmutter. Wie wird sie reagieren, wenn sie diesen Brief liest?*
*b) Überlegt, was an dem Brief inhaltlich und sprachlich verändert werden sollte.*
*c) Schreibt anstelle von Robert einen Dankbrief, über den sich die Großmutter freuen würde.*

# Als es noch keine Briefmarken gab

## Wer schrieb den ersten Brief?

Vor rund 5000 Jahren wurde die Schrift erfunden. Sie entwickelte sich aus der „Buchführung" der sumerischen Steuereinnehmer und verbreitete sich rasch in alle Kulturländer der damaligen Zeit. Die Bildzeichen dienten anfangs vorwiegend der Verwaltung und Wirtschaft – der größte Teil der ältesten Tontafeln, die ausgegraben wurden, zeigt Rechnungen und statistische Angaben. Die Herrscher der Länder nutzten diese wunderbare Erfindung Schrift aber auch, um damit wichtige Ereignisse auf Denkmälern zu verewigen, um ihre Erlasse auf steinernen Säulen und Tafeln zu verkünden. Grabstätten wurden mit den Namen der Verstorbenen und mit kultischen Sprüchen beschrieben.

Eines Tages aber hatte ein Mann eine neue Idee: Er schrieb einen Brief. Heute klingt das ganz alltäglich, aber damals war es eine Sensation. Denn bis dahin war noch niemand auf den Gedanken gekommen, einem anderen einzelnen Menschen etwas schriftlich mitzuteilen. Wir wissen nicht, wer es war, der diesen ersten Brief schrieb. Vermutlich war es ein König, der eine Botschaft, wie sie vorher seine Boten nur mündlich überbrachten, einem anderen Herrscher schriftlich zustellen ließ. Bestimmt geschah es im Vorderen Orient.

Vieles spricht dafür, dass der erste Briefschreiber ein Ägypter war. Die Ägypter waren zu jener Zeit das schreibfreudigste Volk der Erde. Fast gleichzeitig mit der Entwicklung ihrer Hieroglyphenschrift erfanden sie den Papyrus. Beschrieben wurde er mit schwarzer oder roter Tinte, die aus Ruß oder Ocker, mit Wasser vermischt, hergestellt wurde. Daneben schrieb man aber auch auf Tontäfelchen oder Kalksteinscherben, denn Papyrus war sehr teuer.

## Wo gab es die erste Post?

Bei den reichen Ägyptern wurde es bald Mode, Briefe zu schreiben. Und das brachte einen klugen Mann auf eine neue revolutionäre Idee. Warum, so überlegte er, soll ein Bote immer nur mit einem einzigen Brief loslaufen? Er könnte doch die Briefe der Nachbarn mitnehmen, dann brauchte nicht jeder einen seiner Sklaven tagelang zu entbehren. So geschah es – und natürlich ließ der Besitzer des Boten sich den Transport fremder Briefe bezahlen. So begann es mit der Post.

Aus alten Dokumenten weiß man, dass es in Ägypten schon 1200 Jahre v. Chr. regelmäßigen Postverkehr gab. Von der Hauptstadt Memphis führten Straßen nach Karthago, nach Äthiopien, ja selbst bis Indien – und auf all diesen Straßen eilten nun Boten hin und her – die ersten Briefträger der Welt. Und von dieser Zeit an ist der Postbote ein geachteter und anerkannter Beruf.

## Wie sahen die ersten Geheimbriefe aus?

Die ersten Geheimbriefe wurden auf Papyrus geschrieben. Das machte man so: Ein Papyrusstreifen wurde schräg um einen runden Holzstab gewickelt. Der Durchmesser dieses Stabes war nur dem Absender und dem Empfänger des Briefes bekannt. Auf die so entstandene Oberfläche schrieb der Absender seinen Brief und wickelte dann das Briefpapier von dem Stab. Der Empfänger hatte einen gleich dicken Stab. Um diesen wickelte er den empfangenen Brief und schon setzten sich die verstümmelten Zeichen wieder zu lesbaren Hieroglyphen zusammen. Mit unserer heutigen Schrift würde es uns nicht schwerfallen, einen auf solche Weise geschriebenen Brief zu entschlüsseln, auch wenn wir die Dicke des Stabes nicht kennen. Man muss jedoch bedenken, dass die frühe Schrift aus Bildzeichen bestand, die schon normalerweise nicht so leicht zu „lesen" waren – man musste jedes Zeichen deuten und außerdem den Sinnzusammenhang von einem zum nächsten herausfinden.

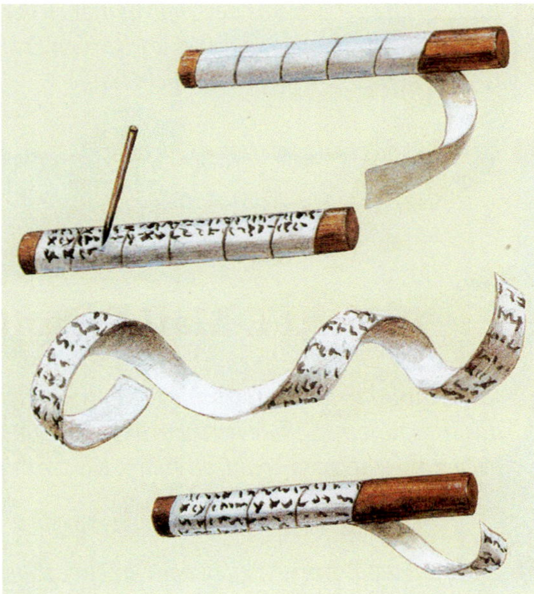

*So sahen die Geheimbriefe der alten orientalischen Herrscher aus: Ein Papyrusstreifen wurde auf einen Stab gewickelt, das Papier beschrieben und abgewickelt. Wenn der Empfänger den Streifen auf einen Stab gleicher Dicke wickelte, konnte er die Geheimbotschaft entziffern.*

## Aus dem Guinness-Buch der Rekorde (1995)

**Längste und meiste Briefe:** Der Japaner Vichi Noda, der seinem Land als stellvertretender Finanzminister und als Bauminister gedient hat, schrieb auf seinen Auslandsreisen stets lange Briefe an seine bettlägerige Frau – insgesamt 1307 vom Juli 1961 bis zu ihrem Tod im März 1985.
Diese Briefe, in denen Noda nahezu 50 000 Persönlichkeiten aus aller Welt schilderte, wurden inzwischen veröffentlicht: Sie füllen 35 Bände und umfassen alles in allem 12 401 Seiten.
**Die kürzeste Korrespondenz** war die zwischen dem französischen Dichter Victor Hugo (1802–85) und seinen Verlegern Hurst und Blackett im Jahr 1862. Der Schriftsteller war im Urlaub und wollte wissen, wie sich sein neuer Roman *Les Miserables (Die Elenden)* verkaufte. Er schrieb „?", die Antwort war „!".
**Auf der größten Postkarte** (40 m lang, 2,5 m hoch) hatte die Jungwacht St. Anton, Ibach (CH) ihre Jungwacht- und Blauringparole *Kindervirus* gemalt und sie am 27. Oktober 1993 zur Post in Ibach gebracht, um sie an die Bundesleitung nach Luzern zu senden.
**Weihnachtsgrüße:** Seit 1929 haben Frank Rose aus Burnaby in British Columbia (Kanada) und Gordon Loutet aus Lake Cowichan in British Columbia dieselbe Weihnachtskarte ausgetauscht.
**Die kleinste Postkarte** verschickte Andreas Diekmann aus Pirmasens am 29. Dezember 1993. Die Maße der Karte: 19 x 22 mm.
**Riesenbrief:** Noch immer im türkischen Staatsministerium zu bewundern ist der größte Brief der Welt. Ihn schrieb der Kaiser von Persien seinem Freund, dem Sultan Soliman. Er war sage und schreibe neun Meter lang und sieben Meter breit.

**1** *Entwickelt ein Quiz aus den Informationen der Texte auf S. 46–48:*
*a) Erstellt in Gruppenarbeit eine Liste von Fragen.*
*b) Legt gemeinsam die Spielregeln fest.*

**2** *Ihr könnt das Quiz mit euren Nachbarklassen, aber auch mit Freunden oder Verwandten durchführen.*

# Projekt E-Mail-Freundschaft

**1** *Jede Schule hat heutzutage eine E-Mail-Adresse. Sucht über das Internet eine Schule in einem anderen Bundesland, bei der ihr anfragen könnt, ob eine 5. Klasse mit euch eine „E-Mail-Freundschaft" eingehen will.*

**2** *Entwerft dazu einen Text, in dem ihr eure Klasse und Schule vorstellt.*

**3** *Gebt nicht gleich auf, wenn ihr beim ersten Mal eine Absage bekommt. Probiert es an einer anderen Schule.*
*Mit etwas Engagement und Glück kann so eine „E-Mail-Freundschaft" die gesamte Schulzeit andauern.*

# 4 Wir erzählen erlebte und erfundene Geschichten

## 4.1 Tierische Geschichten

### Erlebniserzählungen

**1** *Überlegt euch Geschichten, mit denen ihr an diesem Erzählwettbewerb teilnehmen könntet, und erzählt sie in der Klasse.*

**2** *Tragt zusammen, was ihr bereits über das Geschichtenerzählen wisst: Was kann man erzählen? Wie erzählt man Geschichten besonders gut? Wie macht man sie spannend und mitreißend?*

Barbara, Kerstin, Thomas und Florian gehören zur Jury des Erzählwettbewerbs. Sie müssen aus den vielen Einsendungen die besten Geschichten auswählen.

BARBARA: Wie sollen wir nur entscheiden, welche die beste Geschichte ist? Die meisten haben ja tolle Einfälle!

THOMAS: Ja, aber es kommt eben darauf an, wie eine Geschichte erzählt ist.

KERSTIN: Also ich finde die lustig, in der ein Vogel Strauß einen Tierpfleger jagt.

FLORIAN: Da musste ich auch lachen. Aber das kommt ja ganz am Anfang und leider nur sehr kurz. Dann werden noch viele verschiedene Tiere in ihren Gehegen beschrieben, da wird es ziemlich langweilig.

BARBARA: Und bis man erst herauskriegt, dass das alles bei einem Schulausflug in den Nürnberger Tiergarten passiert! Da ist doch einiges durcheinandergeraten.

KERSTIN: Immerhin ein witziges Erlebnis mit einem Tier. Eine andere Geschichte spielt ebenfalls im Zoo. Zuerst macht einen der Erzähler richtig neugierig. Schließlich stellt sich heraus, dass er sich dort verlaufen hat, ein Tier kommt allerdings nicht vor. Der hätte sich genauso gut im Wald oder in einem Supermarkt verirren können.

THOMAS: Na, der liegt ja dann wohl voll daneben! Da ist die Geschichte noch besser, in der einer von einer Safari in Afrika erzählt, bei der er erst mit einem Löwen kämpft und dann einem Nashorn davonläuft. Die Flucht ist sehr spannend.

BARBARA: Na hör mal, so etwas erlebt man doch nicht wirklich!

FLORIAN: Außerdem hört sie so plötzlich auf. Man weiß gar nicht recht, wie das ausgeht.

KERSTIN: Ja, einen Abschluss muss so eine Geschichte schon haben. Was haltet ihr denn von der, in der ein Mädchen erzählt, wie sie und ihre Familie ein entlaufenes Kaninchen einfangen?

THOMAS: Ach, das ist doch nichts Aufregendes. Meinem Opa entwischt jede Woche mal eines und dann müssen Oma und er oft im Gebüsch herumkriechen.

KERSTIN: Siehst du, das klingt doch lustig! Außerdem muss man nicht immer etwas Außergewöhnliches erzählen. Wichtig ist doch, wie eine Geschichte erzählt wird, das hast du selbst gesagt!

BARBARA: Stimmt, und die mit dem Kaninchen ist toll! Vor allem gefällt mir, dass sich die Erzählerin so viele verschiedene Namen für das Tier überlegt hat, zum Beispiel „Langohr, Meister Lampe, Mümmelmann“ ...

FLORIAN: Schon richtig, nur suchen da auf einmal Leute mit, wie der Nachbar und eine Tante aus Hamburg, aber man erfährt nicht, woher sie plötzlich kommen. In der Einleitung jedenfalls wird nichts davon erwähnt.

THOMAS: Hört mal zu! Da habe ich noch eine Geschichte: „Wenn die Katze zu dick ist“ (▷ S. 51). Die ist super.

**3** *Welche grundlegenden Regeln des Erzählens besprechen die Jurymitglieder in diesem Gespräch? Stellt sie auf einem Plakat zusammen.*

## Wenn die Katze zu dick ist

„Warum hat mich denn Minka heute nicht geweckt?“, dachte ich verwundert und rieb mir verschlafen die Augen. Sonst kam meine Katze Minka jeden Sonntagmorgen an mein Bett und weckte mich, indem sie mit ihrer Pfote behutsam über mein Gesicht strich. Aber heute hatte mich Minka nicht begrüßt.

Das war ungewöhnlich. Über Nacht blieb unsere Katze eigentlich nie draußen. „Hoffentlich ist ihr nichts passiert“, murmelte ich leise vor mich hin und beschloss, im Garten nach ihr zu suchen.

„Minka! Minka, wo bist du?“, rief ich immer wieder. Doch ich bekam keine Antwort in der Minka-Sprache. Nun versuchte ich es mit einer Methode, die bisher immer geklappt hatte. Ich trommelte mit den Fingern an Minkas Futternapf und lockte: „Minka! Fresschen!“

Minka kam nicht. Jetzt wurde ich allmählich unruhig. Angespannt lauschte ich in alle Richtungen. Nichts war zu hören.

Doch da! Klang das nicht wie ein leises Miauen? Schnell eilte ich zu der Stelle, wo ich Minka zu hören glaubte. Das Miauen wurde tatsächlich lauter. Es kam vom Nachbargrundstück und hörte sich seltsam dumpf an. Aufgeregt rannte ich in den Nachbargarten hinüber. Wieder ertönte das dumpfe Miauen, aber ich konnte Minka einfach nicht finden. Ich suchte überall, hinter Büschen und sogar hinter einem Stapel von Metallrohren, die der Nachbar im Garten gelagert hatte. Da ahnte ich auf einmal, was passiert war: „Die Rohre! Minka steckt fest!“ Wieso war ich da nicht schon vorher drauf gekommen? Hastig blickte ich in eine Röhre nach der anderen. Plötzlich leuchteten mir aus dem dunklen Röhreninneren Katzenaugen entgegen. „Minka! Endlich habe ich dich gefunden“, seufzte ich.

Aber gleich darauf wurde mir klar, dass Minka ja noch nicht gerettet war. Ich musste sie befreien. „Wie bekomme ich dich da nur heraus?“, dachte ich verzweifelt. Minkas Miauen wurde immer klagender. Ich musste schnellstens etwas unternehmen. „Der Nachbar! Er kann mir vielleicht helfen“, fiel es mir ein. Sofort lief ich zur Haustür, läutete Sturm und schilderte dem verdutzten Nachbarn Minkas Notlage. Er dachte kurz nach und erklärte mir: „Wir müssen das Rohr mit einer Eisensäge abschneiden.“ Schnell holte er eine solche Säge. Ganz vorsichtig begann er zu sägen. Ich bangte um Minka und hatte nur den einen Gedanken: „Hoffentlich verletzt er sie nicht!“

Meine Hände waren schon ganz feucht. Am liebsten hätte ich mir die Ohren zugehalten, denn ich konnte Minkas verzweifeltes Miauen kaum noch ertragen.

„Jetzt ist es gleich so weit. Es wird schon gutgehen“, beruhigte mich der Nachbar. Behutsam machte er die letzten Sägebewegungen.

„Jetzt fass mal mit an!“, trug er mir auf. Gemeinsam entfernten wir das abgesägte Rohrstück. Minkas Kopf war frei. Zuerst schaute sie ganz verdutzt, dann stemmte sie die Pfoten gegen den Rohrrand und ruckelte kräftig mit dem Körper hin und her.

Ein kleines Stückchen noch – und da war sie draußen. Erschöpft ließ sie sich auf den Boden plumpsen. Voller Erleichterung nahm ich sie in den Arm und drückte sie fest an mich.

„Minka, ich habe dir immer gesagt, du bist zu dick. Das hast du nun davon“, ermahnte ich sie scherzhaft, als ich sie in unser Haus trug.

Aber ich war so froh, dass Minka gerettet war, und häufte ihr deshalb eine Riesenportion Futter in ihren Napf. „Lieber eine dicke Minka als keine Minka“, sagte ich mir.

**4** a) *Begründet, warum die Jury diese Geschichte für gelungen hält.*
b) *Beschreibt den Aufbau der Geschichte. Zeichnet den Spannungsverlauf der Geschichte in Form einer „Spannungskurve“.*

**!**

**Der Aufbau einer Erlebniserzählung**

Eine **Erlebniserzählung** gliedert sich in drei Teile: **Einleitung, Hauptteil** und **Schluss.** Im Hauptteil führen mehrere **Erzählschritte** zum **Höhepunkt** hin. Zeichnet man den Aufbau der Geschichte nach, entsteht die so genannte **„Spannungsmaus“**.

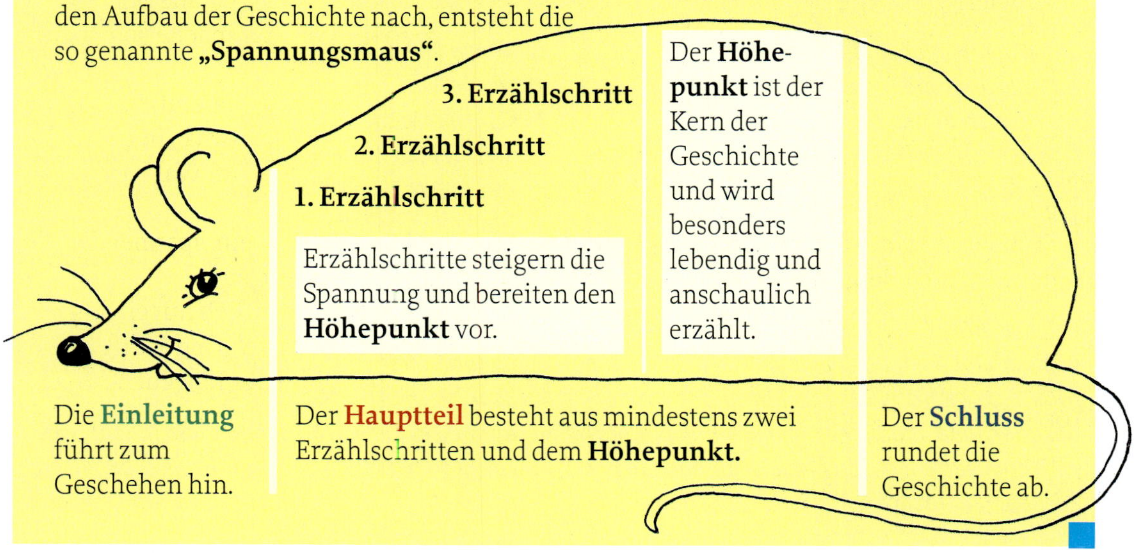


**5** *Unterteilt die Geschichte „Wenn die Katze zu dick ist“ (*▷ *S. 51)* *in Sinnabschnitte. Findet jeweils eine kurze Überschrift und übertragt sie in das Schema der Spannungsmaus.*

**6** *Manche Geschichten sehen als „Maus“ sehr ungewöhnlich aus.*
*a) Beschreibt den Aufbau der folgenden Geschichten.*
*b) Erklärt, warum diese Geschichten den Leserinnen und Lesern wahrscheinlich nicht so gut gefallen.*

„Berg-und-Talmaus“

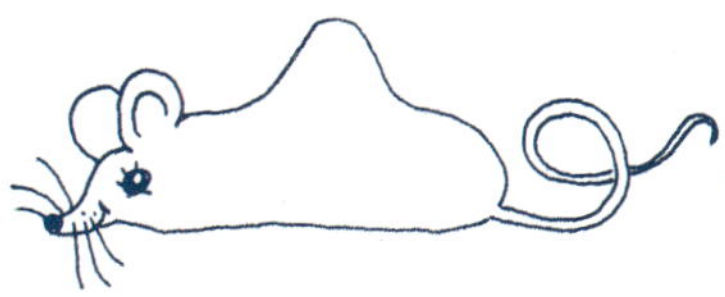
„Höckermaus“

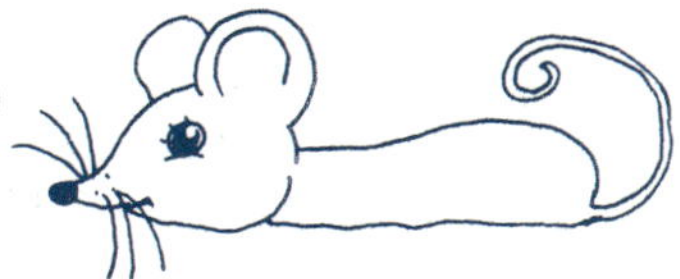
„Kopfmaus“

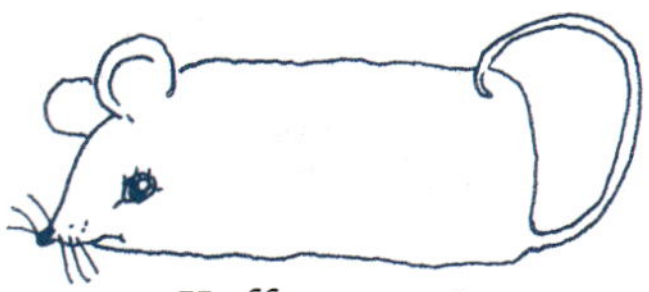
„Koffermaus“

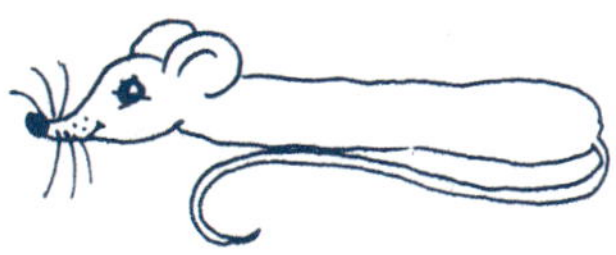
„Plattmaus“

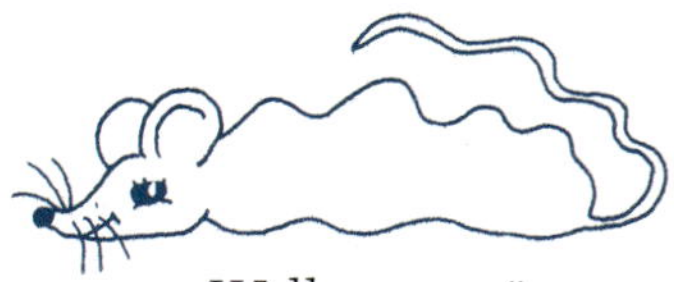
„Wellenmaus“

**7** *Welche Mäuse lassen sich den Geschichten zuordnen, die die Jurymitglieder in ihrem Gespräch erwähnen (*▷ *S. 50)**?*

**8** *Schreibt zu einer der von der Jury angesprochenen Geschichten eine Erlebniserzählung nach dem Schema der Spannungsmaus.*

Barbara, Kerstin, Thomas und Florian lesen noch weitere Wettbewerbsbeiträge:

THOMAS: Es ist gar nicht so einfach, den richtigen Einstieg in eine Geschichte zu finden.

KERSTIN: Ja, für mich ist das auch immer der schwierigste Teil eines Aufsatzes. Schließlich soll der Leser erfahren, wann, wo, was passieren soll und wer dabei ist. Und dabei soll er noch auf das Ereignis neugierig gemacht werden.

BARBARA: Manche machen das aber wirklich gut. Hier zum Beispiel: „Schon seit fast zwei Stunden stiegen wir den Ochsenkopf, einen der höchsten Berge des Fichtelgebirges, hinauf. Niemand in unserer Klasse hatte gedacht, dass der diesjährige Wandertag so anstrengend werden würde ...“

FLORIAN: Also ich fange eine Erzählung immer mit einer wörtlichen Rede an.

KERSTIN: Aha, du Schlaumeier machst es dir ja leicht! Passt denn dieses Muster jedes Mal?

FLORIAN: Na ja, meistens, aber den Schluss finde ich schlimmer. Dazu fällt mir entweder gleich eine neue Geschichte ein oder nur ein Satz wie „Das ist gerade noch mal gutgegangen“ und „Das mache ich bestimmt nie wieder“.

THOMAS: Das ist wirklich ziemlich langweilig. Schöner finde ich so etwas: „In Zukunft nehme ich meinen Hund im Wald immer an die Leine.“

BARBARA: Für mich ist ein spannender Höhepunkt das Schwierigste.

FLORIAN: Das ist ja eigentlich nur ein kurzer Augenblick, zum Beispiel „Und dann entdeckten wir in der Höhle drei Kätzchen“. Aber was im Einzelnen abläuft, kann man wie einen Fächer entfalten. Das lese ich euch mal vor:

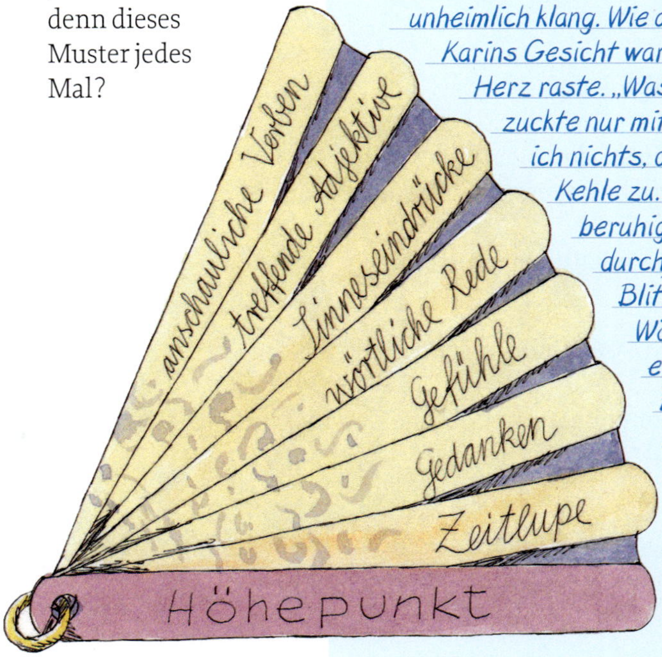


*Plötzlich hörten wir ein Wimmern, das in der Höhle unheimlich klang. Wie angewurzelt blieben wir stehen. Karins Gesicht war weiß wie eine Wand und mein Herz raste. „Was war das?“, flüsterte Karin. Ich zuckte nur mit den Schultern. Sagen konnte ich nichts, denn die Angst schnürte mir die Kehle zu. „Gespenster gibt es nicht“, beruhigte ich mich selbst, doch da durchfuhr mich ein Gedanke wie ein Blitz: „Hat uns der Lehrer nicht von Wölfen im Bayerischen Wald erzählt?“ Ich schrie auf und das Echo meiner Stimme hallte mehrfach von den feuchten Wänden zurück. Von Panik gepackt wollte ich weglaufen, doch auf einmal hörte ich Karin leise lachen. „Psst! Schau mal“, wisperte sie, „so süße Gespenster!“*

*Ich drehte mich erstaunt um und sah, wie meine Freundin vorsichtig in eine Ecke schlich. Da rekelten sich drei niedliche, fast noch blinde Katzenkinder. Erleichtert atmete ich auf und folgte ihr.*

**9** *Untersucht den Ablauf des Höhepunkts genau, indem ihr die einzelnen Eindrücke und Vorgänge den Blättern des Fächers zuordnet.*

**10** *Welche Aufgaben müssen Einleitung und Schluss einer Erzählung erfüllen? Stellt verschiedene Möglichkeiten, wie Einleitung und Schluss einer Erzählung gestaltet sein können, in einem Ideenstern zusammen. Bezieht dazu auch Informationen aus dem Gespräch der Jury (▷ S. 53) mit ein.*

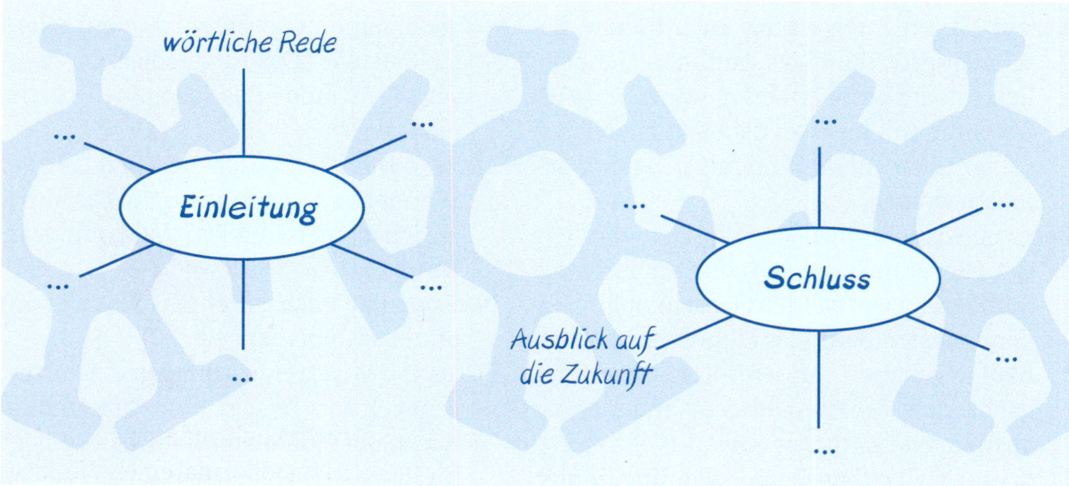


**11** *a) Vergleicht in der Klasse Einleitungs- und Schlussteile der Erzählungen, die ihr bisher geschrieben habt.*
*b) Probiert zu einem Thema verschiedene Möglichkeiten aus.*

**!**

Beachte bei der **Erlebniserzählung** folgende Regeln:

- Erzähle, was du wirklich erlebt hast oder erlebt haben könntest.
- Erzähle nur **ein Erlebnis;** das Erlebnis muss zum **Thema** passen.

- Achte auf einen klar gegliederten inhaltlichen **Aufbau:**

**Einleitung**
Sie führt kurz zum Geschehen hin und sollte folgende Fragen beantworten:
- **Wer** sind die Hauptpersonen?
- **Wann** und in welchem Zusammenhang hat sich die Geschichte ereignet?
- **Wo** spielt sie?

**Hauptteil**
Mehrere Erzählschritte bauen Spannung auf und bereiten den Höhepunkt vor. Gestalte den **Höhepunkt** besonders anschaulich und lebendig aus.

**Schluss**
Er rundet die Erzählung ab.

- Achte auf **abwechslungsreiche Sprache.**
- Erzähle im **Präteritum** (1. Vergangenheit).
- Die Ich-Form eignet sich zum Erzählen von Erlebnissen besonders gut.

# Fantasieerzählungen

Die Jury des Erzählwettbewerbs hat auch eine ganz eigenartige Einsendung erhalten:

THOMAS: Was sagt ihr denn zu der Geschichte von dem Kranich? Die ist doch klasse, aber irgendwie ganz anders als die anderen.

BARBARA: Das kann man wohl sagen! Die ist im wahrsten Sinn des Wortes fantastisch!

KERSTIN: Was meinst du denn damit? Also mir gefällt sie.

FLORIAN: Die ist wirklich außergewöhnlich. Die Schülerzeitung sollte mal einen Wettbewerb für Fantasieerzählungen ausschreiben.

KERSTIN: Wieso? Was ist denn so Besonderes daran?

BARBARA: Das wirst du gleich merken. Lies mal vor, Thomas.

## Ein Bronzekranich wird lebendig

*Die Kinder stürmten, wie jeden Morgen kurz vor Schulbeginn, lärmend die Stufen zum Eingang der Schule hinauf. Nur das kleine, blonde Mädchen, das sonst immer so fröhlich mit seinen Freundinnen schwatzte, schlich heute mit hängendem Kopf und traurigen Augen vorüber. Es strich mir diesmal beim Vorbeigehen auch nicht über meinen rostigen Schnabel. „Was hast du denn?", wollte ich es fragen. Aber das ging natürlich nicht, denn ich bin ein Kranich aus Bronze und stehe im Schulhof immer am gleichen Fleck.*

*An diesem Tag ärgerte mich das ganz besonders. Wie gern hätte ich das kleine Mädchen getröstet. Auf einmal juckte es mich gewaltig in den Beinen. Und plötzlich konnte ich sie bewegen. Erstaunt hob ich zuerst das eine Bein, dann das*

*andere. Vorsichtig wagte ich den ersten Schritt. Meine Gelenke quietschten fürchterlich und die Beine waren noch ganz steif, aber von Schritt zu Schritt fühlte ich mich sicherer. Mir blieb keine Zeit, mich lange zu wundern, was mit mir passiert war. Ich wollte ja das kleine Mädchen trösten und das verschwand gerade hinter der großen Eingangstür im Schulgebäude. So schnell wie möglich stakste ich die letzten Stufen hinauf und schaffte es gerade noch, durch die Schwingtür zu schlüpfen, bevor sie hinter mir zufiel. Die Eingangshalle war leer. Der Unterricht hatte wohl schon begonnen. Wo sollte ich das Mädchen suchen? Ich wusste es nicht. Enttäuscht wollte ich umkehren.*

*Auf einmal öffnete sich eine der Türen und viele kleine Knirpse drängelten johlend aus dem Zimmer. „He, schau mal, da ist ja einer der Schulhofkraniche!“, rief jemand ganz laut. „Das gibt es doch nicht! Du siehst wohl Gespenster!“, kreischte ein anderer. Jetzt entdeckten mich auch die restlichen Schüler der Klasse. Sie schrien laut durcheinander, fuchtelten mit den Armen und rannten auf mich zu. Vor Schreck taumelte ich rückwärts.*

*„Nichts wie weg hier!“, dachte ich verzweifelt. Unbeholfen drehte ich mich um. Die lärmende Meute kam näher. Steifbeinig tapste ich den Gang entlang, so schnell es nur ging. „Bald habe ich es geschafft“, keuchte ich. „Jetzt nur noch durch die Eingangshalle!“ Schon konnte ich meine Kranichkameraden draußen erkennen. Plötzlich klirrte es ganz schrecklich. Scherben flogen und ich plumpste polternd auf die Steinfliesen. Benommen rappelte ich mich auf. „Nun habe ich doch tatsächlich die gläserne Eingangstüre übersehen“, ächzte ich und konnte nicht fassen, was passiert war. Ärgerlich betrachtete ich die Bescherung. Tausende von Scherben lagen um mich herum verstreut. Aber mittendrin entdeckte ich noch einen anderen Gegenstand, der mir irgendwie bekannt vorkam. Ich traute meinen Augen kaum. „Mein Schnabel!“, schoss es mir durch den Kopf. Er war bei dem Sturz abgebrochen. Traurig befühlte ich mit dem Flügel meinen kümmerlichen Schnabelstumpf. Und auf meinen Schnabel war ich doch immer so stolz gewesen. „Hoffentlich montiert ihn mir der Hausmeister bald wieder an“, dachte ich niedergeschlagen und stellte mich zurück an meinen alten Platz zu den Kranichkameraden.*

*Als mittags die Schüler aus dem Gebäude strömten, sah ich, dass das kleine, blonde Mädchen wieder lachte. „Dann habe ich doch eine Drei bekommen. Und ich hatte solche Angst vor einer schlechten Note gehabt“, hörte ich es erzählen. Das war es also gewesen, was es am Morgen so bedrückt hatte. Als ich das Mädchen so fröhlich an mir vorbeigehen sah, wurde auch ich ein bisschen heiterer und hoffte: „Bald wird es mir wieder über meine Schnabelspitze streichen können. Ganz bald.“*

**1** a) *Wodurch unterscheidet sich diese Geschichte von einer Erlebniserzählung wie z. B. „Wenn die Katze zu dick ist“ (*▷ *S. 51**)?*

b) *Untersucht den Aufbau und die sprachliche Gestaltung der Geschichte. Was erscheint euch daran besonders gelungen?*

**2** *a) Schreibt selbst eine Fantasiegeschichte zu einem der folgenden Themen:*

*Da stand ich auf einmal im Rampenlicht – Ein Zirkustier erzählt von einem ungewöhnlichen Auftritt*

*Besuch aus dem All*

*In eurem Wohnort oder Stadtteil gibt es sicher auch ein interessantes Standbild.*
*Erfindet dazu eine aufregende oder lustige Fantasiegeschichte.*

*b) Ihr könnt eure Geschichten am PC gestalten und für alle vervielfältigen.*

**!**

Beachte beim Schreiben von **Fantasieerzählungen** die folgenden Regeln:

- In Fantasiegeschichten passieren **ungewöhnliche Dinge,** wie sie in der Wirklichkeit nicht geschehen. Häufig treten **seltsame Wesen** (Zauberer, Hexen, Riesen) auf, Tiere und Gegenstände können sprechen.
- Zu viel Außergewöhnliches macht die Erzählung aber unübersichtlich und unverständlich. Deshalb musst du darauf achten, dass auch in einer Fantasiegeschichte die **Personen, Gegenstände und Ereignisse zueinander passen** und **das Geschehen in logischer Reihenfolge** abläuft. (Zum Beispiel wären Marsmännchen in der Kranichgeschichte fehl am Platz.)

Für die Fantasieerzählung gelten zudem die Regeln des Erzählens:

- Erzähle nur **ein Erlebnis,** das zum **Thema** passt.
- Gliedere die Geschichte in **Einleitung, Hauptteil** und **Schluss.**
- Führe in einigen Erzählschritten zum **Höhepunkt** hin.
- Gestalte den Höhepunkt lebendig aus.
- Wähle als Zeitstufe das **Präteritum.**
- Erzähle die Geschichte sprachlich **anschaulich** und **abwechslungsreich.**

**3** ***Märchen*** *sind Fantasiegeschichten mit besonderen Merkmalen. Erzählt selbst ein Märchen. Anregungen dazu findet ihr in Kapitel 10 (**▷ S. 168–182**).*

# 4.2 Von ungewöhnlichen Hausgenossen

Herbert Heckmann

## Pit kommt zu einem Hund

*Herbert Heckmann wurde 1930 in Frankfurt am Main geboren. Er schreibt Geschichten und Romane für Erwachsene und für Kinder, z. B. „Der kleine Fritz“ (1968), „Geschichten vom Löffelchen“ (1970) und „Der Sägemehlstreuer“ (1970).*

Pit hatte eine Zahnlücke und konnte über die Schulmauer spucken, einen Handstand machen und bis 50 unter Wasser bleiben, wenn man sehr schnell zählte. Pit war das, was Erwachsene eine Katastrophe nennen. Sie wagten kaum dorthin zu schauen, wo Pit gerade stand. Eigentlich stand er gar nicht, sondern balancierte auf einem Bein und juckte sich.
„Was hast du nur?“, fragten sie.
„Ich habe Ungeduld“, erwiderte Pit. Er hasste Antworten und fragte lieber selbst, sodass sein Vater sagte: „Ich bin kein wandelndes Lexikon.“
„Was ist ein Lexikon?“
„Wo das drinnen steht, was du nicht weißt.“
„Das muss aber ein dickes Buch sein.“
Pit war das einzige Kind eines einzigen Vaters und einer einzigen Mutter. Er ging in die zweite Klasse der Volksschule und konnte ein Ei malen, dass jedes Huhn vor Neid erblassen musste. Schon sehr lange wünschte er sich einen Hund, und zwar einen richtigen mit richtigen Zähnen. Frau Besen, die zwei Stockwerke tiefer wohnte, hatte einen Hund, der Caesar hieß und beinahe ein Pudel war. „Das ist kein Hund, sondern ein Kopfkissen“, sagte Pit. Auch sah er Frau Besen sehr ähnlich. Daraufhin nannte Pit sie Tante Caesar. Ob sie auch bellen kann?
„Wie willst du denn einen Hund ernähren?“, fragte die Mutter.
„Ach, der frisst sich schon durch.“
„Und wenn wir verhungern?“
„Dann geht der Hund für uns auf die Jagd.“
Pit bettelte und bettelte. „Wenn ich doch einen Hund hätte, wenn ich doch, wenn ich.“
Pit, der tagsüber keine Furcht kannte, zitterte jede Nacht vor Angst. Eine Schar kleiner Männchen hüpfte auf seiner Bettdecke umher, starrte ihn grimmig an und streckte ihm die Zunge heraus. Pit schloss die Augen, aber die Männchen gingen nicht weg.
„Verschwindet!“, schrie er und die Mutter rannte besorgt in sein Zimmer.
„Was fehlt dir?“
„Hier sind kleine Männchen.“
„Wo?“, fragte die Mutter.
„Die kann nur ich sehen.“
Die kleinen Männchen kamen jede Nacht. Pit machte kein Auge zu. „Ich brauche einen Hund. Der frisst sie auf.“
Der Vater jedoch hatte einen besseren Einfall. Er hängte das Bild eines dicken Polizisten über das Bett seines Sohnes und sagte: „Wenn sie wiederkommen, wird sie der Polizist verhaften.“
Aber Pit hängte das Bild wieder ab und warf es

in die Mülltonne. Als ihn sein Vater fragte, ob die kleinen Männchen wieder da gewesen wären, erwiderte Pit: „Ja, sie haben den Polizisten verhaftet. Ich muss einen Hund haben."

„Wir haben keinen Platz in der Wohnung."

„Ach, Paps, der Hund kann in meinem Bett schlafen."

„Da kriegst du Flöhe."

„Die schenke ich weiter."

Pit bekam keinen Hund, er sah auch keine kleinen Männchen mehr, aber dafür träumte er von Hunden, die so groß waren, dass, wenn sie bellten, die Schule zusammenstürzte. Aber wie das so ist, man wünscht sich etwas mit aller Macht, und gerade in dem Augenblick, in dem man den Wunsch schon fast vergessen hat, geht er in Erfüllung. Genauso erging es Pit. Eines Mittags, als die Uhren zwölf schlugen, traf Pit auf der Straße einen herrenlosen Hund, bei dem er nicht sicher war, ob der Kopf vorne oder hinten saß. Es war ein langhaariger Hund, größer als ein Dackel und kleiner als ein Pudel. Pit pfiff auf den Fingern und der Hund hob den Kopf, überraschenderweise dort, wo Pit den Schwanz vermutet hatte.

„He!", schrie Pit, aber er hätte wissen müssen, dass Hunde nicht reden können. Der Hund hob für einen Augenblick die haarigen Ohren und bellte. Es war die schönste Stimme, die Pit je bei einem Hund gehört hatte. Er ging vorsichtig auf das Tier zu und streckte seine Hand aus. Sofort begann der Hund mit dem Schwanz zu wedeln – oder war es der Kopf? Pit wusste immer noch nicht, wo der Kopf und wo der Schwanz saß. Erst als der Hund nach seiner Hand schnappte, wusste er Bescheid. „Du Feigling!", schrie er, meinte aber sich selbst.

Als er mit zitternden Knien weiterging, sah er über seine Schulter hinweg, wie ihm der Hund folgte: Wenn er stehen blieb, blieb auch der Hund stehen.

Das Schauspiel wiederholte sich, bis sie vor die Haustür gekommen waren.

„He!", sagte Pit und der Hund bellte nicht mehr. Er trottete hinter Pit die Treppe hoch und schnupperte an den Stufen.

„Wo hast du den Hund her?", fragte die Mutter.

„Wir sind uns auf der Straße begegnet", antwortete ihr Sohn und streichelte den Hund, der es ruhig geschehen ließ.

„Der geht ja rückwärts", rief die Mutter verwundert aus.

„Nein, der tarnt nur seinen Kopf."

„Wie heißt er denn?"

„Struwwelpaul."

„Warum nicht Struwwelpeter?"

„Den gibt's schon."

Der Vater war höchst erstaunt, als er nach Hause kam und auf seinem Sessel ein neues Kissen fand, das gar beißen konnte.

„Das ist Struwwelpaul", erklärte Pit und spreizte die Beine.

„Und wer ist das?"

„Das ist mein Hund." Der Vater ließ sich nur schwer bewegen, Struwwelpaul wenigstens für eine Nacht dazubehalten. Nicht länger.

„Wenn irgendetwas passiert, trägst du die Schuld", sagte er, und noch in derselben Nacht geschah sehr viel. Struwwelpaul sollte auf einer Matte im Gang schlafen. Er dachte aber nicht daran und jaulte, bis ihn der Vater ins Bad sperrte. Dort sprang Struwwelpaul in die Badewanne und kam nicht mehr heraus. Ein wütendes Gekläff schallte durch die Wohnung. Der Vater stürzte mit wehendem Nachthemd herbei und befreite Struwwelpaul aus einem Handtuch, in das er sich verbissen hatte. „Ich werfe ihn auf die Straße." Pit schlich aus seinem Zimmer zu der Stätte des Unheils, wo ihn der Hund schwanzwedelnd begrüßte.

„Ich nehme ihn in mein Zimmer." Der Vater hatte schon die Wohnungstür geöffnet.

„Er ist doch fremd hier", klagte Pit. Der Vater schimpfte noch eine Weile, dann ließ er seinem Sohn den Willen. Struwwelpaul folgte Pit mit hängenden Ohren. Wer jedoch glaubt, da-

mit wäre alles gut gewesen, irrt sich sehr, denn kaum waren die beiden im Zimmer, sang Struwwelpaul ein Schlaflied, dass selbst Caesar aufgeweckt wurde – und das wollte was heißen. Pit hatte einmal gehört, dass der Mond die Hunde zum Gesang verleite – und er zog den Vorhang noch fester zu, aber Struwwelpaul musste den Mond in den Knochen spüren, er bellte aus Leibeskräften. Pit wollte ihm die Schnauze zuhalten, ergriff jedoch in der Hast den Schwanz und das Bellen wurde noch lauter. Die Mutter riss die Tür auf und sah, wie sich ihr Sohn mit dem Hund auf dem Boden wälzte.
„Ich glaube, er ist ein Mondanbeter“, sagte Pit atemlos und stand auf. Struwwelpaul kroch unters Bett und knurrte. Auch diesmal setzte sich Pit mit Erfolg für seinen Freund ein. „Jetzt ist er muckshundestill. Hörst du, er schläft schon.“
Was aber wie ein Schnarchen klang, waren die Geräusche, die Struwwelpaul beim Zerreißen der Schuhe machte, die Pit jeden Abend unters Bett stellte. Für sie kam jede Hilfe zu spät. Pit knipste das Licht aus und hoffte, dass sich Struwwelpaul in der Dunkelheit beruhigen würde. Er sprang ins Bett und lauschte. Ein Knurren, Reißen und Kratzen ertönte. Wieder sprang Pit auf. Diesmal waren es seine Hose und sein Hemd, die in Fetzen herumlagen. Struwwelpaul hockte auf allen vieren da und schaute Pit aus halb verdeckten Augen an. Er schien glücklich zu sein, sehr glücklich.
„Wahrscheinlich hat er noch Hunger“, dachte Pit und schlich in die Küche um ein Stück Brot zu holen. Als er zurückkam, lag Struwwelpaul im Bett. Sein Fell zitterte behaglich. Pit kroch neben ihn unter die Bettdecke und versuchte seinen Nachbarn aus dem Bett zu stoßen. Struwwelpaul stemmte die Pfoten auf. So konnte das nicht weitergehen, aber es ging so weiter. Pit schlief erschöpft ein, neben ihm rumorte der nach Straße stinkende Struwwelpaul, der erst dann einschlief, als er das Federbett aufgerissen hatte, sodass die Federn im Zimmer herumflogen.
Am nächsten Morgen schloss Pit gleich wieder die Augen, als er das Unheil sah. Struwwelpaul schlief am Fußende und hatte eine Pfote über den Kopf gelegt. Pit schlug die Augen zum zweiten Mal auf, aber noch immer hatte er nicht den Mut aufzustehen. Struwwelpaul hatte seinem Namen Ehre gemacht, das ganze Zimmer war zerstruwwelt. Als die Mutter ihren Sohn wecken wollte, schrie sie auf und taumelte zurück.
„Was ist denn hier geschehen?“
„Struwwelpaul hat nach einem Schatz gegraben“, stammelte Pit, der sich nicht sehr wohl in seiner Haut fühlte.
„In deiner Hose?“, fragte die Mutter.
„Überall.“
Der Vater stürmte mit Rasierseife auf der Wange in das Zimmer. „Ich zähle bis drei, wenn dann der Hund nicht verschwunden ist, geschieht ein Unglück.“
Aber Struwwelpaul konnte nicht zählen und gähnte. Er hatte ein weiß gefiedertes Fell, jedoch machte der Vater nicht viel Federlesens und jagte ihn auf die Straße.
Pit musste in seinem Sonntagsstaat in die Schule gehen. Als er wieder nach Hause kam, saß Struwwelpaul vor der Tür und wedelte mit dem Schwanz.
„He!“, schrie Pit entgeistert. „Wenn ich dich mit hoch nehme, geht es uns schlecht.“

Struwwelpaul verstand die menschliche Sprache immer noch nicht und schlich sich hinter seinem Freund die Treppe hoch. Er wich Pit nicht mehr von der Seite. „Da siehst du, es ist mein Freund."
„Aber so viele Hemden und Hosen haben wir gar nicht, um ihn satt zu füttern", sagte die Mutter.
Mit der Zeit gewöhnte sich Struwwelpaul auch an Hundekuchen und Knochen. Schließlich ging sogar der Vater mit ihm spazieren. Pit hatte endlich einen Hund. „Ihr müsst beide zum Friseur", sagten die Leute auf der Straße.
„Wir tarnen uns", erwiderte Pit, der Struwwelpaul sehr ähnlich geworden war, und konnte vor Stolz kaum laufen.

**1** *Findet Gründe, warum sich Pit sehnlichst einen Hund wünscht und warum Struwwelpaul für ihn der richtige ist.*

**2** *Sucht die Stellen, die die Geschichte lustig machen. Könnt ihr erklären, warum sie lustig sind?*

**3** *Pits Eltern unterhalten sich darüber, ob Struwwelpaul bleiben darf. Entwerft ein Gespräch und spielt es nach.*

**4** *Schreibt eine Geschichte darüber, wie ihr zu einem Haustier gekommen seid. Haltet euch dabei an die Regeln einer Erlebniserzählung (**▷ S. 54**).*

Erich Kästner

## Das Schwein beim Frisör

*Erich Kästner (1899–1974), der in Dresden geboren wurde, sollte eigentlich Volksschullehrer werden. Stattdessen arbeitete er nach seiner Ausbildung für verschiedene Zeitungen und schrieb Gedichte, Erzählungen und Romane. Großen Erfolg hatte der Schriftsteller jedoch vor allem mit seinen Kinder- und Jugendbüchern „Emil und die Detektive", „Pünktchen und Anton", „Das fliegende Klassenzimmer" oder „Das doppelte Lottchen".*
*Erich Kästners Mutter, die er sehr liebte, war von Beruf Frisörin. Vielleicht hat auch sie von so einem Salon geträumt, wie Kästner ihn in der Erzählung „Das Schwein beim Frisör" beschreibt.*

Schon seit Wochen hingen dem kleinen Berthold die Haare über den Kragen, und seine Mutter überlegte sich, wie sie ihn zum Frisör kriegen könnte. Sie sagte, er sähe wie ein Mädchen aus, und lauter ähnlich kränkende Dinge. Aber Berthold, obwohl er sonst ziemlich brav war, schüttelte den Kopf und antwortete immer: „Wenn ich doch nicht mag!" Das machte: Ihm fehlte der Vater, denn der war früh gestorben. Und außerdem ließ sich der Junge lieber drei Backenzähne ziehen als einmal die Haare schneiden. Na ja, so war er eben.
Da kam der Mutter eine Idee. Sie versprach dem Jungen, sie wolle mit ihm zum „Frisör am Zoo"

gehen. Damit war Berthold sofort einverstanden. Der „Frisör am Zoo" war nämlich etwas besonders Feines. Erst mussten sie durch den Herrensalon. Hier wurde mit Schlagsahne eingeseift und rasiert, und Berthold schimpfte innerlich, weil er noch keinen Bart hatte. Dann war ein Herr da, der ärgerte sich über seine abstehenden Ohren. Und da ließ er sich mit Brennscheren, mit denen man sonst die Haare umlegt, seine Ohren so lange biegen, bis sie ordentlich und glatt am Kopf anlagen. Einem alten Herrn, der eine große Glatze hatte, wurde Haarsamen auf die kahle Billardkugel gesät; dann kam ein Gehilfe mit einer Gießkanne, begoss den Kopf, und schon krochen die ersten Haarspitzen aus dem Schädel. Berthold lachte und fragte, ob auch noch Blumen herauswüchsen. Da wurde der Herr böse. Und die Mutter zog den Jungen schnell fort.

Im Kinderzimmer vom „Frisör am Zoo" war es noch viel großartiger. Vor jedem Spiegel stand ein Tier, ein lebendiges, versteht sich, und da stiegen die Kinder in den Sattel und klopften den Tieren auf den Rücken, fütterten sie, kraulten sie hinter den Ohren und merkten so kaum, dass ihnen inzwischen ein Frisörgehilfe das Haar schnitt.

Es gab da ein Pony, einen Esel, ein Schwein, einen Hirsch, einen jungen Elefanten, einen Bernhardinerhund und ein zahmes Einhorn.

Als Berthold kam, waren schon mehrere Kinder da, und nur das Schwein lag noch auf dem Teppich und grunzte. Es war auf Kinder nicht gut zu sprechen, weil die überallhin lieber wollten als auf ein Schwein. Berthold wollte auch nicht darauf und das Schwein dachte bei sich: Dafür werde ich dich ärgern!

Kurz und gut, das Schwein wurde gesattelt und Berthold musste hinaufklettern. Als er oben saß, kam auch schon der Frisör mit einer Schere und einem Kamm und fing an, die Haare auf der linken Seite wegzuschneiden. Plötzlich trat das Schwein von einem Bein aufs andere und verlangte: „Streichle mich!" Aber der Junge schüttelte den Kopf. Dabei tat ihm die Schere des Frisörs weh. Er stieß versehentlich dem Schwein in die Flanken, und das begann sofort, wütend im Salon hin- und herzurennen.

Der Frisör setzte sich hinter dem Jungen auf den Schweinerücken und versuchte, im Haarschneiden fortzufahren. Das Schwein lief wie angestochen umher und machte alle übrigen Tiere furchtbar nervös. Die schimpften sehr, und das Einhorn drehte sich um und kitzelte das Schwein mit dem Horn. Da quiekte das Schwein, rannte zur Tür hinaus, durch den Herrensalon, die Treppe hinunter und auf die Straße.

Könnt ihr euch vorstellen, wie das aussah? Ein Schwein mit einem Jungen auf dem Rücken, dem die linke Hälfte der Haare weggeschnitten war? Es sah zum Schreien aus.

Die Straßenbahnen standen auf der Stelle still. Ein Autobus machte Männchen. Aber das Schwein rannte weiter. Schließlich fiel der Frisör herunter und blieb zwischen den Straßenbahnschienen sitzen. Berthold begann das Galoppieren Spaß zu machen. Doch plötzlich sauste das Schwein in eine Villa, die Treppen hoch, einen Gang entlang und, weil eine Tür offen stand, in ein Zimmer hinein. Dort blieb es stehen.

In dem Zimmer war ein Bett. Und in dem Bett lag ein kleines Mädchen, das Bella hieß und sehr krank war. Es lag seit acht Tagen gleichgültig im Bett, mochte nichts essen und nichts reden, und Bellas Vater – die Mutter war tot – wusste, obwohl er selber Arzt war, absolut nicht, was der Kleinen fehlte.

Sie sah das Schwein im Zimmer stehen, einen Jungen obendrauf, dem man zur Hälfte die Haare geschnitten hatte und der aussah, wie Gänse aussehen, wenn's gedonnert hat, und da fing sie an zu lachen. Berthold lachte mit, und nun lachten die zwei Kinder, dass man es im ganzen Hause hörte! Verblüfft kam Bellas Vater aus dem Sprechzimmer gelaufen, sah seine Tochter vergnügt und mit roten Backen und erkannte sofort: Jetzt ist sie wieder gesund. Dann klingelte Bertholds Mutter an der Haustür und fragte aufgeregt, ob hier ein Schwein und ein kleiner Junge eingetroffen seien. Nun war die Freude groß. Und später wurde Bertholds Mutter sogar die Frau von Bellas Vater, zog mit ihrem Jungen in die Villa, und Bella und Berthold wurden Geschwister, die einander sehr lieb hatten. Das Schwein kauften sie dem „Frisör am Zoo" ab, und es blieb bei ihnen, hatte es gut und wurde niemals geschlachtet.

Ob es wahr ist, dass auf diese Weise die Redensart entstanden ist: Na, die haben aber Schwein gehabt?

**1** *Diskutiert in der Klasse, ob es sich bei der Geschichte um eine Erlebnis- oder um eine Fantasieerzählung handelt. Begründet eure Entscheidungen.*

**2** *Untersucht den Aufbau der Geschichte. Unterteilt sie dazu in sinnvolle Abschnitte und formuliert jeweils eine passende Überschrift. Beschreibt dann den Spannungsverlauf.*

**3** *Die Geschichte endet mit einer Redensart. Sammelt weitere Redensarten über Tiere.*

**4** *Erzählt Kästners Geschichte aus der Sicht Bellas.*

Joseph Maria Lutz

## Die Schildkröte

*Joseph Maria Lutz wurde 1893 in der Hallertau geboren und starb 1972 als angesehener Schriftsteller in München. Er schrieb die Neufassung der „Bayernhymne" (1947). Das Theaterstück „Der Brandner Kasper schaut ins Paradies" (1934) und zahlreiche Gedichte und Geschichten machten ihn als bairischen Mundartdichter bekannt.*

Die Spätsommersonne schenkt ihre milde Gnade einem Nachmittag. Still und selig leuchten die Dahlien in den Gärten und in den Anlagen. Auf den Bänken sitzen die alten Leute und bewundern die bunte Pracht. Auf einem Kiesweg her, der sich gemächlich durch eine Anlagenwiese schlängelt, kommt eine

Frau gegangen. Fürsorglich trägt sie etwas auf ihrem Arm – eine Schildkröte. Wie ein Schoßhündchen lässt sich das Tier tragen. Der kleine Kopf mit den dunklen Augenpunkten geht neugierig und zufrieden hin und her.

Die Frau geht auf eine der Bänke zu und setzt sich. Die Schildkröte stellt sie vor sich auf den Boden.

„So, Weibi, geh a bisserl spazieren“, sagt sie.

Langsam und bedächtig krabbelt die Schildkröte dem nahen Rasen zu und rupft sich einige Hälmchen ab. Die Leute auf den Bänken betrachten neugierig das Tier.

„Ham S' diese Schildkröte schon lang?“, fragt eine Frau.

„Zehn Jahr“, sagt die Besitzerin und sieht zu, wie die Schildkröte die Weide genießt.

„Da werd s' Eahna scho' kenna?“, mischt sich eine andere Frau ein.

„Freili' kennt's mi'. Sie glauben gar net, wie anhänglich so a Tierl is'. Die kennt mi' scho' an der Stimm' – gell, Weibi!“

Die Schildkröte wendet ein bisschen das Köpfchen.

„Woher wiss'n S' jetzt, dass dees a Weiberl is'?“, mischt sich nun auch ein Mann in das Gespräch.

„Ja no, net wahr, es hoaßt halt die Schildkröte, und da sag i' halt ‚Weibi' zu ihr.“

Der Mann weiß augenblicklich nichts dagegen einzuwenden, obwohl man ihm ansieht, dass er es gerne täte.

„Jetz i', an Eahna Stell, tat mir liaber an Hund halt'n“, sagt er nach einiger Zeit.

„Ja mei'“, sagt die Schildkrötenfrau, „so lang ma richti' laffa ko', is' a Hund ja ganz schön. Aber wenn d' Füaß auslass'n[1] und es geht nimmer so schnell, na' is' a Schildkröte scho' g'scheiter. Die lafft mir net davo' und der kimm i' grad no' nach und i' brauch net weitmächtig spaziern geh, wia mit am Hund. Und bell'n die ganz Zeit tuat s' aa net.“

Die Schildkröte raschelt ein bisschen im Gras herum, als ob sie sagen wollte, ich kann auch Lärm machen, wenn es gerade sein muss.

„Was frisst jetzt so a Schildkröt'n“, erkundigt sich wieder eine Frau.

„Ja mei', Sie sehg'n 's ja selber, a bisserl Gras halt. So a bisserl auf der Wies'n gras'n, dees tuat s' am liebstn. Und dahoam, da mag s' hauptsächlich Salatblattln und a Milchsemmel.“

„Und im Winter?“, fragt die Frau.

„Im Winter, da braucht s' gar nix, da schlaft's.“

„Dees is' praktisch“, muss nun auch der Mann zustimmen. „Da taat ma fei viel Geld daspar'n und sunst aa no' allerhand.“

Er lacht, als ob er einen guten Witz gemacht hätte.

„Geh nur net z' weit weg, Weibi“, mahnt nun die Frau ihre Schildkröte, „dass koa Hund kimmt.“

„Kunnt ihr ja nix toa, hat ja an Panzer“, sagt der Mann.

„Toa nix – aber recht umanander stess'n[2]. Der ‚Waggerl' von unserm Nachbarn hat s' amal im Maul umanandertrag'n, bis i' dazuakemma bin.“

„Hat er ihr wehtoa?“, erkundigt sich eine Frau.

„Scheints net, sie war ganz lusti' danach. Aber i' hab so an Schreck kriagt, könna S' Eahna denka.“

„Da taat jetzt i' net daschrecka“, sagt der Mann, „da is' jetzt was dabei, wenn a Hund a Schildkröt'n packt.“

„Freili', Eahna g'hört s' ja net“, empört sich die Besitzerin, „und überhaupts, wenn ma' so a Tierl gern hat.“

„Wia kon ma' so a greißlichs Viech gern ham“, wundert sich der Mann. Die Frau wird ernst.

„Sie haben halt keine Tierliebe“, sagt sie, „sonst täten Sie dees net sagen. Und überhaupts, Sachen aus Schildpatt, die finden Sie net greißli', aber mei' Schildkröt'n, die finden S' greißli'!“

„Jawoi“, sagt der Mann kalt.

Die Frau ereifert sich immer mehr.

1 **wenn d' Füaß auslass'n:** wenn die Kraft in den Beinen nachlässt

2 **umananderstess'n:** umherstoßen

„Da schaung S' hi', hat sie net a schöne Zeichnung auf dem Rückenpanzer? Und das Köpferl schaung S' o', und wia liab das s' schaugt mit ihre Äugerl. Da, wenn i' ihr a bisserl 's Koderl[3] kratz oder 's Köpferl streichel, wia liab dass mi dees Viecherl o'schaugt, wia wenn's mi' versteh taat."

Der Mann bleibt unberührt.

„I taat s' mir schö' staad zu einer Schildkröt'nsupp'n hermäst'n", bemerkt er sachlich.

„Es gibt halt no' höhere Interessen, als wia bloß ans Fressn denka", sagt nun die Frau tief gekränkt, holt ihre Schildkröte und nimmt sie schützend auf den Arm.

„Gell, Weibi, du magst genauso gern leb'n wia der Herr!"

„I' gib ja aa koa Schildkröt'nsupp'n ab", sagt der Herr, „aber a Schildkröt'nsupp'n is' fei was Guat's, sag i' Eahna."

Die Frau mit der Schildkröte sagt gar nichts mehr. Sie streichelt nur liebevoll ihre Schildkröte und schaut sie mit einem milden Muttergesicht an.

„Jedes Tierl hat halt auch so eine Art Seele", wirft eine andere Frau ein, weil sie ihrer gekränkten Geschlechtsgenossin zu Hilfe kommen will. Die Schildkrötenmutter nimmt den Trost dankbar an.

„Bloß d' Menschen", sagt sie mit einem vorwurfsvollen Blick zum Mann hinüber, „d' Menschen, glaub i', ham scho' bald gar koa Seele mehr und koa Herz aa nimmer!"

Und nun steht sie auf und geht, mit ihrer Schildkröte im Arm, fort. –

„A so a greißlichs Viech", sagt der Mann noch einmal.

Die Besitzerin hört es nicht mehr. Und der Mann ist wohl zu alt, als dass er wüsste – auch eine Schildkröte wird erst schön durch die Liebe ...

3 **Koderl:** Stelle unter dem Kinn

**1** *Spielt die Geschichte nach, auch mit anderen Figuren, z. B. statt der Frau und der Schildkröte mit einem jungen Punker und seiner Ratte.*

**2** *a) Erklärt, warum die Frau mit der Schildkröte als Haustier so glücklich ist.*
*b) Eine Schildkröte zu halten ist nicht ungewöhnlich. Warum erregt die Frau dennoch Aufsehen damit?*
*c) Untersucht, wie sich die anderen Parkbesucher verhalten. Versucht die Reaktionen auf die Frau mit der Schildkröte zu erklären.*

### *Geschichten vergleichen*

**3** *a) In allen drei Geschichten auf S. 58–65 spielen (Haus-)Tiere eine ganz besondere Rolle im Leben der Hauptpersonen. Beschreibt, welche Bedeutung das jeweilige Tier für Pit, Berthold und die Frau mit der Schildkröte hat.*
*b) Welche Gemeinsamkeiten könnt ihr erkennen?*

**4** *Josef Maria Lutz' Geschichte endet mit dem Satz „auch eine Schildkröte wird erst schön durch die Liebe ...". Erklärt ihn mit eigenen Worten und übertragt ihn auf die Geschichten von Herbert Heckmann und Erich Kästner.*

# 4.3 Aus der Geschichtenwerkstatt

## Anschaulich erzählen

*Ich hatte mich gerade hingelegt und das Licht ausgeknipst. Da ging die Tür auf und ein Einbrecher kam ins Zimmer. Ich bekam furchtbare Angst.*

**1** *a) Wie wirkt dieser Ausschnitt aus einer Geschichte auf euch?*
*b) Wie könnte man ihn interessanter erzählen? Formuliert in kleinen Gruppen ein paar Sätze, die man einfügen könnte, um die Spannung zu steigern.*

**2** *a) In Geschichten sind oft die **Verben** zu ausdruckslos. Sie beschäftigen zu wenig die Fantasie des Lesers. Findet solche ausdruckslosen Verben im obigen Erzählausschnitt.*
*b) Durch welche anderen Verben könnte man sie ersetzen? Macht Listen:*

*Statt „hinlegen" besser „schlafen legen"*
*„zu Bett gehen"*
*Statt ... besser ...*

*c) Tragt den Text mit diesen neuen Verben vor. Wie hat sich die Wirkung verändert?*

**3** *Der Einbrecher macht sich sicher in vielerlei Hinsicht bemerkbar, wenn er ins Zimmer tritt. Was könnte man hören, sehen, riechen, auf der Haut spüren (Luftzug usw.) ...? Stellt euch die Situation in allen Einzelheiten vor und beschreibt eure **Wahrnehmungen.***

**4** *Eine Schülerin hat in ihrer Verbesserung des Erzählausschnitts geschrieben:*
*Der Einbrecher bewegte sich lautlos wie eine Schlange den Flur entlang.*
*Findet andere **Vergleiche,** mit deren Hilfe man sich den Einbrecher besser vorstellen kann:*

*- Wie ... glitten seine Finger an dem gekippten Fenster entlang.*
*- Als das Fenster offen war, sprang er wie ... auf das Fensterbrett.*
*- Im Zimmer spähte er umher wie ...*

**5** *Auch **Adjektive** (Eigenschaftswörter) machen einen Text anschaulich. Übertragt die folgende Liste in euer Heft und setzt sie fort:*

| | | | | |
|---|---|---|---|---|
| *Da ging die Tür ...* | | *auf und ein ...* | | *Einbrecher glitt ins Zimmer.* |
| | *lautlos* | | *maskierter* | |
| | *langsam* | | *gewandter* | |
| | *...* | | *...* | |

# Ausdrücken, was in uns vorgeht

Für eine spannende Einbrechergeschichte ist es wichtig, nicht nur zu beschreiben, was passiert, sondern auch, wie die Personen sich fühlen.

**1** *Erinnert euch: Was passiert mit jemandem, der plötzlich Angst verspürt? Woran kann man die Angst erkennen?*

**2** *Findet weitere Wörter und Wendungen, mit denen man Angst beschreiben kann.*

**3** *Sammelt auf großen Plakaten Ausdrücke zu anderen Gefühlen wie Freude, Enttäuschung, Verzweiflung, Wut, Erleichterung. Ihr könnt eure Wörtersammlungen auch bebildern, so wie die „Angstvögel".*

**4** *Verfasst nun eine Einbrechergeschichte, in der ihr möglichst anschaulich das äußere Geschehen und die Gefühle der Personen beschreibt.*

# Wörtliche Rede

Wörtliche Rede macht eine Erzählung lebendig. Wenn ihr Gespräche wiedergebt, müsst ihr die richtige Zeichensetzung beachten.

!

**Zeichensetzung bei der wörtlichen Rede**

Die **wörtliche Rede** wird in **Anführungszeichen** eingeschlossen.

„Wieso humpelst du denn, Kare?“
„Ach, Lucki, ich bin vom Baum gefallen!“
„Hoch?“ „Nein, runter!“

Zwischen einem **vorangestellten Redebegleitsatz** und der wörtlichen Rede steht ein **Doppelpunkt.**

*Der Lehrer sagt verärgert zu Peter:*
„Ich hoffe, dass ich dich nie wieder beim Abschreiben erwische.“
*Peter erwidert:* „Das hoffe ich auch.“

Der **nachgestellte Redebegleitsatz** wird durch **ein Komma** von der wörtlichen Rede abgetrennt. Dabei entfällt der Schlusspunkt in der wörtlichen Rede.

Ein hungriger Drache begegnet einem Ritter in voller Rüstung.
„Mist, jetzt habe ich den Dosenöffner vergessen“, *sagt der Drache.*

Fragezeichen und Ausrufezeichen bleiben aber erhalten.

Zwei Flöhe beim Pferderennen:
Einer setzt tatsächlich auf das richtige Pferd und gewinnt ein Vermögen.
„Was machst du mit dem ganzen Geld?“, will der zweite Floh wissen.
„Ich kaufe mir einen Hund nur für mich allein!“, antwortet der Gewinner stolz.

Der **eingeschobene Redebegleitsatz** wird durch **zwei Kommas** von der wörtlichen Rede abgetrennt.

Ein Städter kommt in ein Dorf. „Wo“, *fragt er ein kleines Mädchen,* „ist denn dein Vater?“
„Im Stall“, *antwortet es,* „er füttert gerade die Schweine. Sie werden ihn gleich erkennen, denn er hat einen Hut auf dem Kopf.“

**1** *Schreibt den folgenden Witz mit der richtigen Zeichensetzung in euer Heft.*

Am ersten Schultag nach den Ferien fragt der Lehrer die Kinder
Wo seid ihr in den Ferien gewesen
Der angeberische Fritz meldet sich Also wir waren in Delphi, in Istanbul, Saloniki und auf dem Peloponnes
Na, da kennst du dich aber jetzt gut in Geografie aus staunt der Lehrer beeindruckt.
Genau sagt Fritz das hätte ich fast vergessen, in Geografie waren wir natürlich auch

**2** *Legt in der Klasse eine Witze-Sammlung an: Schreibt dazu jeweils einen Witz ohne Satzzeichen, aber mit Begleitsätzen auf ein Kärtchen, tauscht sie untereinander aus und ergänzt die Satzzeichen.*

# 5 Wir erzählen Geschichten nach Vorgaben

## 5.1 Bilder genau betrachten

### Bilder in Worte umsetzen

**1** *Dieses Gemälde von Gerard ter Borch (1617–1681) ist in der Alten Pinakothek in München ausgestellt. Beschreibt, was auf dem Bild dargestellt ist.*

**2** *Überlegt euch eine passende Geschichte zu dem Bild. Was könnte vorher geschehen sein? Wie könnte die Geschichte weitergehen?*

**1** *a) Betrachtet die Bilder genau und beschreibt, worin sie sich unterscheiden.*
*b) Begründet, warum manche Veränderungen für die Aussage in den Bildern wichtig sind, andere nicht.*

**2** *In unserer Mimik, Gestik und Körperhaltung drücken sich unsere Gefühle und oft auch unsere Gedanken aus. Überlegt, was die beiden Figuren im Hintergrund der Bilder jeweils denken und fühlen.*

**3** *Erzählt nun zu jedem der beiden Bilder eine kurze Geschichte.*

**1** *Beschreibt Mimik, Gestik und Körperhaltung der Personen in den Bildern.*

**2** *Zeichnet in euer Deutschheft zu jedem Bild mindestens drei Sprech- und Gedankenblasen mit passender wörtlicher Rede.*

**3** *Denkt euch zu den Bildern kurze Szenen aus und spielt sie der Klasse vor.*

# Vom Bild zur Geschichte

**1** *Beschreibt genau, was ihr auf den einzelnen Bildern seht. Beachtet dabei auch Gestik und Mimik der beteiligten Figuren.*

**2** *a) Erzählt den Anfang der Geschichte (Bild 1, Bild 2) in der Sie-Form und in der Ich-Form.*
*b) Vergleicht die Wirkung der beiden Erzählanfänge.*

**3** *Zu welchen Bildern lassen sich Einleitung, Höhepunkt und Schluss der Geschichte zuordnen?*

**TIPP**

Damit aus Bildern eine Geschichte entsteht, braucht man **Verknüpfungsteile.** Die vorgegebenen Bilder zeigen die wichtigsten Momente im Ablauf der Handlung. Was davor, dazwischen und danach passiert, musst du meistens sinngemäß ergänzen. Diese Verknüpfungsteile verbinden die in den Bildern dargestellten Handlungsschritte. So fügen sich die Bilder und die Verknüpfungsteile wie ein Puzzle zu einer vollständigen Geschichte zusammen. Auf S. 73 siehst du ein Beispiel dazu.

**Bild** …

…

**V**

„Wollen wir es einmal versuchen?", fragte ich Struppi, der sich hinter mich auf den Rücksitz geklemmt hatte. Struppi bellte zweimal kurz, was so viel hieß wie o.k. Entschlossen drückte ich den roten Starterknopf. Der Motor sprang tuckernd an und der Propeller begann sich zu drehen. Jetzt betätigte ich den Gashebel und schon setzte sich das kleine Flugzeug in Bewegung. Es wurde immer schneller und dann hob es ab. Wir flogen.

**Bild** …

„Na, das ist eine Aussicht!", rief ich begeistert. Unter uns lagen Blumenwiesen und Hügel, kleine Wäldchen und Weiher. Nun entdeckte ich auch den Bauer Heuwies mit seiner Frau und seiner Tochter, die Gras gemäht hatten. Sie hoben erstaunt die Köpfe, als ich über sie hinwegbrauste. Ich drehte eine weitere Runde und da winkten sie mir fröhlich mit ihren Taschentüchern zu. Stolz lehnte ich mich zurück und genoss es, dass sie mich bewunderten. Ich kam mir vor wie ein König der Lüfte. Nur Struppi schien das Ganze nicht so zu gefallen. Er wuffte ärgerlich und äugte misstrauisch nach unten.

**V**

Auf einmal sah ich nicht weit vor mir eine Stromleitung mit hohen Masten. Übermütig dachte ich mir: „Jetzt zeige ich den Leuten da drunten einmal, was ich kann. Ich düse unter der Leitung durch und mache dann einen Looping." Gesagt, getan. …

**Bild** …

…

**4** *Ordnet die Puzzleteile der Bilderfolge auf S. 72 zu.*

**5** *Verfasst eine vollständige Geschichte zu der Bilderfolge und verwendet dabei die vorgegebenen Puzzleteile.*

**6** *Ergänzt die Liste möglicher Überschriften für eure Geschichte und sucht die passendste aus:*

- Ein sonderbarer Traum
- Übermut tut selten gut
- Eine unsanfte Landung
- …

## Der Aufbau einer Bildergeschichte

Eine gut erzählte Geschichte folgt einem Schema, das die so genannte **„Spannungsmaus"** verdeutlicht: Nach der **Einleitung** führen mehrere Erzählschritte zum **Höhepunkt** hin, der besonders lebendig ausgestaltet wird. Der **Schluss** rundet die Erzählung ab.

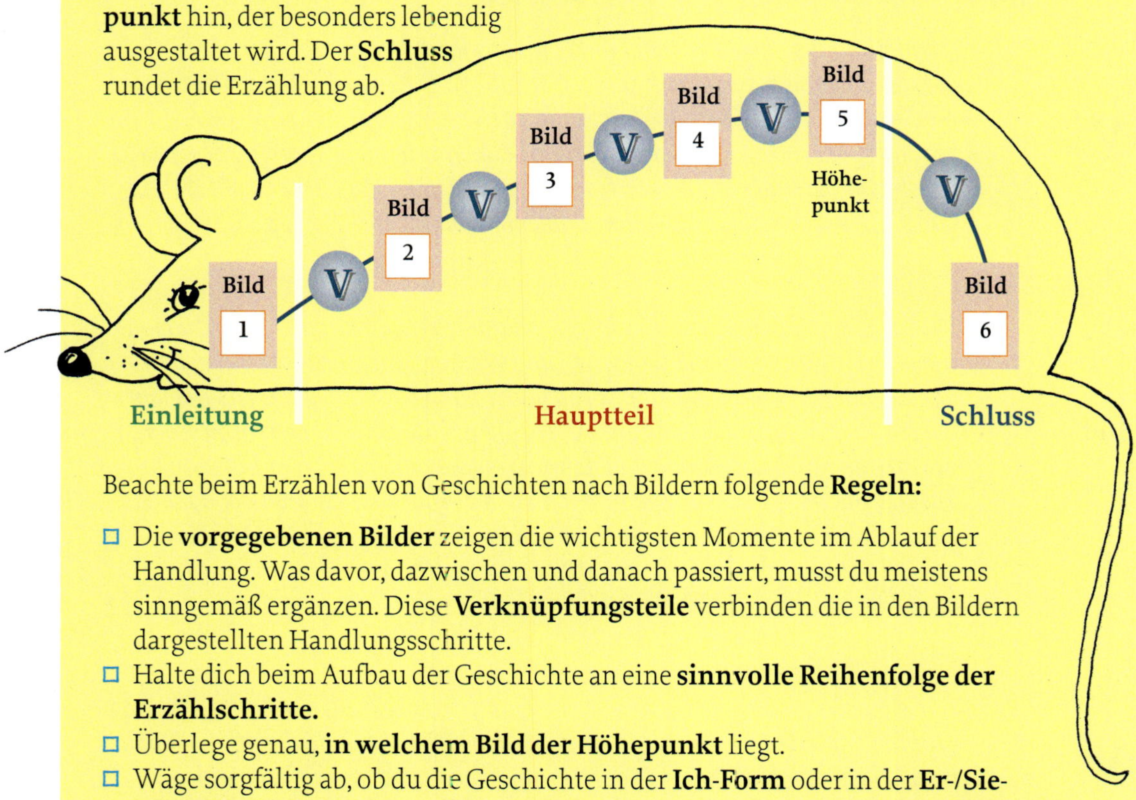


Beachte beim Erzählen von Geschichten nach Bildern folgende **Regeln:**

- Die **vorgegebenen Bilder** zeigen die wichtigsten Momente im Ablauf der Handlung. Was davor, dazwischen und danach passiert, musst du meistens sinngemäß ergänzen. Diese **Verknüpfungsteile** verbinden die in den Bildern dargestellten Handlungsschritte.
- Halte dich beim Aufbau der Geschichte an eine **sinnvolle Reihenfolge der Erzählschritte.**
- Überlege genau, **in welchem Bild der Höhepunkt** liegt.
- Wäge sorgfältig ab, ob du die Geschichte in der **Ich-Form** oder in der **Er-/Sie-Form** erzählst. Manchmal ist die Sichtweise in der Aufgabenstellung vorgegeben.
- Berücksichtige bei den **Personen** neben dem Aussehen auch Eigenschaften und Verhaltensweisen. Gib ihnen **treffende Namen.**
- Erzähle, was die Personen empfinden und denken (Mimik, Gestik und Körperhaltung), und füge **wörtliche Rede** ein.
- Überlege dir eine **Überschrift,** die zur Geschichte passt, aber nicht zu viel verrät.

Zudem gelten die allgemeinen Regeln des Erzählens:

- Einleitung und Schluss rahmen den Hauptteil der Geschichte ein. Sie sind kurz und im Aufsatz durch Absätze erkennbar.
- Die Einleitung sollte folgende Fragen beantworten: Wer sind die Hauptpersonen? Wann und in welchem Zusammenhang hat sich die Geschichte ereignet? Wo spielt sie?
- Gestalte den Höhepunkt lebhaft und anschaulich.
- Erzähle die Geschichte im Präteritum (1. Vergangenheit).

**7** *Übertragt die oben abgebildetete Spannungsmaus auf eine Seite in eurem Heft.*

**8** *Ordnet die folgenden Bilder so, dass eine sinnvolle Geschichte entsteht. Tragt dazu die Silben in die entsprechenden Kästchen der Spannungsmaus in eurem Heft ein. Wenn ihr die richtige Reihenfolge gefunden habt, erhaltet ihr einen wichtigen Hinweis zum Erzählen.*

**9** *Schreibt nun eine anschauliche und spannende Geschichte zu den Bildern.*

# Nach Reizwörtern erzählen – das „Kopfkino“

**!**

Die Wortketten von **Reizwortgeschichten** lösen eine Geschichte im Kopf aus, die wie ein Film abläuft. Ähnlich wie Bildergeschichten bilden die **einzelnen Wörter Vorgaben** zu einer Erzählung. Reizwortgeschichten lassen aber dem Erzähler oft mehr Freiheit als Bildergeschichten.
Beim Schreiben von Reizwortgeschichten gelten natürlich die allgemeinen Regeln des Erzählens (▷ S. 74). Außerdem müsst ihr auf Folgendes achten:

- **Alle Reizwörter** müssen in der Geschichte wörtlich oder sinngemäß **verwendet werden** und eine wichtige Rolle spielen.
- Sie geben meist einen Hinweis darauf, ob eine **Erlebnis- oder** eine **Fantasiegeschichte** erzählt werden soll.
- Oft sind die Reizwörter bereits in sinnvoller Reihenfolge geordnet, sie dürfen aber auch umgestellt werden.
- Die **Überschrift** muss die Reizwörter nicht enthalten, aber zur Geschichte passen.

**1** *Vergleicht die folgenden Einleitungen zur Reizwortkette „Wecker – Schulaufgabe – letzter Moment“ und besprecht, was an ihnen gut gelungen ist und was man noch verbessern könnte.*

Heute war ein ganz besonders aufregender Tag für mich, denn wir sollten die letzte Mathe-Schulaufgabe des Schuljahres schreiben, von der meine Zeugnisnote abhing. Am Abend zuvor war ich deshalb früh zu Bett gegangen, um für die Prüfung fit zu sein. Aber vor Aufregung konnte ich lange Zeit nicht einschlafen. Ich wälzte mich unruhig hin und her, alle Zahlen tanzten in meinem Kopf herum. Um Mitternacht fiel ich endlich in einen tiefen Schlaf. So kam es, dass ich am Morgen meinen Wecker nicht hörte, als er um sechs Uhr dreißig klingelte …

„Brrrrrr“ rasselte mein Wecker. Benommen richtete ich mich in meinem Bett auf und gähnte genussvoll. Doch da durchfuhr mich ein eisiger Schreck. „Sieben Uhr, das darf nicht wahr sein!“, schrie ich auf. „Ich habe das verflixte Ding falsch gestellt.“

An einem Dienstagmorgen wachte ich auf und blickte auf die Uhr. Es war schon halb acht. Wir mussten in der ersten Stunde eine Schulaufgabe schreiben und ich war sehr spät dran. Vielleicht hatte ich den Wecker nicht gehört oder er war kaputt. Ich sprang aus dem Bett und lief ins Bad.

**2** *Verfasst Reizwortgeschichten zu den nebenstehenden Reizwortketten. Orientiert euch dabei an den oben genannten Regeln.*

Mutprobe – Drei-Meter-Brett – Freunde

Wette – Rollerskates – Mülltonne

Schulhof – Ufo – Probefahrt

# 5.2 Lebendig erzählen

James Krüss

**Das Feuer**

Hörst du, wie die Flammen flüstern,
knicken, knacken, krachen, knistern,
wie das Feuer rauscht und saust,
brodelt, brutzelt, brennt und braust?

Siehst du, wie die Flammen lecken,
züngeln und die Zunge blecken,
wie das Feuer tanzt und zuckt,
trockne Hölzer schlingt und schluckt?

Riechst du, wie die Flammen rauchen,
brenzlig, brutzlig, brandig schmauchen,
wie das Feuer, rot und schwarz,
duftet, schmeckt nach Pech und Harz?

Fühlst du, wie die Flammen schwärmen,
Glut aushauchen, wohlig wärmen,
wie das Feuer, flackrig-wild,
dich in warme Wellen hüllt?

Hörst du, wie es leiser knackt?
Siehst du, wie es matter flackt?
Riechst du, wie der Rauch verzieht?
Fühlst du, wie die Wärme flieht?

Kleiner wird der Feuersbraus:
ein letztes Knistern,
ein feines Flüstern,
ein schwaches Züngeln,
ein dünnes Ringeln –
aus.

**1** *Erzählt, wo und wann ihr ein Feuer, wie es das Gedicht beschreibt, schon einmal erlebt habt.*

**2** *a) Wenn mit Wörtern Geräusche nachgeahmt werden, bezeichnet man das als* ***Lautmalerei.*** *Welche Konsonanten (Mitlaute) lassen die Geräusche, die das Feuer verursacht, hörbar werden? Achtet beim Vortragen des Gedichts darauf, sie besonders deutlich hervorzuheben.*
*b) Schreibt die Wörter mit* ***ck*** *und* ***tz*** *in zwei Spalten untereinander. Ergänzt weitere Beispiele und findet die Regel für diese Schreibweisen.*

**3** *a) Übertragt die Tabelle in euer Heft. Ordnet dann die Verben im Gedicht den Sinnen zu.*

| hören | sehen | riechen/schmecken | fühlen |
|---|---|---|---|
| ... | ... | ... | ... |

*b) Überlegt euch Gedanken, die einem beim Beobachten eines Feuers durch den Kopf gehen könnten, und schreibt sie auf.*

**4** *a) Sammelt Sinneseindrücke zu weiteren Situationen, z. B.:*
ein Bach, Regen, Gewitter, im Wald, auf einem Volksfest, ein Morgen im Frühling ...
*b) Versucht zu einer der Situationen selbst ein Gedicht zu schreiben.*

**1** *Erzählt kurz, was in diesem Auszug aus dem Heft „Obelix GmbH & Co. KG" passiert.*

**2** *Betrachtet Mimik, Gestik und Körperhaltung der Hauptpersonen genau und sammelt Adjektive, die ihr Verhalten und ihre Eigenschaften beschreiben.*

**3** *Findet zu den Sprechblasen jeweils einen Redebegleitsatz. Achtet dabei besonders auf treffende Verben und fügt nach Möglichkeit ein passendes Adjektiv hinzu. Beispiel:* „…", verkündet er hochmütig.

**4** *Entwickelt aus diesem Comic-Auszug eine vollständige Erzählung. Was könnte vorher passiert sein, was folgt noch? Haltet euch an die Regeln des Erzählens (**▷ S. 74**).*

# 5.3 „Mut haben“ – gestalterisches Schreiben

## Die verwunschene Kirche

Es waren einmal zwei Bürger in Velden und einer in Eschenfelden, die hatten gehört, dass im Fichtelgebirge eine verwunschene Kirche sei, voll von unermesslichen Schätzen. Einen Teil davon zu holen, machten sie sich miteinander auf den Weg, in der festen Hoffnung, kraft der überkommenen Zaubersprüche ihren Wunsch zu erreichen.

Als sie an Ort und Stelle gelangt waren, öffnete sich auf ihr Zauberwort eine Felsengrotte. Sie schritten hindurch und kamen endlich an eine Tür aus lauterem Gold. Wieder ein Zauberspruch, und die Tür tat sich auf, und nun standen sie in der Kirche, konnten aber ihren Augen kaum trauen ob des Glanzes und des Reichtums, der ringsum zu sehen war.

Da näherte sich ihnen eine unheimliche Gestalt – allem Aussehen nach niemand anderes als der Oberste der höllischen Heerscharen – und fragte nach ihrem Begehren. Als sie es kundgetan hatten, erwiderte jener: „Ihr sollt haben, was ihr wollt, wenn ihr mit eigenem Blut eure Namen in das Buch, das dort auf dem Altar liegt, einzeichnet.“

Doch den dreien war inzwischen vor Grauen der Mut gesunken; sie zagten und zitterten. Da gebot ihnen die Gestalt mit donnernder Stimme, entweder zu gehorchen oder, falls ihnen ihr Leben lieb wäre, sich sogleich zu entfernen. Sie hielten das Letztere für geratener.

**1** *a) Lest den Text gründlich durch und klärt Ausdrücke und Formulierungen, die euch unklar sind oder altertümlich erscheinen.*
*b) Diskutiert in der Klasse darüber, wie ihr die drei Bürger einschätzt. Sind sie mutig oder feige?*

**2** *Entwerft ein Gespräch, in dem einer der drei Bürger die anderen überredet, in die Kirche mitzukommen, und spielt es nach.*

**3** *Schreibt die Sage so um, dass eine spannende Geschichte mit einem lebendig ausgestalteten Höhepunkt entsteht.*

August Kopisch

## Der Schneiderjunge von Krippstedt

In Krippstedt wies ein Schneiderjunge
Dem Bürgermeister einst die Zunge:
Es war im Jahr Eintausendsiebenhundert.
Der Bürgermeister sehr sich wundert
Und findt es wider den Respekt,
Weshalb er in den Turm ihn steckt.
Es war nach der Nachmittagpredigt,
Die Kirche noch nicht ganz erledigt,
Am heil'gen Trinitatistag[1].
Da geschah auf einmal ein großer Schlag!
Es schlug, mit Gedonner, im Wettersturm
Der Blitz in denselben Sankt-Niklas-Turm.
Der Schreck durchfährt die ganze Stadt,
Die kaum sich vom Brand erhoben hat.
Was innen ist im Gotteshaus,
Das dringt mit aller Gewalt heraus:
Was außen ist, das will hinein! –
Da sieht man auf einmal Flammenschein
Von außen an des Turmes Spitze:
Da rief man „Feuer! Wasser! Wo ist die Spritze?“
– Die Spritze, ja, die ist dicht dabei;
Doch Kasten und Röhren sind entzwei! –
Wie saure Milch lauft alles zusammen:
Man schreit und blickt auf die Feuerflammen.
Dazwischen – es war ein böser Tag –
Hallt mancher Donner- und Wetterschlag! –
Nun sammelt sich der Magistrat[2],
Und jeder weiß etwas und keiner weiß Rat!
Der Bürgermeister, ein weiser Mann,
Sieht sich das Ding bedenklich an
Und spricht: Hört mich, wir zwingen's nicht!
Der Turm brennt nieder wie ein Licht,
Es kommt, wer hätte das gedacht sich,
Wie Anno sechzehnhundertachtzig!
Erst brennt der Turm, die Kirche, die Stadt sodann;
Drum ist mein Rat: Rett' jeder, was er kann! –
Da laufen die Bürger; mit aller Kraft
Ein jeder das Seine zusammenrafft.
Das ist ein Gerenne, wie fliegen die Zöpfe,
Wie stoßen zusammen die Puderköpfe![3]
Auf einmal – was krabbelt dort aus dem Loch
Im Turm? – der Junge! – Nein! – Und doch!
Er ist's, er klettert zu Turmes Spitze –
Der Schlingel! Er nimmt vom Kopf die Mütze,
Er schlägt auf das Feuer und – dass dich der Daus! –
Er löscht es mit seiner Mütze aus!
Er tupft am ganzen Turm umher,
Man sieht nicht eine Flamme mehr!
Und während alle jubelnd schrein,
Schlüpft er von neuem ins Loch hinein.
Er scheut des Magistrates Wesen
Und sitzt, als wär gar nichts gewesen.
Das mehrt den Jubel, die Bürger alle
Rufen ihm Vivat[4]! mit großem Schalle;
Der Bürgermeister aber spricht,
Indem sein großer Zorn sich bricht:
Holt ihn heraus, ich erzeig ihm Ehr,
Und tu für ihn zeitlebens mehr! –
„Da kommt er ganz rußig, der Knirps, der Zwerg!
Hoch lebe der kleine Liewenberg!“ –
Der Bürgermeister sprach: Komm, Junge,
Streck noch einmal heraus die Zunge!
Ich leg dir lauter Dukaten drauf!
So, sperr den Mund recht angelweit auf!
Nur immer mehr herausgereckt!
Wir haben alle vor dir Respekt!
Und morgen wird, dass nichts manquiert[5],
Die große Spritze hier probiert
Und was entzwei ist, repariert! –

1 **Trinitatistag:** Dreifaltigkeitsfest; Sonntag nach Pfingsten
2 **Magistrat:** Gemeinderat
3 **wie fliegen die Zöpfe, ... Puderköpfe:** angesehene Bürger trugen nach der damaligen Mode weiß gepuderte Perücken mit Zopf
4 **Vivat!:** Er lebe hoch!
5 **manquiert:** fehlt

**1** *a) Fasst die Handlung des Gedichts mit eigenen Worten zusammen.*
*b) Untersucht und beurteilt das Verhalten des Bürgermeisters und des Schneiderjungen. Wie verändern sie sich durch das Erlebnis mit dem Brand?*

**2** *Erzählt selbst ein Erlebnis in Gedichtform. Als Vorlage könnt ihr eine der Erzählungen nehmen, die ihr im Laufe dieses Kapitels verfasst habt (**▷ S. 69–79**).*

**!**

In früheren Zeiten, als es Rundfunk und Fernsehen noch nicht gab und die meisten Leute auch noch nicht lesen konnten, unterhielten **Bänkelsänger** das Publikum auf den Straßen und Plätzen. Sie standen auf einer kleinen Bank („Bänkel“), zeigten mit einem langen Stab auf eine Bildertafel und trugen dazu in Reimform eine aufregende Geschichte vor. Oft wurden sie musikalisch begleitet, z. B. von einer Geige, einem Akkordeon oder einer Drehorgel.

### *Projekt „Leute, höret die Geschichte“*

**3** *Plant eine Darbietung des „Schneiderjungen von Krippstedt“ als Bänkelsang:*

- *Welche Stationen der Geschichte müssen in einem Bild festgehalten werden?*
- *Fertigt solche Bilder an und formuliert zu den Bildern jeweils einen Titel. Stellt sie dann zu einer großen Tafel zusammen. Bei der Ausführung hilft euch vielleicht euer Kunstlehrer/eure Kunstlehrerin. Er/sie gibt euch sicher Tipps, wie man die Bilder gestalten und welche Techniken man anwenden kann (z. B. Wasserfarben, Tuschezeichnungen, Wachsmalkreiden, Linolschnitt).*
- *Tragt den Text im Stil eines Bänkelsängers vor. Euer Musiklehrer/eure Musiklehrerin kann euch Hinweise dazu geben, mit welchen Instrumenten und Klangkörpern ihr die Geschichte untermalen könnt.*
- *Präsentiert das Ergebnis eurer Arbeit bei einer geeigneten Gelegenheit, z. B. einem Elternabend, einem Schulfest, einem Konzert oder einem Stadtfest.*

**4** *Die Bänkelsänger verkauften als Ergänzung zu ihren Vorträgen auch bebilderte Texthefte. Erstellt ein solches Textheft mit Bildern.*

**5** *Für Computerfreunde: Überlegt, mit welchen Möglichkeiten der Computertechnik man eine moderne Form von „Bänkelsang“ gestalten könnte. Erarbeitet eine solche Form und präsentiert sie – z. B. im Computerraum – euren Mitschülerinnen und Mitschülern.*

*Bänkelsänger (1766)*

Ernst Jandl

**fünfter sein**

tür auf
einer raus
einer rein
vierter sein

tür auf
einer raus
einer rein
dritter sein

tür auf
einer raus
einer rein
zweiter sein

tür auf
einer raus
einer rein
nächster sein

tür auf
einer raus
selber rein
tagherrdoktor

**1** *Das kurze Gedicht von Ernst Jandl erzählt eigentlich eine recht lange Geschichte. Erklärt, von welcher Situation es handelt und wie sich hier Mut zeigt.*

**2** *Schreibt eine Geschichte zu diesem Gedicht: Übertragt dazu die einzelnen Strophen jeweils als „Überschrift" in euer Heft und erzählt, was vorher, dazwischen und nachher passiert. Überlegt, was der Wartende beobachtet und erlebt, was er sieht, hört, riecht, fühlt und denkt.*

***Zu den Texten auf S. 79–82***

**3** *„Wir haben alle vor dir Respekt!", sagt der Bürgermeister zum Schneiderjungen von Krippstedt (▷ S. 80, Z. 66). Erklärt, warum man auch die drei Bürger in „Die verwunschene Kirche" und den Wartenden in „fünfter sein" mit diesen Worten loben kann.*

**4** *a) Die drei Texte beschäftigen sich alle mit demselben Thema und sind doch verschiedenartig. Erarbeitet, wie sie jeweils das Thema „Mut haben" darstellen.*
*b) Berichtet von Leuten aus eurer Umgebung oder bekannten Persönlichkeiten, die ihr für ihren Mut bewundert.*

# 6 Wir berichten von besonderen Ereignissen

## 6.1 Von Unfällen berichten

### Zwischenfall beim Schwimmwettbewerb

**1** *Die 5. Klassen des Gymnasiums Albertinum in Coburg veranstalten einen Schwimmwettbewerb. Beschreibt möglichst genau, was ihr auf dem Bild seht.*

Neben dem Wettkampfgeschehen ist etwas sehr Unerfreuliches passiert: Ein Schüler hat sich verletzt. Der Sportlehrer, Herr Weidinger, hat den Unfall nicht gesehen und fordert deshalb die Schülerinnen und Schüler auf, den Hergang möglichst genau wiederzugeben.

**2** *a) Sammelt alle wichtigen Informationen aus den Schüleraussagen und dem Bild auf S. 83.*
*b) Ordnet sie in der richtigen Reihenfolge, sodass der Ablauf des Geschehens deutlich wird.*
*c) Notiert sie in knappen, aber genauen Stichpunkten untereinander in euer Heft.*

In der Schule verfasst der Sportlehrer den folgenden Unfallbericht:

Am Dienstag, dem 25. 3. 2003, ereignete sich um 8:15 Uhr bei einer Schwimmveranstaltung des Gymnasiums Albertinum im Coburger Hallenbad ein Unfall, bei dem sich der 10-jährige Schüler Sebastian Schaffer verletzte.

Trotz des ausdrücklichen Verbots, im Hallenbad zu laufen, spielten die Schüler Sebastian Schaffer und Franz Brückner während des Schwimmwettbewerbs Fangen. Dabei rutschte Sebastian Schaffer auf dem feuchten Fliesenboden aus und prallte mit dem rechten Knie auf die Kante des Beckenrands. Weil das Knie sehr stark blutete, fuhr ich den verletzten Jungen ins Krankenhaus.

Bei der Verletzung handelte es sich um eine Risswunde, die genäht werden musste. Darüber hinaus hatte der Junge keine weiteren Verletzungen erlitten.

**3** *Vergleicht Herrn Weidingers Bericht mit euren Notizen und mit den Regeln auf der nächsten Seite. Überprüft, welche W-Fragen er beantwortet und in welchem Teil des Berichts er sie behandelt. Kontrolliert auch das Tempus und die sprachliche Gestaltung seines Berichts.*

!

**Der Bericht**

- Ein **Bericht** stellt den **Ablauf des Geschehens vollständig** und **genau** dar.
- Er beschränkt sich auf die **wesentlichen Informationen.**
- Im Bericht müssen **sechs W-Fragen** beantwortet werden:

| | |
|---|---|
| **Was** ist geschehen? **Wer** war beteiligt? **Wo** geschah es? **Wann** geschah es? | Die **Einleitung** informiert möglichst in einem Satz, worum es geht. |
| **Wie** geschah es genau? | Der **Hauptteil** zeigt den Verlauf des Geschehens in Einzelheiten. |
| **Welche Folgen** hatte das Geschehen? | Der **Schluss** gibt Auskunft über Auswirkungen des Geschehens. |

- Die Sprache im Bericht ist **sachlich** und **nüchtern.** Die eigene Meinung, Gefühle und erzählende Ausschmückungen gehören nicht in den Bericht.
- Ein Bericht steht im **Präteritum** (1. Vergangenheit).

# Ein Unfall im Klassenzimmer

Montag, 20. 10. 2003, 7:50 Uhr: Frau Bauer hat bei ihrer Frühaufsicht bereits alle Klassenzimmer des 2. Stockwerks einmal kontrolliert, als sie aus einem der vorderen Räume laute Schreie hört. Sofort begibt sie sich in den Raum der 5 b, wo der Schüler Mario Müller weinend mit schmerzverzerrtem Gesicht am Boden liegt und sich den linken Arm hält. Auf ihre Frage, was passiert sei, erhält Frau Bauer folgende Antworten:

JOHANNA: Der Mario ist mit dem rechten Fuß an der Stuhlkante hängen geblieben und mit dem linken Arm auf die Tischkante geknallt.

TANJA: Er hat ganz laut geschrien, so weh hat ihm der Arm getan!

STEPHAN: Ich habe gar nichts bemerkt, weil ich noch einmal in meinem Biologiebuch unsere Bio-Hausaufgabe durchgearbeitet habe.

CHRISTINE: Mario wollte über einen Stuhl springen.

NICOLAS: Auf einmal fingen der Mario und der Wolfgang zu streiten an. Das war wieder mal typisch!

JOACHIM: Aber plötzlich ist der Mario aufgesprungen und um die Bankreihen herumgelaufen. Dabei hat er sogar Nathalies Federmäppchen von der Bank gefegt und alle Stifte kullerten am Boden.

ISABELLA: Ich und Nadja haben Nathalie geholfen, alle Stifte aufzuheben, denn der Mario hat sich natürlich nicht darum gekümmert.

EVA: Auf einmal hat der Mario laut geschrien und ist am Boden gelegen. Der Johannes und der Philipp haben sich um ihn gekümmert.

MATTHIAS: Die Magdalena und die Nico sind gleich losgelaufen, um Sie zu holen.

MARKUS: Ich will noch was zu der Rennerei sagen: Der Mario ist also aufgesprungen und rumgelaufen. Natürlich hat der Wolfgang Huber ihn sofort verfolgt.

FABIAN: Klar, schließlich hat Mario Wolfgangs Füller weggenommen. Den wollte der Wolfgang natürlich wiederhaben.

BRUNO: Ich habe den Mario noch am Arm festgehalten, weil ich dem Wolfgang helfen wollte.

JONA: Aber der Mario hat sich losgerissen und ist weitergerannt.

MICHAEL: Ich glaube, der Arm ist gebrochen!

CHRISTOPH: Ich habe auf die Uhr geschaut: Es war genau um 7 Uhr 50.

Am folgenden Tag berichtet Frau Bauer: „Ich habe den Pechvogel ins Klinikum gebracht. Dort wurde der Arm in der Notaufnahme geröntgt und eingegipst."
Hilfsbereite Schüler und Schülerinnen übernehmen die Aufgabe, den Unfallbericht zu schreiben.

**1** *Streicht auf einer Kopie des Textes alle Informationen, die mit dem Unfall nichts zu tun haben.*

**2** *Sucht aus den Zeugenaussagen sowie der Beschreibung der Situation am Anfang und Schluss die Antworten auf die W-Fragen:* ***Was? Wer? Wo? Wann? Wie? Welche Folgen?*** *Unterstreicht sie in verschiedenen Farben.*

**3** *Nun müsst ihr Ordnung in das Durcheinander bringen. Schreibt die wichtigsten Informationen zum Unfallhergang heraus, z. B. auf Kärtchen, bringt sie in die richtige Reihenfolge und fasst dabei Zusammengehörendes zusammen.*

**4** *Verfasst nun einen zusammenhängenden Bericht.*

# Die zerbrochene Brille

Eine Befragung der Zeugen des Vorfalls hat die folgenden Antworten erbracht:

Manfred Stantl: Nein, verletzt hab ich mich nicht, aber meine Hose ist am linken Knie zerrissen. Meine Mutter hat gesagt, das lässt sich nicht flicken und die Hose hat 50 Euro gekostet.

Herr Schneider: Ich habe genau gesehen, dass Susi dem Manfred absichtlich ein Bein stellte, und ich habe ihr deshalb einen Verweis erteilt. Susi hat das auch akzeptiert.

Klaus Meier: Herr Schneider war oben an der Treppe. Er ist runtergekommen und hinter ihm her kam Susis Freundin, Ina Klein.

Ina Klein: Herr Schneider wollte gerade eingreifen, doch da war es schon zu spät.

Herr Schneider: Bei Susi war nur eine leichte Prellung der rechten Schulter festzustellen.

Josef Huber: Der Manfred hat im Vorbeilaufen gerade im letzten Moment den Fuß von der Susi gesehen.

Ina Klein: Der Manfred hat die Susi am rechten Arm gepackt und richtig zu Boden gerissen, einfach so im Vorbeigehen, weil er sie noch nie leiden konnte.

Klaus Meier: Es waren nur ein paar Schüler der 5a, die Fangen spielten. Ich habe sie oben von der Galerie aus beobachtet. Der Huber Sepp war direkt dabei.

Herr Schneider: Susi fiel auf ihre rechte Schulter, aber es sah nicht so schlimm aus.

Josef Huber: Der Manfred hat sich im Fallen an Susis rechtem Arm festgeklammert. Er wollte natürlich nicht hinfallen.

Herr Schneider: Das Fangenspielen auf dem Pausenhof ist laut Pausenordnung untersagt.

Klaus Meier: Die Susi ist gestürzt und da ist ihre Brille weggeflogen.

Susi Busch: Der Manfred ist schon über meinen Fuß gestolpert, aber das war ein Versehen. Die neuen Gläser für meine Brille kosten 65 Euro. Das Gestell ist noch in Ordnung.

**1** *Schreibt mit Hilfe des Bildes und aller Zeugenaussagen einen vollständigen Bericht für den Schulleiter, der diesen Unfall der Versicherung melden und deshalb genau über den Vorgang unterrichtet sein muss.*

# 6.2 Sachlich berichten

## Sachlich berichten statt erzählen

Oberstudienrat Franz Heinrich hat Frühaufsicht im Schulgebäude. Dabei beobachtet er einen Vorfall, bei dem ein Schüler verletzt wird. Er notiert sich die wichtigsten Informationen in Stichpunkten auf einen Zettel.

- Donnerstag, 12.06.03, 7:35 Uhr
- Pausenhalle
- beteiligte Schüler: Simon Netzler, Alfred Platte; Klasse 5 c
- Vorgang: beide Schüler spielen Tischtennis; Streit; Simon stülpt Alfred einen Plastikpapierkorb über den Kopf; Alfred hat den Schläger noch in der Hand; fuchtelt herum und trifft Simon mit der Schlägerkante im Gesicht; Brille zerbricht; Simon blutet sehr stark, ich leiste erste Hilfe; Arztbesuch aber dringend nötig
  - Transport zum Hausarzt Dr. Pille (mit meinem Auto)
  - tiefe Schnittwunde an der linken Augenbraue; musste genäht werden, kaputte Brille (150 Euro)

Franz Heinrich muss für die Schulleiterin einen sachlichen Bericht über den Vorfall schreiben. Der verletzte Schüler Simon Netzler schildert den Vorfall einem Freund.
Die „Puzzlestücke“ auf S. 89 ergeben zusammengesetzt die Texte von Franz Heinrich und Simon Netzler. Ein Puzzlestück ist jedoch unbeschriftet.

Am Donnerstag, dem 12.06.03, kam es um 7:35 Uhr in der Pausenhalle des Gymnasiums zu einem Streit zwischen zwei Schülern der Klasse 5 c. Dabei fügte Alfred Platte seinem Mitschüler Simon Netzler durch einen unabsichtlichen Schlag mit dem Tischtennisschläger eine Schnittwunde über dem Auge zu.

Da passierte es. Er traf mich mit dem Schläger im Gesicht. Es knackste und dann tat es mir auf einmal ganz höllisch weh. „Meine Brille!", dachte ich. Auf einmal spürte ich, wie etwas Warmes über mein Gesicht lief. Dann wurde mir ein bisschen schwummrig und ich kann mich nicht mehr so recht erinnern, was nun passierte.

„Der Ball war gut", antwortete ich, aber Alfred brüllte immer wieder: „Aus! Aus! Aus war er!" Da bekam ich eine gewaltige Wut, schnappte mir den erstbesten Papierkorb, rannte zu Alfred und drückte ihm den Papierkorb über den Kopf. Auf einmal schlug Alfred wie wild mit den Armen um sich.

Simon Netzler und Alfred Platte spielten vor Unterrichtsbeginn in der Pausenhalle Tischtennis. Dabei gerieten sie in Streit, in dessen Verlauf Simon Netzler seinem Mitschüler einen Papierkorb aus Plastik über den Kopf stülpte. Alfred Platte konnte offensichtlich nichts mehr sehen und schlug in einer Art Reflexbewegung mit den Armen um sich.

Erst als mich Herr Heinrich zum Arzt fuhr, bekam ich alles wieder richtig mit. Dr. Pille gab mir eine Spritze. Die Wunde wurde mit 5 Stichen genäht, da spürte ich aber nichts. Die Brille war völlig kaputt. Egal, ich mochte das Ding sowieso nicht. Ich bin Alfred nicht böse, weil ja eigentlich ich schuld war an dem Unfall.

Eigentlich mag ich ja den Alfred gern. Deshalb spielten wir am Donnerstag vor Unterrichtsbeginn in der Pausenhalle noch ein bisschen Tischtennis. Das machen wir immer. Ich freue mich sogar jeden Tag darauf.

Dabei traf er mit der Kante des Tischtennisschlägers, den er noch in der Hand hielt, Simon im Gesicht. Dieser begann heftig zu bluten. Ich leistete sofort erste Hilfe. Bei der Verletzung handelte es sich um eine tiefe Schnittwunde. Diese war durch die Glassplitter von Simons Brille verursacht worden, die bei dem Schlag zu Bruch gegangen war.

An dem Tag war ich besonders gut in Form. Mir gelangen einige tolle Schmetterbälle. Bald hatte ich Matchball. Alfred spielte einen ziemlich einfachen Ball und ich schmetterte mit aller Kraft. Der Ball streifte gerade noch die Kante der Tischtennisplatte. Ich jubelte schon, da rief Alfred auf einmal ganz laut „Aus!".

**1** *Bringt die Puzzlestücke in die richtige Reihenfolge und beginnt dabei mit dem Bericht von Franz Heinrich. Wenn ihr die Puzzlestücke richtig angeordnet habt, bilden die Buchstaben in den einzelnen Puzzlefeldern ein Lösungswort.*

**2** *Zeigt auf, worin sich die Texte von Franz Heinrich und Simon Netzler unterscheiden.*

**3** *Schreibt den sachlichen Bericht von Franz Heinrich in euer Heft und ergänzt dabei das fehlende Puzzlestück.*

# Der erste Satz im Bericht

Der erste Satz in einem Bericht fasst die wichtigsten Informationen zusammen. Er beantwortet möglichst alle W-Fragen der Einleitung (▷ Regeln des Berichtens, S. 85).

**1** *Überprüft, welche W-Fragen in den folgenden Einleitungssätzen beantwortet werden.*

**2** *Sammelt selbst die Anfänge von Zeitungsberichten und unterstreicht die Antworten auf die W-Fragen in verschiedenen Farben.*

### Ehrlicher Finder

REGENSBURG. Am vergangenen Donnerstag fand ein 12-jähriger Schüler aus Regensburg in der Nähe der Porta Praetoria eine Brieftasche mit 8000 Euro, die der ehrliche Finder sofort zur Polizei brachte.

### Wohnmobile ausgebrannt: 500000 Euro Schaden

GROSSOSTHEIM. Ein Feuer auf einem Parkplatz für Wohnmobile hat in der Nacht zum Montag in Großostheim (Landkreis Aschaffenburg) einen Schaden von mindestens 500000 Euro angerichtet.

### Nach Busunglück: Noch drei Mädchen im Krankenhaus

BURGHAUSEN. Nach dem Busunglück einer Skigruppe mit 26 Verletzten in der Nähe von Burghausen lagen gestern noch drei Schülerinnen im Krankenhaus.

### Heftiger Schneefall legt Stromversorgung lahm

WUNSIEDEL. Die heftigen Schneefälle am gestrigen Donnerstag führten dazu, dass durch einen unter der Schneelast umstürzenden Baum eine Stromleitung abgerissen wurde, sodass ca. 500 Einwohner der Stadt Wunsiedel mehrere Stunden lang ohne Strom waren.

### Schlange im Hosenbein: Autofahrer fuhr an Lichtmast

KITZINGEN. Eine Schlange im Hosenbein brachte einen 21-jährigen Autofahrer, der die ca. 60 cm lange Erdnatter zum Tierarzt bringen wollte, derartig aus dem Konzept, dass er die Kontrolle über sein Fahrzeug verlor und er in der Kitzinger Innenstadt in der Nähe des Falterturmes an einen Lichtmast prallte.

# Sachliche Verben verwenden

Am Freitag, dem 13. Juni 2003, flitzte der 11-jährige Schüler Sebastian Wipplinger auf seinen Inline-Skates die Gartenstraße entlang. Etwa 150 Meter vor der Einmündung in die Maximilianstraße entdeckte er auf dem linken Bürgersteig einen Freund. Er spähte zu ihm hinüber und brüllte ihm etwas zu. Der Freund reagierte auf den Zuruf und schrie zurück. Unmittelbar darauf fuchtelte der Freund mit dem Zeigefinger in Richtung rechte Straßenseite. Sebastian schoss es durch den Kopf, dass ihn sein Freund warnen wollte, und riss den Kopf herum. In diesem Augenblick preschte von der rechten Seite ein Schäferhund auf die Straße. Sebastian versuchte einen Haken zu schlagen. Dabei verlor er das Gleichgewicht und es streckte ihn zu Boden. Er schlug einen Purzelbaum, flutschte noch einige Meter auf der Fahrbahn dahin und knallte dann an ein Auto, das am rechten Straßenrand herumstand ...

**1** *Findet heraus, welche Verben in diesem Text nicht in einen sachlichen Bericht passen.*

**2** *Verbessert den Bericht. Dabei hilft euch der folgende Wortspeicher:*

sehen · stürzen · ausweichen · prallen · laufen · fahren · blicken · rufen

erkennen · parken · deuten · sich überschlagen · antworten · rutschen · drehen

# Verknüpfungen sind wichtig

Durch passende Verknüpfungswörter (Konjunktionen und Adverbien) lassen sich aus einzelnen Sätzen sinnvolle Satzgefüge bilden. Beispiel:

*Der Autofahrer fuhr vorsichtig rückwärts aus der Parklücke. Er hatte sich umgeblickt.*

*→ Der Autofahrer fuhr vorsichtig rückwärts aus der Parklücke, nachdem er sich umgeblickt hatte.*

**1** *Verknüpft folgende Sätze zu einem Satzgefüge und benützt dazu jeweils ein sinnvolles Verknüpfungswort. Bei manchen Sätzen gibt es mehr als eine Lösungsmöglichkeit.*

- ☐ Der Fahrer eines herannahenden Fahrzeugs konnte nicht mehr bremsen. Er fuhr viel zu schnell.
- ☐ Die Autos prallten zusammen. Der Fahrer des ausparkenden PKWs hatte auch gebremst.
- ☐ Beide Fahrer wurden bei dem Unfall verletzt. Der Zusammenstoß war heftig.
- ☐ Ein Spaziergänger hatte den Unfall beobachtet. Er verständigte den Notarzt und die Polizei.
- ☐ Es herrschte dichter Verkehr. Die Polizei war schnell am Unfallort.
- ☐ Einer der Polizisten leistete erste Hilfe. Der Notarzt traf ein.
- ☐ Einer der Verletzten wurde ins Krankenhaus gebracht. Er war erheblich verletzt.
- ☐ Ein Arzt kümmerte sich um den leichter Verletzten. Der Notarztwagen fuhr mit Blaulicht weg.
- ☐ Die Verletzungen des einen Fahrers waren nicht gefährlich. Der Airbag seines PKWs hatte ausgelöst.

# 6.3 Aus der Klasse berichten: Projekt Klassenzeitung

Einige Veranstaltungen und Ereignisse in einer Klasse und einer Schule, z. B. Klassenfahrten, Klassenprojekte, Theateraufführungen, Konzerte, sind für alle Schülerinnen und Schüler der Klasse, aber vielleicht auch für die anderer Klassen, für Lehrerinnen und Lehrer, Eltern oder auch Außenstehende interessant. Über sie könnt ihr in einer Klassenzeitung berichten.

**1** *Informiert euch zunächst, wie eine Zeitung entsteht und worauf man vor Arbeitsbeginn achten muss. Neben eurem Deutschlehrer oder eurer Deutschlehrerin können euch Redakteure der Schülerzeitung bzw. Lehrer, die die Schülerzeitung betreuen, Auskunft geben. Auch die folgenden Aufgaben geben euch Hinweise dazu.*

**2** *Tragt Vorschläge zusammen, über welche* ***Ereignisse*** *in eurer Klasse oder eurer Schule ihr berichten könnt. Das können auch Geschehnisse sein, die nur Einzelne oder eine Gruppe aus eurer Klasse erlebt haben. Jede/r schreibt einen Vorschlag auf einen Zettel, die Zettel werden gesammelt und nach Themen geordnet.*

**3** *Überlegt euch ganz genau, an wen sich eure Zeitung richtet und wie oft sie im Schuljahr erscheinen soll. Entscheidet dann, welche Berichte ihr aufnehmen und welche* ***Rubriken*** *ihr einrichten wollt, z. B. Interessantes aus der Klasse, aus der Schule, aus der Stadt, Buch- und Filmempfehlungen, Tipps zum Lernen, lustige Aussprüche von Schülern und Lehrern usw.*

**4** *Plant die* ***Gestaltung*** *eurer Zeitung. Dazu gehören Titelbild, Aufbau, Spalteneinteilung, Schrift, Bilder, Umfang usw. Entwickelt verschiedene Layout-Entwürfe am Computer und hängt sie in der Klasse aus. Holt auch dazu Rat von Fachleuten ein.*

**5** *Wenn ihr alle wichtigen Entscheidungen getroffen habt, müsst ihr die* ***Aufgaben aufteilen:*** *Texte verfassen, Gestaltung, Geld für notwendige Ausgaben beschaffen, die Zeitung vervielfältigen und verteilen. Erstellt dazu einen Zeitplan!*

**6** *Nun könnt ihr euch an die Durchführung des Projektes machen. Wenn in eurer Klasse PC-Experten sind, könnt ihr vielleicht die Zeitung oder Artikel daraus auch auf den* ***Internetseiten*** *eurer Schule veröffentlichen.*

# 7 Allerlei Wörter

## 7.1 Wortarten unter die Lupe genommen

### Wortarten entdecken

Dies ist Friederike Fuchs. Friederike Fuchs hat sich ein großes Ziel gesetzt: Sie möchte alle Wörter der deutschen Sprache kennen, die großen und die kleinen, ihre Gattungen und Arten, will wissen, wo sie vorkommen und in welchen Formen, kurz: Friederike Fuchs ist eine Sprachforscherin. Tagaus, tagein untersucht sie unsere Sprache. Sogar nachts, wenn sie eigentlich schlafen möchte, träumt sie von Wörtern, die sie als riesige Wörterschlange verfolgen …

**1** *a) Aus welchen Wörtern besteht die Schlange?*
*b) Erfindet eine Geschichte, in der alle diese Wörter vorkommen.*

Friederike Fuchs teilt die Wörter in **Wortarten** ein. Zu diesen Wortarten hat sie sich wichtige Informationen auf Zetteln notiert. Leider ist Friederike Fuchs sehr unordentlich und alle Zettel sind ihr durcheinandergeraten.

**2** *Könnt ihr helfen die Zettel wieder zu ordnen? Schreibt die vollständigen Sätze korrekt in euer Heft. Findet selbst eine passende Überschrift dazu.*

**3** *Sortiert die Wörter aus der Wörterschlange (▷ S. 93) nach diesen Wortarten und übertragt sie in Listen geordnet in euer Heft.*

**4** *Denkt euch weitere Beispielwörter aus.*

Oskar Pastior

**ballade vom estaminen klimasch**

wo die sonne scheint
wo der buxbam waxt
wö das feiglein murrt

und man gut baden kan
und man fein schupfen kan
unz man hübsch braten kan

man wu schüpfen kan
u kan beden kan
hü feiglan
das mank
schmaxt

**5** *a) Friederike Fuchs hat einen sehr merkwürdigen Text gefunden. Sie versteht die Bedeutung der einzelnen Wörter nicht richtig. Trotzdem versucht sie die Wörter bestimmten Wortarten zuzuordnen. Helft ihr dabei.*
*b) Könnt ihr erklären, wieso ihr einzelne Wortarten erkannt habt, auch ohne dass ihr die Bedeutung der Wörter kennt?*

## Das Nomen

Friederike Fuchs findet sich kaum noch zurecht, so viele Wortarten hat sie entdeckt! Um es sich einfacher zu machen, beschäftigt sie sich zunächst mit den **Nomen**.
Weil sie eine ziemlich verspielte Sprachforscherin ist, hat sie sich ein Puzzle ausgedacht:

**1** *a) In welcher Reihenfolge müsst ihr die Puzzle-Teile legen? Schreibt die richtige Anordnung der Nomen als Tabelle in euer Heft.*
*b) Könnt ihr erklären, warum Friederike Fuchs die Puzzle-Teile so angeordnet hat?*

Es gibt noch ein zweites Puzzle, das aber leider unvollständig ist. Nur einige Teile hat Friederike Fuchs zusammengetragen.

**2** *a) Da ihr das erste Puzzle kennt (▷ S. 95), könnt ihr leicht herausfinden, welche Teile fehlen und in welcher Reihenfolge sie angeordnet werden müssen. Tragt das vollständige zweite Puzzle in euer Heft ein.*
*b) Schreibt die zusammengehörigen Wörter aus dem ersten und dem zweiten Puzzle nebeneinander und vergleicht ihre Form. Welche Beobachtungen macht ihr?*

Um sich einen Überblick zu verschaffen, hat Friederike Fuchs eine Tabelle angelegt:

!

| **Genus** (Geschlecht) | **Maskulinum** (männlich) | **Femininum** (weiblich) | **Neutrum** (sächlich) |
|---|---|---|---|
| **Numerus** (Anzahl) | | | |
| **Singular** (Einzahl) | der Mann<br>der Bus<br>der ... | die Frau<br>die ...<br>... | das ...<br>...<br>... |
| **Plural** (Mehrzahl) | die Männer<br>... | die Frauen<br>... | ...<br>... |

**3** *Übertragt die Tabelle in euer Heft. Ordnet dabei weitere Wörter aus dem Puzzle ein.*

Friederike Fuchs ist auf eine neue Idee gekommen, wie sich die Nomen ordnen lassen:

**4** *a) Könnt ihr die Ordnung, in die Friederike Fuchs die Nomen gebracht hat, erklären?*
*b) Zeichnet das Schaubild von Friederike Fuchs in euer Heft und ordnet folgende Wörter ein:*
Pferd, Stuhl, Ball, Idee, Auto, Frieden, Hass, Großmutter, Wut
*c) Überlegt euch weitere Nomen und ordnet sie in das Schaubild ein.*

**5** *a) Ergänzt euer Schaubild (▷ Aufgabe 4, S. 96), indem ihr alle fett gedruckten Nomen des folgenden Wörterbuchauszugs zuordnet.*
*b) Bildet zu allen Nomen den Plural. Was fällt euch auf?*

# E

**Ebbe** die: niedrigster Wasserstand am Meer; *Ggs.* Flut
**eben** zu ebener Erde; **Ebene** die; **ebenerdig; ebnen**
**eben** mir kam eben (gerade jetzt) der Gedanke, so ist das eben!; das ist eben so!
**Ebenbild** das: genaues Abbild
**ebenbürtig** ein ebenbürtiger (gleichwertiger) Gegner
**ebenda; ebendaher; ebendann; ebendarum; ebender; ebendieser; ebendort; ebenfalls; ebenjener**
**Ebenmaß** das: Ausgewogenheit; **ebenmäßig** sie hat ebenmäßige Züge
**ebenso** genauso, in gleicher Weise; wir mögen es ebenso wie du; **ebenso gut** ich kann ebenso gut bleiben, ich kann das ebenso (im Vergleich mit dir genauso) gut wie du; **ebenso häufig; ebenso lang; ebenso oft; ebenso sehr; ebenso weit; ebenso wenig**
**Eber** der: männliches Schwein
**Eberesche** die: Laubbaum mit roten Beeren, Vogelbeere
**Ecke** die: er spähte um die Ecke, es fehlte an allen Ecken und Enden (überall); **Eckhaus** das; **eckig**
**edel** edler, am edelsten: „Edel sei der Mensch, hilfreich und gut" *(Johann Wolfgang Goethe);* **Edelgas** das: Helium, Neon, Argon und andere Gase; **Edelmann** der, die Edelleute; **Edelmetall** das: Platin, Gold, Silber u. a.; **Edelmut** der; **edelmütig**
**EDV** *Abk. für* elektronische Datenverarbeitung
**Efeu** der: Kletterpflanze
**Effekt** der *lat.,* des Effekt(e)s, die Effekte: Folge, Auswirkung, Eindruck; **Effekten** die: Wertpapiere; **effektiv** wirkungsvoll, wirklich; **effektvoll; Effizienz** die: Leistungsfähigkeit, Wirksamkeit
**egal** *franz.*: ganz egal (gleich), was du denkst
**Egel** der, die Egel: Blut saugender Ringelwurm, Blutegel
**Egge** die: Ackergerät zum Lockern des Bodens

Weil Friederike Fuchs sich nun ausgiebig mit dem Nomen beschäftigt hat, ist ihr eine Besonderheit aufgefallen, die sie in folgendem Bild festgehalten hat:

**6** *Erklärt das Problem, das Friederike Fuchs entdeckt hat.*

Christian Morgenstern

## Der Werwolf

Ein Werwolf eines Nachts entwich
von Weib und Kind und sich begab
an eines Dorfschulmeisters Grab
und bat ihn: „Bitte, beuge mich!"

Der Dorfschulmeister stieg hinauf
auf seines Blechschilds Messingknauf
und sprach zum Wolf, der seine Pfoten
geduldig kreuzte vor dem Toten:

„Der Werwolf", sprach der gute Mann,
„des Weswolfs, Genitiv sodann,
dem Wemwolf, Dativ, wie man's nennt,
den Wenwolf – damit hat's ein End."

Dem Werwolf schmeichelten die Fälle,
er rollte seine Augenbälle.
„Indessen", bat er, „füge doch
zur Einzahl auch die Mehrzahl noch!"

Der Dorfschulmeister aber musste
gestehn, dass er von ihr nichts wusste.
Zwar Wölfe gäbs in großer Schar,
doch „Wer" gäbs nur im Singular.

Der Wolf erhob sich tränenblind –
er hatte ja noch Weib und Kind!!
Doch da er kein Gelehrter eben,
so schied er dankend und ergeben.

**7** *Erklärt, wie der Dorfschulmeister die Aufforderung „Bitte, beuge mich!" versteht.*

Bei der Untersuchung des Gedichts hat Friederike Fuchs ein Frage-und-Antwort-Spiel entwickelt:

**Immer derselbe – und doch ein anderer Fall**

*Wer entwich des Nachts von Weib und Kind?*
*⊛ entwich des Nachts von Weib und Kind.*

*Wessen Familie blieb des Nachts allein zu Hause zurück?*
*Die Familie ⊛ blieb des Nachts allein zu Hause zurück.*

*⊛ erklärte der Dorfschulmeister die Fälle?*
*⊛ erklärte der Dorfschulmeister die Fälle.*

*⊛ konnte der Dorfschulmeister trotz großer Gelehrsamkeit nicht trösten?*
*⊛ konnte der Dorfschulmeister trotz großer Gelehrsamkeit nicht trösten.*

**8** *Schreibt den Text ab und füllt dabei die Lücken.*

Friederike Fuchs ist zwar selbst manchmal ziemlich durcheinander, aber sie liebt die Ordnung in der Sprache. Sie hat deshalb folgende Tabelle angelegt:

| **Kasus** (Fall) | **Kasus-Frage** | **Maskulinum** (männlich) | **Femininum** (weiblich) | **Neutrum** (sächlich) |
|---|---|---|---|---|
| 1. Fall **Nominativ** | „Wer ...?" oder „Was ...?" | der Mann | ... | ... |
| 2. Fall **Genitiv** | „Wessen ...?" | ... | ... | ... |
| 3. Fall **Dativ** | „Wem ...?" | ... | ... | ... |
| 4. Fall **Akkusativ** | „Wen ...?" oder „Was ...?" | ... | ... | ... |

**9** *a) Übernehmt die Tabelle in euer Heft. Tragt dann die folgenden* **deklinierten** *(gebeugten) Formen in die Tabelle ein:*
dem Mann, der Frau, des Kindes, dem Kind, den Mann, die Frau, das Kind, des Mannes.
*Achtung: Einige Formen kommen doppelt vor!*
*b) Mit Hilfe der Fragen kann man den Kasus leichter bestimmen. Bildet zu jedem Beispiel einen Satz und probiert die Kasus-Frage aus.*

Tage- und nächtelang hat Friederike Fuchs sich mit den Nomen beschäftigt. Zu guter Letzt erstellt sie das folgende Schaubild. Auf einen Blick kann man die Eigenschaften des Nomens erkennen:

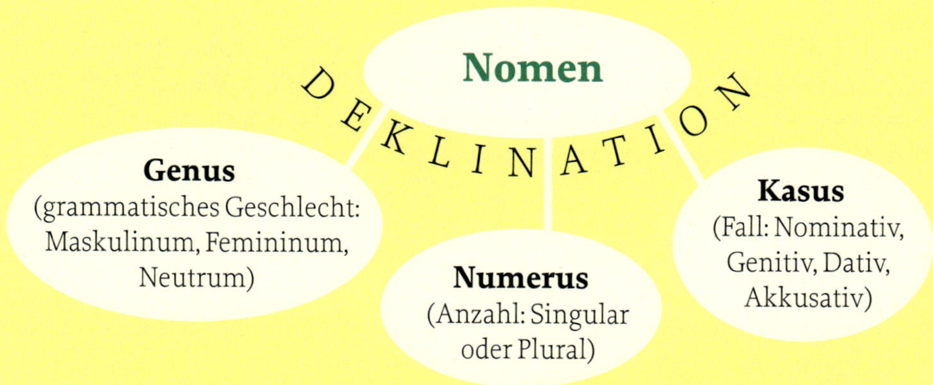


**10** *Sucht aus einem selbst gewählten Text in diesem Buch die ersten zwölf Nomen heraus und bestimmt bei allen Genus, Numerus und Kasus.*

# Der Artikel

Heinrich Heine

## Meeresstille

Meeresstille! Ihre Strahlen
Wirft die Sonne auf das Wasser,
Und im wogenden Geschmeide
Zieht das Schiff die grünen Furchen.

Bei dem Steuer liegt der Bootsmann
Auf dem Bauch und schnarchet leise.
Bei dem Mastbaum, segelflickend,
Kauert der beteerte Schiffsjung.

Hinterm Schmutze seiner Wangen
Sprüht es rot, wehmütig zuckt es
Um das breite Maul, und schmerzlich
Schau'n die großen, schönen Augen.

Denn der Kapitän steht vor ihm,
Tobt und flucht und schilt ihn: Spitzbub.
„Spitzbub! einen Hering hast du
Aus der Tonne mir gestohlen!"

Meeresstille! aus den Wellen
Taucht hervor ein kluges Fischlein,
Wärmt das Köpfchen in der Sonne,
Plätschert lustig mit dem Schwänzchen.

Doch die Möwe, aus den Lüften,
Schießt herunter auf das Fischlein,
Und den raschen Raub im Schnabel,
Schwingt sie sich hinauf ins Blaue.

**1** *a) Überlegt, zu welchen Strophen die Überschrift gut passt, zu welchen weniger.*
*b) Tragt das Gedicht so vor, dass man die unterschiedlichen Stimmungen hören kann.*

**!** In dem Gedicht von Heinrich Heine könnt ihr sehen, dass Nomen selten allein auftreten, sondern häufig von einem Artikel begleitet werden. Wir unterscheiden dabei zwischen dem **bestimmten Artikel,** z. B. „der", „die", „das", und dem **unbestimmten Artikel,** z. B. „ein", „eine", „ein".

**2** *Sucht im Gedicht alle Artikel heraus.*

**3** *Könnt ihr eine Regel aufstellen, wann der bestimmte und wann der unbestimmte Artikel gebraucht wird? Schreibt sie in euer Heft.*

**4** *Der Artikel wird mit seinem Bezugswort, dem Nomen, dekliniert. Findet im Text Beispiele, wo ihr dies erkennen könnt.*

**5** *Lest die Verse 3, 9, 23 und 24 und findet die Wörter mit den versteckten Artikeln.*

# Adjektive

## In der Straßenbahn

Claus macht sich wie jeden Morgen ✿ auf den Weg zur Schule. Natürlich ist es schon spät. Die ✿ Straßenbahn zuckelt ✿ durch die Straßen der Stadt. An jeder Ecke hält sie und die Menschen steigen ✿ ein und aus. Claus guckt ✿ durch die ✿ Scheiben der Straßenbahn und träumt. Regenschauer prasseln auf das ✿ Dach, als ob eine ✿ Elefantenherde mit ✿ Getöse darüber marschieren würde. Durch das Fenster kann man noch so gerade ✿ Wolken erkennen, die aussehen wie ✿ Wolkenelefanten. Endlich! Die Bahn quietscht und bremst. Claus wacht auf und steigt aus. Die Schule ist gleich um die Ecke. Und wie er so durch den ✿ Regen schlendert, bemerkt er ...

**1** *a) Übertragt den Anfang dieser Geschichte in euer Heft und fügt dabei die Adjektive aus der Wolke an passenden Stellen ein.*
*b) Lest den Text einmal ohne und einmal mit Adjektiven und vergleicht die Wirkung.*
*c) Schreibt die Geschichte zu Ende. Achtet auf die Verwendung geeigneter Adjektive.*

Die drei Schwestern Anna, Melanie und Maria machen nichts lieber, als sich miteinander zu vergleichen. Melanie sagt: „Ich bin älter als Anna, aber jünger als Maria."

| Anna | Melanie | Maria |
|---|---|---|
| 4 Jahre | 10 Jahre | 13 Jahre |
| 108 cm | 146 cm | 155 cm |
| 18 kg | 45 kg | 45 kg |

**2** *Sucht weitere Vergleiche, die die drei anstellen könnten.*

**!**

**Adjektive** (Eigenschaftswörter) werden bei Vergleichen gesteigert:
Man bildet zur Grundform **(Positiv)** den **Komparativ** und den **Superlativ,** z. B.:
„groß – größer – am größten".

**3** *a) Formuliert in Partnerarbeit weitere Vergleiche. Vergleicht z. B. Pferderassen, Automarken, Musikgruppen usw.*
*b) Achtet auf die Adjektive, die ihr bei euren Vergleichen gesteigert habt: Findet ihr welche, bei denen der Komparativ und der Superlativ anders gebildet werden als üblich?*

# Numeralia

Friederike Fuchs ist wieder einmal bei ihrer Großmutter zu Gast. Dabei genießt sie nicht nur den selbst gebackenen Kuchen, sondern freut sich noch mehr über das Gespräch mit der alten Dame:

„Es ist so schön, dass du da bist, Friederike! Mit einem oder zwei Stück Kuchen können wir gut den Nachmittag verbringen. Hast du dein erstes schon gegessen? Darf ich dir noch ein zweites geben?

Ja, da schlägt's dreizehn! Schau dir die frechen Fliegen an! Weg mit euch, sonst erschlage ich sieben auf einen Streich.

Aber erzähl doch, Friederike: Hast du wieder zwei oder drei neue Bücher gekauft? Sind wieder interessante für mich dabei? Meist gehen mir abends noch hundert Gedanken durch den Kopf, ehe ich schlafen kann, und da wäre es schön, sich mit einem Buch entspannen zu können. Gelesen habe ich gerade *Erster Klasse* von Ludwig Thoma und davor einen Kriminalroman von Graham Greene, *Der dritte Mann.* Jetzt würde ich gerne Märchen lesen, zum Beispiel *Tausendundeine Nacht* aus dem Arabischen. Kennst du das vielleicht?"

**1** *Kennt ihr eines der Bücher, das Friederikes Oma hier nennt?*

**2** *Überlegt, durch welche Wörter im Text eine Anzahl ausgedrückt wird.*

**3** *Übertragt die folgende Tabelle in euer Heft und vervollständigt sie:*

| Numeralia | |
|---|---|
| Kardinalzahlen | Ordinalzahlen |
| einem | erstes |
| ... | ... |

**!**

**Numeralia** (Singular: das Numerale) sind **Zahlwörter.** Sie gehören meist zu den Adjektiven. Man unterscheidet unter anderem:

- Kardinalzahlen; sie legen eine Anzahl fest, z. B.: „eins", „hundert", „zwei Millionen".
- Ordinalzahlen; sie legen eine Reihenfolge fest z. B.: „der/die/das Erste", „der achte Tag".

# Pronomen

Michael geht jetzt schon über einen Monat in seine neue Schule. Der erste Klassenausflug in den Zoo hat ihm sehr gut gefallen. Weniger Freude bereitet ihm der Aufsatz, den er nun über den Ausflug schreiben soll. Michael will Zeit sparen und hat sich vorgenommen, sich möglichst kurz auszudrücken.

**Unser erster Klassenausflug**

Wir trafen uns schon frühmorgens am Eingang. Er machte um neun Uhr auf. Ich war sehr gespannt, was er mit uns vorhatte. „Habt ihr alle einen Kugelschreiber mitgebracht? Teilt euch in Gruppen auf. Wir machen heute eine Zoo-Rallye. Sie ist ganz schön knifflig, aber ich traue euch das zu. Selbst du musst nachdenken“, fügte er grinsend hinzu, aber er blickte nur ärgerlich an ihm vorbei. Dann ging es los. Vor uns rannten sie schon um die Wette. Die erste Aufgabe lautete: „Welches große Raubtier aus Südamerika braucht zum Lesen eine Brille?“ Ich kannte es, deshalb liefen wir zum Kängurugehege. Er las laut vor: „Wie groß ist ein Känguru gleich nach der Geburt?“ Sie wusste es. Als wir die Frage beantworten sollten: „Was ist das größte Säugetier Amerikas?“, kam mir die zündende Idee. Wir teilten sie unter uns auf. Sie rannten immer noch durch den Zoo, als wir sie schon alle gelöst hatten.

**1** *Könnt ihr die Fragen der Zoo-Rallye beantworten? Wenn ihr im Zweifel seid, fragt eure Biologielehrerin oder euren Biologielehrer oder schlagt in einem Lexikon nach.*

**2** *An welchen Stellen hat sich Michael so verkürzt ausgedrückt, dass ihr überlegen müsst, wen oder was er gemeint hat?*

**!**
Michael hat für zahlreiche Nomen und Wortgruppen mit Nomen Stellvertreter eingesetzt: Man nennt sie **Pronomen.**
Die Pronomen „ich“, „du“, „er/sie/es“, „wir“, „ihr“, „sie“ heißen **Personalpronomen.**

**3** *Legt in eurem Heft eine Liste nach folgendem Muster an:*

| Nomen | | Personalpronomen |
|---|---|---|
| der Zoo | → | er |
| unser Lehrer | → | er |
| ... | → | ... |

**4** *Schreibt den Aufsatz nun noch einmal neu und verbessert alle Stellen, an denen Michael ein Personalpronomen verwendet hat, von dem man nicht weiß, worauf es sich bezieht.*

Wenn Pronomen missverständlich gebraucht werden, können witzige Formulierungen entstehen. Michaels Lehrer hat einige solcher Stilblüten aus allen Aufsätzen der Klasse gesammelt und liest sie seinen Schülerinnen und Schülern vor:

*Einige Besucher betrachteten die Affen. Sie kratzten sich in den Ohren ...*
*Ein kleines Mädchen betrachtete ein Lama. Plötzlich bespuckte es einen älteren Herrn ...*
*Viele Zoobesucher freuten sich über die Wildschweine. Sie wühlten im Schlamm ...*

**5** *a) Verändert die Sätze so, dass sie eindeutig werden.*
*b) Denkt euch weitere Stilblüten dieser Art aus.*

Michaels Freund Peter hat in seinem Aufsatz besonders ausführlich über das Affenhaus erzählt:

*Am besten hat mir das Affenhaus gefallen. Die Affen schaukelten mit Reifen. Ein Wärter gab den Affen Bananen und Apfelstücke zu fressen, die den Affen sehr gut schmeckten. Wenn ich ganz nah an die Scheibe trat, fletschte ein Affe immer die Zähne. Das Spielzeug des Affen war ein Klettterseil, an dem sich der Affe mit unglaublicher Geschwindigkeit emporhangelte ...*

**6** *a) Peters Aufsatz klingt ziemlich eintönig. Woran liegt das?*
*b) Schreibt den Text flüssiger, indem ihr dort, wo es sinnvoll ist, Personalpronomen einsetzt.*

**7** *Verbessert diese Postkarte, indem ihr Wortwahl und Satzbau abwechslungsreicher gestaltet.*

Liebe Großmutti!
Wir machen Urlaub auf Norderney. Wir gehen oft gegen Mittag an den Strand. Wir gehen sonntags immer viel Eis essen. Wir gehen manchmal auch ins Wattenmeer. Wir gehen bald wieder schwimmen.

Viele Grüße dein Sebastian

## Glück gehabt!

(1) Am Ende der Zoo-Rallye fuhr Franziska der Schreck in die Glieder.
(2) „Mein Portmonee ist weg!“
(3) „Wo könntest du dein Portmonee denn gelassen haben?“, erkundigte sich Lehrer Fröhlich.
(4) „Guckt alle mal in euren Taschen, ob ihr ihre Geldbörse – ich meine natürlich Franziskas Geldbörse – aus Versehen eingesteckt habt.“
(5) Fritz krempelte sofort ◎ Hosentaschen um, Andrea und Claudia suchten in ◎ Rucksäcken, aber vergeblich!
(6) „◎ Ausflug darf nicht mit einem solchen Missklang enden!“
(7) „Ich glaube, ich weiß, wo Franziska ◎ Portmonee liegen gelassen hat, am Eisbüdchen!“, rief Tom.
(8) Sofort stürzte Franziska los.
(9) Schon kurze Zeit später war sie zurück.
(10) Glückstrahlend schwenkte sie ◎ Portmonee durch die Luft.

**!** Zu jedem Personalpronomen gibt es ein **Possessivpronomen,** z. B.: „mein“, „dein“, „sein/ihr“, „unser“, „euer“, „ihr“ usw.

**8** *Lehrer Fröhlich hilft euch, eine wesentliche Bedeutung des Possessivpronomens zu erkennen. Lest dazu noch einmal genau Satz (4).*

**9** *a) Schreibt aus den ersten vier Sätzen alle Possessivpronomen heraus.*
*b) Übertragt die fehlenden Possessivpronomen der Sätze 5–10 in euer Heft und lest den Text dann mit euren Ergänzungen vor.*

**10** *a) Welche Bedeutung hat das Possessivpronomen in den folgenden Ausdrücken:*
Unser Ausflug, meine Schule, euer Lehrer ... ?
*b) Findet weitere Beispiele.*

**11** *Schreibt den folgenden Text ab und füllt dabei die Lücken sinnvoll mit den Pronomen, die ihr kennen gelernt habt, aus. Setzt in Klammern dahinter die Abkürzungen für das jeweilige Pronomen: Personalpronomen = PP, Possessivpronomen = PoP*

Karla berichtet am Abend **ihrem (PoP)** Vater ausführlich über ◎ (?) Erlebnisse auf dem Ausflug. „Das war wirklich toll! ◎ (?) Lehrer hat ◎ (?) eine Stunde frei gegeben. Da konnten ◎ (?) allein durch den Zoo gehen. Das neugeborene Nashorn fand ◎ (?) ganz besonders süß. Das war noch ganz tollpatschig. ◎ (?) Mutter hat ◎ (?) vorsichtig mit ◎ (?) Maul beschnuppert. Papi, ◎ (?) hättest das Nashornbaby sehen müssen! – Ich habe dann mit ◎ (?) Freundin Ute noch eine Fahrt mit der Zoobahn unternommen. Das war aber ziemlich langweilig!“

# Präpositionen

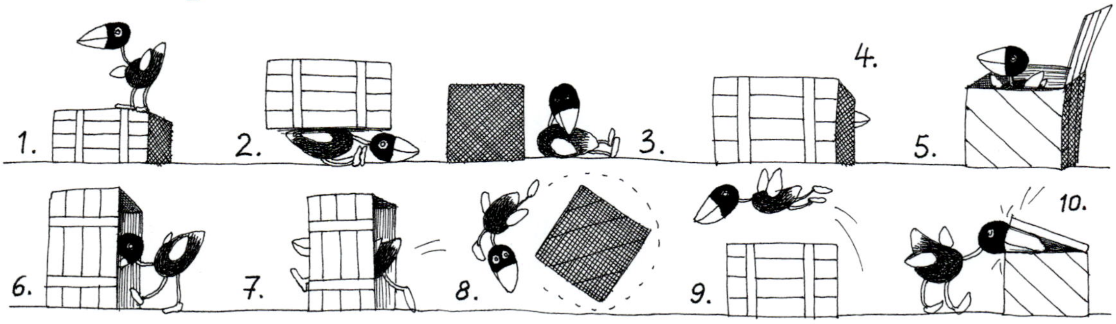


**1** *Könnt ihr beschreiben, wo sich der Vogel Xaver jeweils befindet? Bildet entsprechende Sätze.*

**!** Wörter wie „in", „auf", „nach", „vor" nennt man **Präpositionen** (Verhältniswörter). Sie bezeichnen oft **räumliche Verhältnisse** (z. B. „*vor* der Kiste"). Präpositionen können aber auch **zeitliche Beziehungen** ausdrücken (z. B. „*in* drei Stunden"), einen **Grund** angeben (z. B. „*wegen* der vielen Hausaufgaben") oder die **Art und Weise** bezeichnen (z. B. „*mit* Tomatensoße").

**2** *a) Markiert die Präpositionen in euren Sätzen, die ihr zu den Bildern formuliert habt.*
*b) Schreibt eine Geschichte mit Xaver, in der jede von euch gefundene Präposition einmal vorkommt.*

Wilhelm Busch

## Fink und Frosch

Im Apfelbaume pfeift der Fink
Sein: pinkepink!
Ein Laubfrosch klettert mühsam nach
Bis auf des Baumes Blätterdach
Und bläht sich auf und quackt: „Ja ja!
Herr Nachbar, ick bin och noch da!"

Und wie der Vogel frisch und süß
Sein Frühlingslied erklingen ließ,
Gleich muss der Frosch in rauen Tönen
Den Schusterbass dazwischendröhnen.

„Juchheija heija!", spricht der Fink.
„Fort flieg ich flink!"
Und schwingt sich in die Lüfte hoch.

„Wat!", ruft der Frosch. „Dat kann ick och!"
Macht einen ungeschickten Satz,
Fällt auf den harten Gartenplatz,
Ist platt, wie man die Kuchen backt,
Und hat für ewig ausgequackt.

Wenn einer, der mit Mühe kaum
Geklettert ist auf einen Baum,
Schon meint, dass er ein Vogel wär,
So irrt sich der.

**3** *a) Überlegt, was Menschen aus diesem Gedicht lernen können.*
*b) Markiert auf einer Kopie die Präpositionen in diesem Gedicht.*
*c) Untersucht, in welchem Kasus das jeweilige Bezugswort steht.*

# Verben

## Tante Thea

Konditorin Thea Türwächter besucht wieder einmal die Familie ihres Bruders Hans, dessen sieben Kinder sie alle fest ins Herz geschlossen hat.
Natürlich kommt sie nicht mit leeren Händen, sondern wie immer mit fünf großen Sahnetorten vom Vortag. Freudig steht sie in der Haustüre und ruft, als sei es ihr allerneuester Einfall: „Heute essen wir alle zusammen einmal Sahnetorte! Na, ist das keine prima Idee?" – Der vorlaute Fred zischt zugleich seiner kleinen Schwester laut und vernehmlich zu: „Sie isst immer nur Torte! Ich esse heute jedenfalls keine Torte, damit das klar ist!"
„Du isst Torte", raunt ihm seine Mutter unmissverständlich zu. Und dann sagt sie zur Tante: „Sie essen deine fantastischen Torten wirklich immer sehr gerne, Thea! Man weiß schon gar nicht mehr, was man ihnen sonst noch bieten kann." Sichtlich geschmeichelt verkündet Tante Thea: „Ja, wenn das so ist und ihr meine Torten wirklich so gerne esst, habe ich sicher zu wenig für alle mitgebracht."

**1** *Schreibt die Verben aus dieser Geschichte heraus. Von welcher Tätigkeit ist am häufigsten die Rede?*

**2** *Schreibt den Text um und achtet dabei auf eine abwechslungsreiche Wortwahl. Die folgende Sammlung von Verben kann dabei helfen:*

verspeisen – spachteln – kosten – mampfen – lutschen – knabbern – schlecken – löffeln – genießen – futtern – kauen

**3** *a) Erfindet eine Geschichte zu Tante Thea, in der folgende Verben vorkommen:*

einkaufen – entlanggehen – ausrutschen – hinfallen – auslaufen

*b) Umrahmt die Verben in euren Sätzen. Was beobachtet ihr?*

Friederike Fuchs beschäftigt sich natürlich auch mit den Verben. Es interessiert sie besonders, wie die Grundform **(Infinitiv)** sich beim Beugen der Verben **(Konjugieren)** verändert. Sie hat einiges beobachtet und anschließend folgendes Schaubild gezeichnet:

**!**

**Konjugation** (Beugung des Verbs)

| **Singular** | **Infinitiv** (Grundform) | **Plural** | |
|---|---|---|---|
| ich ... | essen | wir ... | **1. Person** |
| du ... | mampfen | ihr ... | **2. Person** |
| er/sie/es ... | kauen | sie ... | **3. Person** |

**4** a) *Übertragt die Übersicht in euer Heft und setzt dabei die richtigen Formen der drei Verben essen, mampfen, kauen in die Lücken ein. Ihr erhaltet so die* ***Personalformen*** *der Verben.*

b) *Beschreibt genau, was sich jeweils verändert.*

c) *Konjugiert die folgenden Verben:*

reden | sprechen | hören | sehen | laufen | wandern | schlafen

*Welche Gemeinsamkeiten und welche Unterschiede stellt ihr fest?*

**5** a) *Was könnte die Lehrerin in den Bildern sagen? Formuliert mehrere Möglichkeiten.*

b) *Was müsste die Lehrerin sagen, wenn sie direkte Anweisungen erteilen wollte?*

**6** a) *Überlegt euch Situationen, in denen Befehle erteilt werden.*

b) *Formuliert die Befehle einmal im Singular (Einzahl) und einmal im Plural (Mehrzahl).*

**7** *Versucht eine Regel aufzustellen, wie aus dem Infinitiv (Grundform) des Verbs der* ***Imperativ*** *(Befehlsform) gebildet wird. Notiert diese Regel in eurem Heft.*

# Tempus des Verbs

Friederike Fuchs erforscht nicht nur gern unsere Sprache, sondern bastelt auch an allen möglichen Erfindungen. Heute ist Nina zu Besuch, ein Mädchen aus der Nachbarschaft. Nina liebt Besuche bei Friederike Fuchs, denn dort ist es immer ziemlich unordentlich und oft gibt es spannende Neuigkeiten. Dieses Mal hat Friederike Fuchs eine Zeitmaschine entwickelt, mit der sie Nina in das Jahr 2500 versetzen will. Sie erklärt Nina alles ganz genau, denn die ist schrecklich aufgeregt:

„Zuerst einmal setze ich den Zeitcomputer mit dem Zeitprozessor in Gang, den du in diesem Raum siehst. Ich boote jetzt den Zeitprozessor, lade das Zeitmaschinenprogramm *Door 2500* und gebe den Zeitkode ein, der das Programm abfragt. Siehst du, Nina, auf dem Bildschirm erscheint die Meldung: *Zeitsprung wird berechnet. Bitte warten!* Das geht ja schnell. Da flackert schon die Leuchtschrift auf: *Zeitschleuse ready.* Nina, du gehst jetzt einfach durch die schmale Tür zur Lichtschleuse. Keine Angst, Nina! Wer wagt, gewinnt!"

**1** *a) Friederike Fuchs spricht über ein Geschehen, das genau in dem Augenblick stattfindet, in dem sie sich mit Nina unterhält. In welchem* ***Tempus*** *(Zeitform) stehen die Verben?*
*b) Wenn ihr euch den letzten Satz genauer anschaut, könnt ihr erklären, wann man sonst noch diese Zeitform verwendet.*

Als Nina die Lichtschleuse betritt, empfängt sie eine gleißende Helligkeit. Alle möglichen Gedanken schießen ihr durch den Kopf. „Was kommt auf mich zu? Ich werde mich bestimmt nicht zurechtfinden. Hoffentlich finde ich auch später den Weg in die Gegenwart zu meinen Freundinnen und Freunden zurück!"

**2** *a) Auf welchen Zeitpunkt beziehen sich Ninas Fragen und Gedanken?*
*b) Untersucht die Verbformen.*
*c) Beschreibt die verschiedenen Möglichkeiten, mit denen man ausdrücken kann, dass sich etwas ereignen wird.*

**3** *Formuliert eine Regel zur Bedeutung der Tempusformen:*

> **Präsens** („ich gehe") drückt ..., ... und ... aus.
>
> **Futur** („ich werde gehen") drückt ... aus.

Nina durchschreitet tapfer die Lichtschleuse, öffnet am Ende eine Tür und stutzt. Sie befindet sich in einem Raum, der genauso aussieht wie der, den sie gerade verlassen hat. Nur Friederike Fuchs ist verschwunden. Ist etwas schiefgegangen? Nina entdeckt eine weitere Tür, öffnet sie ebenfalls und tritt staunend hinaus in eine fremde Welt ...

Nach einigen Wochen – inzwischen ist Nina wieder wohlbehalten aus der Zukunft zurückgekehrt– erzählt sie ihren Freundinnen und Freunden von ihren unglaublichen Erlebnissen: „Ihr müsst mir glauben, ich bin noch jetzt in Gedanken nicht richtig wieder bei euch eingetroffen. Zuerst habe ich vor Aufregung alles verschwommen gesehen. Doch dann habe ich mir ein Herz gefasst und mich genau umgeschaut ..."

**4** *Für Nina ist das, was sie erlebt hat, Vergangenheit. Um darzustellen, dass die Ereignisse vorbei sind, benutzt sie eine Zeitform, die unterschiedlich gebildet werden kann:* „Ich bin ... eingetroffen." – „Ich habe ... gesehen." *Schreibt Ninas Erzählung weiter. Bedenkt dabei, dass beim mündlichen Erzählen vorwiegend solche Formen des* ***Perfekts*** *verwendet werden.*

An Ninas Schule ist die Aufregung groß. Alle wollen etwas über ihr Abenteuer erfahren. Sie schreibt deshalb einen Bericht über ihre Zeitreise in der Schülerzeitung.

2500 und zurück

Mit der Zeitmaschine von Friederike Fuchs flog ich ins Jahr 2500.
Zuerst sah ich alles vor Aufregung ganz verschwommen. Dann fasste ich mir ein Herz und schaute mich genauer um ...

**5** *a) Übernehmt den Anfang des Berichts in euer Heft und schreibt ihn zu Ende. Achtet dabei auf das Tempus, das Nina verwendet.*
*b) Nina benutzt in ihrem Artikel das* ***Präteritum,*** *um ihre Erlebnisse der Vergangenheit zu schildern. Vergleicht die Wirkung des schriftlichen Berichts und der mündlichen Erzählung.*
*c) Schreibt alle Formen des Präteritums aus eurem Artikel heraus und versucht sie in zwei Spalten anzuordnen. Könnt ihr jetzt erklären, auf welche Weise das Präteritum gebildet wird?*

!

**Tempus der Verben**

Verben lassen sich in verschiedene **Tempora** (Zeitformen) setzen:

- Mit dem **Präsens** können wir ausdrücken, dass etwas in der Gegenwart geschieht, z. B.: „Ich *lese* gerade." Im Präsens stehen aber auch solche Aussagen, die immer gelten, z. B.: „Ferien *machen* Spaß."
- Mit dem **Futur** können wir auf Zukünftiges verweisen, z. B.: „Ich *werde* ans Meer *fahren.*" Häufig benutzen wir Zeitangaben, um die Zukunft anzuzeigen, die Verbform kann dann im Präsens bleiben, z. B.: „*Morgen fahre* ich ans Meer."
- Mit dem **Perfekt** wird meistens in mündlichen Erzählungen Vergangenes ausgedrückt, z. B.: „ich *habe gesehen*" – „ich *bin gegangen*".
- Das **Präteritum** wird bei schriftlichen Erzählungen und Berichten für die Wiedergabe des Vergangenen genutzt, z. B.: „ich *fasste*", „ich *sah*".

# Konjunktionen

weil
obwohl
damit
und

Sie hat viele Freunde.
Nina geht vormittags in die Schule.
In der Schule hilft sie allen.
Ihre Noten sind sehr gut.
Sie lernt eifrig.
Sie ist keine Streberin.
Sie will die Beste sein.
Nachmittags arbeitet sie zu Hause.

**1** *Fügt jeweils zwei geeignete Sätze mit den abgedruckten Konjunktionen zusammen. Schreibt die Sätze in euer Heft.*

**2** *Verknüpft die folgenden Sätze mit geeigneten Konjunktionen und übertragt die Sätze in euer Heft.*

Manchmal besucht Friederike ihre Freunde. Diese haben Geburtstag.
Sie schenkt ganz tolle Päckchen. Ihre Freunde freuen sich dann sehr.
Sie überreicht z.B. Kassetten. Sie verschenkt Süßigkeiten.

Da Nina heute Geburtstag hat, hat sie ihre Freundin Friederike eingeladen. Als diese vor der Türe steht, fällt ihr das Geschenk zu Boden, weil sie einen Moment unaufmerksam war. Während sie sich bückt und das Päckchen aufhebt, öffnet Nina die Türe. „Was machst du da?“, fragt sie erstaunt. „Ich teste die Flugeigenschaften deines Geburtstagsgeschenkes, denn es ist mir gerade heruntergefallen“, stottert Friederike bleich. Nina ist sofort neugierig. „Ist es eine CD, ein Spiel oder ein Buch?“ „Nein“, lächelt Friederike, „wenn es nicht zerbrochen ist, bekommst du von mir ...“

**3** *Überlegt euch, was Friederike Nina zum Geburtstag schenken möchte.*

**4** *Findet in dem Text alle acht Konjunktionen heraus.*

**5** *Verfasst eine Geschichte über Ninas Geburtstagsparty. Verknüpft eure Sätze dabei mit verschiedenen Konjunktionen.*

!

**Konjunktionen** (Bindewörter) verbinden Wörter oder Sätze miteinander.
„Und“, „oder“, „aber“ usw. nennt man **nebenordnende Konjunktionen,** weil sie Wörter, Wortgruppen oder Hauptsätze verknüpfen; „weil“, „obwohl“, „dass“ usw. nennt man **unterordnende Konjunktionen,** da sie Nebensätze einleiten.
Beispiele:
„Hund *und* Katze spielen im Garten.“
„Friederike besitzt einen Hund *und* ihre Freundin Nina hat nun einen Hamster.“
„Der Hund gehorcht Friederike nicht immer, *weil* sie ihn kaum erzogen hat.“

# Adverbien

Friederike Fuchs soll einen Vortrag über die Wörter halten, die sie bisher gefunden hat. So setzt sie sich an ihren Schreibtisch und verfasst eine Rede, die so beginnt:

> Ich begrüße herzlich die anwesenden Freunde der deutschen Sprache! Hier ist zuerst meine Übersicht über den Vortrag. Ich beginne nun mit den Nomen. Danach rede ich über die Verben. Fortfahren möchte ich dann mit den Adjektiven. Wenn ich hier angekommen bin, gehe ich auf Artikel und Pronomen ein. Später kommen wir noch zu den Präpositionen. Kaum eingehen werden wir auf Konjunktionen; deshalb stehen sie am Ende. Übrigens könnt ihr mich ständig unterbrechen und etwas fragen. Nebenan ist nach der Rede endlich Gelegenheit, genug zu essen. Hier findet ihr das Büfett.

Als Friederike den Text nochmals durchliest, stellt sie plötzlich fest, dass hier eine Wortart vorkommt, die sie noch gar nicht untersucht und erwähnt hat.

**1** *Findet die Wörter heraus, die zu keiner der aufgezählten Wortarten passen.*

> **!** Wörter, die nähere Angaben zu einem Geschehen machen, bezeichnet man als **Adverbien** (Umstandswörter). Sie erklären genauer, „wann“, „wo“, „wie“ oder „warum“ etwas geschieht, und sind nicht flektierbar (veränderbar).

**2** *Unterscheidet die Adverbien, die ihr im Text gefunden habt, mit Hilfe dieser Fragewörter. Übertragt die abgedruckte Tabelle in euer Heft und ordnet die Adverbien richtig ein.*

**Adverbien**

| des Ortes (Lokaladverbien) Wo? | der Zeit (Temporaladverbien) Wann? | der Art und Weise (Modaladverbien) Wie? | des Grundes (Kausaladverbien) Warum? |
|---|---|---|---|
| Hier | Zuerst | … | … |
| … | … | | |

**3** *Schreibt Friederikes Rede zu Ende: Fasst knapp zusammen, was ihr über die angesprochenen Wortarten wisst.*

**4** *Friederike probt ihre Rede zu Hause mehrmals. Wie würdet ihr sie halten? Veranstaltet in eurer Klasse einen Vortragswettbewerb. Zeichnet denjenigen aus, der Friederikes Rede am besten vorträgt.*

# 7.2 Wörter in Geschichten

Max Kruse

## Professor Tibatong, Wutz und Tim

Vor einigen Jahren bewohnte Professor Habakuk Tibatong ein Häuschen in der Universitätsstadt Winkelberg. Dort hielt man ihn für einen Sonderling, mit dem niemand gern zu tun hatte. Es hat nun einmal nicht jedermann Spaß daran, in der Wohnung einem grunzenden Schwein zu begegnen.

Und das konnte einem bei Professor Habakuk Tibatong geschehen. Wutz war, wie viele Schweine, ausnehmend klug. Sie war eine Dame, deswegen muss auch von „ihr" und nicht von „ihm" gesprochen werden, obwohl es „das" Schwein heißt.

Sie war eigentlich schuld daran, dass der Professor sich überlegte, ob man den Tieren nicht das Sprechen beibringen könnte. Denn Wutz sah ihn oft scharfsinniger an als mancher Student in der Universität.

Außer Wutz wohnte bei Professor Tibatong nur noch ein Waisenknabe, der eines Tages in seiner Tür stand. Und der Professor brachte es nicht übers Herz, ihn wegzuschicken. Er hieß mit Vornamen Tim, mehr wusste man nicht. Damit er aber auch einen Nachnamen bekam wie jeder anständige Mensch, nannte Tibatong ihn Tim Tintenklecks. Warum, braucht wohl nicht erklärt zu werden.

Tim Tintenklecks war zwar nicht gerade fleißig, aber er war ein lieber Kerl und das war Professor Tibatong das Wichtigste. Auch Wutz mochte ihn sehr gern. Und Tim störte es nicht, mit ihr in einem Haus zu wohnen.

Während der Nacht war sie allerdings nur im Winter drinnen; im Sommer zog sie in den Garten, denn sie liebte es, in die Sterne zu blicken und die Bäume rauschen zu hören.

Tim Tintenklecks hatte ihr aus einer geräumigen alten Regentonne, die seit Jahren unbenutzt an der Hausecke stand, ein transportables Schlafzimmer gemacht, eine Schweinehütte – oder eine Schlummertonne, wie man will. Sie war wirklich wunderschön! Die Matratze, die ihr der Professor in der Babyabteilung des Kaufhauses besorgt hatte, war aus feinstem Drillich[1]. Vor der Öffnung hing ein blaugrundiger, mit roten Rosen bedruckter Vorhang und außerdem konnte Wutz die Tür schließen. Der runde Deckel, der mit einem Scharnier seitlich angeschraubt war, lag so fest an, dass selbst bei Wolkenbruch und Hagel kein Tropfen in die Tonne kam. Dann dröhnte es innen ganz gewaltig, wie im Bauch einer Urwaldtrommel.

Dieses Fass stand natürlich nicht aufrecht, es lag – und damit es nicht herumkollerte, wenn Wutz sich von der rechten auf die linke Speckseite wälzte, waren seitlich Keile untergelegt. Und noch etwas: Oben hatte Tim Tintenklecks einen eisernen Handgriff angebracht, was einerseits recht praktisch war, denn es erleichterte das Tragen; aber andererseits ließ sich die Tonne nun nicht mehr so gut rollen ...

1 **Drillich:** dichtes Baumwoll- oder Leinengewebe

## Nomen lassen sich vertreten

**1** *In den Augen der Leute von Winkelberg ist Professor Tibatong (▷ S. 113) ein Sonderling. Haben die Nachbarn Recht?*

**2** *a) Wieso ist es wichtig zu wissen, dass Wutz eine Dame ist?*
*b) Probiert aus: Lest den Text laut in der Klasse vor und setzt statt des Nomens „Wutz“ das entsprechende Personalpronomen (z. B.* sie*) und statt der Pronomen ein passendes Nomen ein (z. B.* Wutz, das Schwein, die Dame *usw.).*

**3** *Untersucht, welche Nomen des Textes ihr durch Pronomen ersetzen könnt, ohne dass der Text unverständlich wird.*

**4** *Erfindet ein Gespräch zwischen den Bewohnern Winkelbergs über Professor Tibatong, Wutz und Tim Tintenklecks. Achtet darauf, wo ihr statt der Nomen Pronomen verwenden könnt.*

## Präpositionen schaffen Beziehungen

Tim Tintenklecks ist offensichtlich kein besonders ordentlicher Junge. Kein Wunder, dass sein Zimmer so unaufgeräumt ist.

**1** *a) Beschreibt, wo Tim seine Sachen „aufbewahrt“.*
*b) Welche Präpositionen habt ihr bei eurer Beschreibung verwendet?*

**2** *Wohin würdet ihr die Sachen tun, wenn ihr Tims Zimmer aufräumen wolltet? (Eure Antworten müssen nicht ernst gemeint sein!) Schreibt in euer Heft:*

Der Teppich kommt **auf** den Boden.
Die Bücher kommen ...
...

**3** *Setzt andere Verben ein, zum Beispiel:* liegen, stehen, sich befinden ... *Was fällt euch auf?*

# Was Verben alles leisten

Wutz möchte, dass Tim sein Zimmer gründlich reinigt. Da ihr Grunzen schwer verständlich ist, muss sie sich behelfen: Sie stellt einen Besen, einen Handfeger mit Kehrblech, einen Staubsauger, einen Eimer mit Putzlappen und vieles mehr mitten ins Zimmer.

**1** *a) Schreibt auf, was Tim tun soll.*
*b) Findet weitere Verben, die ausdrücken, wie Tim sein Zimmer in Ordnung bringen kann.*

Ihr habt erfahren, dass Tim als Waisenjunge aufgewachsen ist. Wenn er abends allein in seinem Zimmer sitzt, schreibt er Geschichten aus seinem früheren Leben auf. Er möchte Professor Tibatong damit zum Geburtstag überraschen:

> „Früher lebte ich in einem kleinen Dorf am Meer bei einem Fischer. Er war der Bruder meines Vaters, der schon sehr früh gestorben ist. Das Häuschen, in dem wir wohnten, stand auf einer hohen Klippe und vom Fenster meines winzigen Zimmerchens blickte ich auf die weite See. Es roch bei uns nach Fisch und Tabakqualm, denn mein Stiefvater paffte den ganzen Tag. Ich habe noch heute diesen Geruch nicht vergessen. Manchmal nahm mich mein Stiefvater zum Fischen mit. Ich hielt dann in der Hand die kleine Angel, die ich euch mitgebracht habe. Einmal passierte etwas Aufregendes ..."

**2** *a) Legt in eurem Heft eine Liste an, in die ihr alle Verben in Tims Erzählung nach deren Tempus (**Präteritum** oder **Perfekt**) einordnet.*
*b) Schreibt die Erzählung weiter und prüft, wann ihr das Präteritum oder das Perfekt verwendet.*
*c) Stellt euch vor, Tim erzählt Wutz die Geschichte. Welches Tempus verwendet er beim mündlichen Erzählen?*

Die Leute in der Stadt sorgen sich um Tim Tintenklecks und wollen ihn in eine „anständige Familie" als Pflegekind geben. Tim, dem Professor und Wutz gefällt das gar nicht! Sie beschließen, auf eine einsame Insel zu fliehen. Das Leben auf ihrer Insel malen sie sich schon in ihren Träumen und Vorstellungen aus.

Sprachschule für Tiere
ein Traumhaus bauen
Pinguin und Seehund bringen den Menschen und Landtieren das Leben im Wasser bei
Streifzug durch die Wildnis
auf hohe Bäume klettern

**3** *a) Schreibt auf, was Tim, der Professor und Wutz auf ihrer Trauminsel unternehmen werden.*
*b) Erfindet weitere Abenteuer, die unsere drei Ausreißer bald erleben werden.*
*c) Unterstreicht alle Verben. Prüft, wann ihr das **Präsens** oder das mit „werden" gebildete **Futur** einsetzt, um die zukünftigen Erlebnisse Tims und seiner Freunde darzustellen.*

# 7.3 Wörter bilden – Bedeutungen untersuchen

## Wortbausteine

Olivias englischer Brieffreund Mick ist zu Besuch in Deutschland. Er findet die deutsche Sprache ziemlich schwierig und macht sich gern darüber lustig. Als er das erste Mal allein in der Stadt unterwegs ist, verläuft er sich. Er macht sich einen Spaß und erzählt Olivia davon auf witzige Weise:

„Ich habe deinen Stadtplan zerlegt, Olivia, und mir den Kopf gebrochen, ob ich an der großen Kreuzung links oder rechts gehen sollte. Es ist mir einfach nicht mehr abgefallen. Nachdem ich mich dann einmal zerlaufen hatte, habe ich den Treffpunkt nicht mehr erfunden. Dann wollte ich zurufen, habe dich aber nicht gereicht. Noch nie habe ich mich so zerzettelt, habe ich gedacht, als ich endlich völlig geschöpft nach Hause gekommen bin.“

**1** *a) Mick spielt mit der deutschen Sprache. Beschreibt, wie er sie verändert hat.*
*b) Schreibt den Text ab und verbessert dabei die Wörter, die euch nicht richtig erscheinen. Unterstreicht jeweils die Wortbestandteile, die ihr ersetzt habt.*

**2** *Bildet mit den folgenden Wortbausteinen Wörter. Verwendet jeden Wortbaustein mindestens einmal. Achtet dabei auf die Großschreibung der Nomen.*

ver- er- zer- be- miss- ge- ent- un-

heil lauf freund lieb schmerz brauch leb krank spät fahr

-haft -sam -bar -lich -ig -en -tum -er -nis -ung -heit -keit -schaft

**3** *a) Untersucht, aus welchen Wortbausteinen sich Nomen, Adjektive oder Verben bilden lassen. Legt dazu eine Tabelle an.*
*b) Erklärt, welche Wortbausteine etwas über Groß- oder Kleinschreibung der Wörter sagen.*

**!**

Viele Wörter sind aus mehreren Wortbausteinen zusammengesetzt. Der bedeutungstragende Kern heißt **Stamm.** Die angefügten Elemente nennt man **Präfix** (vor dem Stamm) und **Suffix** (nach dem Stamm). Fügt man an einen Wortstamm Präfixe oder Suffixe an, so nennt man diese Art der Wortbildung **Ableitung.** Dabei kann sich die Wortart ändern, z. B.:

| Präfix | + Stamm | + Suffix | = abgeleitetes Wort |
|---|---|---|---|
| *er-* | *teil* | *-en* | *erteilen* |
| *un-* | *teil* | *-bar* | *unteilbar* |

**4** *a) Wählt einen Wortstamm aus der Sammlung auf* *▷ S. 116* *und bildet mit Präfixen und Suffixen so viele Wörter, wie ihr finden könnt. Ihr könnt das nebenstehende Beispiel als Anregung benutzen.*
*b) Veranstaltet in Kleingruppen einen Wettstreit: Welche Gruppe bildet zu einem Stamm die meisten Wörter?*

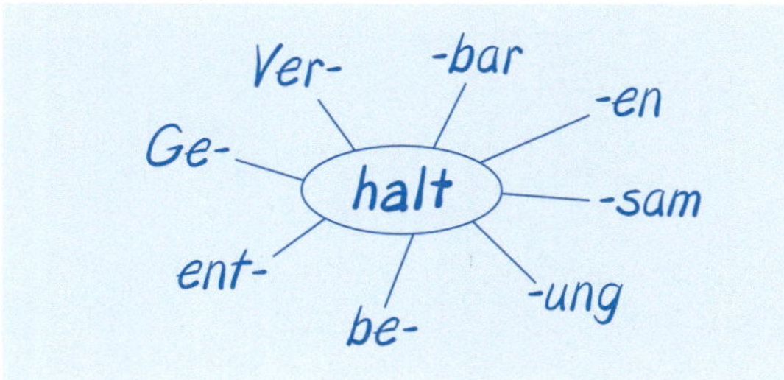


**5** *Schreibt eine Unsinnsgeschichte, in der ihr wie Mick abgeleitete Wörter verkehrt benutzt.*

Weil es im Deutschen viele Wortbausteine gibt, lassen sich leicht neue Wörter bilden. Wenn man etwas Neues ausdrücken will, muss man deshalb nicht immer ein neues Wort erfinden. Jugendliche benutzen in ihrer **Umgangssprache,** die sich schnell verändert, altbekannte Wortbausteine.

Durch neue Ableitungen wird der Wortschatz ständig erweitert. Dabei können komplizierte Sachverhalte mit einem einzigen Wort zusammengefasst werden, was besonders für die **Fachsprachen** nützlich ist. Für das Wort „verkabeln" zum Beispiel benötigt Mick im Englischen mehrere Wörter: „to connect to a cable TV network".

**6** *Kennt ihr neue Wörter, die eure Eltern oder Großeltern nicht verstehen?*

**7** *Sucht Wörter in Zeitschriften und Zeitungen, die etwas Neues bezeichnen (z. B. neue technische Geräte oder einen neuen Trend). Welche davon sind durch Ableitungen aus alten Wortbausteinen gebildet?*

# Zusammensetzungen

*René Magritte: Das rote Modell (1935)*

**1** *a) Beschreibt, was euch zu dem Bild einfällt.*
*b) Gebt dem dargestellten Gegenstand einen Namen, der zu ihm passt.*

Nicht nur Maler können Dinge fantasievoll zusammensetzen, auch Dichter können dies mit Wörtern:

Christian Morgenstern

### Die Tagnachtlampe

Korf erfindet eine Tagnachtlampe,
die, sobald sie angedreht,
selbst den hellsten Tag
in Nacht verwandelt.

**2** *Was kann alles passieren, wenn Korf seine Tagnachtlampe andreht? Schreibt eine Geschichte.*

Wie ihr wisst, bezeichnet man etwas Neues oder Unbekanntes nicht unbedingt mit einem ganz neuen Wort. Man kann mit Präfixen und Suffixen Ableitungen aus bekannten Wörtern bilden – oder auch wie Christian Morgenstern mehrere Wörter zu einem neuen zusammensetzen.

**!** Fügt man zwei oder mehr Wortstämme zusammen, so nennt man diese Art der Wortbildung **Zusammensetzung.** Man kann Wörter aus Nomen, aber auch aus Adjektiven und Verben zusammensetzen. Manchmal braucht man ein Fugenelement, um die Wörter zu verbinden, z. B.:

| Wortstamm | + Fugenelement | + Wortstamm | = zusammengesetztes Wort |
|---|---|---|---|
| *Arm-* | | *Band* | *Armband* |
| *Schwan-* | *en-* | *Hals* | *Schwanenhals* |
| *Geburt-* | *s-* | *Tag* | *Geburtstag* |
| *geh-* | | *Stock* | *Gehstock* |
| *Bild-* | | *schön* | *bildschön* |

**3** *Erfindet merkwürdige Gegenstände oder witzige Personen und benennt sie durch Wortzusammensetzungen. Denkt euch lustige Erklärungen dazu aus.*

**4** *Sucht Schlangenwörter, in denen drei, vier oder mehr Wörter zusammengesetzt sind:* Raumschiffsbesatzungsmitglied, Weinflaschenstöpselfabrikant.

Mick hat eine neue Sprachspielerei entdeckt.
Er sagt zu Olivia:
„Olivia, ich habe dir eine Blumenwiese mitgebracht!"

**5** *Erklärt, was Mick meint.*

**6** *a) Sucht möglichst viele zusammengesetzte Wörter, in denen sich durch den Tausch der Bestandteile die Bedeutung ändert.*
*b) Erklärt jeweils, was genau die Zusammensetzungen bedeuten.*

Sternenhimmel – Himmelsstern
Kartenspiel – Spielkarte
...

Sternenhimmel = Himmel voller Sterne
Himmelsstern = Stern am Himmel
...

**7** *Sicher kennt ihr das Wortketten-Spiel:*
Bandsalat – Salatgurke – Gurkenmaske – Maskenball – Ballspiel – ...
*Spielt das Spiel in Gruppen oder mit der ganzen Klasse. Jede/r bildet zu einem zusammengesetzten Wort eine möglichst lange Wortkette. Ihr habt fünf Minuten Zeit; falsch geschriebene Wörter zählen bei der Auswertung nicht!*

**!**

Die Teile einer Zusammensetzung nennt man **Grundwort** und **Bestimmungswort.** Das Grundwort steht immer an letzter Stelle, es enthält den Grundbegriff, der durch das Bestimmungswort näher bestimmt wird, z. B.:

| | zusammengesetztes Wort = | Grundwort | + Bestimmungswort |
|---|---|---|---|
| Gartenhaus: | Ein *Gartenhaus* ist | ein *Haus*, | das im *Garten* steht. |
| Bürohaus: | Ein *Bürohaus* ist | ein *Haus*, | ... |

**8** *a) Erklärt die Zusammensetzungen:*
Hochhaus, Fachwerkhaus, Puppenhaus, Schneckenhaus, Ferienhaus.
*b) Bildet weitere Zusammensetzungen mit* Haus *und erklärt sie.*

Die Beziehung zwischen Grund- und Bestimmungswort kann sehr unterschiedlich sein. Das Bestimmungswort kann zum Beispiel angeben, *woraus* etwas besteht („*Papier*hut"), oder auch, *wofür* etwas benutzt wird („*Papier*korb").

**9** *Findet fünf zusammengesetzte Wörter, in denen das Bestimmungswort angibt, wofür etwas benutzt wird.*

Bestimmungswörter sind wichtig, um etwas möglichst genau zu bezeichnen.
Eine „Schlange" kann vieles sein: Giftschlange, Brillenschlange, Warteschlange, Luftschlange ...
„Rot" ist nicht immer gleich rot: blutrot, rosarot, knallrot, zinnoberrot ...

**10** *a) Bildet weitere Zusammensetzungen.*
*b) Schreibt eine Fantasieerzählung, in der möglichst viele dieser Zusammensetzungen vorkommen.*

## Wortfamilie

Mick schlägt im Wörterbuch für sinn- und sachverwandte Wörter nach, was „Fremdling“ heißt. So hatte ihn Olivia scherzhaft genannt, als sie ihn ihren Freunden vorstellte.
Da fällt ihm auf, wie viele Wörter zu dem Stamm „fremd“ gebildet werden können:

**fremd,** fremdländisch, fremdartig, wildfremd, unbekannt, ausländisch, exotisch, nicht bekannt, nicht ↑einheimisch [...].
**Fremdarbeiter** ↑Gastarbeiter.
**Fremdarbeiterheim** ↑Heim.
**fremdartig** ↑fremd.
**Fremde:** ↑Ausland; in die Fremde gehen, ↑auswandern.
**fremdeln,** fremden (schweiz.), schüchtern/scheu/ängstlich sein; ↑Angst [haben].
**fremden** ↑fremdeln.
**Fremdenführer** ↑Begleiter.
**Fremdenführerin** ↑Betreuerin.
**Fremdenheim** ↑Heim.
**Fremdenlegionär** ↑Soldat.
**Fremdenzimmer** ↑Raum.
**Fremder,** Fremdling, Pimock (rhein., abwertend), Ausländer, Staatenloser, Zugereister, kein Einheimischer/Hiesiger (ugs.), Ortsunkundiger, Tschusch (österr., abwertend).
in Südamerika: Gringo; ↑Ausland, ↑Gast.
**fremdgehen** ↑untreu [sein].
**Fremdherrschaft** ↑Besatzung.
**fremdländisch** ↑fremd.
**Fremdling** ↑Fremder.
**Fremdsprachensatz** ↑Schriftsatz.
**Fremdtümelei** ↑Nachahmung.
**Fremdwort** ↑Wort.
**Fremdwörterbuch** ↑Nachschlagewerk.
**Fremdwortjagd** ↑Sprachpflege.
**Fremdwortjäger** ↑Sprachpfleger.
**Fremdwortjägerei** ↑Sprachpflege.

**1** *Kennt ihr noch andere Wörter mit dem Wortstamm „fremd“?*
*Ein Tipp: Ihr könnt Ableitungen mit Präfixen bilden.*

**2** *a) Sucht in einem Wörterbuch Wörter mit den Stämmen „Feind“ und „Freund“.*
*b) Schreibt sie heraus und bildet weitere Wörter mit diesen Stämmen.*
*c) Verfasst mit euren Wörtern eine Geschichte von Feinden, die zu Freunden werden.*

Als Mick sich über die vielen Wörter mit „fremd“ wundert, erklärt ihm Olivia:

**!**

Wörter mit dem gleichen Stamm sind sprachlich verwandt und werden deshalb **Wortfamilie** genannt.
Die Wörter einer Wortfamilie können gebildet werden durch
- Ableitungen mit Präfix, z. B.: *finden* – ***er****finden* – ***be****finden;*
- Ableitungen mit Suffix, z. B.: *brauchen* – *brauch****bar*** – *Brauch****tum;***
- Zusammensetzungen, z. B.: *bilden* – *Bild****hauer*** – ***Spiegel****bild.*

**3** *Lasst zwei Wortfamilien in einen Wettstreit treten: Jede soll möglichst viele Verwandte benennen können.*

# Wortfeld

Olivia hilft Mick, seinen deutschen Wortschatz zu erweitern. Zur Übung hat sie folgenden Aufsatz über einen Ausflug geschrieben, den sie gemeinsam überarbeiten wollen:

*Gestern gingen wir bis nach Neustift. Das erste Stück sind wir noch sehr zügig gegangen, einige von uns gingen sogar wild hin und her. Das wurde schnell anders, sobald wir einen steilen Hang hinaufgehen mussten. Als wir endlich oben waren, konnten wir eine lange Strecke gemütlich gehen. Auf dem wackligen Steg über den Rinnbach gingen wir sehr vorsichtig, indem wir einen Fuß vor den anderen setzten. Karl jedoch wollte Erster sein und ging übermütig mit großen Schritten über das schmale Brett. Natürlich fiel er hin und konnte dann nur noch auf einen Stock gestützt hinter uns hergehen. Von da an fragte er uns ständig, wie weit wir noch gehen müssten. Ehrlich gesagt, waren wir alle vom vielen Gehen inzwischen sehr müde geworden und waren froh, als es endlich hieß, dass wir nicht mehr weit zu gehen hätten, um den Ort zu erreichen ...*

**1** *Überarbeitet den Aufsatz, indem ihr das Verb „gehen" durch andere Verben ersetzt, die euch treffender erscheinen.*

Mick staunt, wie viele Wörter es für „gehen" gibt:

*ankommen, bummeln, drängeln, eilen, fegen, flanieren, fliehen, flitzen, flüchten, hasten, hetzen, hinken, hüpfen, humpeln, huschen, jagen, joggen, klettern, kommen, latschen, laufen, marschieren, preschen, rasen, rennen, sausen, schleichen, schlendern, schlurfen, schreiten, spazieren, springen, sprinten, staksen, stapfen, stiefeln, stolzieren, stolpern, stürmen, stürzen, tanzen, tappen, tippeln, torkeln, trödeln, trotten, wandeln, wandern, waten, watscheln, wetzen, zurückkehren ...*

**2** *Alle diese Verben können eine bestimmte Art, sich mit den Füßen fortzubewegen, bezeichnen. Überlegt, wie man sie in Gruppen ordnen kann.*

**!** Eine Gruppe von sinnverwandten Wörtern bildet ein **Wortfeld.** Wörter mit fast gleicher Bedeutung heißen **Synonyme,** z. B.: „trödeln – bummeln". Wer die verschiedenen Wörter eines Wortfelds kennt und richtig einsetzt, kann beim Sprechen oder Schreiben unterschiedliche Wirkungen erzielen und vor allem sehr genau beschreiben.

**3** *a) Bildet Wortfelder zu den folgenden Begriffen:* essen – sagen – lügen – schön – klug – plötzlich
*b) Legt für die Wortfelder eine Kartei an. Ordnet die Kartei so, dass synonyme Wörter zusammenstehen.*

# Mehrdeutige Wörter

Heinz Erhardt

**Der Stier**

Ein jeder Stier hat oben vorn
auf jeder Seite je ein Horn;
doch ist es ihm nicht zuzumuten,
auf so 'nem Horn auch noch zu tuten.
Nicht drum, weil er nicht tuten kann,
nein, er kommt mit dem Maul nicht ran!

Heinz Erhardt

**Zellen**

Das Leben kommt auf alle Fälle
aus einer Zelle.
Doch manchmal endet's auch –
bei Strolchen! –
in einer solchen.

**Im Kaufhaus**

„Guten Tag, ich hätte gerne einen Schirm."
„... ersten Stock!"
„Nein, erst 'n Schirm!"

**1** *Worin liegt der Witz dieser Texte?*

**2** *Euch sind sicher noch andere Wörter mit mehreren Bedeutungen bekannt.*
*a) Erklärt die verschiedenen Bedeutungen der folgenden Wörter:*
Bremse – Handlung – Sprung – Hering – sprengen – spinnen – ausgehen
*b) Sucht weitere Wörter, die mehrere Bedeutungen haben.*

**!** Gleich lautende Wörter, die zwei oder mehr Bedeutungen haben, nennt man **Homonyme.** Welche Bedeutung gemeint ist, wird nur im Sinnzusammenhang klar, z. B.: „Der *Hahn* tropft." – „Der *Hahn* kräht." – „Der *Hahn* wird gespannt."

**3** *Mit Homonymen kann man hervorragend Dialoge oder Geschichten über Missverständnisse schreiben. Denkt sie euch gemeinsam aus.*

# 8 Mit Sätzen spielen

## 8.1 Sätze und Satzglieder

### Satzarten

Tobias ist Pfadfinder. Morgen, am Sonntag, steht eine große Abenteuerwanderung auf dem Programm. Tobias muss schon sehr früh aufstehen, damit er sich fertig machen und rechtzeitig am Treffpunkt sein kann. Damit er nichts vergisst, hat ihm seine Mutter eine ungewöhnliche Nachricht hinterlassen:

**1** *a) Jedes Bildzeichen steht für eine Botschaft von Tobias' Mutter an ihren Sohn. Könnt ihr die Botschaften entschlüsseln? Versucht jedes Bildzeichen durch einen Satz auszudrücken, den ihr in euer Heft schreibt.*
*b) Vergleicht die Bildzeichen mit euren Sätzen. Was fällt euch auf?*

**2** *Bildzeichen (Piktogramme) findet ihr häufig an Bahnhöfen oder Flugplätzen. Überlegt, warum an diesen Orten häufig Piktogramme verwendet werden.*

Vollständige Sätze beendet man entweder mit einem **Punkt** oder mit einem **Ausrufezeichen** oder mit einem **Fragezeichen.**
Man spricht hier von den **Satzschlusszeichen.**

**3** *a) Ordnet eure Sätze zu den Bildern (▷ Aufgabe 1, S. 124) nach den Satzschlusszeichen, die ihr verwendet habt.*
*b) Erklärt, in welchen Fällen ihr ein bestimmtes Satzzeichen gebraucht habt.*

Es gibt verschiedene Arten von Sätzen. Wir unterscheiden den
- **Aussagesatz,** z. B.: *Alle Pfadfinder freuen sich auf die Wanderung.*
- **Fragesatz,** z. B.: *Kommt Maria auch mit?*
- **Aufforderungs-** und **Ausrufesatz,** z. B.: *Bring eine warme Jacke mit! Vorsicht!*

**4** *Die Satzschlusszeichen werden jeweils für bestimmte Satzarten verwendet.*
*a) Formuliert die Regeln in eurem Heft:*

Der **Aussagesatz** schließt ...
Der **Fragesatz** ...
Der **Aufforderungssatz** und der **Ausrufesatz** ...

*b) Findet zu jeder Regel ein Beispiel.*

**5** *Ordnet die folgenden Sätze nach den Satzarten:*

(1) Wann treffen sich die Pfadfinder?
(2) Alle mal herkommen!
(3) Das Wetter scheint sich zu halten.
(4) Tobias und Sven, jetzt hört auf, euch zu streiten!
(5) Wo bleibt Anna?
(6) So ein Durcheinander!
(7) Es geht los.
(8) Los geht's!
(9) Wie geht es Ihnen?
(10) Wer hat das gesagt?
(11) Wohin gehen wir eigentlich?
(12) Ihr stellt so viele Fragen.
(13) Wie gut, dass ihr an eure Verpflegung gedacht habt!
(14) Ohne Kompass könnten wir uns verlaufen.
(15) Gib mir mal die Karte!

# Wir unterscheiden Satzglieder

Sirenen heulen, Feuerwehr- und Polizeiautos rasen durch die Stadt zu einem Einsatz in der Münsterstraße. Gerda Gründlich, eine Reporterin, hat erst später von dem Ereignis gehört und befragt nun die Augenzeugen des Vorfalls und die Polizisten auf der Polizeiwache. Weil alles ganz schnell gehen muss, notiert sie sich nur Stichworte.

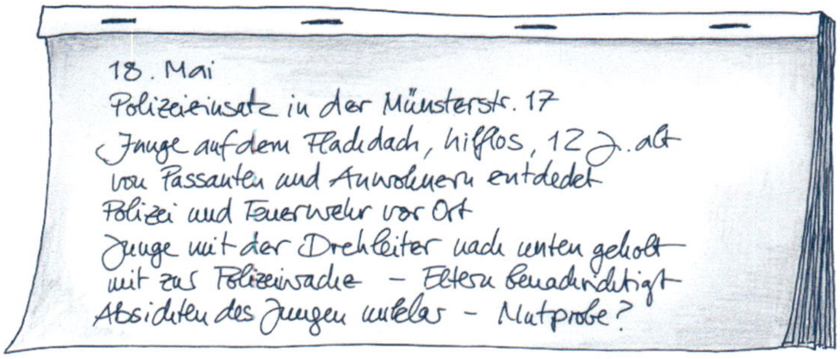


**1** *Erzählt mit eigenen Worten, was passiert ist.*

**2** *Vergleicht die Stichworte der Reporterin mit dem folgenden Zeitungsbericht. Beschreibt die Unterschiede.*

## Feuerwehr rettet Jungen vom Dach

**Neustadt** (gg). Gestern herrschte in der Münsterstraße große Aufregung. Passanten und Anwohner entdeckten auf dem Flachdach des Hauses Nr. 17 einen hilflosen Jungen. Sie alarmierten sofort die Polizei und die Feuerwehr. Die Männer in den blauen Uniformen retteten den Jungen über die Feuerwehrleiter. Die Polizei nahm sich des Jungen an und fuhr mit ihm auf die Wache. Dort übergab sie ihn später den besorgten Eltern. Nach Mitteilung der Polizei war der zwölfjährige Abenteurer von hinten auf das Dach des Hauses geklettert. Oben verlor er den Mut. Das Ziel seiner Aktion konnte nicht ermittelt werden.

Der erste Satz im Bericht der Reporterin lautet:

Gestern | herrschte | in der Münsterstraße | große Aufregung.

Die Reporterin hätte auch schreiben können:

In der Münsterstraße | herrschte | gestern | große Aufregung.

**3** *a) Vergleicht die beiden Fassungen.*
*b) Probiert weitere Umstellungen aus.*

> **!**
>
> Eure Umstellungen zeigen, dass ein Satz aus verschiedenen Bausteinen besteht. Diese Bausteine nennen wir **Satzglieder.** Ein Satzglied kann aus mehreren Wörtern bestehen, die man nicht voneinander trennen kann.
> Um zu erkennen, welche Wörter zu einem Satzglied gehören, können wir die Satzglieder umstellen, ohne dabei den Sinn des Satzes zu verändern.
> Wir nennen dieses Verfahren die **Umstellprobe.**

**4** *Führt die Umstellprobe bei weiteren Sätzen des Zeitungsberichts durch. Ihr könnt dabei jeden Satz in einer Zeile auf einen Streifen Papier schreiben. Dann zerschneidet ihr diesen Streifen in einzelne Wörter und probiert aus, welche Umstellungen möglich sind.*

Die Reporterin Gerda Gründlich hatte sich verschiedene Überschriften für ihren Bericht überlegt:

**Mit dem Schrecken davongekommen**

**Noch einmal gut gegangen**

**Mutprobe?**

**Junge über Feuerwehrleiter vom Dach geholt**

**5** *a) Sicher fallen euch noch weitere Überschriften ein.*
*Für welche Überschrift hättet ihr euch entschieden?*
*b) Ähnlich wie Stichworte sind auch Zeitungsüberschriften oft verkürzte Sätze.*
*Gestaltet aus den Überschriften vollständige Sätze. Was beobachtet ihr?*
*c) Schneidet aus eurer Tageszeitung weitere Überschriften heraus und klebt sie in euer Heft.*
*Formuliert die Überschriften zu vollständigen Sätzen um und schreibt sie unter die Zeitungsausschnitte.*

# Das Prädikat als Kern des Satzes

**!**

Ein Satzglied konntet ihr bei euren Proben nicht umstellen, ohne den Sinn des Satzes zu verändern. Wir bezeichnen dieses Satzglied als **Prädikat.** Prädikate werden durch Verben gebildet. Die Personalform des Verbs steht im Aussagesatz immer nach dem ersten Satzglied an zweiter Stelle, z. B.:
„Gestern *herrschte* in der Münsterstraße große Aufregung."
„In der Münsterstraße *herrschte* gestern große Aufregung."
„Große Aufregung *herrschte* gestern in der Münsterstraße."

Es gibt einteilige, aber auch mehrteilige Prädikate.
Bei **mehrteiligen Prädikaten** bilden die Personalform des Verbs und die übrigen verbalen Teile des Satzes eine so genannte **Prädikatsklammer,** z. B.:
„Die Feuerwehrleute *holten* den Jungen *herunter.*"

**1** *Schreibt aus dem Bericht der Reporterin (▷ S. 126) alle Prädikate heraus. Unterscheidet dabei zwischen einteiligen und mehrteiligen Prädikaten.*

**2** *Stellt bei den folgenden Sätzen durch die Umstellprobe fest, was zum Prädikat gehört:*

- *Der Junge gab seinen Namen an.*
- *Vor Aufregung konnte der Kleine kaum sprechen.*
- *Der Einsatzleiter rief die Eltern des Jungen sofort an.*
- *Vieles war für die Reporterin interessant.*
- *Auf der Polizeiwache kamen ständig Menschen herein.*
- *Eine junge Polizistin musste ein Protokoll anfertigen.*
- *Schließlich sollte der Vater des Jungen das Protokoll unterschreiben.*
- *Wie in einem Traum dachte der Junge über den aufregenden Tag nach.*

Auch in der Schule hat die Rettungsaktion große Diskussionen ausgelöst. Katharina, die den Vorgang selbst miterlebt hat, berichtet in ihrer Klasse. Der Deutschlehrer, Herr Lehmann, nutzt die Gelegenheit: Alle in der Klasse sollen eine Erzählung schreiben, als wären sie dabei gewesen.

**3** *a) Verfasst eine solche Erzählung.*
*b) Bestimmt die Prädikate in euren Erzählungen und unterstreicht sie.*

# Das Subjekt

Tobias hat mit einigen seiner Pfadfinder die Rettung des Jungen beobachtet.
Zu Hause berichtet er seiner Mutter ganz aufgeregt davon:

„Da war was los!“

„Was denn?“

„Ein Höllenlärm von all den Polizei- und Feuerwehrautos. Und von weitem konnte man schon die Menschen sehen. Da muss was passiert sein, hab ich mir gedacht und bin hingerannt. Aber zu spät!“

„Für was zu spät?“

„Als ich da war, haben sie ihn schon runtergetragen.“

„Ich verstehe nicht. Nun mal schön langsam: Was ist denn überhaupt geschehen? Wer hat da wen nach unten getragen?“

„Die Feuerwehrleute den Jungen natürlich, über die Feuerwehrleiter. Dass du mir auch nie richtig zuhörst!“

„Von einem Jungen hast du nichts gesagt.“

„Na klar, so alt wie ich ...“

**1** *Die Mutter hat Schwierigkeiten, ihren Sohn Tobias zu verstehen. Erklärt möglichst genau, worin diese Schwierigkeiten bestehen.*

Schwierigkeiten in der Verständigung sind nichts Ungewöhnliches. Wenn wir etwas nicht verstehen, fragen wir nach – wie Tobias’ Mutter. Aber auch wenn wir unsere Sprache untersuchen wollen, stellen wir Fragen. Dabei geht es uns nicht mehr in erster Linie um das Geschehen, sondern darum, den Aufbau von Sätzen zu erkennen.
Wie ihr schon herausgefunden habt, ist der Kern eines Satzes das Prädikat. Um die weiteren Glieder eines Satzes zu erkennen, stellen wir ähnliche Fragen wie Tobias’ Mutter. Wir gehen dabei vom Prädikat aus.

**!**

Unsere erste Frage lautet **„Wer ...?“ oder „Was ...?“**.

Als Antwort auf unsere Frage erhalten wir die wichtigste Ergänzung im Satz: das **Subjekt.** Es steht im Nominativ.

Beispiele:

„*Wer* hat den Jungen gerettet? – *Die Feuerwehrleute* haben den Jungen gerettet.“

„*Was* funktionierte nicht? – *Die Drehleiter* funktionierte nicht.“

**2** *Fragt in dem Bericht von Gerda Gründlich (▷ S. 126) nach dem jeweiligen Subjekt des Satzes. Schreibt Fragen und Antworten als ganze Sätze in euer Heft. Unterstreicht dann die Subjekte mit einem blauen Stift.*

Stunden später unterhalten sich die Kinder über das Ereignis in der Münsterstraße. Weil sie durcheinanderreden, kann man nicht alles verstehen:

**3** *Schreibt den Text ab und ersetzt die Lücken durch passende Satzglieder. Mit Hilfe der Fragen „Wer ...?" oder „Was ...?" könnt ihr prüfen, ob es sich bei den Ergänzungen in allen Fällen um Subjekte handelt.*

**4** *Bildet zehn Sätze, die nur aus Prädikat und Subjekt bestehen, z. B.:* Der Junge schrie.

**5** *Setzt in den folgenden Sätzen die Subjekte in den Plural (Mehrzahl). Was müsst ihr dann mit den Prädikaten machen?*

Ein Anwohner hat die Polizei alarmiert.

Der Feuerwehrmann half dem Jungen.

Die Reporterin war sehr interessiert.

Völlig aufgeregt kam ein Mann auf die Polizeiwache.

**6** *a) Was ist wohl in dem Jungen vorgegangen, als er auf dem Dach saß? Schreibt seine Gedanken und Gefühle auf.*

*b) Unterstreicht in euren Sätzen die Prädikate rot und die Subjekte blau.*

Weil die Rettungsaktion alle brennend interessiert, lässt Herr Lehmann, der Deutschlehrer, seine Klasse einen Bericht über das Ereignis schreiben. Melanie hat den folgenden Bericht verfasst:

*Heute Morgen kletterte ein Junge auf das Flachdach eines Hauses. Der Junge wollte wohl seinen Mut beweisen. Doch als der Junge oben war, hatte der Junge plötzlich Angst. Die Nachbarn riefen die Feuerwehr an. Die Feuerwehrmänner kamen dann mit zwei großen Löschzügen. Die Feuerwehrmänner fuhren die große Leiter aus. Der Junge auf dem Dach war ganz aufgeregt. Deshalb weinte der Junge fürchterlich. Der Junge konnte gerettet werden. Nach seiner Rettung wurde der Junge aufs Polizeirevier gebracht. Der Junge war immer noch aufgeregt. Der Junge versprach, so etwas nie wieder zu tun.*

**7** *Dem Lehrer kommen im Bericht von Melanie zu viele Wiederholungen vor. In der Berichtigung sollen andere Wörter oder Wortgruppen als Subjekte eingesetzt werden. Schreibt den Bericht um.*

**!**

Das Verfahren, das ihr jetzt angewandt habt, nennen wir **Ersatzprobe.**
Jedes Satzglied lässt sich ersetzen. Beispiel:

| | | |
|---|---|---|
| „*Die Feuerwehrleute* | retteten | *den Jungen.*“ |
| „*Sie* | retteten | *ihn.*“ |
| „*Die uniformierten Helfer* | retteten | *das Kind.*“ |

Zu einem vollständigen Aussagesatz gehört neben dem Prädikat das Subjekt. **Subjekt** und **Prädikat** sind besonders eng miteinander verbunden: Sie müssen in **Person** (1., 2., 3. Person) und **Numerus** (Singular, Plural) **übereinstimmen.**

**8** *a) Stellt euch vor, der Junge wäre zusammen mit einer Freundin auf das Dach geklettert. Schreibt Melanies Bericht entsprechend um.*

*b) Unterstreicht in jedem Satz das Prädikat rot und das Subjekt blau. Überprüft dann ihre Übereinstimmung in Person und Numerus.*

# Die Objekte

*Passanten entdeckten. Feuerwehrleute retteten. Ein Polizist befragte. Die Polizistin suchte. Ihr Kollege informierte. Die Eltern dankten. Die Mutter umarmte.*

Obwohl wir die Geschichte längst kennen, vermissen wir in den Sätzen etwas. Wir fragen unwillkürlich nach: **Wen** entdeckten die Passanten? **Wen** retteten die Feuerwehrleute? **Wem** dankten die Eltern? usw.

**1** *Vervollständigt die Sätze. Fragt nach den Satzgliedern, die ihr ergänzt habt.*

**!**

Die unvollständigen Sätze zeigen, dass es neben dem Subjekt noch weitere Ergänzungen im Satz gibt, die wir ebenfalls erfragen können:

| | | | |
|---|---|---|---|
| Mit | **„Wen ...?" oder „Was ...?"** | erfragen wir das | **Akkusativobjekt.** |
| Mit | **„Wem ...?"** | erfragen wir das | **Dativobjekt.** |
| Mit | **„Worüber ...?"**, **„Worauf ...?"**, **„Wofür ...?"** usw. | erfragen wir das | **Präpositionalobjekt.** |

| Subjekt „Wer ...?" oder „Was ...?" | Prädikat Satzkern | Dativobjekt „Wem ...?" | Akkusativobjekt „Wen ...?" oder „Was ...?" | Präpositionalobjekt „Worüber ...?" „Wofür ...?" „Worauf ...?" usw. |
|---|---|---|---|---|
| Ein Polizist | befragte | | den Jungen | über den Vorfall. |
| Die Mutter | umarmte | | ihren Sohn. | |
| Die Polizistin | suchte | | einen Bleistift. | |
| Der Vater | dankte | den Beamten | | für ihren Einsatz. |
| Er | gab | ihnen | die Hand. | |
| Die Eltern | dankten | den Feuerwehrleuten. | | |

**2** *Überprüft die Bestimmung der Satzglieder in der Tabelle: Fragt nach den Ergänzungen und gebt die Antworten in vollständigen Sätzen.*

**3** *a) Übernehmt die obige Tabelle in euer Heft und ersetzt die Satzglieder in den verschiedenen Spalten durch andere mögliche Satzglieder.*

*b) Ihr könnt die Satzglieder auf große Stücke Packpapier schreiben. Jede/r nimmt sich ein Satzgliedschild, dann stellt ihr euch so auf, dass sich vollständige Sätze ergeben. Wie viele Sätze könnt ihr bilden? Könnt ihr euch sogar zu einer kleinen Geschichte zusammenstellen?*

**!** Im folgenden Text findet ihr in fast allen Sätzen Satzglieder, die ihr weglassen könnt, ohne dass die Sätze unvollständig werden. Dieses Verfahren nennen wir **Weglassprobe.** Mit der Weglassprobe könnt ihr feststellen, welche Satzglieder notwendige Ergänzungen und welche Satzglieder weglassbare Angaben sind.

## Auf der Polizeiwache

Der Polizist ermahnte den Jungen scharf: „Du hast wohl völlig den Verstand verloren! Du hättest dir heute Arme und Beine brechen können!“

Die junge Polizistin unterbrach daraufhin ihren Kollegen: „Der Junge kann über seine Tat kaum sprechen. Und du schreist das Kind so laut an. Wir haben uns nicht einmal nach seinem Namen erkundigt!“ Zu dem Jungen sagte sie: „Du brauchst keine Angst zu haben. Wir werden jetzt sofort deine Eltern verständigen. Sie holen dich bestimmt ab.“

Der Junge blickte die Polizistin verstohlen an. Sie lächelte ihm zu und er erwiderte ihr Lächeln. Der ältere Polizist verließ das Zimmer. Der Junge vertraute der Beamtin und berichtete sofort: „Ich wollte es den anderen Jungen zeigen. Sie reden immer über mich: ‚Der Klaus hat Angst, der Klaus, der Klaus, der fürchtet sich vor der kleinsten Maus ...‘“

**4** *a) Schreibt alle Sätze, bei denen ihr die Weglassprobe durchführen könnt, in euer Heft.*
*b) Fragt dann nach allen Ergänzungen im Dativ, im Akkusativ und mit Präpositionen.*
*c) Lest den gekürzten Text vor und vergleicht die beiden Fassungen.*

**5** *a) Klaus' Eltern sind froh, dass ihrem Sohn nichts passiert ist. Die Mutter erinnert sich, auch einmal eine Dummheit begangen zu haben. Schreibt auf, was die Mutter erlebt haben könnte.*
*b) Prüft zunächst, welche Satzglieder ihr in eurer Geschichte weglassen könnt. Ordnet dann die Satzglieder, die ihr bisher kennen gelernt habt, in die Tabelle ein. Beispiel:*

Ich besuchte (als Kind) (einmal) meinen Großvater.
Mir passierte (dabei) ein haarsträubendes Missgeschick ...

| Subjekt | Prädikat | Dativobjekt | Akkusativobjekt | Präpositionalobjekt |
|---|---|---|---|---|
| „Wer ...?“ oder „Was ...?“ | Satzkern | „Wem ...?“ | „Wen ...?“ oder „Was ...?“ | „Worüber ...?“ „Wofür ...?“ „Worauf ...?“ usw. |
| Ich | besuchte | | meinen Großvater. | |
| Ein haarsträubendes Missgeschick | passierte | mir. | | |

# Die adverbialen Bestimmungen

Am nächsten Morgen ist Klaus wieder in der Schule. Seine Freunde sind erschrocken über das, was er getan hat. Immer und immer wieder muss er sein Erlebnis erzählen. Schließlich kommt auch der Deutschlehrer hinzu und fordert Klaus auf zu berichten, wie seine Eltern auf sein „Abenteuer" reagiert haben:

„Zuerst schimpften meine Eltern. Dann tröstete mich meine Mutter in der Küche. Mein Vater kam auch zu mir und beruhigte mich. Ich erzählte lange von meinen Schwierigkeiten, die ich in der Schule habe. Ich hatte den Freunden meinen Mut beweisen wollen. Aus Prahlerei war ich auf das Dach geklettert, aus Angst hatte ich oben geweint. Ich werde in Zukunft eine solche Dummheit nicht mehr machen."

**1** *a) Zerlegt Klaus' Sätze in Satzglieder.*
*b) Ordnet die Subjekte, Prädikate und Objekte in eurem Heft in einer Tabelle.*

**2** *Überlegt, wie ihr nach den verbleibenden Satzgliedern fragen könnt.*

**3** *Vervollständigt die folgende Tabelle in eurem Heft.*

**Adverbiale Bestimmungen**

| Adverbiale Bestimmung **des Ortes** (lokal) | Adverbiale Bestimmung **der Zeit** (temporal) | Adverbiale Bestimmung **des Grundes** (kausal) | Adverbiale Bestimmung **der Art und Weise** (modal) |
|---|---|---|---|
| „Wo ...?" „Woher ...?" „Wohin ...?" | „Wann ...?" „Seit wann ...?" „Wie lange ...?" | „Warum ...?" „Weshalb ...?" | „Wie ...?" „Auf welche Weise ...?" |
| in der Küche | Zuerst | Aus Prahlerei | lange |
| ... | ... | ... | ... |

**4** *Bestimmt in den folgenden Sätzen die adverbialen Bestimmungen:*
- Nach dem Einsatz werden die Feuerwehrwagen gewartet.
- Vor dem Feuerwehrhaus stehen sieben Autos.
- Schnell werden die Motorhauben geöffnet.
- Die Feuerwehrleute prüfen mit großer Genauigkeit die einzelnen Teile des Motors.
- Ein Kabel muss wegen eines Defekts ausgewechselt werden.

**!** Zu den Satzgliedern gehören auch **adverbiale Bestimmungen.** Sie machen nähere Angaben zur Zeit, zum Ort, zum Grund oder zur Art und Weise eines Geschehens; ebenso wie die anderen Satzglieder können sie aus einem oder mehreren Wörtern bestehen.

# Haupt- und Nebensätze

**1** *Untersucht, wie die folgenden Sätze aufgebaut sind:*

(1) Tobias nimmt eine Limonadenflasche mit, als er das Haus verlässt.
(2) Später ärgert er sich, weil der Inhalt ausgelaufen ist.
(3) Obwohl er seinen Rucksack reinigt, klebt der Saft weiterhin.
(4) Er trinkt den Rest aus, damit kein weiteres Missgeschick passieren kann.
(5) Bei der nächsten Rast, während alle anderen sich ausruhen, kauft sich Tobias eine neue Flasche.

!

Es gibt **Hauptsätze** und **Nebensätze.**
Ein Nebensatz kann nicht ohne einen Hauptsatz stehen. Der Nebensatz wird oft durch eine **unterordnende Konjunktion** (z. B. „als", „weil", „obwohl") eingeleitet und durch **Komma** vom Hauptsatz abgetrennt.
Nebensätze können an verschiedenen Stellen im Satz stehen.
Die Personalform des Verbs steht im Nebensatz am Ende, z. B.:

„*Wenn* es dunkel wird, zünden die Pfadfinder ein Lagerfeuer an."
— Nebensatz —, ——— Hauptsatz ———.

„Zum Schlafen schlüpfen sie in ihre Schlafsäcke, *damit* ihnen warm ist."
——— Hauptsatz ———, — Nebensatz —.

„Früh am Morgen, *wenn* die Sonne aufgeht, putzen sie sich die Zähne."
— Hauptsatz —, — Nebensatz —, — Hauptsatz (Forts.) —.

**2** *a) Schreibt die Sätze aus Aufgabe 1 in euer Heft. Markiert in den Nebensätzen jeweils die Konjunktion und die Personalform des Verbs.*
*b) Zeichnet zu den Sätzen Stufenmodelle, wie ihr sie im Merkkasten seht.*

**3** *Übertragt die folgenden Sätze in euer Heft und fügt dabei die fehlenden Kommas ein:*

(1) Sein Freund Niklas lacht schadenfroh als er Tobias' Rucksack sieht.
(2) Doch bevor sie wieder aufbrechen entdeckt er das Unglück in der eigenen Tasche.
(3) Weil die Tasche in der Sonne lag ist seine Schokolade geschmolzen.
(4) Niklas muss seine Tasche reinigen wenn er nach Hause kommt sonst bekommt er Ärger mit seiner Mutter.

# 8.2 Der Ton macht's fabelhaft

## Stimmführung und Satzzeichen

Gotthold Ephraim Lessing

### Die Sperlinge

Eine alte Kirche, welche den Sperlingen unzählige Nester gab, ward ausgebessert. Als sie nun in ihrem neuen Glanze dastand, kamen die Sperlinge wieder, ihre alten Wohnungen zu suchen. Allein, sie fanden sie alle vermauert. Zu was, schrien sie, taugt denn nun das große Gebäude? Kommt, verlasst den unbrauchbaren Steinhaufen!

**1** *a) Gebt den Inhalt der Fabel mit euren Worten wieder. Was haltet ihr von dem Urteil der Sperlinge über die ausgebesserte Kirche?*
*b) Lest den Text mehrmals laut vor und versucht durch ausdrucksvolles Lesen den Zuhörern das Verständnis zu erleichtern. Achtet auf die Betonung, das Heben und Senken der Stimme, die Pausen usw.*

**TIPP**

Der Text enthält **Aussage-, Frage-** und **Aufforderungssätze.** Ihr erkennt sie an den Satzschlusszeichen. Beim Sprechen hebt und senkt man die Stimme je nach Satzart unterschiedlich.

**2** *a) Schreibt die Fabel in euer Heft und kennzeichnet durch Pfeile oder Bögen die Hebungen und Senkungen der Stimme, die ihr bei der Leseübung erarbeitet habt. Beispiel:*

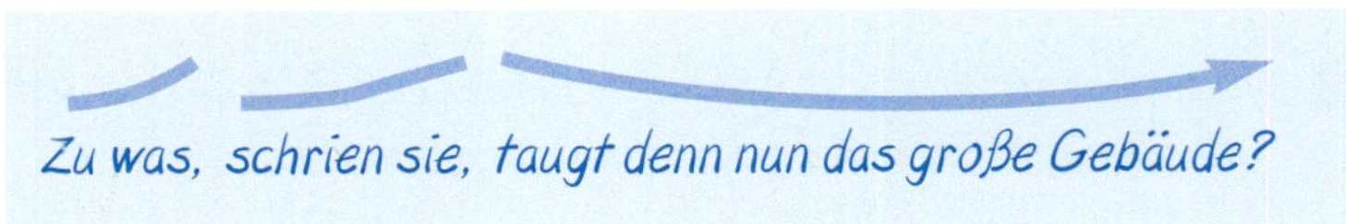


*b) Formuliert Merksätze zur Stimmführung bei den drei Satzarten, z. B.:*
Bei Fragesätzen hebt man gegen Ende die Stimme …

**3** *Übt, auch die folgende Fabel ausdrucksvoll vorzutragen.*

Gotthold Ephraim Lessing

### Das Ross und der Stier

Auf einem feurigen Rosse floh stolz ein dreister Knabe daher. Da rief ein wilder Stier dem Rosse zu: Schande! von einem Knaben ließe ich mich nicht regieren! Aber ich, versetzte das Ross. Denn was für Ehre könnte es mir bringen, einen Knaben abzuwerfen?

**4** *a) Welche Absicht haben die Sprecher dieser drei Sätze?*
*Welche Satzarten benutzen sie, um ihre Absicht auszudrücken?*
*b) Überlegt, in welchen Situationen sich welche Satzart empfiehlt.*

**5** *a) Im Aussagesatz steht die **Personalform** des Verbs an der zweiten Satzgliedstelle.*
*Untersucht, an welcher Stelle die Personalform im Aufforderungssatz und im Fragesatz zu finden ist.*
*b) Denkt euch weitere Aufforderungs- und Fragesätze aus und überprüft eure Ergebnisse.*

Wolfdietrich Schnurre

## Politik

Eine Gans war über Nacht auf dem Eis festgefroren. Das sah der Fuchs, und er schlich, sich die Schnauze leckend, hinüber. Dicht vor ihr jedoch brach er ein, und es blieb ihm nichts weiter übrig, als sich schwimmend über Wasser zu halten. „Weißt du was", schnaufte er schließlich, „begraben wir unsere Feindschaft, vertragen wir uns." Die Gans zuckte die Schulter. „Kommt darauf an." – „Ja, aber worauf denn!", keuchte der Fuchs. „Ob's taut oder friert", sagte die Gans.

**6** *Erklärt den letzten Satz der Gans.*

**7** *Bestimmt Haupt- und Nebensätze in dieser Fabel. (Vorsicht: Der Text enthält einige Tücken.)*

**!**

**Die Fabel**
In der **Fabel** handeln und sprechen zumeist **Tiere.** Viele dieser Tierfiguren verkörpern feststehende menschliche Charaktereigenschaften: Der Fuchs gilt als schlau, der Esel als dumm, der Löwe als mächtig, der Wolf als gierig. Aus den Fabeln soll man **Lehren** für das eigene Verhalten gegenüber anderen Menschen ziehen.
Fabeln können wie Gedichte in Versen oder aber auch in Prosa (als kurze Erzählung) geschrieben sein.

# Texte verändern – den Stil verbessern

Nachdem sie einige Fabeln gelesen haben, versuchen Schülerinnen und Schüler einer 5. Klasse selbst Fabeln zu verfassen. Sie wissen: **Fabeln** sind kurze Geschichten, die eine Lehre enthalten und in denen meist Tiere menschliche Eigenschaften verkörpern.
Nachdem man sich auf den Inhalt geeinigt hat, geht es an die schriftliche Ausarbeitung. Hier ein erster Versuch:

**Der Marder und das Huhn**

*Ein Marder kam auf einen Hühnerhof. Er sagte zu einem Huhn: Ich tue dir nichts. Ich will mir nur deine schönen Federn ansehen. Das Huhn kam näher. Da ging der Marder auf das Huhn los und tötete es.*

**1** *Was haltet ihr von diesem Schülertext? Begründet eure Meinung.*

**TIPP**

Sicher habt ihr Ideen, wie man den Text verbessern kann. Vielleicht können euch eure neuen Grammatikkenntnisse dabei helfen, wenn ihr die Probeverfahren anwendet.
Mit Hilfe der **Ersatzprobe** könnt ihr einzelne Satzglieder austauschen (Prädikate, Subjekte, Objekte usw.) und so die vielen Wiederholungen beseitigen, z. B. so:

| | | | | |
|---|---|---|---|---|
| Ein Marder | kam | in den Hühnerhof. | | |
| Er | drang | in den Hühnerhof | | ein. |
| Er | schlich | in den Hühnerhof. | | |
| Der Räuber | näherte sich | | .... | |
| Er | ... | | dem Huhn. | |
| ... | | | | |

**2** *Probiert das Verfahren an weiteren Sätzen aus und bestimmt die Satzglieder, die ihr ersetzt habt.*

**TIPP**

Anhand der **Weglassprobe** habt ihr an Sätzen und Texten Kürzungen vorgenommen.
Mit Hilfe der **Erweiterungsprobe** könnt ihr einen Text ausgestalten, ausschmücken oder spannender machen, z. B. so:

**Eines schönen Tages** kam ein **hungriger** Marder **auf der Suche nach Beute** auf einen **großen** Hühnerhof **mit vielen laut gackernden Hühnern** ...

**3** *Probiert das Verfahren der Erweiterungsprobe am Schülertext aus.*

**TIPP**

Mit Hilfe der **Umstellprobe** könnt ihr die Reihenfolge der Satzglieder ändern und damit Satzglieder hervorheben, die ihr besonders betonen wollt, z. B.:

*Ein Fuchs sprang plötzlich den Marder von hinten an.*
*Plötzlich sprang …*
*Von hinten sprang …*

*Der Marder überließ kampflos dem Fuchs die Beute.*
*" " " " die Beute dem Fuchs.*
*" " " die Beute dem Fuchs kampflos.*

**4** *a) Seht euch die Umstellungen genauer an: Prüft als Erstes, ob auch keine Umstellung gegen die Regeln der Sprache verstößt.*
*b) Prüft dann, ob sich durch die Umstellungen der Sinn der Sätze verändert hat. Achtet dabei besonders auf den Satzanfang und das Satzende.*

**5** *Verfasst eine Fabel mit Fuchs und Marder als Gegenspielern. Wendet bei einigen eurer Sätze die Umstellprobe an, um Satzglieder hervorzuheben.*

**!**

In der **gesprochenen Sprache** können wir durch Betonung und Stimmführung Sätzen besonderen Ausdruck geben.
In der **Schriftsprache** können wir die grammatischen Proben nutzen, um unsere Texte auszugestalten:

Durch die **Umstellprobe** können einzelne Satzglieder hervorgehoben werden.

Mit Hilfe der **Ersatzprobe** lassen sich Gleichförmigkeit und Wiederholungen vermeiden.

Wir können Texte auch ausschmücken, indem wir sie um ganze Satzglieder erweitern **(Erweiterungsprobe)**, oder wir können Texte kürzen, indem wir einzelne Satzglieder weglassen **(Weglassprobe)**.

**6** *Denkt euch eine weitere Fabel aus, in der ein Schwächerer und ein Stärkerer zusammentreffen. Wendet bei der schriftlichen Ausgestaltung alle vier Proben an.*

# 8.3 Übung macht den Meister

## Satzarten im Gespräch

„Hallo! Kommst du mit? Ich gehe zum Abenteuerspielplatz.“ – „Ich kann nicht.“ – „Was hast du denn so Wichtiges zu tun?“ – „Ich will mein Fahrrad putzen.“ – „Weiter nichts? Ist das alles? Sei kein Frosch! Komm mit! Das Fahrrad kannst du auch morgen putzen.“– „Morgen Nachmittag haben wir Sport. Außerdem finde ich den Abenteuerspielplatz ziemlich öde.“ – „Öde? Ich glaube, du hast bloß Angst vor den Großen ...“

**1** *a) Lest den Text mit verteilten Rollen. Woran erkennt ihr die einzelnen Sätze in der gesprochenen Rede, woran im geschriebenen Text?*
*b) Ordnet die einzelnen Sätze nach Satzarten.*
*c) Manche Äußerungen sind verkürzte Sätze, z. B.: „Weiter nichts?“ Formuliert sie in vollständige Sätze um. Was ist damit gewonnen?*
*d) Wie könnte das Gespräch weitergehen? Schreibt den Text zu Ende und versucht dabei alle Satzarten, die ihr kennt, zu verwenden.*

Nachdem Daniel und Thomas auf dem Abenteuerspielplatz angekommen sind

Sie können die Wippe nicht benutzen

Als sie auf dem Klettergerüst stehen

Sie sprechen die zwei Freunde an

Wenn ihr Lust habt

da diese kaputt ist

bevor diese sich verstecken können

kommen ältere Jungen dazu

dürft ihr mit uns Fußball spielen

laufen sie zu den Spielgeräten

**2** *Ordnet Hauptsatz und Nebensatz eindeutig zu und setzt die Satzzeichen an der richtigen Stelle.*

**3** *a) Viele Verkehrsschilder sind Symbole. Sie drücken das, was gemeint ist, ohne sprachliche Zeichen aus. Schreibt zu den abgebildeten Symbolen vollständige Sätze, aus denen eindeutig hervorgeht, was das jeweilige Schild meint. Achtet dabei auf die Satzschlusszeichen.*
*b) Sucht weitere Schilder, die ihr in vollständige Sätze „übersetzen“ könnt.*
*c) Überlegt, warum bei Verkehrsschildern häufig Symbole verwendet werden.*

# Übungen zu den Satzgliedern

## Räuber und Gendarm

Die Verfolger täuschen die Verfolgten.
Die Verfolgten täuschen die Verfolger.

**1** *a) Wer täuscht hier wen? Wer ist Subjekt, wer ist Objekt?*
*b) Probiert die beiden Sätze umzuformulieren, zum Beispiel:*
- Die Verfolgten werden von den Verfolgern ...
- Die Verfolger werden ...
- Der Verfolger täuscht ...

*Ist damit das Problem gelöst?*

Josef Reding

## Verrat

früher oder
später
verrät
der verräter
des verräters
dem verräter
den verräter
früher oder
später

**2** *a) Wie viele Verräter sind in den Verrat verwickelt?*
*b) Ersetzt den bestimmten durch den unbestimmten Artikel und den Singular durch den Plural. Zu welchen Ergebnissen kommt ihr?*
*c) Versucht mit anderen Wörtern Gedichte so zu bilden, wie es Reding hier gemacht hat.*

## Verrätselung

Ein Hund *(Prädikat)* in die Küche
und stahl dem Koch *(Akkusativobjekt).*
Da nahm *(Subjekt)* die Kelle
und *(Prädikat)* den Hund entzwei.

Da kamen *(Subjekt)*
und *(Prädikat)* ihm ein Grab
und setzten *(Dativobjekt)* ein Grabmal,
darauf geschrieben *(Prädikat):*

*(Subjekt) (Prädikat)* in die Küche
und *(Prädikat)* ...

**3** *Schreibt das Gedicht ab und ergänzt dabei die fehlenden Satzglieder. Wer kennt die Melodie zu dem Text?*

Rafik Schami

## Rätsel

*Sie* ist in Arabien geboren, aber inzwischen in allen Ländern der Erde zu Hause. Sie macht oft *Politik* und ohne sie kommt kein Computer aus. Ihre Artgenossen verachten *sie.* Wenn sie sich aber zu ihnen stellt – vor allem auf die richtige Seite –, dann fühlen *sie* sich großartig und mächtig.

Wie heißt sie?

**4** *a) Wie lautet die Lösung des Rätsels?*
*b) Fragt nach allen Subjekten des Textes. Aus welchen Wortarten werden sie gebildet?*
*c) Durch die richtigen Fragen könnt ihr alle hervorgehobenen Satzglieder bestimmen.*

## Anna und Bernd

Anna hatte ihren Bruder schon stundenlang geärgert. Deshalb fauchte Bernd Anna plötzlich an: „Gib endlich Ruhe, sonst rufe ich Charly!“ Anna wollte sich totlachen. Sie fand den Einfall lustig, denn Charly war ein Zwergpinscher. Er gehörte der Nachbarstochter. „Ich werde dir deine gute Laune noch versalzen“, giftete Bernd und schaute sein Opfer grimmig an. Er rieb nachdenklich seine Nase. Irgendwie musste er Anna doch bestrafen. Da kam ihm plötzlich eine glänzende Idee ...

**5** *a) Bestimmt mit Hilfe der Kasusfragen alle Subjekte des Textes.*
*b) Ordnet alle Prädikate danach, ob sie einteilig oder zweiteilig sind.*
*c) Bestimmt mit Hilfe der Kasusfragen alle Objekte, die ihr kennt. Wenn ihr die Großbuchstaben der Akkusativobjekte aneinanderreiht, ergibt sich der Name einer großen europäischen Stadt.*
*d) Schreibt die Geschichte weiter.*

# 9 Rechtschreibtraining

## 9.1 Tipps zum Rechtschreiben

Nicola, Andreas, Sonja und Filippo sind dicke Freunde, schon seit der Grundschule. Jetzt gehen sie gemeinsam in die 5. Klasse. Filippo ist sogar zum Klassensprecher gewählt worden. Darauf sind sie alle vier ein bisschen stolz.
Sie treffen sich nachmittags regelmäßig zum Spielen im nahen Wäldchen. Ihr großes Geheimnis ist ein gut getarntes Baumhaus, in dem man es auch bei Regen aushalten kann.
Doch eines Nachmittags entdecken sie empört, dass irgendein unverschämter Mensch den Platz an ihrem Baum als Müllkippe benützt hat. Alte Farbeimer, ein aufgerissenes Kopfkissen, rostige Gartenstuhlgerippe, leere Benzin- und Ölkanister und Sachen, die man gar nicht untersuchen mag, weil sie so stinken. Alles liegt wüst durcheinander. Sie haben eine Riesenwut und schimpfen wie die Rohrspatzen über diesen brutalen Umweltverschmutzer, bis Filippo sagt: „Unsere ganze Meckerei bringt doch nichts – der Mistkerl ist sowieso über alle Berge. Aber guckt euch doch mal richtig um – überall liegt irgendwelcher Dreck rum: Colabüchsen und leere Zigarettenschachteln und all das andere Zeug. Wenn wir weiter hier spielen wollen, müssen wir schon selbst aufräumen. Und für den Wald wäre es auch gut." Die anderen nicken. Da hat Filippo mal wieder Recht – er ist eben nicht umsonst Klassensprecher.
Bei ihren Eltern und in ihrer Klasse finden die vier Kinder bald Unterstützung für ihren Plan und zwei Wochen später treffen sich alle zu einem „Waldputzsamstag". Sogar ihre Tutoren aus der 10. Klasse, die ihnen beim Eingewöhnen in der neuen Schule helfen, beteiligen sich. Die vier sind mächtig stolz auf den Erfolg ihrer Idee. – Aber wie kann man verhindern, dass bald alles wieder genauso aussieht wie vorher? Man kann doch nicht jeden Tag im Wäldchen stehen und mit den Spaziergängern reden!

„Wenn wir noch mal eine Aktion machen, holen wir die Presse. Ein richtiger Zeitungsartikel mit Foto macht die Leute aufmerksam“, schlägt Nicola vor. „Das ist gut“, nickt Andreas, „aber wie lange wirkt das?“ – „Stimmt“, räumt Sonja ein, „man müsste die Leute ständig daran erinnern, dass der Wald keine Müllkippe ist. Plakate müssen her! Wenn die Spaziergänger die sehen, lassen sie vielleicht nicht so einfach ihre Kippen oder ihre Chipstüten fallen. Und die mit dem großen Müll fangen hoffentlich auch an zu denken.“

Gemeinsam brüten sie über einem Text, aber es will ihnen heute nichts wirklich Gutes einfallen. Am nächsten Morgen in der Schule haben dann alle einen Zettel dabei. Sonja schlägt vor:

*Wilst du im Müll leben???*
*Die Bäume auch nicht!!!*

Bei Andreas steht:

*Wenn du deinen Dreck im Wald endsorgst,*
*hast du bald große Sorgen mit dem Wald!*

(Er hat mit seinem Vater gemeinsam an dem Spruch gebastelt.) Filippo hat sogar gedichtet:

*Im Walt Müll und Gestank,*
*das macht mich krank.*
*Im Wald Kippen und Dräck,*
*das mus weck.*

Nicola will schreiben:

*Nur 15 Minuten bis zum Spermüllplatz.*
*Der Weg lont sich.*

Eigentlich finden sie ihre Sprüche ganz schön gut. Aber schreibt man denn nun „Wald“ oder „Walt“?

Filippos Text sieht an manchen Stellen etwas seltsam aus, denken die Kinder, nicht nur wegen seiner Schrift. Sonja schlägt vor, einen von den Großen zu fragen, die beim Aufräumen mitgeholfen haben, denn darüber sind sich alle einig: Wenn sie mit ihren Plakaten ernst genommen werden wollen, dann muss der Text nicht nur witzig, sondern auch richtig geschrieben sein. Sonst tun die Erwachsenen die ganze Aktion als Kinderkram ab – statt nachzudenken.

Martina, Sonjas Tutorin, hilft ihnen gerne. Sie hat einige Tipps auf Lager, mit denen sich die vier selbst helfen können.

**1** *Verbessert die Sprüche von Sonja, Andreas, Filippo und Nicola mit Hilfe der folgenden Rechtschreibtipps (▷ S. 145–149).*

**TIPP 1**

**Richtig abschreiben**
So machst du beim Abschreiben von schwierigen Wörtern und Texten keine Fehler:

1. **Lies** dir das Wort **genau** durch.
2. Überlege, was dir daran **schwierig** erscheint.
3. **Gliedere** das Wort in Teile, die du schon kennst. Präge dir besonders die Teile ein, die neu für dich sind.
4. **Schreibe** das Wort jetzt **auswendig** hin.
5. **Kontrolliere** deine Schreibung, indem du sie Buchstabe für Buchstabe mit der Vorlage vergleichst.

Mit Texten kannst du genauso verfahren. Dabei solltest du die Sätze in kleinere Sinneinheiten aufteilen. Nimm dir immer nur Teile vor, die du auswendig aufschreiben kannst.

**2** *a) Trainiert das Abschreiben mit folgenden Wörtern:*

Fernsehen | Interesse | Frühstück | Weihnachten | bisschen | schließlich | spazieren

*b) Nehmt diese Wörter, die sehr häufig falsch geschrieben werden, in eure Rechtschreibkartei auf (▷ Tipp 7, S. 148).*

**TIPP 2**

**Lesbar schreiben**
Schreibe deine Buchstaben **deutlich** und **gleich groß.** Andere müssen deine Sätze problemlos lesen können.

**3** *a) Zeigt eurem Nachbarn/eurer Nachbarin den letzten Text in eurem Heft. Lasst euch mit Bleistift markieren, welche Buchstaben ihr noch trainieren müsst.*
*b) Übt eine saubere, lesbare Schrift, z. B. bei der Verbesserung eurer Schulaufgaben.*

*So:*

Wir haben in der Schule einen
Aufsatz über Indianer geschrie-
ben.

**Nicht** *so:*

~~Wihr~~ Wir haben in der Schule
einen ~~Auss~~ aufsatz ~~über~~ über
Indjaner ~~geschiel~~ geschrieben.

**TIPP 3**

**Sich erinnern**
Denke nach, ob du das Wort, bei dessen Schreibweise du unsicher bist, schon einmal geschrieben gesehen hast.

**4** *a) Überlegt, ob ihr eines der folgenden Wörter schon einmal gesehen habt:*

Flusssand | vielleicht | nämlich | zu Hause | außen

*b) Nehmt die Wörter in eure Rechtschreibkartei auf (▷ Tipp 7, S. 148).*

**TIPP 4**

**Schreibweisen ausprobieren**
1. Wenn du bei einem Wort, das du eigentlich schon kennst, unsicher bist, hilft es manchmal, einfach auf einem Blatt das Wort in unterschiedlichen Schreibweisen aufzuschreiben. Was dir fremd erscheint, scheidet aus. Wenn dir Zweifel bleiben, lieber im Wörterbuch nachsehen!
2. Um zu durchschauen, wie Wörter geschrieben werden, kannst du verschiedene Proben anwenden:
   - das Wort **verlängern,** z. B.: „Wald – Wälder", „Weg – Wege"
   - die **Grundform** eines Worts suchen, z. B.: „Bäume – Baum", „willst – wollen"
   - ein zusammengesetztes Wort in seine **Bestandteile zerlegen,** z. B.: „Sperrmüllplatz – Sperr + müll + platz".

**5** *Schreibt die Wochentage auf. Wenn ihr unsicher seid, probiert unterschiedliche Schreibweisen aus.*

**6** ***g** oder **k**, **d** oder **t**, **b** oder **p**? Macht die Probe durch **Verlängern:***

Ber◎ | Kal◎ | Kin◎ | Erfol◎ | Ta◎ | Lum◎
wichti◎ | regelmäßi◎ | Fahrra◎ | run◎

**7** *Macht die Probe, indem ihr die **Grundform** des Worts sucht:* guckt | Träume

Räume | bringt | Pläne | wärmer | Häuser | Ärmel | muss | Küsse

**8** *Macht die Probe durch **Zerlegen** der Wörter in ihre Bestandteile:*

Baumhaus | Kopfkissen | Umweltverschmutzer
Zigarettenschachteln | Chipstüte | Kinderkram
Fahrrad | Lehrerzimmer | Gepäckträger

**TIPP 5**

**Das Wörterbuch – dein starker Helfer**

Du kannst nicht alles wissen, du musst nur wissen, wo es steht. Das gilt auch für die Rechtschreibung. Du kannst Fehler vermeiden, wenn du bei Zweifeln über die richtige Schreibweise im Rechtschreibwörterbuch nachsiehst.

Beachte dabei:

- Verben sind im Wörterbuch unter der **Grundform** (Infinitiv) verzeichnet.
- Bei zusammengesetzten Nomen muss man manchmal mehrmals nachschlagen, z. B. „Vanillepudding" unter „Vanille" und „Pudding".
- Voraussetzung für das Nachschlagen: Du musst das **Alphabet** beherrschen!

**9** ***Alphabetspiele:***

*a) „Das mag ich (nicht)": Adjektiv und Nomen müssen mit dem gleichen Buchstaben beginnen, von A bis Z!*

aufregende Achterbahnen | bunte Bäume | ...

*b) Wer schafft den längsten ABC-Satz? Alle Wörter müssen mit demselben Buchstaben beginnen.*

Bunte Blumen blühen bei besonderer Blasmusik bis ...

*c) Wer kann das Alphabet rückwärts aufsagen?*

**10** *a) Was könnt ihr aus dem Wörterbuchausschnitt auf S. 97 alles über die Wörter erfahren?*

*b) Was bedeuten die Abkürzungen?*

*c) Stellt fest, ob euer eigenes Wörterbuch ein Abkürzungsverzeichnis hat.*

**11** *Sortiert die Wörter alphabetisch und sucht sie im Rechtschreibwörterbuch:*

Geheimnis | Müllhalde | Dreck | Büchse | Plakate

Spaziergang | Aktion | Text | Spruch

**12** *a) Schreibt aus eurem Wörterbuch die ersten fünf Wörter heraus, die mit **Mi-** und mit **Kl-** beginnen.*

*b) Wie trennt man* Dompteur, Paprika, Dienstag?

*c) Wie schreibt man:*

**TIPP 6**

**Die Silbentrennung**
Mehrsilbige Wörter trennt man **nach Sprechsilben,** die man bei langsamem, betontem Sprechen hören kann, z. B.: „Spa-zier-gang", „Kas-ten", „Lap-pen". Einzelne Buchstaben werden nicht abgetrennt, z. B.: „Abend", „Kleie". Faustregel für Zweifelsfälle: Nur ein Konsonant kommt auf die neue Zeile.

**13** *a) Lest die folgenden Wörter so, dass man die Sprechsilben deutlich hört:*

Klassensprecher | Baumhaus | Gartenstuhlgerippe | Rohrspatzen | Umweltverschmutzer | Müllkippe

*b) Schreibt die Wörter mit Silbentrennstrichen auf. Beachtet dabei die Tipps zum Abschreiben (▷ Tipp 1, S. 145).*

*c) Jeder verbessert anschließend die Wörter seines Nachbarn oder seiner Nachbarin.*

**TIPP 7**

**Die Rechtschreibkartei**
Eine Rechtschreibkartei ist eine Wörtersammlung, die du auf **Karteikarten** führen kannst. Dabei musst du sorgfältig und fehlerfrei schreiben, damit du dir nichts Falsches einprägst. In die Kartei nimmst du alle Wörter auf, bei denen du Fehler machst.

Wald – Wälder

im Wäldchen stehen
Waldputztag

Ein Männlein steht im Walde.

**14** *Legt jeweils eine Karteikarte zu folgenden Wörtern an, indem ihr auch Deklinations- und Konjugationsformen, Wortzusammensetzungen und Beispielsätze aufschreibt:*

Fahrrad | nummerieren | rau | Spaß | überschwänglich

**15** *Übt mit der Rechtschreibkartei:*
*a) Lest ein Wort laut und prägt es euch ein.*
*b) Schreibt das Wort aus dem Gedächtnis auf und sprecht dabei leise mit.*
*c) Kontrolliert das Wort. Wenn ihr es falsch geschrieben habt, streicht es durch und schreibt es noch einmal neu.*
*d) Wenn ihr das Wort richtig geschrieben habt, macht ihr mit Bleistift ein Plus-Zeichen auf die Karteikarte.*
*e) Karteikarten, mit denen ihr geübt habt, steckt ihr ans Ende des Stapels.*
*f) Geht den Karteikartenstapel immer wieder von vorn durch. Wörter mit drei Plus-Zeichen könnt ihr sicher schreiben!*

**TIPP 8**

**Das Partnerdiktat**

1. Zuerst lest ihr euch gemeinsam den Diktattext durch und besprecht, welche Wörter euch Schwierigkeiten bereiten könnten.
2. Ihr schreibt und diktiert abwechselnd.
3. Treten beim Schreiben Unsicherheiten auf, helft ihr euch gegenseitig: Der/die Schreibende fragt nach, wenn er/sie ein Wort nicht schreiben kann; der/die Diktierende stoppt den Schreibenden, wenn etwas falsch geschrieben ist.
4. Am Ende kontrolliert jeder seinen Teil, anschließend den Text des Partners/der Partnerin.

Johann Peter Hebel

## Der verachtete Rat

Man darf nie weniger geschwind tun, wenn etwas geschehen soll, als wenn man auf die Stunde einhalten will.

Ein Fußgänger auf der Basler Straße drehte sich um und sah einen wohlbeladenen Wagen schnell hinter sich hereilen. „Dem muss es nicht arg pressieren[1]“, dachte er. – „Kann ich vor Torschluss noch in die Stadt kommen?“, fragte ihn der Fuhrmann. – „Schwerlich“, sagte der Fußgänger, „doch, wenn Ihr recht langsam fahrt, vielleicht. Ich will auch noch hinein.“ – „Wie weit ist's noch?“ – „Noch zwei Stunden.“ – „Ei“, dachte der Fuhrmann, „das ist einfältig geantwortet. Was gilt's, es ist ein Spaßvogel. Wenn ich mit Langsamkeit mit zwei Stunden hineinkomme“, dachte er, „so zwing ich's mit Geschwindigkeit in anderthalben und hab's desto gewisser.“ Also trieb er die Pferde an, dass die Steine davonflogen und die Pferde die Eisen verloren.

Der Leser merkt etwas.

„Was gilt's“, denkt er, „es fuhr ein Rad vom Wagen?“ Es kommt dem Hausfreund[2] auch nicht darauf an. Eigentlich aber, um die Wahrheit zu sagen, brach die hintere Achse. Kurz, der Fuhrmann musste schon im nächsten Dorf über Nacht bleiben. An Basel war nimmer zu denken.

Der Fußgänger aber, als er nach einer Stunde durch das Dorf ging und ihn vor der Schmiede erblickte, hob er den Zeigefinger in die Höhe. „Hab ich Euch nicht gewarnt“, sagte er, „hab ich nicht gesagt: Wenn Ihr langsam fahrt?“

1 **pressieren:** eilig sein, drängen

2 **Hausfreund**, gemeint ist: der Erzähler

**16** *a) Was denkt und fühlt der Fuhrmann wohl nach der letzten Bemerkung des Fußgängers? Beschreibt, was in ihm vorgeht.*
*b) Erklärt den einleitenden Satz.*
*c) Habt ihr selbst einmal eine ähnliche Situation erlebt oder beobachtet? Erzählt davon.*
*d) Führt mit dem Text ein Partnerdiktat durch.*

# 9.2 Regeln zum Rechtschreiben

## Lauter Laute

Maria denkt gerne an die Zeit zurück, als ihre jüngere Schwester Anna noch ein kleines Kind war. Mit einem Schmunzeln erinnert sie sich an die ersten Laute, die Anna sprechen konnte. Damals schrieb Maria die folgende Liste:

| | | |
|---|---|---|
| Hund | – | Wauwau |
| Katze | – | Miau |
| Auto | – | Brummbrumm |
| Kuh | – | Muh |
| ... | – | Mäh |
| ... | – | Ding |
| ... | – | Döndön |

**1** *a) Erklärt, wie es zu dieser Aufstellung gekommen ist.*
*b) Warum hat Maria ihre Schwester Anna verstanden?*
*c) Ergänzt die fehlenden Bezeichnungen auf dem Zettel.*

**2** *a) Vergleicht unsere Bezeichnungen „Hund“, „Katze“, ... mit denen des Kleinkinds. Welche Bezeichnungen haben einen Zusammenhang mit den bezeichneten Lebewesen?*
*b) Tragt die englischen Bezeichnungen für „Hund“, „Katze“ und „Kuh“ zusammen. Haben sie einen Zusammenhang mit den bezeichneten Lebewesen?*

!

Während kleine Kinder Lebewesen und Gegenstände hauptsächlich mit den Lauten benennen, die diese verursachen, muss unsere Sprache anders aufgebaut sein, da wir über einen größeren Wortschatz und Satzstrukturen verfügen.
In unserer Sprache sind Laute kleine Bausteine, aus denen die Wörter zusammengesetzt sind.
Wir benennen einzelne Laute mit einem oder mehreren Buchstaben.
**Vokale** (Selbstlaute) nennt man Laute, die man alleine sprechen kann, diese sind **a, e, i, o** und **u.**
**Konsonanten** (Mitlaute) müssen von einem Vokal begleitet werden, damit man sie aussprechen kann. Beispiele hierfür sind **b, d, g, m, s** und **t.**
Hinzu kommen die **Umlaute (ä, ö, ü)** sowie Doppellaute, die man auch **Diphthonge** nennt **(au, ai/ei** und **äu/eu).**
Die Kombination von Buchstaben ergibt Wörter. Wörter sind sprachliche Zeichen, die zum Beispiel einen Gegenstand oder ein Lebewesen bezeichnen. Die sprachlichen Zeichen sind willkürlich gewählt. Sie haben keinen direkten Zusammenhang mit dem Bezeichneten.

**3** *Sprecht alle Buchstaben des Alphabets in der richtigen Reihenfolge und prüft dabei, ob es sich bei den einzelnen Lauten um einen Vokal oder um einen Konsonanten handelt. Tragt die Buchstaben in eine Tabelle ein und findet jeweils ein Beispielwort dazu.*

| Vokal | Beispielwort | Konsonant | Beispielwort |
|---|---|---|---|
| a | Anna | b | ... |
| ... | ... | ... | ... |

**4** *a) Übertragt die folgende Tabelle in euer Heft und ordnet die Beispielwörter zu:*

| Umlaut | Diphthong |
|---|---|
| ... | ... |

Höhle, Fülle, Laut, Wälle, Mais, Leute, Häuser, Reise

*b) Findet je fünf weitere Wörter mit Umlauten und Diphthongen.*

**TIPP**

Die deutsche Sprache bietet allerdings eine besondere Schwierigkeit: Die Zuordnung von Laut und Buchstabe ist nämlich nicht immer eindeutig. Ein Laut kann durch unterschiedliche Buchstaben bezeichnet werden, zum Beispiel der **ks-Laut:** *He**x**e, Fu**chs**, Kle**cks**, lin**ks**, monta**gs**.*

**5** *Sammelt in Partnerarbeit möglichst viele Wörter mit ks-Laut. Schaut in eurem Rechtschreibwörterbuch nach, wenn ihr bei einer Schreibung nicht sicher seid.*

| x | chs | cks | ks | gs |
|---|---|---|---|---|
| ... | ... | ... | ... | ... |

**6** *a) Was fällt euch auf, wenn ihr die folgenden Wörter laut sprecht:* Vogel – Vase?
*b) Sammelt Wörter mit **v** in eurer Rechtschreibkartei (▷ Tipp 7, S. 148).*

# Die Schärfung: Kurze Vokale

Irina Piwowarowa

## Wie der Schmetterling auf den Ball ging

Der Schmetterling wurde auf einen Ball geladen. Er freute sich sehr, flog nach Hause und suchte das schönste von all seinen Kleidern aus. Doch plötzlich fiel ihm ein, dass er in der Eile vergessen hatte zu fragen, wo der Ball stattfinde.

Ich werde zu den Blumen fliegen, dachte der Schmetterling, die Blumen werde ich fragen.

Und er zog das Ballkleid an und flog auf die Wiese, wo die Blumen stehn.

Sagt mir bitte, wenn ihr's wisst, wo der Ball sein wird, sagte der Schmetterling und flog von einer Blume zur anderen.

Nein, sagten die Blumen und schüttelten den Kopf, wir wissen's nicht.

So irrte der Schmetterling in seinem Ballkleid von einer Blume zur anderen bis in den Herbst hinein, weil es auf der Wiese viele Blumen gab.

**1** *Vergleicht den Schmetterling in der Geschichte mit den Schmetterlingen in der Natur.*

**2** *a) Lest den Text noch einmal laut und achtet dabei besonders auf den Klang der Wörter.*
*b) Welche Vokale werden lang und welche kurz gesprochen? Schreibt die Wörter in getrennten Spalten auf. Teilt euch die Arbeit, indem eine Gruppe alle Nomen mit kurzen Vokalen notiert, eine andere alle Nomen mit langen Vokalen. Zwei andere Gruppen beschäftigten sich genauso mit den Verben.*
*c) Untersucht in euren Wortlisten die Konsonanten, die auf die betonten kurzen Vokale folgen. Was hört ihr? Was schreibt man?*

**TIPP**

Es hilft euch in der Rechtschreibung, wenn ihr darauf achtet, ob die **Vokale** (Selbstlaute) **kurz** oder **lang gesprochen** werden. Denn die Aussprache der Vokale bestimmt oft die Schreibung der nachfolgenden Konsonanten (Mitlaute).

**3** *a) Bildet eine* ***Reimkette*** *aus Wörtern mit kurzem betontem Vokal: Jeder hat ein Blatt vor sich und schreibt das Leitwort auf, das einer von euch angibt. Der nächste Spieler sucht ein Reimwort dazu und diktiert es für alle. Wem keines einfällt, der erhält einen Strafpunkt, aber er darf ein neues Reimwort vorgeben, z. B.:* Klasse, Masse, Tasse … – brennen, rennen …
*b) Kontrolliert anschließend zusammen mit eurem Nachbarn/eurer Nachbarin die Schreibung.*

**!**

**Doppelkonsonanten**
**Nach kurzem betontem Vokal** folgen fast immer **zwei Konsonanten.**
In den meisten Fällen kann man sie beim Hören gut unterscheiden, z. B.: *Hu**nd**, To**pf**, Ka**rt**e, de**nk**en.*
Hört man nur einen Konsonanten, wird der beim Schreiben **verdoppelt,** z. B.: *kna**bb**ern, Pu**dd**ing, Ko**ff**er, Ba**gg**er, Ba**ll**, schwi**mm**en, Bru**nn**en, Su**pp**e, i**rr**en, verge**ss**en, schü**tt**eln.*

# Die Dehnung: Lange Vokale

## Lange Vokale pur

**1** *Sprecht die folgenden Wörter laut. Achtet dabei auf den lang gesprochenen Vokal.*

Dame | Faden | Maler | Name | Plan | Qual | Kran

Span | Tal | schmal

**2** *Bildet mit Hilfe dieses Wortsterns Wörter mit lang gesprochenem **u:***

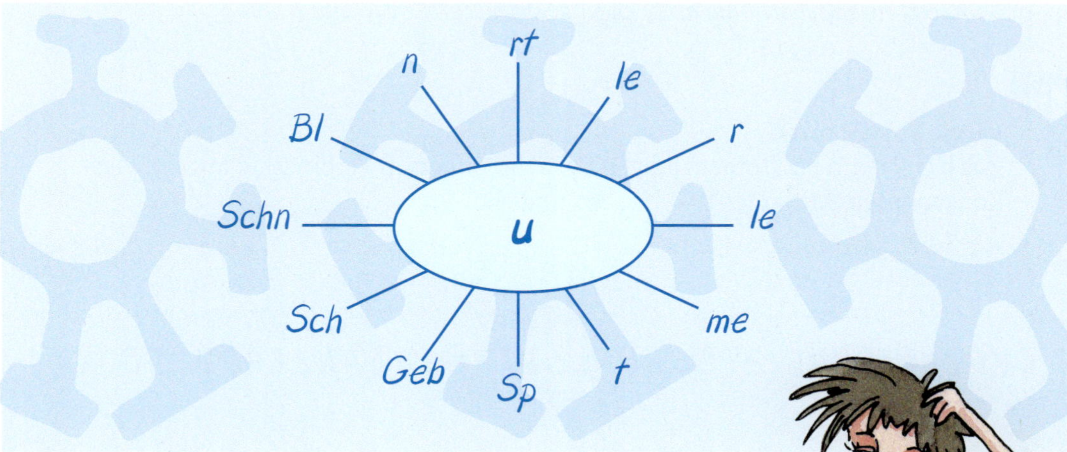


**3** *Schreibt ein Märchen mit den folgenden Wörtern.*
*Die Reihenfolge der Wörter kann geändert werden.*

Krone | Mond | Ton | König/Königin

schwören | Blume | Bär

**!**

**Lange Vokale pur**
Ein langer Vokal (Selbstlaut) wird oft nur mit einem einfachen Buchstaben geschrieben, z. B.: *Los, leben, W**a**gen.*
Das gilt besonders für einsilbige Wörter, z. B.: *w**e**n, z**u**, s**o**.*

## Lange Vokale mit h

gewöhnen Bohne fühlen Fahne Hahn kehren Lohn Ohr Wahl

mähen froh Schuh drehen ohne versöhnen Sahne kühlen

wehren Sohn Rohr Kuh nähen kahl gehen Floh

lahm Bahn Zahn lehren Mohr Stahl geschehen Stroh zahm

**1** *a) Bildet Sätze, in denen möglichst viele der Übungswörter vorkommen.*
*b) Schreibt aus der Liste alle Wörter heraus, bei denen auf das h ein Konsonant folgt. Markiert ihn.*
*c) Nun setzt eure Beobachtung in die folgende Rechtschreibregel ein:*

> **Lange Vokale mit h**
> Das **h** erscheint nach einem langen Vokal besonders in Verbindung mit den vier Konsonanten (Mitlauten) ◎, ◎, ◎ und ◎.

CVREHNWNAHIRFSCHUHLOPFRÜHSBANZEHPUPECLXZ

GEWEIHTRENKUHFREGSAHJIFROHMMOWEHSEVIFLOHPIT

**2** *a) In diesem Wörterversteck sind elf Wörter verschiedener Wortarten verborgen, die mit **h** enden. Sucht sie heraus und listet sie nach Wortarten geordnet untereinander auf.*
*b) Schreibt neben jedes der Wörter aus dem Wörterversteck eine sinnvolle Wortverlängerung oder eine verwandte Wortform.*

**3** *Was für ein Wörtersalat! Welche Bestandteile gehören zusammen?*

~~Fahrschrank~~ ~~Bahnzeug~~ ~~Mehlhof~~ ~~Zahnsieb~~

~~Kühlstück~~ ~~Frühspange~~ ~~Drehsack~~ ~~Strohstuhl~~

**4** *a) Welche Verben sind in den folgenden Zusammensetzungen versteckt? Setzt sie in den Infinitiv:*

der Drehstuhl das Fahrrad die Glühlampe das Wohnzimmer

*b) Bildet mit den vier Infinitiven weitere Zusammensetzungen und Ableitungen (▷ S. 117, 119). Sucht zu jeder Wortfamilie so viele Wörter wie möglich.*

## Lange Vokale doppelt

Die Familie sitzt gemütlich beim Sonntagsfrühstück. Kaffee und Tee dampfen in den Bechern. Plötzlich fragt die Mutter: „Was wollen wir eigentlich im nächsten Urlaub unternehmen? Habt ihr darüber schon nachgedacht?“ Der Vater nickt: „Ich denke, da uns die Dolomiten im Schnee so gut gefallen haben, sollten wir sie auch im Sommer kennen lernen. Ich stelle mir das sehr erholsam vor: ein hübscher See, in dem sich die Berge spiegeln; Spaziergänge durch den schattigen Wald auf moosweichem Boden. Wir finden bestimmt ein paar Himbeeren oder Brombeeren, die wir direkt vom Strauch essen können. Das haben wir früher bei meiner Oma oft gemacht. Oder wir wandern auf die Almen, wo glückliche Kühe ihren Klee fressen ...“
Maria stehen allmählich die Haare zu Berge. „Das ist doch alles doofer Kinderkram!“, mault sie. „Da können wir ja gleich zu Hause bleiben und in den Streichelzoo gehen. Ich hab eine viel bessere Idee: Wir fahren ans Meer und nehmen unser Schlauchboot mit. Und wenn ich ein Paar neue Flossen kriege, kann ich vom Boot aus schnorcheln.“
Die Mutter stellt ihren leeren Kaffeebecher ab und erklärt: „Ich finde Marias Gedanken verlockend. Morgen gehe ich in der Mittagspause ins Reisebüro und hole ein paar Kataloge. Dann werden wir weitersehen.“

**1** *Welches Reiseziel würde euch locken? Stellt es kurz vor und beschreibt, warum es für euch interessant ist.*

**2** *Schreibt aus der Geschichte alle Wörter mit Doppelvokal heraus und ordnet sie in einer Tabelle:*

| ee | oo | aa |
|---|---|---|
| Kaffee | moosweichem | ... |
| ... | | |

**3** *Bildet zusammengesetzte Wörter mit den Begriffen aus eurer Liste:*

**Meer:** Meerblick, Mittelmeer, Meerkatze ...

...

**4** *Überprüft bei den Wörtern mit* **aa** *und* **oo***, ob sich Formen mit Umlaut bilden lassen. Achtet auf die Veränderung der Doppelvokale: Es entstehen* ***einfache Umlaute!***

Haar – Härchen | Boot – ... | ...

**!**

**Doppelvokale**
Es gibt einige Wörter, in denen der lang gesprochene Vokal durch die Verdoppelung gekennzeichnet ist.
**aa:** *Aal, Aas, Haar, paar, Paar, Saal, Saat, Staat, Waage*
**oo:** *Boot, doof, Moor, Moos, Zoo*
**ee:** *Beere, Beet, Fee, Heer, Klee, scheel, Schnee, See, Seele, Tee, Teer*
Dazu kommen Fremdwörter mit **ee** im Wortausgang, z. B.:
*Armee, Idee, Kaffee, Klischee, Tournee, Püree, Portmonee.*

**5** *Erzählt euch gegenseitig kleine Geschichten mit der Überschrift „Das Fest der Feen“. Benutzt dabei möglichst viele Wörter mit Doppelvokalen.*

## Langes i

*Bienen fliegen am liebsten zum Fliederbusch. Sie lieben die niedlichen Blütenkelche. Dort angekommen, wiegen sie ihren Oberkörper hin und her. Damit dringen sie immer tiefer in die Blüte ein. Mit dem Saugrohr am Unterkiefer ziehen die Bienen den Nektar aus der Blüte. Danach fliegen die Tiere zur nächsten Nektarquelle weiter.*

**1** *a) Schreibt den Text in euer Heft und setzt ihn dabei ins Präteritum.*
*b) Was fällt euch bei den Verben auf?*

**2** *Unterstreicht alle Wörter in eurem Text, in denen ein lang gesprochenes i als **ie** geschrieben wird.*

**3** *Entwickelt an der Tafel eine Wörterkette. Das geht so: Jemand schreibt ein Wort auf, in dem das lange i als **ie** geschrieben wird. Der/Die Nächste fügt ein neues Wort hinzu, das mit dem Endbuchstaben des vorherigen Wortes beginnt und außerdem ein **ie** enthält:*

Diener – riechen – niemand – ...

**4** *a) Vervollständigt die Wörter in den folgenden Listen.*
*b) Sucht neue Leitwörter, die ihr nach diesem Muster ergänzen könnt.*

| | | |
|---|---|---|
| siegen | Bier | tief |
| b... | T... | schl... |
| kr... | h... | l... |
| fl... | v... | r... |
| w... | G... | M... |
| Anl... | Klav... | ... |
| ged... | ... | ... |

**TIPP**

Die meisten Wörter mit **langem i** werden mit **ie** geschrieben. Wenn du unsicher bist, schlage im Wörterbuch nach.

**5** *Ergänzt die Wörter mit **ie** und zeichnet diese Gegenstände:*

Besenst▪ Schokoladenr▪ Lederr▪ Briefp▪ Lieblingst▪

Franz Hohler

## Der kranke, kranke Regenwurm

Es war einmal ein Regenwurm, der war sein ganzes Leben lang krank. Kaum hatte ihn seine Mutter auf die Welt gebracht, war er schon krank. Man merkte es an seiner unlustigen Art, dass ihm etwas fehlte. Der Wurmdoktor kam mit seinem Köfferchen gekrochen und fühlte ihm den Puls.

„Was fehlt ihm?“, fragte die Mutter ängstlich.

„Er ist krank“, sagte der Wurmdoktor und machte ein besorgtes Gesicht.

Die Mutter wickelte ihn in warme Sauerampferblätter ein und brachte ihm Schneckenschleim. Aber der Regenwurm blieb krank und zeigte keine Lebensfreude.

Wenn die andern Würmer spielen gingen, lag er krank in seinen Sauerampferblättern unter der Erde, er wusste nicht einmal, was Sonne und Regen ist. Er blieb auch krank, als er größer wurde. Nie verließ er sein Plätzchen unter der Erde, sondern lag immer in seinen Sauerampferblättern und aß traurig seinen Schneckenschleim. Drum wurde er auch nie von einer Amsel gefressen wie fast alle seine Kameraden und blieb die längste Zeit am Leben.

Aber sagt mir selbst – ist das ein Leben?

**1** *a) Überlegt euch eine Antwort auf die Schlussfrage.*
*b) Sucht aus dem Text alle Wörter mit langem i-Laut heraus und ordnet sie nach den verschiedenen Schreibweisen des i-Lauts in eine Tabelle ein:*

| i | ih | ie |
|---|---|---|
| ... | ... | ... |
| ... | ... | ... |
| ... | ... | ... |

**!**

**Langes i**

- **Meist** wird das lang gesprochene i als **ie** geschrieben, z. B.: *Diebe, Hiebe, blieb, Sieg, hier.*
- **Manchmal** wird das lang gesprochene i durch den Einzelbuchstaben **i** wiedergegeben, z. B.: *mir, dir, Apfelsine, Maschine, Igel, Biber, du gibst.*
- **Selten** wird das lange i als **ih** geschrieben, z. B.: ***ihm, ihn, ihnen, ihr(e).***

**2** *Wörter, in denen der lange i-Laut mit einfachem **i** geschrieben wird, sind oft Fremdwörter. Nehmt sie in eure Rechtschreibkartei auf (▷ Tipp 7, S. 148).*

# Die Schreibung der s-Laute

Franz Hohler

## Der tragische Tausendfüßler

Der alte Tausendfüßler saß vor seiner Höhle und wollte endlich einmal seine Füße zählen. Sein ganzes Leben lang hatte er das schon vorgehabt, aber immer war ihm etwas dazwischengekommen. Jetzt hatte er endlich ein bisschen Zeit und begann seine Füße zu zählen. Aber das Tausendfüßlerleben ist hart. Als er beim 218ten Fuß war, musste er sich mit einem Sprung vor einer Haubenmeise retten. Dabei wäre das gar nicht nötig gewesen, denn wie jeder weiß, sind Haubenmeisen vegetarisch gesinnt. So musste der alte Tausendfüßler ärgerlich von neuem mit Zählen beginnen und kam bis 432, da juckte es ihn am 810ten Fuß so fürchterlich, dass er sich mit dem folgenden Dutzend daran kratzte, was ihn so verwirrte, dass er drausfiel und wieder beginnen musste. Diesmal kam er bis 511, da brachte ihm seine Frau die Schuhmacherrechnung. Wütend schmiss er das Papier zu Boden, trat es mit Füßen und ging dann wieder vor die Höhle, entschlossen, sich durch nichts mehr stören zu lassen. Als ihn die Haubenmeise fraß (irrtümlich, das ist ja das Tragische), war er erst bei 203, und so hat er nie erfahren, wie viele Füße er eigentlich hatte.

**1** *Findet ihr die Geschichte lustig oder traurig?*

**2** *Lest den Text laut. Achtet besonders auf die verschiedenen s-Laute.*

**TIPP**

Manchmal sprichst du das **s** summend, wie in „tausend", dann heißt es **stimmhaft.** Manchmal musst du das **s** zischend sprechen, wie in „grüßen", dann heißt es **stimmlos.**

**Achtung:** Im Süden Deutschlands wird das stimmhafte „s" oft stimmlos gesprochen. Hier haben es die Schülerinnen und Schüler besonders schwer, weil sie nicht hören, wenn man das „s" stimmhaft spricht und es deshalb mit **s** schreibt (zum Beispiel bei *leise* oder *rasen*). In diesem Fall muss man sich die **Schreibweise einprägen** oder im **Wörterbuch nachsehen.**

**3** *Schreibt aus der Geschichte von Franz Hohler alle Wörter heraus, in denen ihr ein* **s** *hört, und ordnet sie dabei nach stimmlosem und stimmhaftem s-Laut.*

## Suse summt leise: Stimmhaftes s

**1** *Übt die **stimmhafte** Aussprache des **s** anhand der folgenden Wortreihe: Sprecht die vollständigen Wörter laut und setzt dann den fehlenden Buchstaben ein.*

al◎o Am◎el Be◎en bö◎e Brem◎e die◎er Do◎e Fel◎en Gemü◎e ge◎und
Ha◎e Ho◎e In◎el le◎en Na◎e Pau◎e Rie◎e ro◎a Ro◎e tau◎end Wie◎e

**2** *Formuliert eine **Rechtschreibregel** für das stimmhafte s:*

Das stimmhafte s wird immer ...

**3** *a) Erfindet eine kleine Geschichte, in der ihr die Verben* reisen, grasen, sausen, blasen, rasen, speisen, brausen *im Präsens verwendet.*
*b) Markiert die Schreibweise des **s** in den Verben, z. B.:* Anne rei(s)t in die Ferien.
*c) Sprecht die markierten Wörter laut. Besprecht gemeinsam, was mit der Aussprache und der Schreibweise des stimmhaften s geschieht, wenn man die Verben in die Personalform setzt.*

**4** *a) Ergänzt eure Rechtschreibregel:* Steht im Infinitiv ein stimmhaftes s, ...
*b) Vergleicht die Regel mit dem, was ihr über Wortstämme wisst.*

**5** *Überprüft die Regel, indem ihr eure Geschichten ins Präteritum setzt.*

## Eis mit heißer Soße: Stimmloses s

Gras Kloß groß Haus Fuß Maus Gruß Los Ausweis Stoß Gas
Spieß weiß Glas Spaß Eis Strauß heiß Reis Verlies süß Preis dies

**1** *Übertragt die Wörter in eine Tabelle und bildet dabei zu jedem Wort eine Verlängerung:*

| s am Wortende | ß am Wortende |
|---|---|
| Gras - Gräser | Gruß - Grüße |
| ... | ... |

**2** *Vergleicht eure **Verlängerungsproben.** Erklärt jeweils an einem Beispielwort die verschiedenen Möglichkeiten der Wortverlängerung.*

**3** *a) Schreibt im Partnerdiktat die Wortpaare aus der Tabelle auf. Notiert bei mehrsilbigen Wörtern die Silbentrennstriche mit, z. B.:* Gras/Grä-ser; Fuß/Fu-ßes.
*b) Unterstreicht anschließend **s** oder **ß**. Welche Regelmäßigkeiten könnt ihr beobachten?*
*c) Wo hört man bei mehrsilbigen Wörtern den s-Laut?*

**4** *Bildet mit den Anfangs- und Schluss-Silben so viele Wörter wie möglich:*

au- bei- drei- flei- genie- gie- grü- hei- lie- rei- sa- schlie- schmei- So- stie- sto- Stra-

-ße -ßen -ßer -ßig

**5** *Bestimmt kennt ihr alle das Spiel „Kofferpacken": Einer beginnt mit den Worten:* „Ich verreise und packe meinen Koffer und nehme ... mit." *Reihum wiederholt dann jede/r genau, was der/die Vorige gesagt hat, und fügt etwas Weiteres hinzu. (Was ihr aufzählt, muss nicht wirklich in einen Koffer passen!) Spielt „Kofferpacken" mit ß-Wörtern. Einen Strafpunkt erhält, wer ein Wort vergisst oder ein unpassendes Wort anfügt.*

**6** *Ein Fall für Rechtschreib-Detektive:*

| | | | | | |
|---|---|---|---|---|---|
| essen | sie lässt | es verschleißt | es gießt | verschleißen | verlassen |
| es reißt | es sprießt | messen | er isst | er schließt | es frisst |
| fressen | er vergaß | er verlässt | lassen | er aß | sie maß |
| er biss | beißen | sie riss | er schloss | er beißt | es verschliss |
| er misst | sprießen | vergessen | es goss | sie vergisst | gießen |
| reißen | es fraß | sie verließ | schließen | er ließ | es spross |

*a) Sucht aus der Tabelle die Infinitive heraus und teilt sie nach der Schreibung des s-Lauts in zwei Gruppen ein.*

*b) Lest die Wörter laut: Welche Regelmäßigkeiten beobachtet ihr?*

**7** *a) Schreibt die Infinitive in ihren Gruppen alphabetisch untereinander und sucht jeweils die Präsensform und die Präteritumform dazu; z. B.:* essen, er isst, er aß.

*b) Erklärt den Zusammenhang zwischen der Aussprache der Vokale und der Schreibweise des s-Lauts.*

**!**

**Der s-Laut**

1. Der **stimmhafte s-Laut** wird stets mit einfachem **s** geschrieben, z. B.: *Hase, Riese, sagen, rasen, eisig.*
2. Das **stimmlose s** wird mit einfachem **s** geschrieben, wenn sich beim Verlängern des Wortes ein stimmhaftes s ergibt, z. B.: *Gras – Gräser, Haus – Häuser.*
3. Ein **stimmloses s nach** einem **langen Vokal** oder einem **Diphthong** schreibt man **ß**, wenn es bei der Verlängerungsprobe stimmlos bleibt, z. B.: *Strauß – Sträuße, weiß – weißer.*
4. Folgt **auf** einen **kurzen betonten Vokal** ein **stimmloses s,** dann wird es meistens als **ss** geschrieben, z. B.: *Fass, Biss, sie muss, er hasst, hässlich.*

**8** *a)* „Linda und Jan verbringen einen Nachmittag im Tierpark." *Beschreibt im Präsens, was sie da alles beobachten. Benutzt dabei möglichst alle Verben aus der Tabelle von Aufgabe 6.*

*b) Kontrolliert die Rechtschreibung zusammen mit eurem Nachbarn/eurer Nachbarin, tauscht eure Texte aus und setzt dann den fremden Text ins Präteritum.*

# „das“ oder „dass“?

## ✿ darf doch nicht wahr sein

✿ kleine Bilderrähmchen, ✿ ich Weihnachten von meiner Patentante geschenkt bekam, liegt noch immer leer in meinem Regal. ✿ finde ich schlimm, da es ✿ Rähmchen war, ✿ ich mir selbst ausgesucht habe. Aber damals wusste ich noch nicht, ✿ es mir so schwerfallen würde, ✿ entsprechende Foto dafür zu finden. Also legte ich meinen Eltern die zehn schönsten Bilder vor und hoffte, ✿ sie mir bei der Auswahl helfen könnten. ✿ stellte aber auch Mama und Papa vor große Probleme, so ✿ sie ✿ Au-pair-Mädchen fragten. Aber auch ✿ konnte sich nicht entscheiden und so steht ✿ Rähmchen weiter in meinem Regal und verstaubt allmählich.

**1** *Setzt beim Abschreiben des Textes in die Lücken „das“ oder „dass“ ein. Begründet eure Entscheidungen mit Hilfe der folgenden Regeln.*

**!**

**„das“** wird mit **s** geschrieben, wenn es sich
- um den **bestimmten Artikel** „das“ handelt, z. B.: *„das* Äffchen“;
- um das **Demonstrativpronomen** „das“ handelt, z. B.: *„Das* ist das Äffchen von vorhin“; das Demonstrativpronomen „das“ kann durch „dieses“ ersetzt werden;
- um das **Relativpronomen** „das“ handelt, z. B.: „Das Äffchen, *das* ich vorhin gesehen habe, klammert sich gerade am Gitter fest.“ Das Relativpronomen „das“ kann durch „welches“ ersetzt werden.

**„dass“** wird mit **ss** geschrieben, wenn es sich
- um die **Konjunktion** „dass“ handelt. Durch „dass“ wird immer ein Nebensatz eingeleitet, z. B.: „Ich glaube, *dass* ich jetzt im Zoo genug erlebt habe.“

**2** *In dem Text sind noch weitere Wörter, die mit* **ss** *oder* **ß** *geschrieben werden. Findet sie und schreibt die Regel für die s-Lautung dazu.*

# Die Vorsilbe „Miss-“/„miss-“ und die Nachsilbe „-nis“

**!**

Die Vorsilbe **„Miss-“/„miss-“** wird stets mit **ss** geschrieben (*Missgeschick, missmutig*).
Die Nachsilbe **„-nis“** wird mit **s** geschrieben (*Ereignis*).
**Vorsicht:** Im Genitiv (*des Ereignisses*) und im Plural (*die Ereignisse*) wird daraus **ss**!

**1** *a) Schreibt die Silben* Miss-/miss- *und* -nis *in euer Heft. Schreibt möglichst viele Wörter mit der Vorsilbe* Miss-/miss- *und der Nachsilbe* -nis *um die Silben herum.*
*b) Setzt die Wörter mit der Nachsilbe* -nis *in den Plural.*

# Groß oder klein?

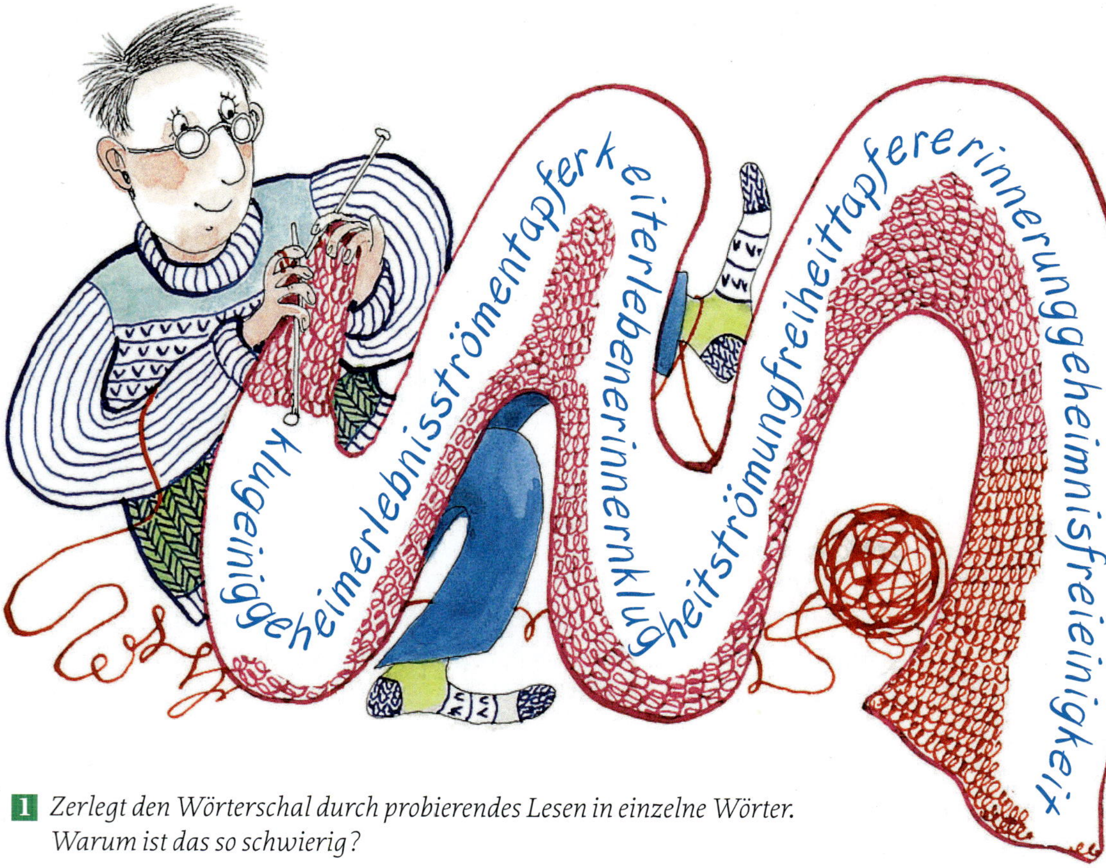


**1** *Zerlegt den Wörterschal durch probierendes Lesen in einzelne Wörter. Warum ist das so schwierig?*

**2** *a) Sicher ist euch beim Zerlegen des Wörterschals aufgefallen, dass immer zwei Wörter zusammengehören. Schreibt diese Wortpaare auf.*
*b) Aus welchen Wortarten sind die Paare zusammengesetzt?*
*c) Welche Wörter müssen groß-, welche kleingeschrieben werden?*

**3** *Was fällt euch an den Nomen des Wörterschals auf? Achtet auf die* ***Endungen.***

**4** *Sucht weitere Nomen mit den Endungen, die ihr gefunden habt, und nennt jeweils das zugehörige Verb oder Adjektiv. Ordnet die Nomen nach ihrer Endung an der Tafel.*

!

**Großschreibung**

**Satzanfänge** und **Nomen** werden **großgeschrieben.**

Wörter, die auf ***-heit, -keit, -nis, -ung, -tum, -schaft, -in*** enden, sind **Nomen** und werden großgeschrieben, z. B.:
*Faul**heit**, Heiter**keit**, Ereig**nis**, Span**nung**, Wachs**tum**, Freund**schaft**, Politiker**in**.*

**Nominalisierung von Verben und Adjektiven**
Verben und Adjektive werden großgeschrieben, wenn sie als Nomen gebraucht werden. Man erkennt solche **Nominalisierungen** an bestimmten Signalen, z. B.:
- an einem vorausgehenden **Artikel:** „*das* Lachen", „*ein* Großer",
- an einer **Präposition** (oft mit Artikel): „*zum* Weinen",
- an einer **Mengenangabe:** „*alles* Gute", „*etwas* Schönes" oder
- an einem **Possessivpronomen:** „*dein* Zögern", „*ihr* Liebster".

**5** *Die Klasse 5c hat einen Brief an den kranken Hausmeister ihrer Schule geschrieben.*
*a) Unterstreicht auf einer Kopie alle Verben und Adjektive, die als Nomen verwendet werden.*

Sehr geehrter Herr Weidenfeller,

als Klassensprecherin der Klasse 5c möchte ich Ihnen die besten Genesungswünsche übermitteln. Mit Bedauern haben wir gehört, dass Sie beim Reparieren einer Lampe von der Leiter gestürzt sind und sich dabei einige Prellungen zugezogen haben. Zum Glück ist nicht noch etwas Schlimmeres passiert. Ihr Fehlen in den letzten Tagen hat uns darauf aufmerksam gemacht, wie viel Angenehmes wir Ihnen verdanken: Mit dem Aufräumen des Schulgeländes und dem Instandhalten der Klassenräume tragen Sie zu unserem Wohlfühlen an der Schule bei. Das Beste und Wichtigste aber ist für uns Ihr Verkaufen von Speisen und Getränken am Kiosk. Sie präsentieren uns Tag für Tag so manches Leckere und jeder Hungrige findet bei Ihnen etwas Gutes zum Stillen seines Appetits. Außerdem sind Sie immer zum Scherzen aufgelegt, auch wenn Sie sich sicherlich häufig über uns ärgern.

Für all das möchten wir Ihnen ganz herzlich danken und noch einmal gute Besserung wünschen.

Mit freundlichen Grüßen

Ihre Lisa Staubinger

*b) Ordnet die nominalisierten Wörter mit ihren Nomensignalen in eurem Heft in eine Tabelle ein:*

| Nomensignal | nominalisierte Verben | nominalisierte Adjektive |
|---|---|---|
| Artikel | ... | ... |
| Präposition (+ Artikel) | mit Bedauern, ... | ... |
| Mengenangaben | ... | ... |
| Possessivpronomen | ... | ... |

# 9.3 Übungen zum Rechtschreiben

## Kurze/lange Vokale und s-Schreibung

Franz Fühmann

### Regennachmittage

*Franz Fühmann erzählt in seinem Buch „Die dampfenden Hälse der Pferde im Turm von Babel" von fünf Kindern, die sich an verregneten Ferientagen die Zeit mit Sprachspielen und selbst erfundenen Geschichten vertreiben.*

Am nächsten Morgen regnete es erst in Massen, dann in Maßen. Als Erster steckte Emmanuel seine Nase ins Nasse. Da sah er Caroline.
Sie ging langsam, als wollte sie, obwohl sie stark nieste, das Nieseln genießen, und nun blieb sie gar vor einer Grünfläche stehen, darin Streifen dickhalmigen dunklen und dünnhalmigen hellen Grases mit Blumenbeeten wechselten.
„Reiß keinen Reis aus", warnte Emmanuel, „sonst nehm ich Reißaus."
„Das tu ich nicht", sagte Caroline, „ich überleg bloß, was das für Rasenrassen sind."
Emmanuel zuckte die Schultern.
„Es ist scheußlich, wie wenig wir von den Wiesen wissen", meinte Caroline.
„Wessen Wesen ist denn vollkommen?", meinte Emmanuel, „so weis, dass er alles weiß, ist keiner."
„Dass es so sein muss, das ist gar nicht schön", sagte Caroline traurig.
„Dies Muss ist so scheußlich wie Pflaumenmus", sagte Emmanuel, der Marmelade nicht mochte.
Sie drohten tiefsinnig zu werden,
da kam Monica.

**1** *a) Warum klingt die Erzählung lustig? Beschreibt, wie hier mit Sprache gespielt wird.*
*b) Legt eine Liste mit allen ähnlich klingenden Wörtern des Textes an und erklärt ihre unterschiedliche Schreibung.*
*c) Sucht selbst ähnlich klingende Wörter und bildet damit (un)sinnige Sätze.*

**2** *a) Findet zu jedem der folgenden Wörter mindestens drei Reimwörter:*

Fall — krank — Schwalben — Butter — kennen — Kind — Masse — Hand

*b) Verfasst Verse zum Thema „Wovon ich träume". Benutzt dazu die Reimwörter.*
*c) Findet weitere Reimwörter mit kurzem Vokal. Schreibt sie für euren Nachbarn/eure Nachbarin auf und lasst ihn/sie zum Thema „Wovon ich träume" reimen.*

An der Ecke steht ein Schutzmann.

Zum Glück guckt er nicht hin, als Fritz im Garten des Metzgers Pflaumen pflückt.

Aber der Metzger entdeckt ihn plötzlich ...

**3** *a) Lest die unterstrichenen Wörter und achtet auf den Klang: Entwickelt eine Rechtschreibregel zu* ***ck*** *und* ***tz.***

*b) Schreibt die kleine Geschichte über Fritz und die Pflaumen zu Ende. Versucht dabei möglichst viele Wörter mit* ***ck*** *und* ***tz*** *zu verwenden. Unterstreicht diese Wörter anschließend in eurem Text.*

**4** *a) Die Spalten des folgenden Rätsels enthalten von oben nach unten gelesen lauter Wörter mit Doppelkonsonanten. Gesucht werden die Anfangsbuchstaben der Wörter. Von links nach rechts ergeben die Anfangsbuchstaben selbst zwei Wörter mit Konsonantenverdopplung.*

*b) Lest alle Lösungswörter laut: Wie sprecht ihr die betonten Vokale?*

*c) Schreibt die Wörter ins Heft ab und unterstreicht die Doppelkonsonanten.*

| | | | | | | |
|---|---|---|---|---|---|---|
| f | a | l | u | a | n | u |
| a | l | l | m | t | n | m |
| n | l | e | m | t | i | m |
| n | e | | e | e | g | i |
| e | | | r | r | | |

| | | | | | |
|---|---|---|---|---|---|
| p | t | i | ü | s | o |
| i | t | t | l | s | l |
| n | e | t | l | e | l |
| n | r | a | | n | e |
| e | | g | | | |

**5** *a) Bastelt selbst solche Rätsel zu bestimmten Buchstabengruppen. Nehmt auch Wörter, die mit* ***ck*** *oder* ***tz*** *oder* ***ss*** *geschrieben werden. Am besten macht ihr vorher eine Liste.*

*b) Tauscht eure Rätsel untereinander aus.*

**6** *Für die Ausdrücke in der rechten Spalte werden Wörter mit den Buchstaben der linken Spalte gesucht. Schreibt sie auf. (Ein Tipp: Jeder Punkt markiert einen fehlenden Buchstaben.)*

| | |
|---|---|
| äh..... | vergleichbar |
| .ah... | auf Rädern fortbewegen |
| .eh... | nicht da sein |
| ...ah. | drohendes Unheil |
| .ah. | Zeitraum von 12 Monaten |
| .eh. | über ein bestimmtes Maß hinaus |
| .eh... | mit der Hand greifen |
| ...uh | Fußbekleidung |
| .eh. | in hohem Maße |
| .oh. | männlicher Nachkomme |
| Uh. | Instrument zur Zeitangabe |
| .....äh. | etwa |
| .äh.... | in der Zwischenzeit |
| .ah. | Rechengröße |
| .eh. | zweistellige Zahl |

**7** *Entwickelt zu den folgenden Wörtern mit lang gesprochenem i ein Rätsel nach dem Muster von Aufgabe 6.*

widersprechen Benzin Liter erwidern Mine
Apfelsine Linie Kilo Stil
Fabrik gibt Maschine

**8** *Könnt ihr den Geheimkode knacken? Auf den ersten Blick sieht man nur, dass alle Wörter mit* ***ß*** *geschrieben werden. Aber* ***ß*** *kann doch nie am Wortanfang stehen ...*

*a) Sortiert die Buchstaben neu und schreibt die Lösungswörter auf.*

*b) Lest eure Lösungen laut vor und achtet darauf, wie ihr die Vokale und Diphthonge aussprecht.*

ßiwe ßehien ßerüng
ßiener ßuena ßuF
ßatreS ßieglif ßeidrig
ßehi ßotens ßerau
ßeischnel ßapS ßeSo ßrog

**9** *a) Stellt aus eurer Rechtschreibkartei eine Liste von Wörtern mit* ***lang gesprochenem Vokal*** *zusammen. Entwickelt einen Geheimkode, dessen besonderes Merkmal der lang gesprochene Vokal am Wortanfang ist, z. B.* amet *(= Atem).*

*b) Tauscht eure Kodetafeln zum Entschlüsseln untereinander aus.*

# Übungen zur Groß- und Kleinschreibung

## Aus alter Ritterzeit ...

In einer kleinen Ortschaft am Rande des Fürstentums des Fürsten Fridolin und der Fürstin Rosalind wohnte der reiche Ritter Theobald, der in seiner Verwandtschaft für seine Großzügigkeit bekannt war. Bei jeder Gelegenheit lud er Verwandte und Freunde in die Wirtschaft zum zünftigen Schmaus ein. Alle freuten sich darauf, denn es war immer ein großes Ereignis: Der Wirt hatte für reichliche Verpflegung zu sorgen, Lautenspielerinnen begleiteten das Mahl mit Musik und Sängerinnen sorgten für die Unterhaltung der Gäste. Wenn sich die Festgesellschaft am Ende des Tages von Theobald verabschiedete, waren sich alle einig: Es war wieder eines der Erlebnisse, die in bester Erinnerung bleiben.

**1** *In diesem Text stecken viele Nomen mit typischen Nomenendungen. Schreibt diese Nomen nach Endungen geordnet heraus.*

**2** *a) Einige dieser Nomen stehen im Plural (Mehrzahl). Bildet den Singular (Einzahl) dazu und vergleicht die Schreibungen, z. B.:*
die Erlebnisse – das Erlebnis; die Lautenspielerinnen – die Lautenspielerin

*b) Sammelt für ein Partnerdiktat weitere Nomen mit den Endungen* **-in** *und* **-nis**.
*Hilfe: Wörter auf „-in" sind oft weibliche Berufsbezeichnungen.*

*c) Bildet Sätze, in denen die gesuchten Nomen im Plural verwendet werden, und diktiert sie euch.*
*Beispiel:* Ärztinnen helfen Kranken. Lehrerinnen ...
Vor den Sommerferien gibt es Zeugnisse. Geheimnisse ...

*d) Unterstreicht die Nomen wie in den Beispielsätzen und notiert sie auch in der Singularform.*

*e) Formuliert eure Beobachtung als Rechtschreibregel.*

**3** *a) Kann man alle Nomen mit den typischen Nomenendungen in den Plural setzen? Probiert aus, bei welchen Nomen der Plural sinnvoll ist und wo nicht, z. B.:*
Ortschaft – Ortschaften, Ereignis – Ereignisse; Großzügigkeit – ...?

*b) Versucht eure Beobachtungen zu erklären.*

*c) Zu den gebräuchlichen Nomen, die nur im Singular vorkommen, gehören:*
Durst, Hunger, Ruhe, Schutz, Überfluss, ...
*Welche fallen euch noch ein?*

**4** *a) Überlegt gemeinsam, wie ein Festtag bei Ritter Theobald ablaufen könnte.*

*b) Beschreibt einige Höhepunkte dieses Ereignisses. Achtet dabei besonders auf die Großschreibung der Nomen.*

# 10 Märchen: Was man werden und wohin man kommen kann

## 10.1 Märchen aus alten Zeiten und fernen Ländern

**1** *In welchen Märchen kommen die Figuren vor, die ihr hier seht?*

**2** *Erzählt diese Märchen aus eurer Erinnerung.*

Neben den euch bekannten Märchen gibt es noch viele, von denen ihr wahrscheinlich noch nie gehört habt. Manche machen schon durch den Titel neugierig wie „Die undankbare Schildkröte" oder sie klingen ganz einfach lustig wie „Hans Bohnenstange".

### *Wir führen ein Erzählexperiment durch*

**3** *Sucht zu Hause oder in der Bücherei ein weniger bekanntes Märchen und erzählt es frei vor der Klasse. Beachtet bei der Vorbereitung Folgendes:*
*a) Lest das Märchen zu Hause mehrmals laut vor.*
*b) Lernt wiederkehrende Formulierungen (z. B. Zaubersprüche) auswendig.*
*c) Übt den Vortrag zu Hause: Erzählt das Märchen, ohne in den Text zu blicken, laut euren Geschwistern, Freunden oder Eltern.*

**4** *Nachdem eine/r von euch das ausgewählte Märchen vor der Klasse erzählt hat, erzählt jemand anderer es nach. Die Übrigen notieren sich, wo die Nacherzählung von der ersten Fassung abweicht.*

**5** *Vergleicht die Änderungen, die ihr bemerkt habt. Was bedeuten sie für die Wirkung der Geschichte?*

**6** *Erklärt, warum es zu vielen Volksmärchen mehrere Fassungen gibt.*

**!**

**Märchensammler**
Die alten Märchen, bei denen neben dem Titel kein Autorenname steht, nennt man **Volksmärchen.** Solche Volksmärchen gibt es in fast allen Ländern. Sie sind lange vor der Zeit des Buchdrucks entstanden und wurden auf Marktplätzen, in Wirtshäusern, in den Werkstätten oder im Kreis der Familien immer weitererzählt. Schriftsteller und Gelehrte haben sie später gesammelt und aufgeschrieben.
Die bekanntesten dieser **Märchensammler** waren die **Brüder Jacob** (1785–1863) und **Wilhelm Grimm** (1786–1859). 1812 erschien ihre erste Sammlung unter dem Titel „Kinder- und Hausmärchen". Die Brüder sammelten die Märchen fast ausschließlich in Hessen und in der Maingegend. Als Überlieferer dienten Mitglieder aus adeligen Familien sowie „Märchenfrauen", Märchenerzählerinnen aus dem Volk. Deren Geschichten schrieben die Grimms jedoch nicht so nieder, wie sie ihnen erzählt wurden. Vielmehr änderten sie die Vorlagen nach ihren Vorstellungen von der ursprünglichen Märchenform ab. So entstand der so genannte **„Märchenton"**, den man z. B. an **festen Wendungen** wie „Es war einmal ..." oder „Und wenn sie nicht gestorben sind, ..." erkennt.

**7** *Fasst die Informationen über Märchensammler zusammen. Notiert wichtige Stichpunkte und tauscht eure Ergebnisse mit dem Nachbarn/der Nachbarin aus.*

**8** *Schreibt aus der Erinnerung Erzählanfänge von bekannten Grimm'schen Märchen auf (3–4 Sätze). Stellt eure Märchenanfänge im Vergleich mit denen der Originale in der Klasse vor und beschreibt die Wirkung des Grimm'schen „Märchentons".*

**9** *Seht zu Hause nach, welche Märchenbücher ihr habt, und lest aus den verschiedenen Sammlungen jeweils ein Märchen. Sprecht euch ab, welche Märchen ihr in der Klasse erzählen wollt.*

Jacob und Wilhelm Grimm

## Jorinde und Joringel

Es war einmal ein altes Schloss mitten in einem großen, dicken Wald, darinnen wohnte eine alte Frau ganz allein, das war eine Erzzauberin. Am Tage machte sie sich zur Katze oder zur Nachteule, des Abends aber wurde sie wieder ordentlich wie ein Mensch gestaltet. Sie konnte das Wild und die Vögel herbeilocken, und dann schlachtete sie's, kochte und briet es. Wenn jemand auf hundert Schritte dem Schloss nahekam, so musste er stille stehen und konnte sich nicht von der Stelle bewegen, bis sie ihn lossprach: Wenn aber eine keusche Jungfrau in diesen Kreis kam, so verwandelte sie dieselbe in einen Vogel und sperrte sie dann in einen Korb ein und trug den Korb in eine Kammer des Schlosses. Sie hatte wohl siebentausend solcher Körbe mit so raren Vögeln im Schlosse.

Nun war einmal eine Jungfrau, die hieß Jorinde: Sie war schöner als alle anderen Mädchen. Die und dann ein gar schöner Jüngling, namens Joringel, hatten sich zusammen versprochen[1]. Sie waren in den Brauttagen, und sie hatten ihr größtes Vergnügen eins am andern. Damit sie nun einsmalen vertraut zusammen reden könnten, gingen sie in den Wald spazieren. „Hüte dich", sagte Joringel, „dass du nicht so nahe ans Schloss kommst." Es war ein schöner Abend, die Sonne schien zwischen den Stämmen der Bäume hell ins dunkle Grün des Waldes, und die Turteltaube sang kläglich auf den alten Maibuchen.

Jorinde weinte zuweilen, setzte sich hin im Sonnenschein und klagte; Joringel klagte auch. Sie waren so bestürzt, als wenn sie hätten sterben sollen: Sie sahen sich um, waren irre und wussten nicht, wohin sie nach Haus gehen sollten. Noch halb stand die Sonne über dem Berg, und halb war sie unter. Joringel sah durchs Gebüsch und sah die alte Mauer des Schlosses nah bei sich; er erschrak und wurde todbang. Jorinde sang:

„Mein Vöglein mit dem Ringlein rot
singt Leide, Leide, Leide:
Es singt dem Täubelein seinen Tod,
singt Leide, Lei – ziküth,
ziküth, ziküth."

Joringel sah nach Jorinde. Jorinde war in eine Nachtigall verwandelt, die sang: „Ziküth, ziküth." Eine Nachteule mit glühenden Augen flog dreimal um sie herum und schrie dreimal: „Schu, hu, hu, hu."

Joringel konnte sich nicht regen: Er stand da wie ein Stein, konnte nicht weinen, nicht reden, nicht Hand noch Fuß regen. Nun war die Sonne unter: Die Eule flog in einen Strauch, und gleich darauf kam eine alte krumme Frau aus diesem hervor, gelb und mager: große, rote Augen, krumme Nase, die mit der Spitze ans Kinn reichte. Sie murmelte, fing die Nachtigall und trug sie auf der Hand fort. Joringel konnte nichts sagen, nicht von der Stelle kommen; die Nachtigall war fort. Endlich kam das Weib wieder und sagte mit dumpfer Stimme: „Grüß dich, Zachiel, wenn's Möndel ins Körbel scheint, bind los, Zachiel, zu guter Stund." Da wurde Joringel los. Er fiel vor dem Weib auf die Knie und bat, sie möchte ihm seine Jorinde wiedergeben, aber sie sagte, er sollte sie nie wiederhaben, und ging fort. Er rief, er weinte, er jammerte, aber alles umsonst. „Uu, was soll mir geschehen?"

Joringel ging fort und kam endlich in ein fremdes Dorf: Da hütete er die Schafe lange Zeit. Oft ging er rund um das Schloss herum, aber nicht zu nahe dabei. Endlich träumte er einmal des Nachts, er fände eine blutrote Blume, in deren Mitte eine schöne große Perle war. Die Blume brach er ab, ging damit zum Schlosse: Alles, was er mit der Blume berührte, ward von der Zauberei frei: Auch träumte er, er hätte seine Jorinde dadurch wiederbekommen. Des Morgens, als er erwachte, fing er an, durch Berg und Tal zu suchen, ob er eine solche Blume fände: Er suchte bis an den neunten Tag, da fand er die blutrote Blume am Morgen früh. In der Mitte war

1 **sich zusammen versprechen:** sich verloben

ein großer Tautropfe, so groß wie die schönste Perle. Die Blume trug er Tag und Nacht bis zum Schloss. Wie er auf hundert Schritt nahe bis zum Schloss kam, da ward er nicht fest, sondern ging fort bis ans Tor. Joringel freute sich hoch, berührte die Pforte mit der Blume, und sie sprang auf. Er ging hinein, durch den Hof, horchte, wo er die vielen Vögel vernähme: Endlich hörte er's. Er ging und fand den Saal, darauf war die Zauberin und fütterte die Vögel in den siebentausend Körben. Wie sie den Joringel sah, ward sie bös, sehr bös, schalt, spie Gift und Galle gegen ihn aus, aber sie konnte auf zwei Schritte nicht an ihn kommen. Er kehrte sich nicht an sie und ging, besah die Körbe mit den Vögeln; da waren aber viele hundert Nachtigallen, wie sollte er nun seine Jorinde wiederfinden? Indem er so zusah, merkte er, dass die Alte heimlich ein Körbchen mit einem Vogel wegnahm und damit nach der Türe ging. Flugs sprang er hinzu, berührte das Körbchen mit der Blume und auch das alte Weib: Nun konnte sie nichts mehr zaubern, und Jorinde stand da, hatte ihn um den Hals gefasst, so schön, wie sie ehemals war: Da machte er auch alle die andern Vögel wieder zu Jungfrauen, und da ging er mit seiner Jorinde nach Hause, und sie lebten lange vergnügt zusammen.

**1** *Erzählt reihum mit eigenen Worten das Märchen von „Jorinde und Joringel“. Sprecht nach jedem Vortrag in der Klasse darüber, ob der Erzähler oder die Erzählerin alle wesentlichen Handlungselemente berücksichtigt hat.*

**2** *a) Sammelt am Beispiel von „Jorinde und Joringel“ alle Geschehnisse und Verhaltensweisen der Figuren, die eurer Meinung nach für ein Märchen typisch sind.*
*b) Listet eure Ergebnisse im Heft unter der Überschrift auf: „Kennzeichen eines Märchens“.*
*c) Überprüft eure Liste anhand der folgenden Informationen über die Gattung des Märchens und ergänzt sie, wenn noch wesentliche Merkmale fehlen.*

!

**Das Märchen**

**Volksmärchen** folgen im Allgemeinen einem festen **Schema:**

- Die Begegnung mit dem Wunderbaren gilt als selbstverständlich und natürlich.
- Ort und Zeitpunkt der Handlung sind nicht festgelegt.
- Oft enthalten sie feste **sprachliche Formeln**, z. B. „Es war einmal ...“, „Und wenn sie nicht gestorben sind, ...“
- **Gut und Böse** treffen aufeinander. Am Ende siegt das Gute und das Böse wird bestraft. Dieser Gegensatz wird manchmal auch als fleißig – faul, arm – reich, schön – hässlich u. Ä. dargestellt.
- Es treten **typische Personen** auf, z. B. König und Königin, Prinz und Prinzessin, Handwerker und Gesellen, die böse Stiefmutter, aber auch **fantastische Figuren** wie sprechende Tiere, Feen, Hexen, Riesen, Zwerge, Zauberer.
- Häufig muss der Held Prüfungen bestehen und dabei kommt es zu wunderbaren Begebenheiten. Alltägliche Gegenstände können Zauberkraft haben.
- Oft spielen **magische Zahlen** eine Rolle: drei (Wünsche), sieben (Zwerge, Geißlein).

In anderen Kulturen, z. B. bei den Indianern in Nord- und Südamerika, wird in den Märchen häufig der Ursprung der Sterne, der Lebewesen, von Sonne und Mond und von Naturereignissen so erzählt, wie ihn sich die Menschen erklären.

Jacob und Wilhelm Grimm

## Hans im Glück

Hans hatte sieben Jahre bei seinem Herrn gedient, da sprach er zu ihm: „Herr, meine Zeit ist herum, nun wollte ich gerne wieder heim zu meiner Mutter, gebt mir meinen Lohn." Der Herr antwortete: „Du hast mir treu und ehrlich gedient, wie der Dienst so soll der Lohn sein", und gab ihm ein Stück Gold, das so groß als Hansens Kopf war. Hans zog sein Tüchlein, wickelte den Klumpen hinein, setzte ihn auf die Schulter und machte sich auf den Weg nach Haus. Wie er so dahinging und immer ein Bein vor das andere setzte, kam ihm ein Reiter in die Augen, der frisch und fröhlich auf einem muntern Pferd vorbeitrabte. „Ach", sprach Hans ganz laut, „was das Reiten ein schönes Ding ist! Da sitzt einer wie auf einem Stuhl, stößt sich an keinen Stein, spart die Schuh, und kommt fort, er weiß nicht wie."

Der Reiter, der das gehört hatte, rief ihm zu: „Ei, Hans, warum laufst du auch zu Fuß?" „Ach, da muss ich den Klumpen heimtragen, es ist zwar Gold, aber ich kann den Kopf dabei nicht gerad halten, auch drückt mir's auf die Schulter." „Weißt du was", sagte der Reiter und hielt an, „wir wollen tauschen: Ich gebe dir mein Pferd, und du gibst mir deinen Klumpen." „Von Herzen gern", sprach Hans, „aber ich sage Euch, Ihr müsst euch damit schleppen." Der Reiter stieg ab, nahm das Gold und half dem Hans hinauf, gab ihm die Zügel fest in die Hände, und sprach: „Wenn's nun recht geschwind soll gehen, so musst du mit der Zunge schnalzen und hopp, hopp rufen."

Hans war seelenfroh, als er auf dem Pferde saß und so frank und frei dahinritt. Über ein Weilchen fiel's ihm ein, es sollte noch schneller gehen, und er fing an, mit der Zunge zu schnalzen und hopp, hopp zu rufen. Das Pferd setzte sich in starken Trab, und ehe sich's Hans versah, war er abgeworfen und lag in einem Graben, der die Äcker von der Landstraße trennte. Das Pferd wäre auch durchgegangen, wenn es nicht ein Bauer aufgehalten hätte, der des Weges kam und eine Kuh vor sich trieb. Hans suchte seine Glieder zusammen und machte sich wieder auf die Beine. Er war aber verdrießlich und sprach zu dem Bauern: „Es ist ein schlechter Spaß, das Reiten, zumal wenn man auf so eine Mähre gerät wie diese, die stößt und einen herabwirft, dass man den Hals brechen kann; ich setze mich nun und nimmermehr wieder auf. Da lob ich mir Eure Kuh, da kann einer mit Gemächlichkeit hinterhergehen und hat obendrein seine Milch, Butter und Käse jeden Tag gewiss. Was gäb ich drum, wenn ich so eine Kuh hätte!" „Nun", sprach der Bauer, „geschieht Euch so ein großer Gefallen, so will ich Euch wohl die Kuh für das Pferd vertauschen." Hans willigte mit tausend Freuden ein; der Bauer schwang sich aufs Pferd und ritt eilig davon.

Hans trieb seine Kuh ruhig vor sich her und bedachte den glücklichen Handel. „Hab ich nur ein Stück Brot, und daran wird mir's doch nicht fehlen, so kann ich, sooft mir's beliebt, Butter und Käse dazu essen; hab ich Durst, so melk ich meine Kuh und trinke Milch. Herz, was verlangst du mehr?" Als er zu einem Wirtshaus kam, machte er Halt, aß in der großen Freude alles, was er bei sich hatte, sein Mittags- und Abendbrot rein auf und ließ sich für seine letzten paar Heller ein halbes Glas Bier einschenken. Dann trieb er seine Kuh weiter, immer nach dem Dorfe seiner Mutter zu. Die Hitze wurde aber drückender, je näher der Mittag kam, und Hans befand sich in einer Heide, die wohl noch eine Stunde dauerte. Da ward es ihm ganz heiß, sodass ihm vor Durst die Zunge am Gaumen klebte. „Dem Ding ist zu helfen", dachte Hans, „jetzt will ich meine Kuh melken und mich an der Milch laben." Er band sie an einen dürren Baum und stellte seine Ledermütze unter, aber, sosehr er sich auch abmühte, es kam kein Tropfen Milch zum Vorschein. Weil er sich aber ungeschickt dabei anstellte, so gab ihm das ungeduldige Tier endlich mit einem der Hinterfüße einen solchen Schlag vor den

Kopf, dass er zu Boden taumelte und eine Zeit lang sich gar nicht besinnen konnte, wo er war. Glücklicherweise kam gerade ein Metzger des Weges, der auf einem Schubkarren ein junges Schwein liegen hatte. „Was sind das für Streiche!", rief er und half dem guten Hans auf. Hans erzählte, was vorgefallen war. Der Metzger reichte ihm seine Flasche und sprach: „Da trinkt einmal und erholt Euch. Die Kuh will wohl keine Milch geben, das ist ein altes Tier, das höchstens noch zum Ziehen taugt oder zum Schlachten." „Ei, ei", sprach Hans und strich sich die Haare über den Kopf, „wer hätte das gedacht! Es ist freilich gut, wenn man so ein Tier im Haus abschlachten kann, was gibt's für Fleisch! Aber ich mache mir aus dem Kuhfleisch nicht viel, es ist mir nicht saftig genug. Ja, wer so ein junges Schwein hätte! Das schmeckt anders, dabei noch die Würste." „Hört, Hans", sprach da der Metzger, „Euch zuliebe will ich tauschen und will Euch das Schwein für die Kuh lassen." „Gott lohn Euch Eure Freundschaft", sprach Hans, übergab ihm die Kuh und ließ sich das Schweinchen vom Karren losmachen und den Strick, woran es gebunden war, in die Hand geben.

Hans zog weiter und überdachte, wie ihm doch alles nach Wunsch ginge, begegnete ihm je eine Verdrießlichkeit, so würde sie doch gleich wieder gutgemacht. Es gesellte sich darnach ein Bursch zu ihm, der trug eine schöne weiße Gans unter dem Arm. Sie boten einander die Zeit und Hans fing an, ihm von seinem Glück zu erzählen, und wie er immer so vorteilhaft getauscht hätte. Der Bursch sagte, dass er die Gans zu einem Kindtaufschmaus brächte. „Hebt einmal", fuhr er fort und packte sie bei den Flügeln, „wie sie schwer ist, sie ist aber auch acht Wochen lang genudelt worden. Wer in den Braten beißt, muss sich das Fett von beiden Seiten abwischen." „Ja", sprach Hans, und wog sie mit der einen Hand, „die hat ihr Gewicht, aber mein Schwein ist auch keine Sau." Indessen sah sich der Bursch nach allen Seiten ganz bedenklich um, schüttelte auch wohl mit dem Kopf. „Hört", fing er darauf an, „mit Eurem Schweine mag's nicht ganz richtig sein. In dem Dorfe, durch das ich gekommen bin, ist eben dem Schulzen eins aus dem Stall gestohlen worden. Ich fürchte, ich fürchte, Ihr habt's da in der Hand; es wäre ein schlimmer Handel, wenn sie Euch damit fängen, das Geringste ist, dass Ihr ins finstere Loch gesteckt werdet." Dem guten Hans ward bang, „ach Gott", sprach er, „helft mir aus der Not, Ihr wisst hierherum besser Bescheid, nehmt mein Schwein da und lasst mir Eure Gans." „Ich muss schon etwas aufs Spiel setzen", antwortete der Bursche, „aber ich will doch nicht schuld sein, dass Ihr ins Unglück geratet." Er nahm also das Seil in die Hand und trieb das Schwein schnell auf einem Seitenweg fort. Der gute Hans aber ging, seiner Sorgen entledigt, mit der Gans unter dem Arme seiner Heimat zu. „Wenn ich's recht überlege", sprach er mit sich selbst, „habe ich noch Vorteil bei dem Tausch; erstlich den guten Braten, hernach die Menge von Fett, die heraussträufeln wird, das gibt Gänsefettbrot auf ein Vierteljahr; und endlich die schönen weißen Federn, die lass ich mir in mein Kopfkissen stopfen, und darauf will ich wohl ungewiegt einschlafen. Was wird meine Mutter eine Freude haben!"

Als er durch das letzte Dorf gekommen war, stand da ein Scherenschleifer mit seinem Karren, sein Rad schnurrte, und er sang dazu: „Ich schleife die Schere und drehe geschwind und hänge mein Mäntelchen nach dem Wind."

Hans blieb stehen und sah ihm zu; endlich redete er ihn an und sprach: „Euch gehts wohl, weil Ihr so lustig bei Eurem Schleifen seid." „Ja", antwortete der Scherenschleifer, „das Handwerk hat einen güldenen Boden. Ein rechter Schleifer ist ein Mann, der, sooft er in die Tasche greift, auch Geld darin findet. Aber wo habt Ihr die schöne Gans gekauft?" „Die hab ich nicht gekauft, sondern für mein Schwein eingetauscht." „Und das Schwein?" „Das hab ich für eine Kuh gekriegt." „Und die Kuh?" „Die hab ich für ein Pferd bekommen." „Und das Pferd?" „Dafür hab ich einen Klumpen Gold, so groß als mein Kopf, gegeben." „Und das Gold?" „Ei, das war mein Lohn für sieben Jahre Dienst." „Ihr habt Euch jederzeit zu helfen gewusst", sprach der Schleifer, „könnt Ihr's nun dahin bringen, dass Ihr das Geld in der Tasche springen hört, wenn Ihr aufsteht, so habt Ihr Euer Glück gemacht." „Wie soll ich das anfangen?", sprach Hans. „Ihr müsst ein Schleifer werden, wie ich; dazu gehört eigentlich nichts als ein Wetzstein, das andere findet sich schon von selbst. Da hab ich einen, der ist ein wenig schadhaft, dafür sollt Ihr mir aber auch weiter nichts als Eure Gans geben; wollt Ihr das?" „Wie könnt Ihr noch fragen", antwortete Hans, „ich werde ja zum glücklichsten Menschen auf Erden; habe ich Geld, sooft ich in die Tasche greife, was brauche ich da länger zu sorgen?", reichte ihm die Gans hin und nahm den Wetzstein in Empfang. „Nun", sprach der Schleifer und hob einen gewöhnlichen schweren Feldstein, der neben ihm lag, auf, „da habt Ihr noch einen tüchtigen Stein dazu, auf dem sichs gut schlagen lässt und Ihr Eure alten Nägel geradeklopfen könnt. Nehmt ihn und hebt ihn ordentlich auf."

Hans lud den Stein auf und ging mit vergnügtem Herzen weiter; seine Augen leuchteten vor Freude. „Ich muss in einer Glückshaut geboren sein", rief er aus, „alles, was ich wünsche, trifft mir ein wie einem Sonntagskind." Indessen, weil er seit Tagesanbruch auf den Beinen gewesen war, begann er müde zu werden; auch plagte ihn der Hunger, da er allen Vorrat auf einmal in der Freude über die erhandelte Kuh aufgezehrt hatte. Er konnte endlich nur mit Mühe weitergehen und musste jeden Augenblick Halt machen, dabei drückten ihn die Steine ganz erbärmlich. Da konnte er sich des Gedankens nicht erwehren, wie gut es wäre, wenn er sie gerade jetzt nicht zu tragen brauchte. Wie eine Schnecke kam er zu einem Feldbrunnen geschlichen, da wollte er ruhen, und sich mit einem frischen Trunk laben; damit er aber die Steine im Niedersitzen nicht beschädigte, legte er sie bedächtig neben sich auf den Rand des Brunnens. Darauf drehte er sich und wollte sich zum Trinken bücken, da versah er's, stieß ein klein wenig an, und beide Steine plumpsten hinab. Hans, als er sie mit seinen Augen in die Tiefe hatte versinken sehen, sprang vor Freuden auf, kniete dann nieder und dankte Gott mit Tränen in den Augen, dass er ihm auch diese Gnade erwiesen und ihn auf eine so gute Art und ohne dass er sich einen Vorwurf zu machen brauchte, von den schweren Steinen befreit hätte: Das sei das Einzige, was ihm noch hinderlich gewesen wäre. „So glücklich wie ich“, rief er aus, „gibt es keinen Menschen unter der Sonne.“ Mit leichtem Herzen und frei von aller Last sprang er nun, bis er daheim bei seiner Mutter war.

**1** *a) Erzählt das Märchen „Hans im Glück“ mit eigenen Worten nach.*
*b) Spielt das Märchen pantomimisch. Überlegt euch vorher, wie ihr die verschiedenen Tiere darstellen könnt.*

**2** *a) Übertragt die nachstehende Skizze in euer Heft und vervollständigt sie.*

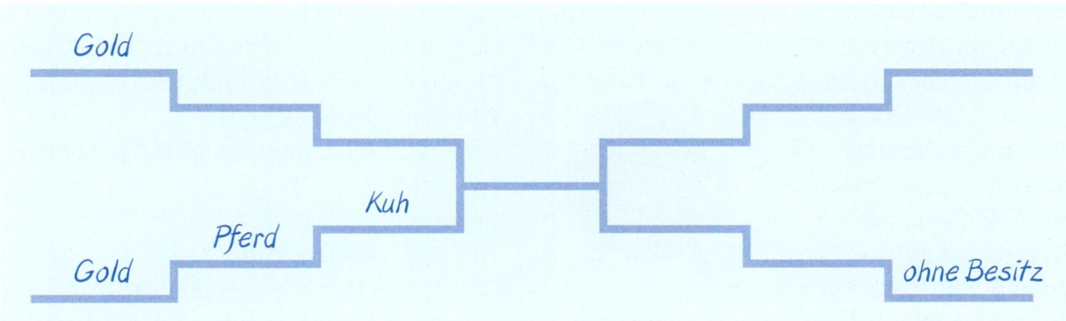


*b) Diskutiert darüber, ob die aufsteigende oder die absteigende Treppe eurer Meinung nach die richtige ist. Begründet eure Meinung.*

## Das Töpfchen

Es war einmal und es war auch nicht. In früheren Zeiten war einmal eine arme Frau mit einer Tochter. Die Mutter spann vom Abend bis zum Morgen Garn, das Mädchen aber verkaufte es auf dem Basar und so verdienten sie ihren Lebensunterhalt.

Eines Tages hatte die Mutter wieder Garn gesponnen, es dem Mädchen gegeben und das Mädchen hatte das Garn auf dem Basar verkauft. Für dieses Geld kaufte sie statt des Brotes einen kleinen Topf, der zum Kauf angeboten wurde. An dem Topf hatte sie großen Gefallen, gab das Geld hin und erhielt ihn.

Als sie nach Hause kam, war kein Brot zum Essen da; denn in der Hand hatte sie nur den Topf. Die Mutter schlug das Mädchen tüchtig und warf den Topf auf die Straße. An jenem Tag legten sie sich hungrig schlafen.

Eine Hebamme kehrte von einer Wöchnerin zurück und sah auf der Straße einen schönen Topf liegen, nahm ihn, ging nach Hause, wusch und reinigte ihn, machte eine Weinblattroulade, setzte den Topf auf den Herd und kochte Essen. Gerade als sie den Deckel hob und sich ans Essen setzen wollte, wurde an die Tür geklopft, und jemand rief die Hebamme schnell zu einer Geburt.

Die Hebamme sagt: „Ich esse, wenn ich zurückkomme", lässt das Essen stehen und geht.

Der Topf steht – holterdiepolter – auf und geht schnurstracks zum Haus des Mädchens. Er klopft an die Tür, das Mädchen läuft zur Tür und fragt: „Wer ist da?"

Der Topf antwortet:
„Das Töpfchen."
Das Mädchen fragt:
„Was ist darin?"
Er sagt: „Eine kleine Weinblattroulade."

Das Mädchen holt die Weinblattroulade heraus und wirft den Topf auf die Straße. Die Mutter und die Tochter setzen sich hin und lassen sich die Weinblattroulade gut schmecken.

Die Frau des Padischahs, die Sultanin, ging ins Bad, da sieht sie auf der Straße einen schönen Topf. „Nimm diesen Topf!", sagt sie zu ihrer Zofe. Die Zofe nimmt den Topf und sie gehen ins Bad. Im Bad legt die Sultanin, als sie sich auszieht, ihre Diamanten und Perlen hinein. Sie gibt ihrer Zofe den Topf und steigt ins Bad.

Als die Zofe den Topf im Arm hält, wird sie vom Schlaf übermannt und der Topf geht schnurstracks zum Haus des Mädchens und klopft an die Tür. Das Mädchen fragt: „Wer ist da?"

Der Topf antwortet: „Das Töpfchen."
Das Mädchen sagt: „Was ist darin?"
Er sagt: „Etwas Schönes."

Das Mädchen nimmt die Diamanten und das Gold, zieht sich an und schmückt sich und wirft den Topf wieder auf die Straße.

Am nächsten Tag ging der Prinz ins Bad. Er sieht den Topf auf der Straße und sagt:
„Lala, nimm diesen Topf, was ist das für ein schöner Topf!"

Der Lala nimmt den Topf. Sie gehen in das Bad, der Prinz badet sich dort, reinigt sich und lässt sich rasieren. Der Topf nimmt den Prinzen – hopp – in sich auf und bringt ihn schnurstracks zum Haus des Mädchens.

Als er an die Tür klopft, fragt das Mädchen:
„Wer ist da?"
Er antwortet: „Das Töpfchen."
Sie fragt: „Was ist darin?"
Er antwortet: „Ein kleiner Bräutigam."

Als das Mädchen den Deckel des Topfes aufhebt, steigt ein Prinz heraus, schön wie der Vollmond. Der Prinz aber mustert das Mädchen von oben bis unten: Sie ist ein Mädchen, auch so schön wie der Vollmond. Sie trägt Diamanten und Juwelen ... Der Prinz fragt:
„Mädchen, heiratest du mich?"

Das Mädchen ist einverstanden. Sie machen vierzig Tage und vierzig Nächte lang Hochzeit und das Mädchen wirft den Topf nicht mehr auf die Straße ...

Sie haben das Ziel ihrer Wünsche erreicht, wir wollen auch unser Ziel erreichen.

*(aus der Türkei)*

**1** *Vergleicht das Grimm'sche Märchen „Hans im Glück" (▷ S. 172–175) mit dem Volksmärchen aus der Türkei. Arbeitet Unterschiede und Gemeinsamkeiten heraus. Achtet dabei insbesondere auf folgende Aspekte:*
*a) Wer ist jeweils der „Held" bzw. die „Heldin" der Geschichte?*
*b) Wie erreichen Hans und das Mädchen ihr Ziel, glücklich zu werden?*
*c) Welche Wirkung wird mit der sprachlichen Gestaltung im jeweiligen Märchen erzielt?*

**2** *In dem Märchen aus der Türkei spielt ein Töpfchen eine wichtige Rolle.*
*a) Legt in eurem Heft eine Liste von Wundermitteln aus Märchen, die ihr kennt, an.*
*b) Schreibt ihre Wirkung jeweils daneben und vermerkt, aus welchem Märchen sie stammen.*

# 10.2 Märchen frei gestalten und neu erzählen

## Märchenbruchstücke

*Text 1*

Es waren einmal zwei kleine Mädel, die hatten Vater und Mutter verloren und mussten darum zu einem hartherzigen, geizigen Bauern auf den Hof. Sie hatten die Kühe zu hüten, aber nicht etwa auf der fetten Weide, deren Heu der Geizkragen verkaufte, sondern nur an den sandigen Wegrainen und schattigen Waldrändern, wo wenig wuchs.

Da war es kein Wunder, dass die Kühe abends hungrig heimkamen und die armen Mädchen mit argen Schlägen empfangen wurden.

„Geht doch an den Lisseteich, dort wächst ja saftiges Grün!", maulte der Bauer. Aber die Mädel fürchteten sich; denn die Wasserlisse ist nicht weniger verrufen als anderswo der Wassermann. Wer zu nahe an den Teich kommt, wird von ihr hinabgezogen und muss ein Lissenkind werden, das im Wasser lebt, halb Mensch, halb Fisch. Na, und wer will denn das und will seine Seele verlieren unter dem Wasser, wo sie nicht aufsteigen kann zur ewigen Seligkeit? Als aber der garstige Geizknochen immer heftiger auf die kleinen Dinger einschlug, da sagten sie sich, bei der Lisse im Teich könne es auch nicht schlimmer sein, und sie trieben am nächsten Tage die Kühe zum Wasser. **[…]**

*Text 2*

Es war einmal ein Vater, der hatte einen Sohn, Peter hieß er, dem gefiel es nicht zu Haus, er forderte deshalb sein Erbteil, das waren zwanzig Taler, und ging damit in die weite Welt. Der Bursche hatte aber ein mitleidiges Herz und fühlte, was recht und unrecht war, und half, wo er helfen konnte. Wie er zum Dorfe hinaus und eine kurze Strecke fortgegangen war, kam ein Mann hinter ihm her, fing ein Gespräch mit ihm an und sagte, er wolle mit ihm wandern. Das ließ sich Peter wohl gefallen, denn der Mann sah so gut und brav aus, dass er ihn gleich lieb gewann und sich freute, dass er einen so wackeren Reisegefährten gefunden hatte.

**[…]**

„Nun leb wohl, jetzt hast du mich nicht mehr nötig; ich verlasse dich jetzt und die Welt. Meine Schuld, glaube ich, hab ich dir bezahlt. Leb wohl und sei glücklich!" Danach war er verschwunden. Peter setzte sich in seinen Wagen und war sehr traurig über den Abschied von seinem Kameraden und fuhr dann zurück nach dem königlichen Palast. Hier befolgte er alles getreulich, was ihm sein Gefährte gesagt hatte, und es kam auch alles so; er wurde so glücklich mit seiner Frau wie ein König, und später ist er auch König geworden und hat sein Land gut regiert bis an sein seliges Ende.

**1** *Ergänzt Text 1 und Text 2 zu vollständigen Märchen. Beachtet dabei die Kennzeichen eines Märchens (**▷ S. 171**).*

**2** *Sucht treffende Überschriften für eure Märchen.*

Paul Maar

## Die Geschichte vom bösen Hänsel, der bösen Gretel und der Hexe

Es war einmal eine alte Hexe, die hatte ihr ganzes Leben lang gearbeitet, hatte gezaubert vom frühen Morgen bis zum späten Abend, hatte gehext und Zaubersprüche aufgesagt jeden Tag und war nun in das Alter gekommen, wo ihre Zauberkraft nachließ und ihre Kräfte langsam schwanden.

Sie wurde aber nicht böse und giftig darüber wie manche andere Hexen, wenn sie so alt werden, sondern sagte sich: „Mit meiner Zauberkraft geht es zu Ende. Da will ich mir eine andere Beschäftigung suchen, damit ich nicht faulenzen muss und auf trübe Gedanken komme. Ich werde mein Haus zum schönsten Hexenhaus weit und breit machen!"

Und schon am nächsten Tag begann sie ihr Häuschen aufs Wunderlichste zu schmücken. Auf die Dachziegel legte sie Lebkuchen, die Wände verkleidete sie mit Brot und Kuchen, verziert mit Mandeln und Nüssen, ihre Glasfenster hängte sie aus und hängte neue ein, ganz aus weißem Zucker.

Das dauerte viele Wochen; jeden Tag musste die alte Frau in der Küche stehen und backen. Aber sie arbeitete unermüdlich und endlich war das Häuschen fertig.

Da war die Hexe stolz auf ihr Haus! Jeden Abend saß sie auf der Bank neben der Haustür, betrachtete die bunten Mauern, hexte mit ihrer versiegenden Zauberkraft mühsam noch einen roten Zuckerguss auf einen Kuchen oder verzierte einen Lebkuchen mit einer Nuss, wischte Staub und rieb dann die Zuckerscheiben glänzend.

Und wenn irgendein Tier an ihrem Haus vorbeikam, staunend stehen blieb und schließlich sagte: „So ein schönes Haus habe ich noch nie gesehen", wurde sie grün vor Stolz.

Eines Tages stand die Hexe gerade vor ihrem Backofen und wollte einen Lebkuchen backen, weil der Wind in der Nacht einen vom Dach geweht hatte. Da war es ihr, als knuspere draußen jemand an ihrem schönen Haus und breche ganze Stücke ab. Ängstlich rief sie:

„Knusper, knusper, knäuschen,
wer knuspert an meinem Häuschen?"

Von draußen antwortete ein dünnes Stimmchen:

„Der Wind, der Wind,
das himmlische Kind!"

„Da bin ich beruhigt", seufzte die Hexe erleichtert. „Es ist nur der Wind, der da draußen lärmt. Und ich hatte schon Angst, jemand wolle mein Häuschen zerstören."

Wie sie das gerade sagte, zersprang ihre schöne Fensterscheibe, an der sie drei Wochen gearbeitet hatte, ein Mädchen griff nach den Splittern und aß sie auf! Mühsam humpelte die Hexe nach draußen, um zu sehen, wer der Störenfried sei.

Vor dem Haus standen zwei Kinder, das Mädchen und außerdem ein Junge, rissen die Dachziegel herunter, um sie aufzuessen, zerbrachen die Wand und zersplitterten die weißen Zuckerfenster. Da war die Hexe traurig und wütend zugleich.

**1** *Wie könnte die neue Fassung von Hänsel und Gretel weitergehen? Schreibt sie zu Ende.*

**2** *Am Ende von Paul Maars Märchen heißt es, dass der Erzähler seine Fassung von der Hexe anvertraut bekommen habe. „Wenn das so ist", antwortet ein Zuhörer, „dann möchte ich gerne einmal ‚Rotkäppchen' von einem Wolf erzählt bekommen." Erzählt die Geschichte aus der Sicht des Wolfes.*

## Das betrogene Rumpelstilzchen

**1** *Sicherlich habt ihr euch das Rumpelstilzchen und die Müllerstochter, die Königin wird, anders vorgestellt. Erzählt das Märchen so, dass das Bild zu eurer Geschichte passt.*

**2** *a) Sucht Märchen, in denen ein guter Held oder eine gute Heldin auf einen bösen Gegenspieler oder eine böse Gegenspielerin trifft.*
*b) Schreibt neue Märchenfassungen, in denen die Rollen von Gut und Böse vertauscht sind.*

### *Projekt: Wir schreiben ein Märchenbuch*

*Bei dem Projekt „Wir schreiben ein Märchenbuch" verfasst jede/r aus eurer Klasse ein eigenes Märchen. Folgende Punkte solltet ihr bei der Ausführung beachten:*

**1** *Zunächst überlegt ihr, welches wunderbare Geschehen im Mittelpunkt eurer Geschichte stehen soll. Auch ist es wichtig, schon zu Beginn festzulegen, welche Figuren vorkommen sollen und in welcher Umgebung das Märchen spielen soll. Macht euch Gedanken über einen folgerichtigen Aufbau der Geschichte und vergesst die Überschrift nicht.*

**2** *Bei der Ausführung arbeitet ihr am besten mit dem PC und einem Textverarbeitungsprogramm.*
- ☐ *Vereinbart einen Termin, zu dem alle ihre Märchen fertiggestellt haben müssen.*
- ☐ *Lest euch die Märchen gegenseitig vor und besprecht Unstimmigkeiten im Handlungsverlauf oder bei der Darstellung der Figuren. Macht Verbesserungsvorschläge.*
- ☐ *An einem neuerlichen Termin müsst ihr die Märchen in der überarbeiteten Fassung vorlegen.*

**3** *Plant auch genau, wie ihr das Buch gestaltet. Folgende Punkte müsst ihr dabei beachten:*

- ☐ *Seitenzahl*
- ☐ *Inhaltsverzeichnis*
- ☐ *Anlage der Seiten (Ränder, Schriftbild)*
- ☐ *Anordnung der Märchen*
- ☐ *Aufnahme von Bildern (jede/r von euch könnte z. B. ein Märchen eines Mitschülers illustrieren)*
- ☐ *Gestaltung des Umschlags*
- ☐ *Vervielfältigung (Heftung oder Bindung?)*

# 10.3 Es war einmal in einer weit entfernten Galaxie ...

## Star Wars

Es war einmal vor langer Zeit in einer weit, weit entfernten Galaxie ein Junge, der auf den Namen Luke Skywalker hörte. Er war arm, hatte beide Eltern verloren und wohnte auf dem Gehöft von Onkel und Tante, die sich recht und schlecht durchs Leben schlagen mussten. Seiner Herkunft nach war Luke der Sohn eines Jedi-Ritters, doch wusste er davon nichts. Die Jedi-Ritter waren über tausend Generationen lang die Hüter des Friedens und der Gerechtigkeit in der Galaxis gewesen. Nun aber war das alte Reich der Jedi-Ritter untergegangen und ein finsterer Tyrann herrschte. Ihm war die schöne Prinzessin Leia, die Stieftochter eines Königs, der noch an der alten, guten Ordnung festhielt, in die Hände gefallen. Der Tyrann, der den Titel Imperator oder Kaiser führte, war ein unsagbar alter Mann, der über eine geheimnisvolle, magische Kraft verfügte, die so genannte „Macht“. Mit ihrer Hilfe wollte er auch die letzten Gebiete erobern, wo noch Frieden herrschte. Sein erster Diener war Lord Darth Vader, eine unheimliche schwarze Gestalt, dem die dunkle „Macht“ auch zu Gebote stand.

Durch zwei Boten der Prinzessin erfährt Luke Skywalker von Leias Gefangennahme. Sofort will er aufbrechen, um sie zu befreien. Unterstützt wird er von einem alten Einsiedler in der Nachbarschaft seiner Stiefeltern, dem weisen Obi-Wan Kenobi, der sich als Jedi-Ritter und Freund von Lukes Vater zu erkennen gibt. Er schenkt dem Jungen eine Wunderwaffe, das Laser-Schwert seines Vaters, und begleitet ihn zur nächsten Stadt, wo sie sich ein schnelles Fahrzeug besorgen wollen. Dort lernen sie den umherstreifenden Abenteurer Han Solo und seinen riesigen, affenartigen Gefährten Chewbacca kennen, mit denen sie bald Freundschaft schließen. Zusammen ziehen sie in Han Solos schnellem Gefährt, dem „Falken“, los, um Prinzessin Leia zu retten. Die Befreiung gelingt ihnen, doch müssen sie noch viele schwere Aufgaben bewältigen und Abenteuer bestehen, bis am Ende der schreckliche Kaiser Palpatine besiegt und seinem finsteren Imperium der Untergang bereitet wird.

**1** *Berichtet mehr über die Geschichte, die hier in aller Kürze nacherzählt wurde.*

**2** *Vergleicht diese Geschichte mit den alten Volksmärchen. Sammelt an der Tafel Gemeinsamkeiten und Unterschiede.*

**3** *Die folgenden Figuren spielen in dem Film „Star Wars" eine wichtige Rolle. Welche typischen Märchengestalten erkennt ihr in ihnen? Legt eine Liste an:*

**Luke Skywalker:**

der arme, elternlose Junge, der dank starker Helfer und einer Wunderwaffe zum Helden wird und eine Prinzessin befreit

**Leia:**

…

*Leia und Luke Skywalker*

*C-3PO und R2-D2*

*Lord Darth Vader*

*Obi-Wan Kenobi*

**4** *Schreibt mit den Märchenfiguren aus der Filmhandlung „Star Wars" Geschichten, die in der Welt der alten Volksmärchen spielen.*
*a) Zum Beispiel könntet ihr die Befreiung der Prinzessin erzählen und etwa so anfangen:*

Von dem weisen Einsiedler erfuhren der Junge und seine Freunde, wo die mächtige Burg des schwarzen Ritters lag. Hans, der dem Jungen immer treu zur Seite stand, holte sein Flügelpferd Falke aus dem Stall und alle schwangen sich auf dessen Rücken, auch der zottelige, große Bär, den Hans immer mit sich führte. Sie wussten, dass noch nie jemand in die Burg des schwarzen Ritters eingedrungen war. Unüberwindlich hohe und dicke Mauern schützten sie …

*b) Erzählt andere Abenteuer aus „Star Wars" als Volksmärchen.*

**5** *Umgekehrt könnt ihr aber auch versuchen, ein Volksmärchen wie „Star Wars" zu erzählen. Etwa so:*

Die grelle Sonne war gerade über dem Horizont der Sandwüste von Tatooine aufgegangen, als Ben Taylor, ein kleiner, drahtiger Kerl, auf der Roboterstation daranging, einem R2-D2 eine neue Außenhülle zu verpassen. Er schnitt das Blech mit seinem Plasmabrenner gerade zurecht, als er ein kleines Geschwader Drusillen entdeckte, das in den Raum eingedrungen war. Diese an Libellen erinnernden Minihelikopter, die über ein automatisches Steuerungssystem verfügten, waren darauf programmiert, mit ihren rüsselartigen Ansaugschläuchen jede Art von Öl aufzunehmen, wo immer sie es aufspürten. Da am Ende ihres Ansaugschlauches eine äußerst harte Spitze saß, mit der sie Bleche leicht durchbohren konnten, stellten sie für jeden Roboter eine lästige Gefahr dar. Sie ließen sich gerade auf einen Kanister mit Maschinenöl herab, da richtete Ben seinen Plasmabrenner auf sie und drehte den Brennstrahl bis zum Ende auf. Volltreffer, das ganze Geschwader verschmolz zu einem unförmigen Metallklumpen und Ben lachte auf. „Es waren mindestens sieben", sagte er bewundernd zu sich selbst, „sieben auf einen Streich! Das muss ich in der Raumhafenkneipe erzählen." Er stieg in seinen Raumgleiter und sauste los in Richtung Artana, der Stadt, wo sich der Raumhafen befand und wo sich immer allerlei Volk aus der ganzen Galaxie herumtrieb …

*a) Welches Volksmärchen hat hier als Vorlage gedient?*
*b) Erzählt die Geschichte zu Ende.*

**6** *Sucht euch andere Volksmärchen aus und erzählt sie als Geschichten, die in der Zukunft spielen.*

# 11 Lügengeschichten und Schelmenstreiche

## 11.1 Münchhausen, Eulenspiegel & Co.: Wir lesen vor

Gottfried August Bürger

### Münchhausens Reiterkunststücke

*Der wohl bekannteste Erzähler von Lügengeschichten ist der „Lügenbaron" Karl Friedrich Hieronymus Freiherr von Münchhausen. Von Beruf war er Offizier. Seinen Freunden pflegte er bei einer Flasche Wein die unglaublichsten Abenteuer- und Reisegeschichten aufzutischen. Sie wurden weitererzählt und später von dem Schriftsteller Gottfried August Bürger aufgeschrieben.*
*Die erste Reise, von der Münchhausen seinen Freunden berichtet, führt ihn nach Russland, wo er mit seinem Wunderpferd, einem Litauer, an einem Feldzug gegen die Türken teilnimmt.*

Einem Manne, meine Herren, der einen Gaul, wie mein Litauer war, zu reiten vermochte, können Sie auch wohl noch ein anderes Voltigier-[1] und Reiterstückchen zutrauen, welches außerdem vielleicht ein wenig fabelhaft klingen möchte. Wir belagerten nämlich, ich weiß nicht mehr welche Stadt, und dem Feldmarschall war ganz erstaunlich viel an genauer Kundschaft gelegen, wie die Sachen in der Festung stünden. Es schien äußerst schwer, ja fast unmöglich, durch alle Vorposten, Wachen und Festungswerke hineinzugelangen, auch war eben kein tüchtiges Subjekt[2] vorhanden, wodurch man so was glücklich auszurichten hätte hoffen können. Vor Mut und Diensteifer fast ein wenig allzu rasch, stellte ich mich neben eine der größten Kanonen, die soeben nach der Festung abgefeuert ward, und sprang im Hui auf die Kugel, in der Absicht, mich in die Festung hineintragen zu lassen. Als ich aber halbwegs durch die Luft geritten war, stiegen mir allerlei nicht unerhebliche Bedenklichkeiten zu Kopfe. „Hum", dachte ich, „hinein kommst du nun wohl, allein wie hernach sogleich wieder heraus? Und wie kann's dir in der Festung ergehen? Man wird dich sogleich als einen Spion erkennen und an den nächsten Galgen hängen. Ein solches Bette der Ehren wollte ich mir denn doch wohl verbitten." Nach diesen und ähnlichen Betrachtungen entschloss ich mich kurz, nahm die glückliche Gelegenheit wahr, als eine Kanonenkugel aus der Festung einige Schritte weit von mir vorüber nach unserm Lager flog, sprang von der meinigen auf diese hinüber und kam, zwar unverrichteter Sache, jedoch wohlbehalten bei den lieben Unsrigen wieder an.
So leicht und fertig ich im Springen war, so war es auch mein Pferd. Weder Gräben oder

1 **voltigieren:** Kunstsprünge auf dem galoppierenden Pferd ausführen
2 **Subjekt,** hier: abwertend im Sinne von zwielichtiger Mensch, Spion

Zäune hielten mich jemals ab, überall den geradesten Weg zu reiten. Einst setzte ich darauf hinter einem Hasen her, der querfeldein über die Heerstraße lief. Eine Kutsche mit zwei schönen Damen fuhr diesen Weg gerade zwischen mir und dem Hasen vorbei. Mein Gaul setzte so schnell und ohne Anstoß mitten durch die Kutsche hindurch, wovon die Fenster aufgezogen waren, dass ich kaum Zeit hatte, meinen Hut abzuziehen und die Damen wegen dieser Freiheit untertänigst um Verzeihung zu bitten.

Ein andres Mal wollte ich über einen Morast setzen, der mir anfänglich nicht so breit vorkam, als ich ihn fand, da ich mitten im Sprunge war. Schwebend in der Luft wendete ich daher wieder um, wo ich hergekommen war, um einen größern Anlauf zu nehmen. Gleichwohl sprang ich auch zum zweiten Male noch zu kurz und fiel nicht weit vom andern Ufer bis an den Hals in den Morast. Hier hätte ich unfehlbar umkommen müssen, wenn nicht die Stärke meines eigenen Armes mich an meinem eigenen Haarzopfe, samt dem Pferde, welches ich fest zwischen meine Knie schloss, wieder herausgezogen hätte.

**1** *Schon zu Anfang der Geschichte wird deutlich, dass der Baron mündlich vor einem Zuhörerkreis erzählt. Hebt beim Vorlesen durch Pausen und Betonung die Stelle hervor, an der das besonders erkennbar wird.*

**2** *Münchhausen reiht hier mehrere kleine Geschichten aneinander, die man „Episoden" (französisch für Nebenhandlung, Einschiebsel) nennt.*
*a) Sucht die Stellen im Text heraus, an denen eine neue Episode beginnt.*
*b) Macht Vorschläge, wie man diese Stellen beim Vorlesen für die Zuhörer markieren kann.*

**TIPP**

Für ein **wirkungsvolles Vorlesen** müsst ihr darauf achten, dass jeder Satz einen **Sprechbogen** bildet. Die Stimme hebt sich zu Beginn des Satzes und senkt sich am Ende:

*„Ein solches Bette in Ehren wollte ich mir denn doch wohl verbitten."*

Viele Sätze sind durch Kommas untergliedert und damit auch ihre Sprechbögen. Vor jedem Komma hebt sich die Stimme leicht und macht eine kurze Pause:

*„Wir belagerten nämlich, ‖ ich weiß nicht mehr welche Stadt, ‖*
*und dem Feldmarschall war ganz erstaunlich viel an genauer Kundschaft gelegen, ‖*
*wie die Sachen in der Festung stünden."*

**3** *Lest die Münchhausen-Erzählung ausdrucksvoll vor und macht dabei ihre Gliederung in Episoden deutlich. Stellt euch dabei so auf, dass euch alle im Raum gut sehen können.*

Hans Christian Andersen

## Des Kaisers neue Kleider

Vor vielen Jahren lebte ein Kaiser, der so ungeheuer viel auf neue Kleider hielt, dass er all sein Geld dafür ausgab, um recht geputzt zu sein. Er kümmerte sich nicht um seine Soldaten, kümmerte sich nicht um Theater und liebte es nicht, in den Wald zu fahren, außer um seine neuen Kleider zu zeigen. Er hatte einen Rock für jede Stunde des Tages, und ebenso wie man von einem König sagte, er ist im Rat, so sagte man hier immer: „Der Kaiser ist in der Garderobe!"

In der großen Stadt, in der er wohnte, ging es sehr munter her. An jedem Tag kamen viele Fremde an, und eines Tages kamen auch zwei Betrüger, die gaben sich für Weber aus und sagten, dass sie das schönste Zeug, was man sich denken könne, zu weben verständen. Die Farben und das Muster seien nicht allein ungewöhnlich schön, sondern die Kleider, die von dem Zeuge genäht würden, sollten die wunderbare Eigenschaft besitzen, dass sie für jeden Menschen unsichtbar seien, der nicht für sein Amt tauge oder der unverzeihlich dumm sei.

„Das wären ja prächtige Kleider", dachte der Kaiser. „Wenn ich solche hätte, könnte ich ja dahinterkommen, welche Männer in meinem Reiche zu dem Amte, das sie haben, nicht taugen, ich könnte die Klugen von den Dummen unterscheiden! Ja, das Zeug muss sogleich für mich gewebt werden!" Er gab den beiden Betrügern viel Handgeld, damit sie ihre Arbeit beginnen sollten.

Sie stellten auch zwei Webstühle auf, taten, als ob sie arbeiteten, aber sie hatten nicht das Geringste auf dem Stuhle. Trotzdem verlangten sie die feinste Seide und das prächtigste Gold, das steckten sie aber in ihre eigene Tasche und arbeiteten an den leeren Stühlen bis spät in die Nacht hinein.

„Nun möchte ich doch wissen, wie weit sie mit dem Zeuge sind", dachte der Kaiser, aber es war ihm beklommen zumute, wenn er daran dachte, dass keiner, der dumm sei oder schlecht zu seinem Amte tauge, es sehen könne. Er glaubte zwar, dass er für sich selbst nichts zu fürchten brauche, aber er wollte doch erst einen andern senden, um zu sehen, wie es damit stehe. Alle Menschen in der ganzen Stadt wussten, welche besondere Kraft das Zeug habe, und alle waren begierig zu sehen, wie schlecht oder dumm ihr Nachbar sei.

„Ich will meinen alten, ehrlichen Minister zu den Webern senden", dachte der Kaiser, „er kann am besten beurteilen, wie der Stoff sich ausnimmt, denn er hat Verstand, und keiner versieht sein Amt besser als er!"

Nun ging der alte, gute Minister in den Saal hinein, wo die zwei Betrüger saßen und an den leeren Webstühlen arbeiteten. „Gott behüte uns!", dachte der alte Minister und riss die Augen auf. „Ich kann ja nichts erblicken!" Aber das sagte er nicht. Beide Betrüger baten ihn, näher zu treten, und fragten, ob es nicht ein hübsches Muster und schöne Farben seien. Dann zeigten sie auf den leeren Stuhl, und der arme, alte Minister fuhr fort, die Augen aufzureißen, aber er konnte nichts sehen, denn es war nichts da. „Herr Gott", dachte er, „sollte ich dumm sein? Das habe ich nie geglaubt, und das darf kein Mensch wissen! Sollte ich nicht zu meinem Amte taugen? Nein, es geht nicht an, dass ich erzähle, ich könne das Zeug nicht sehen!"

„Nun, Sie sagen nichts dazu?", fragte der eine von den Webern.

„Oh, es ist niedlich, ganz allerliebst!", antwortete der alte Minister und sah durch seine Brille. „Dieses Muster und diese Farben! – Ja, ich werde dem Kaiser sagen, dass es mir sehr gefällt!"

„Nun, das freut uns!", sagten beide Weber, und darauf benannten sie die Farben mit Namen und erklärten das seltsame Muster. Der alte Minister merkte gut auf, damit er dasselbe sagen könne, wenn er zum Kaiser zurückkomme, und das tat er auch.

Nun verlangten die Betrüger mehr Geld, mehr Seide und mehr Gold zum Weben. Sie steckten alles in ihre eigenen Taschen, auf den Webstuhl kam kein Faden, aber sie fuhren fort, wie bisher an den leeren Stühlen zu arbeiten.

Der Kaiser sandte bald wieder einen anderen tüchtigen Staatsmann hin, um zu sehen, wie es mit dem Weben stehe und ob das Zeug bald fertig sei; es ging ihm aber gerade wie dem ersten, er guckte und guckte; weil aber außer dem Webstuhl nichts da war, so konnte er nichts sehen.

„Ist das nicht ein ganz besonders prächtiges und hübsches Stück Zeug?", fragten die beiden Betrüger und zeigten und erklärten das prächtige Muster, das gar nicht da war.

„Dumm bin ich nicht", dachte der Mann. „Es ist also mein gutes Amt, zu dem ich nicht tauge! Das wäre seltsam genug, aber das muss man sich nicht merken lassen!" Daher lobte er das Zeug, das er nicht sah, und versicherte ihnen seine Freude über die schönen Farben und das herrliche Muster. „Ja, es ist ganz allerliebst!", sagte er zum Kaiser.

Alle Menschen in der Stadt sprachen von dem prächtigen Zeuge. Nun wollte der Kaiser es selbst sehen, während es noch auf dem Webstuhl sei. Mit einer ganzen Schar auserwählter Männer, unter denen auch die beiden ehrlichen Staatsmänner waren, die schon früher da gewesen, ging er zu den beiden listigen Betrügern hin, die nun aus allen Kräften webten, aber ohne Faser oder Faden.

„Ja, ist das nicht prächtig?", sagten die beiden ehrlichen Staatsmänner. „Wollen Eure Majestät sehen, welches Muster, welche Farben?", und dann zeigten sie auf den leeren Webstuhl, denn sie glaubten, dass die andern das Zeug wohl sehen könnten.

„Was", dachte der Kaiser. „Ich sehe gar nichts! Das ist ja erschrecklich! Bin ich dumm? Tauge ich nicht dazu, Kaiser zu sein? Das wäre das Schrecklichste, was mir begegnen könnte." – „Oh, es ist sehr hübsch", sagte er, „es hat meinen allerhöchsten Beifall!", und er nickte zufrieden und betrachtete den leeren Webstuhl; er wollte nicht sagen, dass er nichts sehen könne. Das ganze Gefolge, was er mit sich hatte, sah und sah, aber es bekam nicht mehr heraus als alle die andern, aber sie sagten gleich wie der Kaiser: „Oh, das ist hübsch!", und sie rieten ihm, diese neuen prächtigen Kleider das erste Mal bei dem großen Feste, das bevorstand, zu tragen. „Es ist herrlich, niedlich, ausgezeichnet!", ging es von Mund zu Mund, und man schien allerseits innig erfreut darüber. Der Kaiser verlieh jedem der Betrüger ein Ritterkreuz, um es in das Knopfloch zu hängen, und den Titel Hofweber.

Die ganze Nacht vor dem Morgen, an dem das Fest stattfinden sollte, waren die Betrüger auf und hatten sechzehn Lichte angezündet, damit man sie auch recht gut bei ihrer Arbeit beobachten konnte. Die Leute konnten sehen, dass sie stark beschäftigt waren, des Kaisers neue Kleider fertig zu machen. Sie taten, als ob sie das Zeug aus dem Webstuhl nähmen, sie schnitten in die Luft mit großen Scheren, sie nähten mit Nähnadeln ohne Faden und sagten zuletzt: „Sieh, nun sind die Kleider fertig!"

Der Kaiser mit seinen vornehmsten Beamten kam selbst, und beide Betrüger hoben den einen Arm in die Höhe, gerade, als ob sie etwas hielten, und sagten: „Seht, hier sind die Beinkleider, hier ist das Kleid, hier ist der Mantel!", und so weiter. „Es ist so leicht wie Spinnwebe; man sollte glauben, man habe nichts auf dem Körper, aber das ist gerade die Schönheit dabei!"

„Ja!", sagten alle Beamten, aber sie konnten nichts sehen, denn es war nichts da.

„Belieben Eure Kaiserliche Majestät Ihre Kleider abzulegen", sagten die Betrüger, „so wollen wir Ihnen die neuen hier vor dem großen Spiegel anziehen!"

Der Kaiser legte seine Kleider ab und die Betrüger stellten sich, als ob sie ihm ein jedes Stück der neuen Kleider anzögen, die fertiggenäht sein sollten, und der Kaiser wendete und drehte sich vor dem Spiegel.

„Ei, wie gut sie kleiden, wie herrlich sie sitzen!", sagten alle. „Welches Muster, welche Farben! Das ist ein kostbarer Anzug!" –

„Draußen stehen sie mit dem Thronhimmel, der über Eurer Majestät getragen werden soll!", meldete der Oberzeremonienmeister.

„Seht, ich bin ja fertig!", sagte der Kaiser. „Sitzt es nicht gut?", und dann wendete er sich nochmals zu dem Spiegel; denn es sollte scheinen, als ob er seine Kleider recht betrachte.

Die Kammerherren, die das Recht hatten, die Schleppe zu tragen, griffen mit den Händen gegen den Fußboden, als ob sie die Schleppe aufhöben, sie gingen und taten, als hielten sie etwas in der Luft; sie wagten es nicht, es sich merken zu lassen, dass sie nichts sehen konnten. So ging der Kaiser unter dem prächtigen Thronhimmel, und alle Menschen auf der Straße und in den Fenstern sprachen: „Wie sind des Kaisers neue Kleider unvergleichlich! Welche Schleppe er am Kleide hat! Wie schön sie sitzt!" Keiner wollte es sich merken lassen, dass er nichts sah; denn dann hätte er ja nicht zu seinem Amte getaugt oder wäre sehr dumm gewesen. Keine Kleider des Kaisers hatten solches Glück gemacht wie diese.

„Aber er hat ja gar nichts an!", sagte endlich ein kleines Kind. „Hört die Stimme der Unschuld!", sagte der Vater; und der eine zischelte dem andern zu, was das Kind gesagt hatte.

„Aber er hat ja gar nichts an!", rief zuletzt das ganze Volk. Das ergriff den Kaiser, denn das Volk schien ihm Recht zu haben, aber er dachte bei sich: „Nun muss ich aushalten." Und die Kammerherren gingen und trugen die Schleppe, die gar nicht da war.

**1** *Spielt die Geschichte nach.*

**2** *Überlegt, warum die beiden Betrüger so erfolgreich sind.*

**3** *a) Vergleicht die Lügen in dieser Geschichte mit den Erzählungen des Barons Münchhausen (▷ S. 183–184). Was wollen die Lügner jeweils erreichen?*
*b) Wie kann man diese Absichten beim Vorlesen deutlich machen? Macht Sprechproben.*

**4** *Die Geschichte „Des Kaisers neue Kleider" stammt aus einem Märchenbuch. Stellt fest, wie sie sich von den Märchen unterscheidet, die ihr bereits kennen gelernt habt (▷ S. 168–176).*

Erich Kästner

## Wie Eulenspiegel einem Esel das Lesen beibrachte

*Ähnlich bekannt wie die Geschichten des Lügenbarons Münchhausen sind die Streiche und Schelmenstücke Till Eulenspiegels. Sie lassen sich bis ins Mittelalter zurückverfolgen. Um 1500 wurden sie von dem Braunschweiger Zollschreiber Hermann Bote als Buch herausgegeben. Ob dieser Till Eulenspiegel wirklich gelebt hat, ist ungewiss. In der Stadt Mölln soll er der Sage nach 1350 gestorben sein. Erich Kästner hat die Geschichten in heutigem Deutsch nacherzählt.*

Eine Zeit lang beschäftigte sich Eulenspiegel damit, dass er von Universität zu Universität zog, sich überall als Gelehrter ausgab und die Professoren und Studenten neckte. Er behauptete, alles zu wissen und zu können. Und er beantwortete tatsächlich sämtliche Fragen, die sie ihm vorlegten. Bei dieser Gelegenheit kam er schließlich nach Erfurt. Die Erfurter Studenten und ihr Rektor hörten von seiner Ankunft und zerbrachen sich den Kopf, was für eine Aufgabe sie ihm stellen könnten. „Denn so wie denen in Prag", sagten sie, „soll es uns nicht ergehen. Er soll nicht uns, sondern wir wollen ihn hereinlegen."

Endlich fiel ihnen etwas Passendes ein. Sie kauften einen Esel, bugsierten das störrische Tier in den Gasthof „Zum Turm", wo Eulenspiegel wohnte, und fragten ihn, ob er sich zutraue, dem Esel das Lesen beizubringen.

„Selbstverständlich", antwortete Till. „Doch da so ein Esel ein dummes Tier ist, wird der Unterricht ziemlich lange dauern."

„Wie lange denn?“, fragte der Rektor der Universität.
„Schätzungsweise zwanzig Jahre“, meinte Till. Und hierbei dachte er sich: Zwanzig Jahre sind eine lange Zeit. Bis dahin stirbt vielleicht der Rektor. Dann geht die Sache gut aus. Oder ich sterbe selber. Oder der Esel stirbt, und das wäre das Beste. Der Rektor war mit den zwanzig Jahren einverstanden. Eulenspiegel verlangte fünfhundert alte Groschen für seinen Unterricht. Man gab ihm einen Vorschuss und ließ ihn mit seinem vierbeinigen Schüler allein. Till brachte das Tier in den Stall. In die Futterkrippe legte er ein großes altes Buch, und zwischen die ersten Seiten des Buches legte er Hafer. Das merkte sich der Esel. Und um den Hafer zu fressen, blätterte er mit dem Maul die Blätter des Buches um. War kein Hafer mehr zu finden, rief der Esel laut: „I-a, i-a!“ Das fand Eulenspiegel großartig, und er übte es mit dem Esel wieder und wieder. Nach einer Woche ging Till zu dem Rektor und sagte: „Wollen Sie bei Gelegenheit einmal mich und meinen Schüler besuchen?“
„Gern“, meinte der Rektor. „Hat er denn schon einiges gelernt?“
„Ein paar Buchstaben kann er bereits“, erklärte Eulenspiegel stolz. „Und das ist ja für einen Esel und für eine Woche Unterricht allerhand.“
Schon am Nachmittag kam der Rektor mit den Professoren und Studenten in den Gasthof, und Till führte sie in den Stall. Dann legte er ein Buch in die Krippe. Der Esel, der seit einem Tag kein Futter gekriegt hatte, blätterte hungrig die Seiten des Buches um. Und da Eulenspiegel diesmal überhaupt keinen Hafer ins Buch gelegt hatte, schrie das Tier unaufhörlich und so laut es konnte: „I-a, i-a, i-a!“
„I und A kann er schon, wie Sie hören“, sagte Eulenspiegel. „Morgen beginne ich damit, ihm O und U beizubringen.“ Da gingen die Herren wütend fort. Der Rektor ärgerte sich so sehr, dass ihn bald darauf der Schlag traf. Und Till jagte den Esel aus dem Stall. „Scher dich zu den anderen Erfurter Eseln!“, rief er ihm nach. Dann schnürte er sein Bündel und verließ die Stadt noch am selben Tag.

**1** *Lest die Geschichte „Wie Eulenspiegel einem Esel das Lesen beibrachte“ mehrmals vor. Achtet darauf, wie die beteiligten Personen durch euer Vortragen dargestellt werden. Übt die Textstellen mit Eselgeschrei zunächst einzeln und dann im Zusammenhang.*

**TIPP**

**Beim Vorlesen** muss man besonders auf die **wörtliche Rede** achten. Manchmal wird in dem **Redebegleitsatz** ein Hinweis darauf gegeben, wie die wörtliche Rede zu sprechen ist, zum Beispiel: „ ‚Ein paar Buchstaben kann er bereits‘, erklärte Eulenspiegel *stolz.*“
Fehlt ein solcher Hinweis, muss man sich selbst überlegen, wie die redende Person an der betreffenden Stelle wohl spricht.
Kommen mehrere Personen zu Wort, nennt man das ein **Wechselgespräch.**
Dann ist es besonders wirkungsvoll, beim Vorlesen auch die Stimme zu wechseln.
Eine gute Übung dafür ist es, den Text mit verteilten Rollen zu lesen.
**Geräusche** und **Laute,** wie zum Beispiel Tierlaute, die im Text direkt wiedergegeben werden, sollten möglichst effektvoll nachgeahmt werden. Die Geschichte vom Esel, der das Lesen lernt, bietet dazu gute Gelegenheiten.

**2** *a) Erzählt oder lest in der Klasse weitere Streiche Eulenspiegels vor.*
*b) Schreibt auf, wer dabei hereingelegt wird.*
*c) Sucht nach Erklärungen dafür, warum diese Streiche so gern gehört und weitererzählt werden.*

## Eine unerfahrene Nachtigall

*Eine ebenso bekannte und beliebte Figur wie Eulenspiegel in der deutschen Volksliteratur ist der Nasreddin Hodscha in der orientalischen. Nach glaubhaften Quellen hat er in der Türkei gelebt, doch werden seine Geschichten auch in allen benachbarten Ländern erzählt.*

Eines Tages wollte der Hodscha frische Früchte essen, darum schlich er in einen fremden Garten. Dort kletterte er auf einen Baum und aß all die Früchte, die in seiner Reichweite waren. Etwas später kam der Besitzer des Gartens und fragte ihn böse: „Was machst du da oben?“
Der Hodscha versuchte, sich herauszureden, und antwortete süß: „Oh, mein Herr, ich bin nur eine Nachtigall und sitze hier oben und singe!“

Der Mann amüsierte sich darüber und sagte lachend: „Soso, du bist also eine Nachtigall? Dann lass mich mal ein Lied von dir hören!“

Der Hodscha machte komische Gesichtsausdrücke und gab merkwürdige Töne von sich.
Der Besitzer brach in Lachen aus und sagte: „Mann, was für 'ne Art von Singen ist das? Ich habe noch nie zuvor eine Nachtigall so singen hören!“
Der Hodscha erwiderte: „Ja, eine unerfahrene Nachtigall singt nun mal so!“

## Der Wind tat es

Der Hodscha kletterte über den Zaun eines fremden Gartens und fing an, seinen Sack mit allem zu füllen, was er in seine Hände bekommen konnte.
Der Gärtner erwischte ihn und schrie: „Heh! Was machst du da?“
„Ich wurde von einem starken Wind hierhergeblasen.“
„Und wer hat das Gemüse herausgerissen?“
„Ich habe versucht, mich daran festzuhalten, um zu verhindern, von dem Wind weggefegt zu werden.“
„Aber wie kommt es dann, dass das Gemüse in diesem Sack ist?“
„Das ist wirklich komisch. Ich saß gerade hier und wunderte mich über dasselbe, als du hierherkamst.“

## Billige Esel

An jedem Markttag brachte der Hodscha einen Esel zum Markt und verkaufte ihn sehr billig. Der Preis, den er für seinen Esel verlangte, lag immer weit unter den Preisen seiner Konkurrenten. Eines Tages sagte ein reicher Eselhändler zu ihm: „Ich weiß nicht, wie du es dir erlauben kannst, deine Esel so billig zu verkaufen. Ich lasse meine Diener das Heu von den Bauern stehlen und befehle ihnen auch, die Esel zu halten, ohne dass ich sie dafür bezahle. Und dennoch sind deine Preise niedriger als meine." „Nun ja, das ist sehr verständlich", antwortete der Hodscha. „Du stiehlst Futter und Arbeitskraft. Ich stehle Esel!"

**1** *Vergleicht das Verhalten des Nasreddin Hodscha mit dem Till Eulenspiegels (**▷ S. 187–188**).*

**2** *Wählt eine Hodscha-Geschichte aus und schreibt sie zur Vorbereitung für das Vorlesen ab:*
*a) Kennzeichnet alle* ***Pausen*** *mit einem senkrechten Strich.*
*b) Unterstreicht alle Stellen, die stärker* ***betont*** *werden sollen.*
*c) Markiert die unterschiedlichen Sprecher bei der* ***wörtlichen Rede*** *verschiedenfarbig.*

**3** *Achtet beim Vorlesen darauf, dass ihr hin und wieder bei den Sprechpausen aufschaut und – wie beim mündlichen Erzählen –* ***Blickkontakt*** *mit den Zuhörerinnen und Zuhörern aufnehmt.*

**4** *Sucht weitere Geschichten vom Nasreddin Hodscha und bereitet sie für den Lesevortrag in der Klasse vor.*

**5** *Veranstaltet mit den Geschichten vom Nasreddin Hodscha einen* ***Vorlesewettbewerb.***
*a) Legt zur Bewertung des Vorlesens einen Beobachtungsbogen an. Ihr könnt dazu das folgende Muster verändern und erweitern.*

| Bewertungstabelle für den Vorlesewettbewerb | -3 | -2 | -1 | 0 | 1 | 2 | 3 |
|---|---|---|---|---|---|---|---|
| deutliche Aussprache | | | | | | | |
| angemessene Lautstärke | | | | | | | |
| angemessenes Lesetempo | | | | | | | |
| sinngemäße Betonung | | | | | | | |
| Gliederung des Textes durch Pausen | | | | | | | |
| lebendiges Vortragen von wörtlicher Rede und Geräuschen | | | | | | | |
| Blickkontakt mit Zuhörern | | | | | | | |
| … | | | | | | | |

*b) Vergleicht eure Wertungen und begründet eure Entscheidungen.*

# 11.2 Wer einmal lügt ... Wir untersuchen die Lügensprache

## Lügen in Sprichwörtern

Der Lügner fängt sich in der eigenen Schlinge.

Lug und Trug ist der Welt Acker und Pflug.

Lügen zerschmelzen wie Schnee.

Mit Lügen und Listen füllt man Sack und Kisten.

Wer lügen will, muss ein gutes Gedächtnis haben.

Der Lügner und der Dieb wohnen unter einem Dach.

Lügen und Lawinen wachsen immer.

Lügen haben kurze Beine.

Was man herauslügt, kann man nicht wieder hineinlügen.

Wäre Lügen so schwer wie Steinetragen, würde mancher lieber die Wahrheit sagen.

Allein lügt sich's am besten.

Wer einmal lügt, dem glaubt man nicht, und wenn er auch die Wahrheit spricht.

Jede Lüge will zehn andere zum Futter haben, wenn sie nicht sterben soll.

**1** *a) Jede/r sucht sich ein Sprichwort aus und schreibt dazu eine Geschichte. Das Sprichwort darf aber nicht im Wortlaut genannt werden.*
*b) Lest eure Sprichwort-Geschichten vor und lasst die anderen herausfinden, welches Sprichwort eurer Geschichte zugrunde liegt.*

**2** *a) Ihr könnt zu den Sprichwörtern auch in Partner- oder Gruppenarbeit kleine Szenen erfinden, die ihr der Klasse vorspielt.*
*b) Beobachtet genau die Lügner in euren Spielszenen. Erkennt man an ihrem Verhalten, ihrem Gesichtsausdruck oder ihren Gesten, wann sie lügen?*

**3** *Stellt eine Liste zusammen, in der ihr festhaltet, zu welchen Gelegenheiten mit welchen Absichten gelogen wird.*

**4** *Erzählt euch Aprilscherze, mit denen ihr schon Erfahrung habt.*

# Alltagslügen

Ursel Scheffler

## Der Lügenbeutel

Es war einmal ein Mann, der behauptete, alles Elend der Welt käme nur daher, dass die Leute nicht ehrlich zueinander wären. Er nahm sich daher vor, die Welt von Lügen zu befreien. Deshalb kaufte er sich ein Schmetterlingsnetz und einen großen Sack und begann, alle Lügen, denen er begegnete, einzufangen.

Die Leute wunderten sich über den komischen Mann, der durch die Straßen rannte, hinter den Leuten herlief und scheinbar sinnlos mit einem Schmetterlingsnetz in der Luft herumfuchtelte. Sie bemerkten gar nicht, dass es ihnen immer schwerer fiel, sich Lügen auszudenken. Lügen wurden allmählich Mangelware! Der Mann hatte seinen Sack an jedem Abend gestopft voll. Er entleerte den Sack in kleine lügendichte Abfallbeutel, verschnürte sie sorgfältig und warf sie in den Müllschlucker.

So machte er es jeden Tag. Aber schließlich musste er sich seine Beute immer schwerer erkämpfen. Weil die Leute auf der Straße keine Lügen mehr hatten, schnitt er sie sich aus Zeitungsseiten aus. Er sammelte sie an Fernsehtürmen und Telefonleitungen. Immer häufiger hatten die Zeitungen leere Seiten und die Fernseher Ton- oder Bildausfall. Die Telefonleitungen waren ständig gestört.

Der Lügensammler stellte betrübt fest, dass die Leute immer weniger miteinander redeten. Vermutlich, weil sie nicht so viele Dinge wussten, die wirklich wahr waren.

Jetzt reden sie wenigstens ehrlich miteinander!, dachte der Mann mit dem Lügenbeutel. Welch ein Glück!

Doch da wurde er zu seinem Entsetzen Zeuge eines Gesprächs auf dem Marktplatz. Zwei Frauen trafen sich am Gemüsestand.

„Schlechten Tag!“, sagte die eine zur anderen.

„Dasselbe wünsch ich Ihnen auch!“, war die Antwort.

„Wie es Ihnen geht, ist mir ziemlich egal. Aber es fällt mir auf, dass Sie sich verändert haben. Sie sind richtig fett geworden. Die modernen Röcke kleiden Sie gar nicht.“

„Wie es mich ärgert, dass ich Sie treffe“, sagte die dicke Frau. „Schon wenn ich Ihre Stimme höre, bekomme ich eine Gänsehaut. Ihre neue Frisur sieht aus wie Putzwolle und wenn Sie lachen, dann stört mich neben Ihrem Mundgeruch auch noch diese schreckliche Zahnlücke!“

Die Frau mit der Putzwollefrisur bekam einen knallroten Kopf. Sie kochte vor Wut! Weil ihr in der Erregung nicht die passende „Wahrheit“ einfiel, nahm sie ihren Regenschirm und zerschlug ihn auf dem Kopf der anderen.

„Es tut mir so leid!“, sagte der Lügensammler und stellte seinen Sack auf die Erde, um der misshandelten Frau wieder auf die Beine zu helfen.

„Ich hätte das nicht sagen dürfen!“, jammerte die dicke Frau. „Aber es kam einfach so über mich!“

„Ich hätte nicht gleich zuschlagen dürfen“, sagte die Frau mit der Putzwollefrisur. „Aber ...“

„Ich weiß, ich weiß!", sagte der Mann. „Die Wahrheit im falschen Augenblick, am falschen Ort ist manchmal sehr schmerzlich."

„Die Wahrheit? Wie meinen Sie das?", sagte die Frau mit der Putzwollefrisur und bog ihren Regenschirm wieder gerade. „Sie wollen doch nicht behaupten, dass das die Wahrheit ist, was sie eben gesagt hat?" Drohend ging sie auf den Lügensammler zu.

Der tat rasch einen Griff in seinen Lügensack und sagte: „Ich finde, Sie sehen beide recht hübsch aus, meine Damen. Man muss nur Fantasie haben."

„Finden Sie wirklich?", fragte die Dicke und strich ihren unvorteilhaften Rock glatt.

„Was haben Sie denn in diesem komischen Sack?", erkundigte sich die andere Frau.

„Lügen, lauter Lügen!", seufzte der Mann.

„Das glaube ich nicht. Kann ich mal reinsehen?"

„Es ist gefährlich!", warnte der Mann.

„Viel gefährlicher ist es, die Wahrheit zu sagen, das haben Sie doch eben gesehen!", antwortete die dicke Frau.

Der Lügensammler wusste nicht, was er darauf antworten sollte.

„Er lügt!", sagten die beiden Frauen wie aus einem Mund und sahen den Lügensammler vorwurfsvoll an.

Das konnte der Lügensammler natürlich nicht auf sich sitzen lassen. Er öffnete den Sack ein ganz kleines bisschen und ließ die beiden hineinsehen. Aber weil sich die meisten Lügen unsichtbar machen können, bemerkten sie nicht, wie sich eine nach der anderen davonstahl.

Seitdem gibt es wieder genügend Lügen auf der Welt.

Große und kleine, dicke und dünne Schwindeleien, Flunkereien, Betrügereien, aber auch kleine Nettigkeiten.

Und wenn sich die Leute auf der Straße treffen, sagen sie: „Guten Tag! Wie geht's?" oder: „Sie sehen gut aus!"

Die Zeitungen haben wieder volle Seiten, die Fernsehsender ein volles Programm und die Telefonleitungen sind überlastet.

Aber leider schwirren auch wieder die Lügen durch die Luft und es bleibt jedem Einzelnen überlassen herauszufinden, was wahr ist und was nicht.

**1** *Schreibt auf, wo der Lügensammler überall Lügen finden kann.*

**2** *a) Zeichnet einen dicken Lügensack und schreibt alle Arten von Lügen hinein, die in der Geschichte „Der Lügenbeutel" vorkommen.*
*b) Welche Arten von Lügen gibt es sonst noch? Schreibt sie auch in euren Lügensack.*
*c) Versucht zu erklären, welche Absichten hinter den verschiedenen Arten von Lügen stecken. Legt eine Liste an.*

**3** *Denkt euch zu zweit oder in Gruppen Szenen aus, ähnlich wie die mit den beiden Frauen am Gemüsestand, und spielt sie der Klasse vor. Spielt sie zuerst so, als habe der Lügensammler alle Lügen eingesammelt, und dann so, als habe er den Lügensack wieder geöffnet.*

# Um die Wette lügen

## Das Märchen vom Meisterlügner

Da war einmal im Land Ichweißnichtwo ein König. Dem konnte einer das Blaue vom Himmel herunter in die Ohren lügen, er konnte lügen, dass sich die eichenen Balken im Thronsaal bogen – der König hielt alles für wahr. Man konnte ihm erzählen, was man wollte, es gab nichts, was er am Ende nicht doch für möglich gehalten hätte. Viele Jahre war er nun schon König und tausendmal schon war es vorgekommen, dass einer seiner Minister oder Hofleute über irgendeine neue Kunde, die umlief, gesagt hatte: „Das ist eine Lüge!" oder: „Das ist faustdick gelogen!" oder: „Das glaubt ja kein Sterblicher!" Der König ärgerte sich über sich selbst, weil er immer alles für wahr halten musste und noch kein einziges Mal in seinem Leben einem ins Gesicht hatte sagen können: „Du Großmaul, das lügst du!" Einmal, ehe er starb, wollte er dies mit fester Überzeugung sagen können, und wenn er dafür sein Liebstes hergeben müsste. Darum ließ er in seinem Reich durch einen Herold verkünden: Wer eine so große Lüge tun könne, dass selbst der König sie nicht glaube, der solle seine einzige Tochter, die schöne Prinzessin, zur Frau bekommen.

Viele edle und unedle Lügenbeutel hatten nun schon versucht sich mit ihrer Schelmenkunst das Königstöchterlein zu erlügen; doch keinem war's gelungen. Sie hatten für ihre Dreistigkeit sieben Jahre in den Turm wandern müssen.

Da hörte auch ein wandernder Handwerksgeselle in einer fernen Stadt den Herold die königliche Botschaft verkünden. Der Geselle hielt sich für einen Erzlügner, dem nicht so leicht einer das Wasser halten konnte. Zudem dachte er, eines Königs schönes Töchterlein sei ein Preis, um den man schon ein paar saftige Lügen wagen könne. Also machte er sich auf den Weg zum Königsschloss.

Als er dem Torhüter und den Dienern Bescheid gab, was er hier wolle, rieten ihm alle, wieder umzukehren. „Du wirst keine so große Lüge ersinnen können, dass der König sie nicht glaubt!", sagten sie. „Es wird dir ergehen wie vielen andern vor dir: Du wirst in den Turm geworfen werden und sieben Jahre lang das Licht der Sonne nicht mehr sehen!"

Doch der Handwerksbursche ließ sich nicht einschüchtern. Er verlangte, sogleich vor den König geführt zu werden. Der König saß auf seinem Thron; die Tochter an seiner Seite. Sie war so schön, dass der Bursche die Augen schließen musste, als er sie nur mit einem einzigen Blick gestreift hatte. Der König sprach: „Drei Lügen will ich dir gestatten. Wenn ich sie aber allesamt für wahr halte und dich nicht wenigstens einmal einen Lügner heiße, ist der Preis verscherzt und du siehst für sieben Jahre das Sonnenlicht nicht mehr!" Da tat der Bursche noch einmal einen Blick zu der schönen Prinzessin hinüber – und wahrhaftig, sie lächelte ihm so freundlich und lieb zu, dass er keine Bange mehr hatte und gewiss war, dass er sie noch heute in seine Arme schließen werde.

„Zum Ersten also!", begann der König. Er wies mit der Hand auf den Boden des Thronsaals, der mit Goldplatten belegt war, und fragte den Handwerksburschen: „Gelt, Junge, so einen kostbaren Boden hast du noch nirgends gesehen?“ – „Ei, warum nicht“, antwortete der. – „Wo?“, fragte der König. – „In meinem Heimatdorf, das gleich hinter dem gläsernen Wald rechts unterm Mond liegt und Lügmireins heißt.“ – „Und bei wem hast du einen solchen goldenen Boden gesehen?“ – „Na, wo auch? Daheim bei meinem Vater.“ – „Wer ist dein Vater?“ – „Wer sollt er auch sein? Der Sauhirt in unserm Dorf.“ – „Wie viel Säue hat er zu hüten?“ – „An die fünftausend.“ – „Und wie lange schon treibt dein Vater auf die Weide?“ – „Jetzt geht's gerade ins hundertneunundvierzigste Jahr.“ – „Dass dein Vater in so vielen Jahren mit so vielen Säuen so viel Geld erspart hat, dass er in seine Stube einen goldnen Boden hat legen lassen können, das glaub ich gerne“, sagte der König. Die erste Lüge war für ihn nicht groß genug gewesen. Der Bursche ließ sich aber dadurch nicht aus der Ruhe bringen.

„Zum andern also“, fuhr der König fort, wies nach dem Fenster und sagte: „Geh dorthin und schau in den Garten hinab! Hast du deiner Lebtag schon einmal so große Rüben gesehen?“ – „Ojemine!“, versetzte der kecke Geselle. „Da sind die Euren vertrocknete Setzlinge gegenüber denen, die ich heute vor neunundneunzig Jahren weit hinterm Nirgendsmeer im Lande Eckumeck gesehen habe! Selbige sind so groß gewesen, dass unter ihrem Krautwerk sechzehntausend Soldaten beim größten Wolkenbruch unterstehen konnten, und ist keiner auch nur einen Tropfen nass geworden.“ Der König räusperte sich und sagte: „Nun ja, kann sich ein Schweinehirt einen goldenen Stubenboden leisten, so können auch im Land Eckumeck so große Rüben wachsen. Was ist nicht alles möglich unter der Sonne!“

Der König hob seine Hand, wies nach dem Fenster auf der andern Seite des Saales und sagte: „Zum Dritten also! Sieh dir die Tanne dort drunten im Park an – hast du jemals eine so hohe Tanne angetroffen?“ Der lustige Geselle, der voller Lügen steckte, besann sich rasch auf eine, die so grausam erlogen war, dass es gewiss auf der ganzen Welt niemanden gab, der sie glaubte. Dann begann er mit prahlerischer Stimme zu erzählen: „O du meine Güte! Dieses Tännlein hier? Das ist ja nur ein Besenreis gegen die Tannen, die ich dutzendweis im Himmeleieieigebirge gesehen habe! Ich habe wundershalber probiert, wie hoch wohl die höchste sein möge. Habe mir also zweiundzwanzigtausend Sparrennägel gekauft, habe einen nach dem andern in den Stamm geschlagen und bin drauf gipfelwärts geklettert. Denkt Euch! Bis in den siebten Himmel bin ich hinaufgekommen und die Tanne war immer noch nicht zu Ende! Weil ich nun aber schon einmal da war, dachte ich, ich könnte mir auch den Himmel ein bisschen ansehen. Ich traf viele alte Bekannte aus Lügmireins und aus dem Lande Eckumeck und erzählte ihnen, dass ich, noch ehe ein Jahr vergangen, des Königs schönes Töchterlein im Land Ichweißnichtwo als Gemahlin heimführen werde. Und sie glaubten mir alle bei ihrer Seele Seligkeit und wünschten mir von Herzen Glück dazu. Sie hätten mich gar zu gern zum Nachtessen eingeladen. Ich war jedoch darauf bedacht, vor dem Dunkelwerden wieder auf die Welt hinabzurutschen, und empfahl mich. Ums Leben hab ich aber nicht mehr die Tanne gefunden, an der ich heraufgestiegen bin. No, dacht ich, wartest, bis es Tag ist, und wollte mir im Himmel ein verstecktes Plätzchen zum Nachtlager suchen. Wie ich da so herumstolperte, stieß ich von ungefähr an ein Bollenfass, das bis über den Rand voll war mit Weizenkleie[1]. Holla! Du kommst mir gerade recht!, hab ich gedacht, – hab aus der Kleie ein Seil geflochten, es mit einem Dutzend der übrig gebliebenen Nägel am Himmelsfenster festgenagelt und mich an dem Kleieseil gemächlich auf die Welt herabgelassen. Ich war noch weit über den obersten Wolken, da ist das Trumm[2] ausgegangen. Jetzt was tun? Ich hab keine andre Wahl gehabt, als das Kleieseil oben abzuschneiden und am untern Ende wieder anzu-

1 **Kleie:** Abfallprodukt beim Mahlen der Getreidekörner; Kleie besteht aus den Schalenschichten und den Keimlingen der Körner.

2 **Trumm,** hier: dickes Seil

knüpfen. Bis ich aber wieder auf festem Boden und geradewegs vor dem Tor zu Eurem königlichen Palast ankam, hat das Seil – Ihr mögt mir's glauben oder nicht! – nur noch aus lauter Knoten bestanden."
Da fuhr der König aus seinem Thronsessel auf und rief: „Das ist ja eine Lüge so groß wie das Seil, das du mir da vom Himmel heruntergelogen hast!"

„Gut", erwiderte freudestrahlend der Handwerksbursche, „und also bin ich Euer Tochtermann!", nahm die schöne Prinzessin, die ihn gar liebreich anlachte, bei der Hand und gab ihr den Verlobungskuss.
Der alte König legte ihre Hände ineinander und setzte dem wackern Gesellen seine Krone aufs Haupt – und so ist der Meisterlügner König im Lande Ichweißnichtwo geworden.

**1** *a) Erklärt, wodurch sich die Lügen im „Märchen vom Meisterlügner" von den Lügen im alltäglichen Leben unterscheiden, die ihr im „Lügensack" (▷ S. 192–193) gesammelt habt.*
*b) Vergleicht das Märchen mit den Geschichten von Münchhausen, Eulenspiegel & Co. (▷ S. 183–190). Schreibt Parallelen und Unterschiede heraus.*

**2** *Der Meisterlügner beteuert, er habe im Lande Eckumeck Rüben gesehen, „so groß [...], dass unter ihrem Krautwerk sechzehntausend Soldaten beim größten Wolkenbruch unterstehen konnten".*
*a) Findet eine Bezeichnung für diese Art Lügen.*
*b) Bildet zu folgenden Ausdrücken Sätze, wie sie die Lügner in den Geschichten verwenden:*

... so dick, dass ...
... so faul, dass ...
... so heiß, dass ...
... so schnell, dass ...
... so stark, dass ...
... so klein, dass ...
... so blank, dass ...
... so gefräßig, dass ...

... hustete so, dass ...
... stank so, dass ...
... rannte so, dass ...
... sang so, dass ...
... lachte so, dass ...
... log so, dass ...

**3** *Am Ende des „Märchens vom Meisterlügner" ruft der König: „Das ist ja eine Lüge so groß wie das Seil, das du mir da vom Himmel heruntergelogen hast!" Solche Vergleiche werden in Lügengeschichten gern und oft verwendet.*
*a) Wozu dienen solche Vergleiche?*
*b) Findet selbst solche Vergleiche und bildet Sätze damit.*

dumm wie ...
winzig wie ...
gierig wie ...
arm wie ...

fleißig wie ...
lahm wie ...
reich wie ...
schön wie ...

# 11.3 Von den Meisterlügnern lernen: Wir schreiben ein Lügenbuch

## Wie gehen die Meisterlügner vor? – Ein Untersuchungsbogen

| Typische Merkmale | Münchhausen (▷ S. 183–184) | „Des Kaisers neue Kleider" (▷ S. 185–187) | Eulenspiegel (▷ S. 187–188) | Nasreddin Hodscha (▷ S. 189–190) | Der Meisterlügner (▷ S. 194–196) |
| --- | --- | --- | --- | --- | --- |
| Übertreiben/Aufschneiden | Z. 15–20 | ◎ | ◎ | ◎ | ◎ |
| Beteuerungen, die Wahrheit zu sagen | Z. ◎ | ◎ | ◎ | ◎ | ◎ |
| Ankündigen oder Eingestehen der Lügen | ◎ | ◎ | ◎ | ◎ | ◎ |
| Lügenketten bilden | ◎ | ◎ | ◎ | ◎ | ◎ |
| Lügen steigern | ◎ | ◎ | ◎ | ◎ | ◎ |
| um die Wette lügen | ◎ | ◎ | ◎ | ◎ | ◎ |
| geschickte Ausreden erfinden | ◎ | ◎ | ◎ | ◎ | ◎ |
| ... | ◎ | ◎ | ◎ | ◎ | ◎ |

**1** *Besprecht den Untersuchungsbogen und überlegt, welche Änderungen oder Ergänzungen ihr vornehmen wollt.*

**2** *a) Teilt die Arbeit in Kleingruppen auf. Jede Gruppe überträgt die Spalten des Untersuchungsbogens, die sie bearbeitet, in ihre Hefte.*
*b) Zeichnet den ganzen Untersuchungsbogen auf ein großes Plakat, auf dem ihr die Einzelergebnisse zusammentragt.*
*c) Die Klasse versammelt sich zum Auswertungsgespräch um das Plakat und die Gruppen tragen ihre Ergebnisse vor.*

# Lügengeschichten ergänzen und überarbeiten

An den folgenden Lügengeschichten aus einer 6. Klasse könnt ihr feststellen, worauf es beim Schreiben einer Lügengeschichte besonders ankommt.
Patrick beginnt seine Lügengeschichte so:

*Die dunklen Bäume zogen langsam an mir vorbei. Viel zu langsam. Ich befand mich auf einer schier endlosen, stockfinsteren Landstraße. Mein halb verschrotteter Wagen trug mich mit einer Spitzengeschwindigkeit von 80 km/h dahin. Bis nach Tulpenheim waren es noch etwa 90 km. Ich überlegte gerade, ob ich mir statt dieses Autos, das von der Geschwindigkeit her einer Schnecke glich, einen Ferrari kaufen sollte, als die verdammte Karre plötzlich den Geist aufgab. Nun saß ich ganz schön in der Patsche. Nach zwei Minuten des stummen Dasitzens stieg ich aus, um den Motor zu überprüfen. Doch zu meinem Entsetzen musste ich feststellen, dass ich meine Taschenlampe vergessen hatte. Also warten. Jedoch nur, um festzustellen, dass hier anscheinend kein Mensch entlangfuhr. Gerade wollte ich wieder einsteigen, als ich ...*
*Da fällt mir ein, ich habe mich noch gar nicht vorgestellt. Mein Name ist 008. Glaubt nicht etwa, dass ich hier versuche eine Lügengeschichte zu erzählen. Das, was ich erzähle, ist nur die Wahrheit und nichts als die Wahrheit. Ganz nebenbei, den Satz mit der Wahrheit hab ich mal bei einem Gericht aufgeschnappt. Eine Sache, die ich allerdings nicht kapiert habe. Also, wie gesagt: Gerade wollte ich wieder einsteigen, als ich unter einem Baum etwas funkeln sah ...*

**1** *Patrick wählt wie alle Erzähler von Lügengeschichten die* ***Ich-Erzählform.*** *Erklärt, warum das die bevorzugte Erzählform von Lügengeschichten ist.*

**2** *Untersucht den Aufbau von Patricks* ***Erzählanfang:***
*a) Wie viele Erzählschritte kann man unterscheiden?*
*b) Warum beginnt er nicht mit der Vorstellung des Ich-Erzählers?*

**3** *Welche typischen Merkmale aus den Geschichten der Meisterlügner (▷ S. 197) hat Patrick übernommen?*

**4** *a) Sammelt Ideen, wie Patricks Geschichte weitergehen könnte, und haltet sie in Stichworten an der Tafel oder auf Folie fest.*
*b) Jede/r sucht sich eine Idee aus und schreibt die Geschichte zu Ende. Denkt dabei an Übertreibungen und Vergleiche.*

Anja hat für ihre Lügengeschichte schon eine gute Einleitung und einen Schluss gefunden. Für den Hauptteil, den Kern der Geschichte, ist ihr aber noch nichts eingefallen:

## Das Ungeheuer vom Wörthersee

Zuerst muss ich sagen, dass ich keine Lügengeschichte erzähle. Es ist alles wahr, was ich gleich berichte. Wisst ihr, ich kann einfach nicht lügen, schon von Geburt an nicht. Ganz anders als meine Freundinnen, die haben schon oft gelogen. Ich dagegen nie. Wenn das, was ich hier gleich erzähle, nicht stimmt, will ich in Grund und Boden versin... Ahhhhhhhhh.

Wir fuhren zum Schwimmbad am Wörthersee. Als wir dort angekommen waren, liefen wir, nachdem wir uns umgezogen hatten, schnell ins Wasser. Das war so kalt wie das Wasser im Eismeer, aber erfrischend. Wir tollten etwas herum, doch dann erschraken wir. Da hatte doch etwas unter uns rumort. Oder nicht? Plötzlich wurden wir mit Macht in die Höhe geschleudert. Die Leute liefen schreiend davon. Eine Panik brach aus. Wir guckten uns um und starrten voller Schrecken in zwei riesige Augen. Wir entdeckten einen unförmigen Körper, der in verschiedenen Grüntönen schillerte. Wir plumpsten hinunter ins Wasser. Und dann erkannten wir jemand sehr Berühmten: Nessie, das Ungeheuer von Loch Ness. Seine Augen funkelten uns an und wir schlotterten vor Angst. Doch plötzlich verzog sich Nessies Maul zu einem freundlichen Grinsen. Mit seinen Flossen teilte das Ungeheuer uns in Zeichensprache mit, dass es spielen wollte ...

Doch dann wurde es dunkel und wir bekamen ein schlechtes Gewissen, da wir schon längst zurück sein sollten. Da nahm Nessie uns auf ihre kalte Schnauze und warf uns mit einem gewaltigen Schwung weit in die Luft. Wir landeten in einem hohen Bogen genau im Garten meiner Tante. Unsere Badesachen kamen hinterhergeflogen.

Leider konnten wir uns nicht mehr von Nessie verabschieden, da alles so schnell ging. Aber wenn unser freundliches Ungeheuer jetzt zuhört, grüßen wir es ganz herzlich.

**5** a) *Was gefällt euch an Anjas Einleitung und Schluss besonders gut?*

b) *Gestaltet den* ***Erzählkern,*** *das Spiel der Kinder mit dem Ungeheuer Nessie, möglichst lebendig aus. Verwendet dabei wörtliche Rede und denkt euch übertreibende Vergleiche aus, wenn ihr Nessies Aussehen und Verhalten schildert.*

Monikas Geschichte beginnt so:

*Letzten Donnerstag kamen meine Freundin Cai und ich auf die Idee, ins Kino zu gehen. Es liefen die Filme „Flintstones" und „Jurassic Park". Wir entschieden uns für „Jurassic Park", weil wir schon viel über ihn gehört hatten. Der Film fing um 15:00 Uhr an. Also schnappten wir uns unsere Räder und fuhren eine halbe Stunde vorher los. Kühler Wind und kleine Regentropfen kamen uns entgegen. Am Kino angekommen schlossen wir die Räder ab und holten uns Eintrittskarten für „Jurassic Park". Wir konnten auch sofort hinein und setzten uns in die letzte Reihe. Die Lichter gingen aus und die Vorschau begann. Erst die von „Lion King" und dann die von „Richi Rich". Schließlich fing der Film an. Es wurde immer spannender und spannender. Als gerade eine Herde kleiner Dinos über einen Baumstumpf gesprungen war, fiel ein schwacher Lichtstrahl von der Tür herein. Ich drehte mich nach links und fing an zu schreien. Es sah aus, als säße ein kleiner Dino neben mir, der mich grinsend und Hamburger kauend anglotzte ...*

**6** a) *Überlegt, wie man die Einleitung von Monikas Geschichte verändern müsste, damit sie treffender zum Hauptteil hinführt.*
b) *Schreibt den Anfang von Monikas Geschichte so um, dass die typische Einleitung einer Lügengeschichte entsteht.*
c) *Überlegt euch eine passende Fortsetzung.*

## Eigene Lügengeschichten schreiben

**1** a) *Jede/r schreibt auf eine Karteikarte die Idee zu einer Lügengeschichte, zum Beispiel:*

- Kampf mit einem Drachen
- Rettung aus Seenot
- Ein Gang in den Keller
- Rettung eines Dorfes vor einer Lawine
- Eine Fahrt mit der Achterbahn

b) *Sammelt die Karteikarten ein und lasst jede/n in der Klasse eine Karte ziehen. Schreibt dann zu der Idee auf eurer Karte eine Lügengeschichte. Dabei könnt ihr euch auch in die Rolle eines der berühmten Meisterlügner versetzen (▷ S. 197).*

**2** *Lest euch eure Lügengeschichten vor und wählt euren Meisterlügner oder eure Meisterlügnerin.*

**3** *Sammelt eure Lügengeschichten und heftet sie zu einem Lügenbuch zusammen. Verseht das Buch mit Illustrationen. Das Buch gehört dann zu eurer Klassenbibliothek. Ihr könnt es beim nächsten Schulfest oder bei einem Elternabend vorstellen.*

# 12 Gedichte machen Spaß

## 12.1 Der glückliche Garten – Wir erleben Jahreszeiten

Clemens Brentano

**Frühes Liedchen**

Frühling soll mit süßen Blicken
Mich entzücken und berücken,
Sommer mich mit Frucht und Myrten[1]
Reich bewirten, froh umgürten.

Herbst, du sollst mich Haushalt lehren,
Zu entbehren, zu begehren,
Und du, Winter, lehr mich sterben,
Mich verderben, Frühling erben.

1 **Myrten:** immergrüne Gewächse; galten bei den Griechen als Zeichen der Schönheit und Liebe

**1** *Auf den Collagen sind die vier Jahreszeiten nur mit Farben dargestellt. Ordnet die vier Bilder den einzelnen Jahreszeiten zu. Begründet eure Einschätzung.*

**2** *a) Was fällt euch zu den einzelnen Jahreszeiten ein?*
*b) Vergleicht eure Einfälle mit den Erwartungen, die der Sprecher in dem Gedicht von Brentano an die vier Jahreszeiten stellt.*

Joseph von Eichendorff

## Frische Fahrt

Laue Luft kommt blau geflossen,
Frühling, Frühling soll es sein!
Waldwärts Hörnerklang geschossen,
Mut'ger Augen lichter Schein;
Und das Wirren bunt und bunter
Wird ein magisch wilder Fluss,
In die schöne Welt hinunter
Lockt dich dieses Stromes Gruß.
Und ich mag mich nicht bewahren!
Weit von euch treibt mich der Wind,
Auf dem Strome will ich fahren,
Von dem Glanze selig blind!
Tausend Stimmen lockend schlagen,
Hoch Aurora[1] flammend weht,
Fahre zu! ich mag nicht fragen,
Wo die Fahrt zu Ende geht!

1 **Aurora**: römische Göttin der Morgenröte

**1** *Welche Bilder und Formulierungen fallen euch ein, wenn ihr an den Frühling denkt?*
*a) Erstellt dazu eine Zurufliste an der Tafel.*
*b) Setzt eure Ausdrücke in einer zweiten Spalte den Begriffen aus dem Gedicht gegenüber.*
*c) Sprecht über Unterschiede, wie der Frühling damals bei Eichendorff und heute gesehen wird.*

**2** *In dem Gedicht von Eichendorff wird der Frühling mit zahlreichen Adjektiven beschrieben. Legt im Heft eine Übersicht an, in die ihr alle Adjektive eintragt, die Eichendorff zur Beschreibung der Frühlingsstimmung einsetzt.*

**3** *Der Titel des Gedichts lautet „Frische Fahrt". Zeigt am Text, dass von einer Aufbruchssituation erzählt wird.*

Johann Wolfgang Goethe

## Gefunden

Ich ging im Walde
So für mich hin,
Und nichts zu suchen,
Das war mein Sinn.

Im Schatten sah ich
Ein Blümchen stehn,
Wie Sterne leuchtend,
Wie Äuglein schön.

Ich wollt' es brechen,
Da sagt' es fein:
Soll ich zum Welken
Gebrochen sein?

Ich grub's mit allen
Den Würzlein aus,
Zum Garten trug ich's
Am hübschen Haus.

Und pflanzt' es wieder
Am stillen Ort;
Nun zweigt es immer
Und blüht so fort.

**1** *Fasst jede Strophe des Gedichts in einem Satz mit eigenen Worten zusammen.*

**2** *Der Titel des Gedichts und die sich wandelnde Beziehung zwischen Wanderer und Blümlein deuten darauf hin, dass Goethe mit dem Gedicht mehr als nur ein Naturerlebnis ausdrücken wollte. Wer könnte sich hinter dem Bild vom „Blümchen" verbergen? Achtet bei euren Deutungen vor allem darauf, wie das Blümlein beschrieben wird.*

Peter Huchel

## Der glückliche Garten

Einst waren wir alle im glücklichen Garten,
ich weiß nicht mehr, vor welchem Haus,
wo wir die kindliche Stimme sparten
für Gras und Amsel, Kamille und Strauß.

Da saßen wir abends auf einer Schwelle,
ich weiß nicht mehr, vor welchem Tor,
und sahn wie im Mond die mondweißen Felle
der Katzen und Hunde traten hervor.

Wir riefen sie alle damals beim Namen,
ich weiß nicht mehr, wie ich sie rief.
Und wenn dann die Mägde uns holen kamen,
umfing uns das Tuch, in dem man gleich schlief.

**1** *a) Lest das Gedicht mehrmals laut in der Klasse vor.*
*b) Versucht nun die Stimmung, die von diesem Text ausgeht, zu beschreiben. Achtet dabei auf die Wiederholungen im Gedicht.*

**2** *Überlegt, warum das Gedicht den Titel „Der glückliche Garten" trägt. Belegt eure Meinung an treffenden Textstellen.*

**3** *Untersucht die Reimwörter und deren Stellung im Gedicht.*

**!**

In **Gedichten** könnt ihr eine Menge **sprachlicher Besonderheiten** entdecken.

- **Vers/Strophe:** Die Zeilen eines Gedichts heißen **Verse,** die Abschnitte nennt man **Strophen.**
- **Reim:** Ein wichtiges Gestaltungsmittel von Gedichten ist der **Reim.** Zwei Wörter reimen sich, wenn sie vom letzten betonten Vokal an gleich klingen, z. B. „Haus – Maus", „singen – entspringen".
  - **Paarreim:** Wenn sich zwei Verse reimen, die aufeinander folgen, sprechen wir von einem **Paarreim.** Man kann die Verse, die sich reimen, mit den gleichen Kleinbuchstaben bezeichnen, dann ergibt sich die Reimanordnung „aabb".
  - **umarmender Reim:** Wird ein Paarreim von zwei Versen umschlossen, die sich ebenfalls reimen, spricht man von einem **umarmenden Reim.** Die Reimanordnung ist „abba".
  - **Kreuzreim:** Beim **Kreuzreim** reimen sich der 1. und 3. sowie der 2. und 4. Vers: „abab".

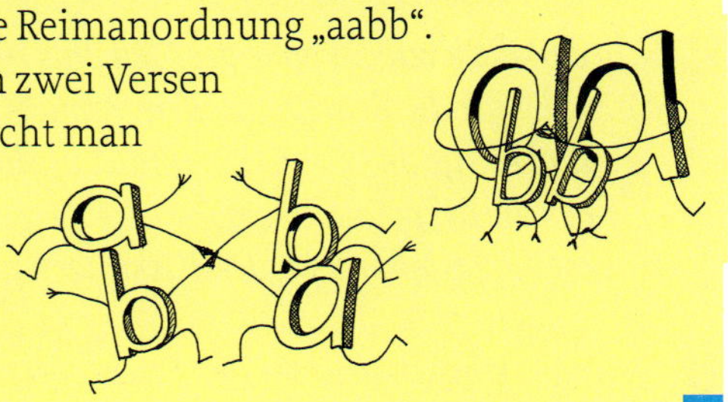

Georg Britting

## Drachen

Die Drachen steigen wieder
Und schwanken mit den Schwänzen
Und brummen stumme Lieder
Zu ihren Geistertänzen.

Von wo der knallende Wind herweht?
Von Bauerngärten schwer!
Jeder Garten prallfäustig voll Blumen steht,
Die Felder sind lustig leer.

Der hohe Himmel ist ausgeräumt,
Wasserblau, ohne Regenunmut.
Eine einzige weiße Wolke schäumt,
Goldhufig, wie ein Ross gebäumt,
Glanzstrudlig durch die Luftflut.

**1** *Schließt vom Titel des Gedichts auf die hier beschriebene Jahreszeit.*

**2** *Fasst jede Strophe des Gedichts in einem Satz mit eigenen Worten zusammen.*

**3** *Schreibt die letzte Strophe des Gedichts mit großem Zeilenabstand in euer Heft ab.*
*a) Findet für die Begriffe „Regenunmut" (▷ Z. 10), „goldhufig" (▷ Z. 12), „gebäumt" (▷ Z. 12), „glanzstrudlig" (▷ Z. 13) und „Luftflut" (▷ Z. 13) eigene Umschreibungen und setzt diese über die ursprünglichen.*
*b) Lest die Strophe in beiden Fassungen und vergleicht die Wirkung.*

**4** *Schlagt im Lexikon unter den Stichwörtern „Drache" und „Drachen" nach und erklärt am Gedicht, wie Britting mit beiden Bedeutungen spielt.*

Friedrich Hebbel

## Herbstbild

Dies ist ein Herbsttag, wie ich keinen sah!
Die Luft ist still, als atmete man kaum,
Und dennoch fallen raschelnd, fern und nah,
Die schönsten Früchte ab von jedem Baum.

O stört sie nicht, die Feier der Natur!
Dies ist die Lese, die sie selber hält,
Denn heute löst sich von den Zweigen nur,
Was vor dem milden Strahl der Sonne fällt.

**1** *Vergleicht Hebbels Gedicht „Herbstbild“ mit Brittings Text „Drachen“. Achtet vor allem auf folgende Punkte:*
*a) Betrachtet die sprachliche Gestaltung der beiden Gedichte genauer (Wortwahl, Satzbau, Reim). Wie wird der Herbst beschrieben?*
*b) Aus welcher Perspektive wird dem Leser jeweils die Herbststimmung vermittelt?*

**2** *Wie wirkt Hebbels Gedicht auf euch? Versucht die Wirkung mit der sprachlichen Gestaltung zu erklären.*

**3** *Sammelt „Früchte“, die im Herbst von den Bäumen fallen, und gestaltet ein Herbstbild.*

Bertolt Brecht

## Die Vögel warten im Winter vor dem Fenster

1
Ich bin der Sperling.
Kinder, ich bin am Ende.
Und ich rief euch immer im vergangnen Jahr,
Wenn der Rabe wieder im Salatbeet war.
Bitte um eine kleine Spende.
  Sperling, komm nach vorn.
  Sperling, hier ist dein Korn.
  Und besten Dank für die Arbeit!

2
Ich bin der Buntspecht.
Kinder, ich bin am Ende.
Und ich hämmere die ganze Sommerzeit
All das Ungeziefer schaffe ich beiseit.
Bitte um eine kleine Spende.
  Buntspecht, komm nach vurn.
  Buntspecht, hier ist dein Wurm.
  Und besten Dank für die Arbeit!

3
Ich bin die Amsel.
Kinder, ich bin am Ende.
Und ich war es, die den ganzen Sommer lang
Früh im Dämmergrau in Nachbars Garten sang.
Bitte um eine kleine Spende.
  Amsel, komm nach vorn.
  Amsel, hier ist dein Korn.
  Und besten Dank für die Arbeit!

**1** *Erläutert die Situation, die in Brechts Gedicht dargestellt ist.*

**2** *Sucht die Elemente heraus, die sich in jeder Strophe wiederholen. Welche Wirkungen erzielen die Wiederholungen?*

**3** *Ihr kennt noch andere Textarten, in denen sich Menschen und Tiere unterhalten.*
*a) Sprecht darüber, wie sich dieses Gedicht von solchen Geschichten unterscheidet.*
*b) Legt im Heft eine Übersicht an und stellt die gefundenen Punkte einander gegenüber.*

**4** *Sucht zusammen mit eurem Musiklehrer oder eurer Musiklehrerin Kinderlieder, in denen Tiere auftreten, und studiert sie im Musikunterricht ein.*

**!** Wenn sich bestimmte Verse am Ende jeder Strophe wiederholen, sprechen wir von einem **Refrain.** Das ist ein Gestaltungsmittel, das auch in vielen Liedern vorkommt.

# 12.2 Wir schreiben Gedichte

Ernst Jandl

**ottos mops**

ottos mops trotzt
otto: fort mops fort
ottos mops hopst fort
otto: soso

otto holt koks
otto holt obst
otto horcht
otto: mops mops
otto hofft

ottos mops klopft
otto: komm mops komm
ottos mops kommt
ottos mops kotzt
otto: ogottogott

**1** *a) Tragt Jandls Gedicht in der Klasse vor. Achtet dabei auf Stimmführung, Gesichtsausdruck und Körperhaltung.*
*b) Schreibt selbst ein Gedicht, in dem nur ein einziger Vokal vorkommt, z. B.*
Annas Spatz, Urs' Uhu, Helges Henne, Iris' Iltis.
*Wenn ihr vorher Wörter sammelt, fällt euch das Schreiben leichter.*

Eugen Gomringer

```
      w   w
    d   i
  n   n   n
i   d   i   d
w         w
```

**2** *a) Zeichnet das Gedicht in euer Heft und verbindet alle Buchstaben, die das Wort „wind" ergeben. Was fällt euch auf?*
*b) Gestaltet ein ähnliches Gedicht zum Thema* Welle *oder zum Thema* Feuer.

Gerri Zotter/Mira Lobe

**3** *Entwerft ähnliche Wortbilder zu:* Luftballon, aufwärts, abbiegen, herumstehen, Unruhe, Schnecke, Unordnung, Fehler, Brücke, Dreieck, Ball, Graben.

Reinhard Döhl

Karlhans Frank

**Das Haus des Schreibers**

Rauch A
h HAU
H SHAUS
H USHAUSH
HAUS SHA
HAUS SHAU
SHAUSHAUSHAUS
USHAUSHAUSHAUSH
AUS SHAUS SHA
HAUS SHAUS SHAU
HAUSHAUSHAUSHAUSHAU
HAUSHAUSHAUSHAUSHAU
H HAUS SHAU U
H HAUS SHAU U
HAUSHAUSHAUSHAUSHAU
HAUSHAUSHAUSHAUSHAU
H HAUS SHAU U
H HAUS SHAU U
HAUSHAUSHAUSHAUSHAU
HAUSHAUSHAUSHAUSHAU
H SHAUSHAUSHAUS U
H SHAUS SHAUS U
HAUSHAUS SHAUSHAU
HAUSHAUS SHAUSHAU
W
E
G
W E G W E G

**4** *Gestaltet ein ähnliches Bildgedicht.*
*Hier sind einige Vorschläge:*
Wald, Brücke, Mauer, Kirsche, Käse.
*Versucht dabei mit möglichst wenigen verschiedenen Wörtern auszukommen.*

**5** *Schreibt passende Gedichte zu den folgenden Endreimen:*

| | | | |
|---|---|---|---|
| ... Gaunerei | ... Baum | ... Meister | ... Bumerang |
| ... Polizei | ... Traum | ... Leiter | ... zu lang |
| ... gestohlen | ... Rinder | ... Kleister | ... ein Stück |
| ... versohlen | ... Kinder | ... heiter | ... zurück |
| ... Hiebe | ... Rasen | ... heißt er | ... stundenlang |
| ... Diebe | ... grasen | ... Meister | ... Bumerang |

Roswitha Fröhlich

**Meine Tante ist verrückt**

◎◎◎◎◎ ◎◎◎◎◎ ist verrückt!
Strickt,
strickt,
strickt!
Gestern strickt' ◎◎◎ ◎◎◎◎◎ ◎◎◎◎◎◎
◎◎◎◎ ◎◎◎◎ ◎◎◎◎◎◎◎◎◎◎◎◎,
Heute strickt ◎◎◎ ◎◎◎◎◎ ◎◎◎◎◎
◎◎◎◎ ◎◎◎◎◎ ◎◎◎◎◎◎◎◎◎◎◎,
morgen hext ◎◎◎ eins, zwei, drei
◎◎◎◎◎◎◎ für den Papagei.
◎◎◎◎◎ ◎◎◎◎◎ ist verrückt!
Strickt,
strickt,
strickt!

**6** *In dem Gedicht sind alle Subjekte und alle Akkusativ- und Dativobjekte verloren gegangen. Schreibt das Gedicht ab und füllt die Lücken mit Wörtern aus den nebenstehenden Listen, sodass ein sinnvoller Text entsteht.*

Subjekte:
Meine Tante
sie
sie
sie
Meine Tante

Dativobjekte:
ihrem Dackel
ihrem Spitz

Akkusativobjekte:
eine lila Dackeljackel
eine weiße Zipfelmütz
Höschen

**TIPP**

Fragt nach dem **Subjekt** mit **„Wer ...?“ oder „Was ...?“**, nach dem Dativobjekt mit **„Wem ...?“** und nach dem **Akkusativobjekt** mit **„Wen ...?“ oder „Was ...?“**.

Eine kleine Hilfe: Jeder Kringel bedeutet einen ausgelassenen Buchstaben.

**7** *a) Schreibt ein Gedicht, in dem die Satzglieder von Vers zu Vers auf die nebenstehende Weise umgestellt werden. Der erste Vers könnte zum Beispiel lauten:*
Eltern schenken Kindern Liebe.

Subjekt – Prädikat – Dativobjekt – Akkusativobjekt
Akkusativobjekt – Prädikat – Subjekt – Dativobjekt
Dativobjekt – Prädikat – Subjekt – Akkusativobjekt
Prädikat – Subjekt – Dativobjekt – Akkusativobjekt

*b) Welche Bedeutung erhält euer Gedicht durch die letzte Umstellprobe?*

**8** *Stellt aus allen Gedichten, die ihr geschrieben habt, ein kleines Gedichtbändchen zusammen. Jeder von euch wählt dafür sein schönstes Gedicht aus.*

# 12.3 Wir tragen Gedichte vor

Karl Valentin

## Die vier Jahreszeiten

### Blödsinniger Gesang

Wie herrlich ist's doch im Frühling,
Im Frühling, da ist mir so wohl.
O! wäre es immer nur Frühling,
Im Frühling, da fühl ich mich wohl.
Der Frühling, der hat so was Eig'nes,
Der Frühling besitzet die Kraft.
O! bliebe es immer nur Frühling,
Der Frühling gibt Mut uns und Kraft.

Wie herrlich ist's doch im Sommer,
Im Sommer, da ist mir so wohl.
O! wär es doch immer nur Sommer,
Im Sommer, da fühl ich mich wohl.
Der Sommer, der hat so was Eig'nes,
Der Sommer besitzet die Kraft.
O! bliebe es immer nur Sommer,
Der Sommer gibt Mut uns und Kraft.

Wie herrlich ist's doch im Herbst,
Im Herbst, da ist mir so wohl.
O! wäre es immer nur Herbst,
Im Herbst, da fühl ich mich wohl.
Der Herbst, der hat so was Eig'nes,
Der Herbst besitzet die Kraft.
O! bliebe es immer nur Herbst,
Der Herbst gibt Mut uns und Kraft.

Wie herrlich ist's doch im Winter,
Im Winter, da ist mir so wohl.
O! wäre es immer nur Winter,
Im Winter, da fühl ich mich wohl.
Der Winter, der hat so was Eig'nes,
Der Winter besitzet die Kraft.
O! bliebe es immer nur Winter,
Der Winter gibt Mut uns und Kraft.

*Karl Valentin (1882–1948) hieß eigentlich Valentin Ludwig Fey. Sein bewegtes Künstlerleben begann der gelernte Schreiner im Jahre 1907, als er mit einem selbst gebastelten Orchestrion eine erfolglose Gastspielreise durch Norddeutschland unternahm. Ab 1911 trat er in München zusammen mit seiner von nun an festen Partnerin Liesl Karlstadt in verschiedenen Kleinkunstbühnen als Volkssänger auf. In der 20er-Jahren wurde Valentin mit seinen „verrückten" Auftritten ein erfolgreicher Sänger und Schauspieler. Allein schon seine hagere Figur und sein ungelenkes Auftreten begeisterten sein Publikum. In dieser Zeit drehte er auch Filme, die ihn über Bayern hinaus bekannt machten.*
*Valentin war mehr als nur ein Komödiant. Hinter all seinen Blödeleien steckte immer ein tieferer Sinn.*

**1** *Tragt das Gedicht möglichst stimmungsvoll vor. Welche Schwierigkeiten habt ihr?*

**2** *Karl Valentin hat in einem Anhang zu diesem Gedicht bestimmt, dass der Text „recht gezogen" vorzutragen ist und „durch die Langweiligkeit" wirken soll.*
*Veranstaltet einen Vortragswettbewerb, in dem ihr genau das Gegenteil versucht.*
*Geht dabei folgendermaßen vor:*

*a) Bestimmt eine Jury aus fünf Schülerinnen und Schülern, die die Vorträge bewertet.*
*b) Je ein Schüler wählt eine Strophe (= eine Jahreszeit) aus, die er möglichst stimmungsvoll und der Jahreszeit angemessen vorträgt.*

Ernst Jandl

**auf dem land**

rininininininininDER
brüllüllüllüllüllüllüllEN

schweineineineineineineinE
grununununununununZEN

hununununununununDE
bellellellellellellellEN

katatatatatatatZEN
miauiauiauiauiauiauiauEN

katatatatatatatER
schnurrurrurrurrurrurrurrEN

gänänänänänänänSE
schnattattattattattattattERN

ziegiegiegiegiegiegiegEN
meckeckeckeckeckeckeckERN

bienienienienienienienEN
summummummummummummummEN

grillillillillillillillEN
ziriririririrPEN

fröschöschöschöschöschöschöschE
quakakakakakakakEN

hummummummummummummummELN
brummummummummummummummEN

vögögögögögögögEL
zwitschitschitschitschitschitschitschERN

**1** *In diesem Gedicht begegnet euch das sprachliche Mittel der* ***Lautmalerei.*** *Sprecht den Text so, dass die Tiergeräusche besonders deutlich erkennbar sind.*

**2** *Sprecht das Gedicht mit verteilten Rollen.*

Fred Endrikat

## Löwe hat Zahnschmerzen

Der Wüstenkönig heult und brüllt,
weil seine rechte Wange schwillt.
Er heult in Dur, er brüllt in Moll.
Die Backe schwillt ganz jammervoll.
Sein Schmerzgeheul tönt himmelan:
„O weh, o weh, mein Backenzahn.
Ich schenke meine Königskron
für nur ein Stück Pyramidon[1].
Schickt das Kamel mir in die Näh,
es koche mir Kamillentee.“
Der Löwe schlägt mit seinem Schweif
den, ach, so wohl bekannten Reif.
Sein Schmerzgeheul klingt nicht poetisch[2],
der Anblick ist nicht majestätisch.
Die Tiere kommen angerannt,
der Tiger, auch der Elefant.
Sie wundern sich darob nicht wenig,
so sahn sie niemals ihren König.
Voll Mitleid murmelt das Kamel:
„Der König leidet, meiner Seel.
Wie wär's da mit Kakteenöl?“
Da grunzt das Nilross: „Du Kamel.“
„Was macht man da? Was macht man da?“
Sagt die Giraff zum Zebera.
Der Affe ruft dem Känguru
vom Baume faule Glossen[3] zu.
Und die Hyäne auf der Lauer
freut sich schon auf die Landestrauer.
Des Löwen Zahnschmerz stimmt sein Reich
teils schadenfroh, teils mitleidweich.
So hat ein kleines Loch im Zahn
den ganzen Nimbus[4] abgetan.
Es ist nicht einfach, wenn man herrscht –
beim Zahnschmerz zeigt sich erst der Ferscht[5].

1 **Pyramidon:** ein Schmerzmittel
2 **poetisch:** dichterisch
3 **Glosse:** spöttische Bemerkung
4 **Nimbus:** Ansehen, Glanz
5 **Ferscht:** Fürst

**1** *In dem Gedicht treten Tiere auf, die sprechen. Im Text gibt es deutliche Hinweise, wie ihr die „wörtliche Rede“ wiedergeben müsst. Übt den Gedichtvortrag.*

**2** *Wie beim Theater könnt ihr den Text in verschiedenen Rollen sprechen oder spielen. Ihr braucht einen Erzähler, einen Löwen, ein Kamel ...*

Adelbert von Chamisso

## Tragische Geschichte

’s war einer, dem’s zu Herzen ging,
Dass ihm der Zopf so hinten hing,
Er wollt es anders haben.

So denkt er denn: Wie fang ich’s an?
Ich dreh mich um, so ist’s getan –
Der Zopf, der hängt ihm hinten.

Da hat er flink sich umgedreht,
Und wie es stund, es annoch steht –
Der Zopf, der hängt ihm hinten.

Da dreht er schnell sich andersrum,
’s wird aber noch nicht besser drum –
Der Zopf, der hängt ihm hinten.

Er dreht sich links, er dreht sich rechts,
Es tut nichts Guts, es tut nichts Schlechts –
Der Zopf, der hängt ihm hinten.

Er dreht sich wie ein Kreisel fort,
Es hilft zu nichts, in einem Wort –
Der Zopf, der hängt ihm hinten.

Und seht, er dreht sich immer noch
Und denkt: Es hilft am Ende doch –
Der Zopf, der hängt ihm hinten.

**1** *Tragt den Text vor der Klasse vor. Versucht dabei die Bewegungen nachzuspielen. Der Satz „Der Zopf, der hängt ihm hinten.“ kommt im Gedicht als* ***Refrain*** *(Kehrreim) sechsmal vor. Versucht diesen Satz jedes Mal anders zu sprechen.*

**2** *Lernt eines der folgenden Gedichte auswendig. Am Ende des Kapitels findet ihr Tipps, wie ihr euch Gedichte einprägen könnt (▷ S. 216).*

Hans Erich Blaich

## Spät im Jahr

Im Gartensaal ... wie kühl noch eben.
Die Wendeltreppe ... dämmrig grau.
Du trittst hinaus und meinst, zu schweben:
So weich die Luft und sommerlau.

Inbrünstig hält das Land umsponnen
Des späten Mittags tiefes Licht,
Hat einmal noch das Feld gewonnen
Und lässt es nicht ... und lässt es nicht.

Walter Tausendpfund

## Gensblüümle

Gensblüümle
hiigschdraid
ins Groos ...

schee waiß ...

Gensblüümle
wäi Schdernle
so klaa ...

schee waiß ...

Gensblüümle
vom Himml
roo geschiggd

Weer waaß??

Annette von Droste-Hülshoff

## Der Weiher

Er liegt so still im Morgenlicht,
So friedlich, wie ein fromm Gewissen;
Wenn Weste[1] seinen Spiegel küssen,
Des Ufers Blume fühlt es nicht;
Libellen zittern über ihn,
Blaugoldne Stäbchen und Karmin[2],
Und auf des Sonnenbildes Glanz
Die Wasserspinne führt den Tanz;
Schwertlilienkranz am Ufer steht
Und horcht des Schilfes Schlummerliede;
Ein lindes Säuseln kommt und geht,
Als flüstre's: Friede! Friede! Friede! –

1 **Weste:** Westwind
2 **Karmin:** roter Farbstoff

Frida Schanz

## Niemand

Kennt ihr wohl den Unfuggeist,
Der mit Namen Niemand heißt?
Wohnt beinah in jedem Haus!
Fragt nur mal landein, landaus.
Wer hat Vaters Tisch bekleckst?
Mutters Fingerhut verhext?
Mutters Nadeln, Mutters Scheren?
Wer nahm von den Stachelbeeren?
Wer zerschnitt den neuen Ball?
Überall und überall
Ist's und war's derselbe Fant[1]:
Niemand, Niemand, Niemand!
Niemand hat das Garn verfitzt,
Niemand hat die Wurst stibitzt,
Niemand krachte mit der Tür,
Niemand kann etwas dafür,
Dass der Garten offen steht;
Niemand trat ins Tulpenbeet;
Niemand aß vom Apfelbrei,
Niemand riss das Buch entzwei,
Niemand warf das Glas vom Tisch!
Wenn ich ihn einmal erwisch!
Such und hasch ihn alle Tage.
Wenn ich Kinder nach ihm frage,
Kommen sie in große Not.
Werden feuer-feuerrot,
Doch es nennt ihn mir im Land
Niemand, Niemand, Niemand.

1 **Fant:** freches Kind

Irmela Brender

## Wir

Ich bin ich und du bist du.
Wenn ich rede, hörst du zu.
Wenn du sprichst, dann bin ich still,
weil ich dich verstehen will.
Wenn du fällst, helf ich dir auf,
und du fängst mich, wenn ich lauf.
Wenn du kickst, steh ich im Tor,
pfeif ich Angriff, schießt du vor.
Spielst du pong, dann spiel ich ping
und du trommelst, wenn ich sing.
Allein kann keiner diese Sachen,
zusammen können wir viel machen.
Ich mit dir und du mit mir –
das sind wir.

Christian Morgenstern

## Der Lattenzaun

Es war einmal ein Lattenzaun,
mit Zwischenraum, hindurchzuschaun.

Ein Architekt, der dieses sah,
stand eines Abends plötzlich da –

und nahm den Zwischenraum heraus
und baute draus ein großes Haus.

Der Zaun indessen stand ganz dumm,
mit Latten ohne was herum.

Ein Anblick grässlich und gemein.
Drum zog ihn der Senat auch ein.

Der Architekt jedoch entfloh
nach Afri- od- Ameriko.

TIPP

## Tipps zum auswendigen Vortragen von Gedichten

Es ist gar nicht so einfach, ein Gedicht auswendig zu lernen und schön vorzutragen. Hier ein paar Tipps. Ihr müsst selbst ausprobieren, was euch am besten hilft:

- Zunächst schreibt ihr das Gedicht sauber in euer Heft.

- Jetzt überlegt ihr euch, wie ihr das Gedicht später vortragen wollt.
  Dabei solltet ihr zuerst vor allem zwei Fragen beantworten:
  **Welche Wörter** will ich besonders **betonen?**
  **An welchen Stellen** möchte ich eine **Pause** machen?
  Unterstreicht die betonten Wörter mit Bleistift; an Stellen mit Pausen macht ihr einen senkrechten Strich.

- Vielleicht lernt ihr Gedichte dadurch besonders gut, dass ihr sie **hört.**
  Wenn ihr einen Kassettenrekorder besitzt, könnt ihr das Gedicht mehrfach auf Band sprechen und es euch dann immer wieder anhören.
  Ihr könnt auch einfach nur die ersten Worte der einzelnen Strophen oder Verse auf Kassette sprechen und müsst dann, während das Band läuft, den Rest ergänzen.

- Wenn ihr euch für den **Gedichtvortrag** eine bestimmte **Gestik, Mimik** oder **Körperhaltung** überlegt, behaltet ihr den Text besser.
  Ihr erinnert euch dann an den Text, wenn ihr die Bewegung ausführt.

- Wenn ihr wollt, könnt ihr auch eine **Melodie zum Gedicht** erfinden.

- Fertigt einen **Spickzettel als Gedankenstütze** an. Dort dürfen aber nur die wichtigsten Wörter des Gedichts stehen, also zum Beispiel die Reimwörter.
  Wenn ihr den Vortrag übt, nehmt den Zettel zu Hilfe; später klappt es dann auch ohne ihn.

# 13 Wem man begegnen und was daraus werden kann

## 13.1 Krabats Begegnung mit dem Bösen – Wir lesen ein Jugendbuch

***Otfried Preußler*** *wurde 1923 in Reichenberg (Böhmen, heute Tschechien) geboren und lebt in Haidholzen (Oberbayern). Zunächst arbeitete er als Lehrer, bis er sich ganz dem Schreiben von Kinder- und Jugendbüchern widmete. Seine bekanntesten Werke sind „Die kleine Hexe" und „Der Räuber Hotzenplotz". Für seine Bücher erhielt er zahlreiche Preise und Auszeichnungen, auch für den Jugendroman „Krabat", den ihr nun kennen lernen werdet.*

**1** *Welche Bücher von Otfried Preußler kennt ihr? Stellt sie in der Klasse vor.*

Otfried Preußler

### Krabat (1)

*Der Waisenjunge Krabat kommt während eines kalten Winters als Lehrling zu einem Müllermeister auf die abgelegene Mühle im Koselbruch. Bald muss er feststellen, dass allerhand Ungewöhnliches passiert:*

Nachts wurde Krabat von einem Traum erschreckt: Feuer war in der Mühle ausgebrochen. Die Mühlknappen stoben von ihren Strohsäcken hoch, rannten polternd die Treppe hinunter; er selbst aber, Krabat, lag wie ein Holzklotz auf seiner Pritsche, unfähig, sich vom Fleck zu rühren.

Schon knisterten im Gebälk die Flammen, schon sprühten die ersten Funken ihm ins Gesicht – da fuhr er mit einem Aufschrei empor. Er rieb sich die Augen, er gähnte, er blickte umher. Da – mit einem Mal stutzte er, glaubte nicht recht zu sehen. Wo waren die Müllerburschen? Die Strohsäcke leer und verlassen – in Eile verlassen, dem Anschein nach: hastig zurückgeschlagene Decken, zerknüllte Leintücher. Hier eine Wolljacke auf dem Fußboden, dort eine Mütze, ein Halstuch, ein Gürtel – deutlich zu sehen alles, im Widerschein eines zuckenden roten Lichts vor dem Giebelfenster ...

Brannte es in der Mühle wirklich?

Krabat, hellwach nun mit einem Schlag, riss das Fenster auf. Sich hinausbeugend sah er, dass auf dem Vorplatz der Mühle ein Fuhrwerk stand, schwer beladen, mit praller, vom Regen geschwärzter Plane, sechs Rösser davor gespannt, rabenschwarz alle sechs. Auf dem Kutschbock saß einer mit hochgeschlagenem

Mantelkragen, den Hut in die Stirn gezogen, nachtschwarz auch er. Nur die Hahnenfeder, die er am Hut trug – die Feder war hell und rot. Gleich einer Flamme loderte sie im Wind: bald aufzüngelnd, jäh und grell, bald sich duckend, als ob sie verlöschen wollte. Ihr Schein reichte hin, um den Vorplatz in flackerndes Licht zu tauchen.

Die Mühlknappen hasteten zwischen Haus und Planwagen hin und her, luden Säcke ab, schleppten sie in die Mahlstube, kamen aufs Neue herbeigerannt. Stumm ging das alles vonstatten, in fiebernder Eile. Kein Zuruf, kein Fluch, nur das Keuchen der Müllerburschen – und dann und wann ließ der Fuhrmann die Peitsche knallen, knapp über ihren Köpfen, dass sie den Luftzug zu spüren bekamen: Das spornte zu doppeltem Eifer an.

Eifer bezeugte sogar der Meister. Er, der sonst nie einen Handgriff tat in der Mühle, der nie einen Finger krümmte: Heut Nacht war er mit dabei. Er schuftete mit den anderen um die Wette, als ob er's bezahlt kriegte.

Zwischendurch setzte er einmal kurz mit der Arbeit aus und verschwand in der Dunkelheit – nicht zum Verschnaufen, wie Krabat argwöhnte, sondern er rannte zum Mühlenweiher hinauf, und nachdem er die Stützpfosten weggeräumt hatte, zog er die Schleuse.

Das Wasser schoss in den Mühlgraben ein, kam herangebraust und ergoss sich mit Schwall und Prall ins Gerinne. Ächzend begann sich das Rad zu drehen; es dauerte eine Weile, bis es in Fahrt kam, dann lief es ganz munter weiter. Nun hätten mit dumpfem Gepolter die Mahlgänge einsetzen müssen, aber nur einer lief an – und der eine mit einem Geräusch, das dem Jungen fremd war. Es schien aus dem hintersten Winkel der Mühle zu kommen, ein lärmendes Rattern und Schnarren, von hässlichem Quietschen begleitet, das bald in ein hohles, die Ohren marterndes Jaulen überging.

Krabat spürte, wie ihm die Gänsehaut über den Rücken lief.

Einstweilen war unten die Arbeit weitergegangen. Der Planwagen wurde entladen, dann hatten die Mühlknappen eine Weile Pause – aber nicht lange, da ging es von neuem los mit der Plackerei, wenn auch diesmal die Säcke vom Haus zum Fuhrwerk zu schleppen waren. Was immer sie vorher enthalten hatten: Nun wurde es in gemahlenem Zustand zurückgebracht.

Krabat wollte die Säcke zählen, aber er nickte darüber ein. Beim ersten Hahnenschrei weckte ihn das Gerumpel von Wagenrädern. Der Fremde, das sah er gerade noch, fuhr mit Peitschengeknall durch die nassen Wiesen davon, auf den Wald zu – und seltsam: Der schwer beladene Planwagen hinterließ keine Spur im Gras.

Einen Augenblick später wurde die Schleuse geschlossen, das Mühlrad lief aus. Krabat huschte an seinen Platz zurück und zog sich die Decke über den Kopf. Die Müllerburschen kamen die Treppe heraufgewankt, müde und abgerackert. Wortlos nahmen sie ihre Schlafplätze ein, nur Kito murmelte etwas von dreimal verfluchten Neumondnächten und höllischer Schinderei.

**1** *a) Erklärt, woran man erkennen kann, dass sich in dieser Nacht in der Mühle etwas Ungewöhnliches abspielt.*
*b) Besprecht, wer der sonderbare Fuhrmann sein könnte. Kito gibt euch mit seiner Aussage von der „höllischen Schinderei" einen Hinweis.*
*c) Sucht im Text Formulierungen, die die unheimliche Stimmung näher beschreiben.*

**2** *Lest den Text so vor, dass die besondere Atmosphäre dieser Neumondnacht spürbar wird.*

**3** *Lest nun das folgende Kapitel aus „Krabat" durch (▷ S. 219–221).*
*Überlegt, was zwischen dem ersten und dem zweiten Textausschnitt passiert sein könnte.*
*Sprecht in der Klasse über eure Vorschläge.*

Otfried Preußler

## Krabat (2)

Karfreitag, am frühen Abend, über dem Koselbruch hing ein fahler, aufgedunsener Mond. Die Mühlknappen saßen in der Gesindestube beisammen, Krabat lag müde auf seiner Pritsche und wollte schlafen. Auch heute hatten sie arbeiten müssen. Wie gut, dass es endlich Abend geworden war, dass er nun seine Ruhe hatte ...

Mit einem Mal hörte er seinen Namen rufen, wie damals im Traum, in der Schmiede von Petershain – nur dass die Stimme, die heisere, die aus den Lüften zu kommen schien, ihm jetzt nicht mehr fremd war.

Er setzte sich auf und lauschte, zum zweiten Mal rief es: „Krabat!“ Da griff er nach seinen Kleidern und zog sich an.

Als er fertig war, rief ihn der Meister zum dritten Mal.

Krabat beeilte sich, tappte zur Bodentür, öffnete. Licht drang von unten herauf, im Hausflur hörte er Stimmen, das Klappern von Holzschuhen. Unruhe überkam ihn, er zögerte, hielt den Atem an – doch dann gab er sich einen Ruck, und drei Stufen auf einmal nehmend, lief er hinunter.

Am Ende des Flures standen die elf Gesellen. Die Tür zu der schwarzen Kammer stand offen, der Meister saß hinter dem Tisch. Wie damals, bei Krabats Ankunft, lag wieder das dicke, in Leder eingebundene Buch vor ihm; es fehlte auch nicht der Totenkopf mit der brennenden roten Kerze; nur dass der Meister jetzt nicht mehr bleich im Gesicht war, das hatte sich in der Zwischenzeit längst gegeben.

„Tritt näher, Krabat!“

Der Junge trat vor, an die Schwelle der schwarzen Kammer. Er war nicht mehr müde, er spürte auch keine Benommenheit mehr im Kopf und kein Herzklopfen.

Eine Weile betrachtete ihn der Meister, dann hob er die Linke und wandte sich den Gesellen zu, die im Flur standen.

„Husch, auf die Stange!“

Mit Krächzen und Flügelschlagen strichen elf Raben an Krabat vorbei, durch die Kammertür.

Als er sich umschaute, waren die Müllerburschen verschwunden. Die Raben ließen sich in der hinteren linken Ecke des Raumes auf einer Stange nieder und blickten ihn an.

Der Meister erhob sich, sein Schatten fiel auf den Jungen.

„Seit einem Vierteljahr“, sagte er, „bist du nun auf der Mühle, Krabat. Die Probezeit ist bestanden, du bist kein gewöhnlicher Lehrjunge mehr – du sollst fortan mein Schüler sein.“

Damit trat er auf Krabat zu und berührte ihn mit der linken Hand an der linken Schulter. Ein Schauder durchrieselte Krabat, er spürte, wie er zu schrumpfen anfing: Sein Leib wurde klein und kleiner, es wuchsen ihm Rabenfedern, ein Schnabel und Krallen. Zu Füßen des Meisters hockte er auf der Schwelle, er wagte nicht aufzublicken.

Der Müller besah ihn sich eine Zeit lang, dann klatschte er in die Hände, rief: „Husch!“ Krabat, der Rabe Krabat, breitete folgsam die Schwingen aus und erhob sich zum Flug. Ungelenk flatternd durchmaß er die Kammer, umschwirrte den Tisch, streifte Buch und Totenschädel. Dann ließ er sich bei den anderen Raben nieder und krallte sich an der Stange fest.

Der Meister belehrte ihn: „Du musst wissen, Krabat, dass du in einer schwarzen Schule bist. Man lernt hier nicht Lesen und Schreiben und Rechnen – hier lernt man die Kunst der Künste. Das Buch, das da angekettet vor mir auf dem Tisch liegt, ist der Koraktor, der Höllen-

zwang. Wie du siehst, hat es schwarze Seiten, die Schrift ist weiß. Es enthält alle Zaubersprüche der Welt. Ich allein darf sie lesen, weil ich der Meister bin. Euch aber, dir und den anderen Schülern, ist es verboten, darin zu lesen, das merke dir! Und versuche nicht, mich zu hintergehen, das würde dir schlecht bekommen! Du hast mich verstanden, Krabat?"
„Verstanden", krächzte der Junge, erstaunt, dass er sprechen konnte: mit heiserer Stimme zwar, aber deutlich, und ohne dass es ihn im Geringsten anstrengte.

Krabat hatte von solchen schwarzen Schulen schon munkeln hören: Es gab, wie es hieß, deren mehrere in der Lausitz; aber er hatte das immer für Schauermärlein gehalten, wie man sie in den Rockenstuben erzählt, beim Spinnen und Federnschleißen. Und nun war er selber in eine von diesen Schulen geraten, die zwar als Mühle galt; doch es schien sich, zumindest im näheren Umkreis, herumgesprochen zu haben, dass hier nicht alles mit rechten Dingen zuging: Was sonst hätte wohl die Leute vom Koselbruch ferngehalten?
Dem Jungen blieb keine Zeit, sich darüber Gedanken zu machen. Der Meister hatte sich wieder hinter den Tisch gesetzt und fing an, einen Abschnitt aus dem Koraktor vorzulesen: langsam, in singendem Tonfall, wobei er sich steif in den Hüften vor und zurück wiegte, vor und zurück.
„Dies ist die Kunst, einen Brunnen versiegen zu machen, dass er von einem Tag auf den andern kein Wasser gibt", las er vor. „Zum Ersten versieh dich mit vier auf dem Ofen gedörrten Pflöcken von Birkenholz, dritthalb Spannen lang jeder, gut einen Daumen dick und am unteren Ende im Dreikant zugespitzt; zum andern verpflocke den Brunnen des Nachts zwischen zwölf und eins mit besagten Hölzern, indem du ein jegliches sieben Schuh von der Mitte des Brunnens entfernt in den Boden treibst, jedes in einer anderen Himmelsrichtung, beginnend bei Mitternacht und im Abend endend; zum Dritten und Letzten, nachdem du dies alles schweigend verrichtet hast, sollst du den Brunnen dreimal umschreiten und sprechen, was hier geschrieben steht ..."
Nun folgte, vom Meister verlesen, der Zauberspruch: Eine Folge von unverständlichen Wörtern, wohllautend alle und dennoch mit einem dunklen, Unheil beschwörenden Unterton, der dem Jungen noch lange im Ohr blieb – selbst dann, als der Meister nach kurzem Verweilen von vorn begann.
„Dies ist die Kunst, einen Brunnen versiegen zu machen ..."
Dreimal im Ganzen verlas er den Text und die Zauberformel, immer im gleichen Singsang, wobei er sich in den Hüften vor und zurück wiegte. Nach dem dritten Mal schloss er das Buch. Eine Zeit lang verharrte er nun in Schweigen, dann wandte er sich den Raben zu.
„Ich habe euch", sagte er, wieder mit seiner gewohnten Stimme, „ein neues Stück der geheimen Künste gelehrt; lasst hören, was ihr davon behalten habt. Du da – fang an!"
Er deutete mit dem Finger auf einen der Raben und hieß ihn, den Text und den Zauberspruch wiederholen.
„Dies ist die Kunst einen Brunnen versiegen zu machen, dass er ... von einem Tag auf den andern kein Wasser gibt ..."
Der Müller bestimmte bald diesen Raben, bald jenen und fragte ihn ab. Zwar nannte er keinen der zwölf beim Namen, doch an der Art, wie sie sprachen, vermochte der Junge sie auseinanderzuhalten; Tonda sprach selbst als Rabe gelassen und wohlbedacht, Kito mit einem unüberhörbaren Ton der Verdrossenheit in der Stimme, und Andrusch war mit dem Schnabel genauso hurtig wie mit der Zunge, während sich Juro beim Wiederholen schwertat und häufig stecken blieb – kurz, es gab keinen im ganzen Schwarm, den Krabat nicht bald erkannt hätte.
„Dies ist die Kunst, einen Brunnen versiegen zu machen ..."
Wieder und immer wieder der Text aus dem Höllenzwang mit dem Zauberspruch: bald geläufig, bald stockend, ein fünftes, ein neuntes, ein elftes Mal.
„Und jetzt du!" – damit wandte der Meister sich an den Jungen.

Krabat begann zu zittern, er stammelte: „Dies ist die Kunst ... – ist die Kunst, einen ... – einen Brunnen ...“
Hier brach er ab und verstummte. Er wusste nicht weiter, beim besten Willen nicht. Würde der Meister ihn strafen?
Der Meister blieb ruhig.
„Ein nächstes Mal, Krabat, solltest du mehr auf die Worte achten als auf die Stimmen“, sagte er. „Überdies musst du wissen, dass niemand in dieser Schule zum Lernen gezwungen wird. Prägst du dir ein, was ich aus dem Koraktor vorlese, ist es zu deinem Nutzen – andernfalls schadest du nur dir selber, bedenke das.“
Hiermit schloss er die Unterweisung, die Tür tat sich auf, die Raben entschwirrten. Im Hausflur nahmen sie Menschengestalt an. Auch Krabat wurde, er wusste nicht, wie und von wem, zurückverwandelt – und während er hinter den Müllerburschen die Bodenstiege hinauftappte, kam er sich vor wie nach einem wirren Traum.

**1** *Beschreibt mit eigenen Worten, was mit Krabat in der Karfreitagsnacht geschieht und wie er sich dabei fühlt.*

**2** *Die Geschichte von Krabat erinnert in manchen Passagen an ein Märchen.*
*a) Arbeitet an dieser Textstelle heraus, was euch märchenhaft erscheint. Was ein Märchen kennzeichnet, könnt ihr auf S. 171 nachlesen.*
*b) In welchen euch bekannten Märchen kommen Zauberer vor? Vergleicht diese mit dem Müller in „Krabat“.*

**3** *Welche Zauberkünste würdet ihr gern erlernen? Erfindet Sprüche dafür.*

Otfried Preußler

## Krabat (3)

*Jeden Freitag liest der Meister aus seinem Zauberbuch vor und die Müllerburschen lernen immer mehr Zaubersprüche. Manchmal dürfen sie die einsame Mühle verlassen und ihre Kunst ausprobieren.*

In der schwarzen Schule gab Krabat sich große Mühe, bald stand er den meisten Mitgesellen in den geheimen Wissenschaften um nichts mehr nach. Nur Hanzo und Merten waren ihm noch überlegen – und Michal vor allem, der sich seit Anfang des Jahres zum Meisterschüler herausgemausert und alle Burschen weit überflügelt hatte.
Der Müller fand sichtbar Gefallen an Krabats Eifer; er lobte ihn häufig und spornte ihn an, darin fortzufahren. „Ich sehe schon“, sagte er eines Freitagabends im Mai nach dem Unterricht, „dass du es in den geheimen Künsten zu etwas bringen wirst. Wie ich dich einschätze, hast du wie selten einer das Zeug dazu. Meinst du, ich hätte dich sonst an den Hof des Kurfürsten mitgenommen?“
Krabat war stolz darauf, dass der Meister mit ihm zufrieden war. Nur schade, dass er nicht öfter Gelegenheit hatte, die in der Zauberlehre erworbenen Kenntnisse anzuwenden!
„Dem können wir abhelfen“, sagte der Meister, als habe er Krabat denken hören. „Morgen gehst du mit Juro nach Wittichenau auf den Markt und verkaufst ihn für fünfzig Gulden als Rap-

penhengst. Aber pass auf, dass der Dummkopf dir keinen Ärger macht!"

Anderntags wanderte Krabat mit Juro nach Wittichenau. Er dachte an Ochsenblaschke aus Kamenz und pfiff sich eins. Der Pferdehandel versprach eine lustige Sache zu werden. Umso befremdlicher fand er es, als er merkte, dass Juro bekümmert war und den Kopf immer tiefer hängen ließ.

„Was hast du?"

„Wieso?"

„Weil du dreinschaust, als ob es zum Galgen ginge."

„Was wird es schon sein", meinte Juro und schnäuzte sich mit zwei Fingern die Nase. „Ich schaff das nicht, Krabat – ich hab mich noch nie in ein Pferd verwandelt."

„Es kann nicht so schwer sein, Juro, ich werde dir dabei helfen."

„Was nützt mir das?" Juro war stehen geblieben, er blickte ihn traurig an. „Wir werden mich in ein Ross verwandeln, na schön, du wirst mich für fünfzig Gulden verkaufen – und damit ist die Geschichte ausgestanden. Für dich, Krabat, aber nicht für mich! Und warum nicht? Ganz einfach! Wie komme ich aus der Pferdehaut wieder raus, ohne deine Hilfe? Ich glaub fast, der Meister hat mir das eingebrockt, um mich loszuwerden."

„Bah!", sagte Krabat. „Was faselst du da zusammen!"

„Doch, doch", widersprach ihm Juro. „Ich schaff das nicht, ich bin viel zu blöd dazu."

Wie er so dastand, mit hängenden Ohren und trauriger Nase, bot er ein Bild des Jammers.

„Und – wenn wir die Rollen tauschen?", schlug Krabat vor. „Hauptsache, dass er sein Geld kriegt: Dann kann es dem Meister egal sein, wer von uns wen verkauft."

Juro war glücklich.

„Dass du das für mich tun willst, Bruder!"

„Lass gut sein", erwiderte Krabat. „Versprich mir, mit niemand darüber zu reden – das andere soll uns nicht schwerfallen, denke ich."

Pfeifend marschierten sie ihres Weges, bis sie die Dächer von Wittichenau erblickten. Da bogen sie von der Landstraße ab, hinter eine Feldscheune. „Dies ist ein guter Platz", sagte Krabat, „da sieht uns keiner, wenn ich mich in das Ross verwandle. Du weißt ja, dass du mich keinesfalls unter fünfzig Gulden verkaufen darfst. Und bevor du mich aus der Hand gibst, nimm mir den Halfter ab: sonst muss ich zeitlebens ein Gaul bleiben – und da wüsste ich mir was Besseres!"

„Keine Angst", sagte Juro, „ich werde mich schon in Acht nehmen! Wenn ich auch dumm bin – so dumm bin ich doch nicht."

„Schön", sagte Krabat. „Das soll ein Wort sein."

Er murmelte einen Zauberspruch und verwandelte sich in ein schwarzes Ross, das war prächtig gesattelt und aufgezäumt.

„Donnerwetter!", rief Juro. „Du bist ja das reinste Paradepferd!"

Die Rosshändler auf dem Wittichenauer Markt rissen Mund und Augen auf, als sie den Hengst erblickten, und kamen herbeigelaufen.

„Was kostet er?"

„Fünfzig Taler."

Nicht lang, und ein Bautzener Rosskamm war drauf und dran, den geforderten Preis zu zahlen. Da mischte sich, eben als Juro „Topp!" rufen wollte, ein fremder Herr in den Handel. Er trug eine polnische Mütze und einen roten, mit Silberkordeln verschnürten Reitrock: ein abgedankter Obrist vielleicht – oder sonst eine Standesperson.

„Er steht im Begriff, ein schlechtes Geschäft zu machen", belehrte er Juro mit heiserer Stimme. „Sein Hengst ist weit mehr wert als fünfzig Gulden – ich biete Ihm hundert!"

Der Händler aus Bautzen war wütend. Was musste ihm dieser verrückte Mensch in die Quere kommen! Wer war er denn überhaupt? Niemand kannte den Fremden, der wie ein Edelmann aussah und keiner war – bis auf Krabat.

Krabat hatte ihn gleich erkannt, an dem Pflaster über dem linken Auge und an der Stimme. Er blähte die Nüstern, er tänzelte hin und her. Wenn er Juro bloß hätte warnen können! Doch Juro schien von der Unruhe, die über Krabat gekommen war, nichts zu merken. Offenbar dachte er nur an die hundert Gulden.

„Was zaudert Er?“, drängte der Fremde. Er zog einen Beutel, er warf ihn dem Burschen hin. Juro verbeugte sich.
„Tausend Dank, Herr!“
Im nächsten Augenblick griff der Fremde zu. Er entriss dem verblüfften Juro die Zügel – ein Satz, und schon saß er auf Krabats Rücken. Er stieß ihm die Sporen mit solcher Gewalt in die Flanken, dass Krabat sich wiehernd aufbäumte.
„Reitet mir nicht davon, Herr!“, rief Juro. „Der Halfter! Ihr müsst mir den Halfter lassen!“
„Nichts da!“ Der Fremde brach in Gelächter aus, nun erkannte selbst Juro ihn.
Mit der Reitpeitsche drosch der Meister auf Krabat ein. „Vorwärts!“ Und ohne sich weiter um Juro zu scheren, stob er davon.

**1** *Beschreibt die Entwicklung, die Krabat seit seiner ersten Verwandlung in einen Raben gemacht hat.*

**2** *a) Wie kommt es zu dem verhängnisvollen Rollentausch vor dem Rossmarkt?*
*b) Wer verbirgt sich hinter dem geheimnisvollen Käufer des Pferdes und weshalb wehrt sich Krabat energisch gegen einen Verkauf an den Fremden?*
*c) Wie könnte Krabat sich aus der gefährlichen Situation retten? Besprecht eure Vorschläge in der Klasse.*

**3** *Legt eine dreispaltige Übersicht in eurem Heft an, wo ihr die Eigenschaften von Krabat, Juro und dem Meister eintragt. Versucht passende Begriffe zu finden.*

| Krabat | Juro | Meister |
|---|---|---|
| – fleißig | – ... | – ... |
| – ... | – ... | – ... |

***Zu allen drei Textauszügen** (▷ S. 217–223)*

**4** *Bildet in eurer Klasse drei Spielgruppen und setzt jeweils einen der drei Textausschnitte pantomimisch um.*
*Die beiden zuschauenden Gruppen beobachten vor allem, wie sich Krabat von Szene zu Szene verändert. Diskutiert am Ende des Spiels darüber, ob die Darstellung Krabats überzeugend war.*

**5** *Kann man Krabat – nach allem, was ihr über ihn wisst – als den Helden dieses Buchs bezeichnen? Begründet eure Meinung.*

**6** *In der Silvesternacht stirbt Tonda, Krabats bester Freund in der Mühle.*
*Krabat findet allmählich heraus, dass der Meister Tonda getötet hat, da er am Ende eines jeden Jahres einen seiner Schüler dem Teufel opfern muss.*
*Krabat beschließt, Tondas Tod zu rächen, aber noch ist der Meister stärker als er.*
*Überlegt, welches Ende der Roman nehmen könnte. Wird es Krabat gelingen, seinen Freund Tonda zu rächen und den Meister zu besiegen?*

**7** *Habt ihr nach der Lektüre der drei Textausschnitte Lust bekommen, das ganze Buch zu lesen? Schreibt einen Brief an einen Freund/eine Freundin, in dem ihr darlegt, warum ihr euch das Jugendbuch „Krabat“ jetzt kaufen/ausleihen werdet oder warum nicht.*

# 13.2 Der Kampf zwischen Gut und Böse – Wir lesen Sagen und Legenden

Isabel Grübel

## Die Sage vom Doktor Faust

*Faust beschwört den Teufel (1631)*

Einst lebte ein gelehrter Doktor namens Johann Faust, der sehr wissbegierig war und alle Geheimnisse der Welt ergründen wollte. Als er alles gelernt hatte, was man lernen konnte, beschloss er, sich mit dem Teufel zu verbünden. In einer finsteren Neumondnacht sprach er also eine Beschwörungsformel, die er in einem uralten Zauberbuch gefunden hatte. Tatsächlich erschien der Teufel, ganz von Flammen umgeben, und Faust eröffnete ihm seine Wünsche. Der Teufel, der sich Mephistopheles nannte, zeigte sich einverstanden, verlangte aber als Gegenleistung nach Fausts Tod dessen Seele. Zunächst zögerte der Gelehrte, unterschrieb dann jedoch einen Vertrag mit seinem eigenen Blut. Jetzt begann ein wunderbares Leben! Mephistopheles zeigte Faust alle Herrlichkeiten der Welt und erfüllte ihm jeden Wunsch. Seine Mitmenschen konnte Faust nun durch verblüffende Zauberkunststücke beeindrucken. Als er einmal in Auerbachs Keller, einer Weinstube in Leipzig, die Zeche nicht zahlen wollte, ritt er einfach auf einem großen Weinfass davon. Mit der Zeit vergaß Faust den Vertrag und den Preis, den er am Ende seines Lebens zahlen musste. Schließlich aber war es doch so weit. Faust war alt und krank geworden und spürte sein letztes Stündlein kommen. Er musste sterben und der Teufel Mephistopheles kam triumphierend, um sich die Seele zu holen. Er erschien mit einem behaarten Körper, Klauen und Hörnern, flammenden Haaren und verbreitete unerträglichen Schwefelgestank. Für Faust gab es keine Rettung, seine Seele musste zur Hölle fahren. Man erzählt sich, dass am nächsten Morgen sein toter Körper übel zugerichtet gefunden wurde.

**1** *Gleich zu Beginn der „Sage vom Doktor Faust" wird erwähnt, dass dieser den Teufel mit einer Zauberformel beschworen hat.*
- *a) Verfasst zusammen mit eurem Nachbarn/eurer Nachbarin eine kurze Beschwörungsformel.*
- *b) Lest den Text unter Einschluss eurer Zauberformel noch einmal vor und prämiert die besten Lösungen.*

**2** *Im vorausgehenden Kapitel habt ihr mit dem Jugendbuch „Krabat" bereits eine Geschichte kennen gelernt, in der es um einen Pakt mit dem Teufel geht.*
- *a) Welche Vorteile haben der Meister und seine Mühlknappen vom Bündnis mit dem Teufel, was bietet Mephistopheles dem Faust?*
- *b) Gibt es eurer Meinung nach auch heute Versuchungen und Verlockungen, die einen Teufelspakt rechtfertigen würden?*
- *c) Diskutiert diese Frage auch im Religions- oder Ethikunterricht.*

## Puppenspiel vom Doktor Faust

*Die Faustsage war immer schon sehr beliebt und wurde auch öfter als Theaterstück aufgeführt. Die folgende Szene stammt aus einem Puppenspiel:*

### Zweite Szene

*Faust, dann der Teufel Mephistopheles*

FAUST *(beschwörend):* Mephistopheles, erscheine!

MEPHISTOPHELES *(tritt links ein oder steigt aus einer Versenkung. Flammen zucken um ihn auf):* Hier bin ich, Faust!

FAUST: Wie lautet die Antwort des Oberteufels Pluto? Kann ich mit der Hölle einen Pakt schließen?

MEPHISTOPHELES: Ich darf dir dienen. Sag nur, was du von mir verlangst.

FAUST: Vierundzwanzig Jahre sollst du meinen Befehlen gehorchen. Das Jahr zu 365 Tagen gerechnet.

MEPHISTOPHELES: Das ist ja eine halbe Ewigkeit! Aber es soll so sein. Was verlangst du noch?

FAUST: Antwort auf alle Fragen, die ich an dich richte. Dazu Kenntnis der geheimen Kräfte und Schätze der Natur sowie Einblick in alle verborgene Kunst und Weisheit dieser Welt!

MEPHISTOPHELES *(geringschätzig):* Ist das alles?

FAUST: Noch nicht. Dazu begehr ich den Genuss aller Herrlichkeiten und Freuden des Lebens, Geld und Gut, Ehre und Ruhm die Fülle!

MEPHISTOPHELES *(als wäre das alles nichts):* Weiter!

FAUST: Dann sollst du mich zum schönsten, liebenswürdigsten Mann machen und ohne Schaden und Gefahr durch die Luft tragen, wohin ich nur mag.

MEPHISTOPHELES *(boshaft lächelnd und in geringschätzigem Ton):* Alles Kleinigkeiten, Faust! Wie du befiehlst, so wird's geschehen.

FAUST: Kein Unfall darf mich treffen. Vierundzwanzig Jahre muss ich im Besitze voller Gesundheit bleiben.

MEPHISTOPHELES: Sämtliche Punkte werd ich gut erfüllen.

FAUST: Also fertig?

MEPHISTOPHELES *(teuflisch):* Wohl, Faust, nun höre auch meine Bedingungen!

FAUST *(betroffen):* Wie?

MEPHISTOPHELES *(ironisch):* Glaubst du, dass der Mensch dem Teufel allein Vorschriften macht? Ha, ha, ha, ha, tut ihr denn etwas ohne Eigennutz?

FAUST: Was forderst du von mir?

MEPHISTOPHELES: Du darfst dich in den vierundzwanzig Jahren weder waschen noch kämmen.

FAUST *(schüttelt betroffen den Kopf):* Dann werden mich ja die Menschen fliehen und verabscheuen!

MEPHISTOPHELES: Sei unbesorgt! Sie sollen dich stets für den schönsten Mann halten, namentlich die Frauen! Vermählen darfst du dich aber nicht. Der Ehestand ist uns Geistern verhasst!

FAUST *(nach kurzem inneren Kampfe):* Viel verlangt, sehr viel! Doch es mag sein. Bist du zu Ende?

MEPHISTOPHELES: O nein! Auch keine Vorlesung für die Studenten darfst du mehr halten.

FAUST *(stolz zurückweisend):* Wo denkst du hin, Mephisto? Sollen die Menschen sagen, der berühmte Doktor Faust sei ein Schwachkopf geworden?

MEPHISTOPHELES *(teuflisch sicher):* Lass mich nur für dein Ansehen sorgen! Ich werde dich vertreten und in öffentlichen Diskussionen deinen Ruhm noch vergrößern!

FAUST: So mag es sein. Doch damit genug!

MEPHISTOPHELES: Noch nicht, Faust! Auch die Kirchen musst du von nun an meiden!

FAUST *(mehr und mehr betroffen):* Das geht nicht! Was werden die Leute, sagen?

MEPHISTOPHELES *(lacht boshaft):* Oh, deshalb keine Furcht! Ich will den Leuten die Augen so verblenden, dass sie meinen, Faust sei der Erste und der Letzte im – *(stockt, dann voller Hohn)* im Hause des Herrn.

FAUST: Meinetwegen denn. Nun aber nichts mehr!

Mephistopheles *(mit teuflischer List):* Nur noch einen kleinen Punkt. Nach der abgemachten Zeit gehörst du mir mit Leib und Seele!

Faust *(schreckt zurück):* Halt ein! Den Leib verpfänd ich dir, die Seele nicht!

Mephistopheles *(zuckt die Achsel, dann ironisch):* So kannst du von uns Geistern nichts verlangen.

Faust *(erschrocken):* Was sagst du?

Mephistopheles: Wer so viel von uns fordert, muss seine Seele dafür geben.

Faust *(nach kurzem Sinnen, entschlossen):* Du hast mich ja schon in deiner Gewalt! – Was hilft da noch das Zögern? *(kühn)* Es sei!

Mephistopheles *(zieht ein zusammengerolltes Papier heraus; darauf in teuflischer Hast):* Hier ist der Kontrakt, unterschreibe!

Faust: Musst du's denn schwarz auf weiß haben? So schaff Tinte herbei! *(deutet auf sein Tintenfass)* Diese ist längst vertrocknet.

Mephistopheles *(hält das Papier hin):* Der Pakt ist schon geschrieben, wie Ihr seht. Nur noch die Unterschrift fehlt! *(schlau und teuflisch)* Die bitt ich mir aber rot auf weiß aus!

Faust *(als verstehe er nicht):* Wie?

Mephistopheles: Mit Blut musst du unterschreiben!

Faust *(zurückfahrend):* Mit Blut?

Mephistopheles: Ja, mit deinem eigenen!

Faust: Wo soll ich das ohne Schmerzen hernehmen?

Mephistopheles: Reich mir deine Hand! *(Faust tut's und Mephistopheles streicht darüber)* Hier hast du Blut.

Faust *(erschauernd und entsetzt):* Wahrhaftig große Tropfen! *(fährt zurück)* Aber was ist das? Zwei Buchstaben bilden sich daraus, ein großes H und ein F. – *(als suche er die Deutung davon zu finden, nachdenklich für sich)* „Homo Fuge". *(nach kurzer Pause noch ernster)* Das bedeutet „Fliehe, Mensch" und lass dich nicht umgarnen!

Mephistopheles *(lacht in höhnisch aufreizender Weise):* Sei kein Narr! Das „F" bedeutet Faust, das „H" alle Herrlichkeit, die ich dir zeigen will. *(taucht die Feder in das Blut, legt den Kontrakt auf den Tisch und fährt drängend fort)* Was sinnst du noch? Flink zu! *(gibt Faust die Feder)*

Faust *(steht wie in einem Bann):* Mich schaudert!

Mephistopheles *(lachend):* Weshalb? *(immer dringlicher)* Schreib nur, schreib!

Faust *(steht noch einen Augenblick zweifelnd da, dann unterschreibt er so, als werde er von geheimnisvoller Macht dazu gezwungen):* Es ist geschehen! – *(hält den Kontrakt noch in der Hand und blickt ernst vor sich hin)*

*(Geräusch hinter der Szene wie das Wehen eines Flügels)*

Milde Stimme *(klagenden Tones und unter Orgelbegleitung):*
Faust, der Kauf wird dir zu teuer!
Denke an das Höllenfeuer!

Mephistopheles *(fährt zusammen, schaut aber mit gierigen Blicken auf den Kontrakt):* Gib, ich will den Kontrakt Pluto überbringen.

Milde Stimme *(wie vorhin):*
Teufelslist will dich umgarnen,
Tu es nicht, noch lass dich warnen!

Faust *(bebt zurück und hält den Kontrakt fest):* Noch nicht! *(für sich)* Was ist das für eine Stimme?

Mephistopheles *(drängend, als solle ihm etwas entgehen):* Warum zögerst du noch? *(zieht Faust den Kontrakt aus der Hand)*

Milde Stimme *(klagend, unter Orgelbegleitung):*
Weh, welch Los hast du erkoren!
Faust, bist ewig nun verloren!

**1** *Das Puppenspiel (▷ S. 225–226) ist in einer etwas altertümlichen Sprache verfasst. Schlagt in einem Wörterbuch oder Lexikon die Ausdrücke nach, die ihr nicht versteht.*

**2** *a) In der Szene wird der Pakt ausführlicher dargestellt als in der Sage. Klärt, welche Bedingungen die beiden Partner jeweils erfüllen müssen, und tragt sie in zwei Spalten in euer Heft ein.*
*b) Überlegt euch, warum Faust den Vertrag mit seinem Blut unterschreiben muss.*

**3** *Woran merkt man, dass das Puppenspiel trotz des ernsten Inhalts auch lustig sein soll?*

**4** *Ihr könnt die Szene aus dem Puppenspiel als Scherenschnittspiel vorführen. Dazu benötigt ihr nur einen Overheadprojektor und Papierfiguren und Papierrequisiten, die ihr anfertigt. Dann solltet ihr den Text überarbeiten (Änderungen direkt auf einer Kopie anbringen), die Rollen verteilen und überlegen, wie ihr den Szenenausschnitt am besten spielt. Viel Spaß beim Spielen!*

## Die Steinerne Brücke zu Regensburg

Die Steinerne Brücke wurde von Herzog Heinrich X. in Verbindung mit den Regensburger Bürgern von 1135 bis 1146 erbaut. Im Mittelalter galt die Brücke als großes Bauwunder. Nach der damaligen Sitte wurde sie mit Wahrzeichen versehen. Als solche sind noch zu erkennen ein Hund, ein Löwe ohne Kopf, zwei Hähne, eine Eidechse, drei Menschenköpfe und das so genannte Brückenmännchen. Das ist ein Jüngling, der auf dem Dach einer Säule sitzt und zum Dom hinschaut.

Von dieser Brücke erzählt die Sage, dass der Erbauer mit dem Baumeister des Domes eine Wette eingegangen sei: Wer schneller fertig wird, darf den andern verprügeln.

Rasch wuchs der Dom, und der Brückenbaumeister hatte allen Grund zur Sorge. Schließlich ging er in seiner Not einen Pakt mit dem Teufel ein. Für die ersten drei Seelen, die über die Brücke gehen würden, wollte der dem Baumeister helfen.

Von dieser Stunde an war es, als ob sich die Steine von selbst zusammenfügten. Und eines Tages, als der Dombaumeister schweren Herzens zur Donau hinübersah, hörte er die weithin schallenden Hammerschläge, mit denen der Schlussstein in die Brücke eingefügt wurde. Der Dombaumeister hatte die Wette verloren und stürzte sich in seiner Verzweiflung vom Dom herab.

Den Brückenbaumeister aber beglückwünschten alle Leute. Der konnte sich freilich nicht recht freuen, weil er an den Pakt mit dem Teufel dachte.

Da riet ihm ein alter Kapuziner, drei Tiere auf die Brücke zu bringen. Der Baumeister holte also zwei Hähne und einen Hund und jagte sie hinüber. Der Teufel, der sich betrogen sah, schlug vor Wut ein Loch in die Brücke und verschwand. Dieses Loch soll man noch lang danach gesehen haben.

**1** *Beschreibt die Motive und Antriebe, die sich hinter der Wette zwischen Dombaumeister und Brückenbaumeister verbergen.*

**2** *Überlegt, welche Alternativen der Brückenbaumeister gehabt hätte, um die drohende Niederlage ohne Hilfe des Teufels abzuwenden. Inszeniert dazu eine Spielszene, wie der Brückenbaumeister den Teufel mit seinem Angebot „abblitzen“ lässt.*

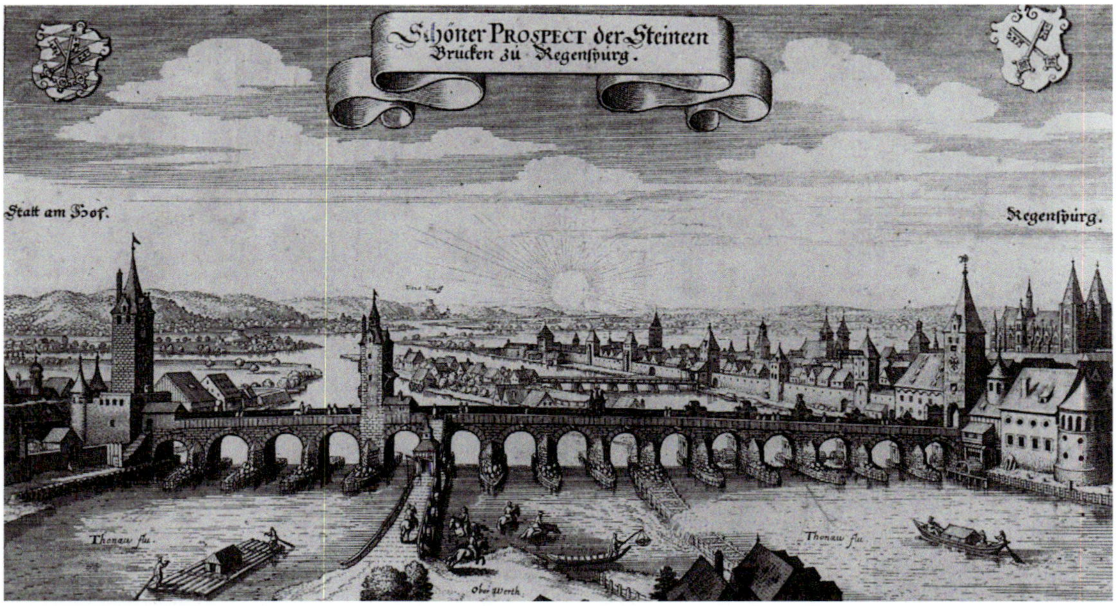


*Matthäus Merian: Die Steinerne Brücke zu Regensburg (Kupferstich, um 1640)*

**3** *Erläutert mit Hilfe der folgenden Informationen, warum es sich bei der Geschichte von der Steinernen Brücke zu Regensburg (▷ S. 227) um eine Sage handelt.*

**!**

### Die Sage

Ursprünglich mündlich überlieferte kurze Erzählungen unbekannter Verfasser nennt man **Sagen,** wenn sie folgende Merkmale aufweisen:

- Die Begegnung mit dem Übersinnlichen wird als unheimlich und schrecklich empfunden.
- Sagen sind an einen Ort und eine bestimmte Zeit gebunden.
- Sie knüpfen an einen äußeren Anlass wie Unwetter, Feuersbrunst oder die Taten außergewöhnlicher Menschen an und sind als wahre Berichte gemeint.
- Sie möchten die Leserinnen und Leser über bestimmte Sachverhalte informieren, ihnen oft auch Verhaltensregeln nahebringen.
- Die Ereignisse werden auf wunderbare, übersinnliche und fantastische Art ausgestaltet.

Es gibt **Volkssagen, Ortssagen, Heldensagen** und **Geschichtssagen.** Manche Sagenmotive wie der Kampf zwischen Vater und Sohn werden von verschiedenen Völkern zu verschiedenen Zeiten ähnlich gestaltet. Man spricht dann von einer **Wandersage.**

**4** *Auch von anderen Orten werden uns Brückensagen überliefert, in denen eine Wette abgeschlossen und der Brückenbaumeister vom Teufel unterstützt wird. Diskutiert darüber, warum solche Sagen entstanden sind.*

**5** *Leiht euch in eurer Ortsbücherei ein Sagenbuch aus, z. B. von Heinz Rölleke: „Das große deutsche Sagenbuch" (Düsseldorf 2001), und lest darin. Tragt eure Lieblingssagen in der Klasse vor.*

Wilhelm Matthiessen

## Das Rosenwunder

Elisabeth, eine ungarische Königstochter, wurde in jungen Jahren mit Ludwig, dem Sohn des Landgrafen von Thüringen, verheiratet. Mit ihrem Mann, der seinem Vater im Amte nachfolgte, lebte sie auf der Wartburg. Ludwig war seiner frommen Frau sehr zugetan, aber er bevormundete sie auch und überwachte sie. Verschwendung fürchtete er über alles, und er versuchte, sie mit allen Mitteln zu verhindern, sodass er im Rufe der übertriebenen Strenge stand.

Elisabeth sorgte sich um die Menschen des Landes, die nach Missernten häufig unter Hungersnöten zu leiden hatten. In einer der Notzeiten trug Elisabeth von früh bis spät in einem überdeckten Korb Brot und Fleisch die Wartburg hinunter, um die Hungernden zu speisen.

Ludwig überraschte Elisabeth einmal dabei, als sie gerade die Burg verlassen wollte, und stellte seine Frau zur Rede: „Lasst Uns sehen, was Ihr tragt." Ohne ihre Antwort abzuwarten, riss er das Tuch von dem Korb und fand ihn voller duftender roter Rosen, der Lieblingsblumen Marias, der Mutter Jesu. Über der Landgräfin aber schwebte ein Bild Christi. Da erkannte der Landgraf, dass Gott die Wege seiner Frau behütete und ihr wohlwollte. Er gab den Weg frei, damit sie ihr Vorhaben erfüllen konnte.

Elisabeth aber erbaute unter der Wartburg ein Spital und pflegte darin die Schwachen und Kranken.

**1** *Lest die Geschichte vor und sprecht darüber, wie man die Legende am wirkungsvollsten vortragen kann. Wiederholt den Vortrag.*

**2** *Wer ist der eigentliche Held in der Geschichte „Das Rosenwunder"?*

**3** *a) Überlegt, was „zugetan [sein]" (▷ Z. 6) bedeutet, und schreibt Wörter auf, durch die sich dieser Ausdruck ersetzen lässt.*
*b) Stellt eine Liste von Adjektiven auf, die den Geruch von Blumen wiedergeben. Malt die Blumen auf Plakate und ordnet ihnen die Wörter zu.*
*c) Diskutiert, mit welchen Nomen sich das Vorhaben der Elisabeth beschreiben lässt, und erstellt ein Wortfeld.*

## Legende vom heiligen Georg

Es war in der Umgebung von Beirut; in einem See hauste ein ungeheurer Drache und machte Wasser und Land unsicher. Manchmal kam er bis vor die Tore der Stadt, wo er die Luft verpestete. Man beschloss, ihm zwei Schafe täglich zum Opfer zu bringen. Aber bald gingen die Schafe aus. Man befragte das Orakel. Die Antwort lautete, man müsse dem Drachen Menschenopfer bringen und die, die dem Tode geweiht würden, durch das Los bestimmen ...
Eines Tages fiel in Beirut das Los auf Margarete, die Tochter des Königs. Der König verweigerte seine Tochter, aber das Volk war aufrührerisch und drohte, das Schloss in Brand zu stecken. Der König gab nach: Er lieferte seine Tochter aus, mit Festkleidern geschmückt. Man führte Margarete zu der Stätte, an der das Ungeheuer sich ihrer bemächtigen würde. Sie lehnte sich, in Tränen zerfließend, an einen Felsen. Aber siehe, am Felsen vorüber kommt Georg des Weges. Er sieht die weinende Jungfrau, tritt herzu und fragt sie nach dem Grund ihres Kummers. Sie erzählt ihm alles. Der Held bleibt ihr zur Seite. Plötzlich kocht das Wasser auf: Der Drache windet sich heraus, teilt die Wogen, schauerliches Zischen erfüllt die Luft, stinkende Gerüche vergiften sie. Das junge Mädchen stößt Schreie des Schreckens aus. „Fürchte dich nicht“, sagt der heilige Georg, steigt auf sein Pferd, befiehlt sich Gott, stürzt sich auf das Ungeheuer, bringt ihm einen tiefen Stich mit der Lanze bei und zwingt es zu seinen Füßen. „Jetzt“, so sagt Georg zu dem jungen Mädchen, „nimm deinen Gürtel und lege ihn dem Tier um den Hals!“ Und sie führte das Ungeheuer in die Stadt, wo das versammelte Volk in Freudengeschrei und Dankesrufe ausbrach. Und Georg sprach zum Volke, wenn es an Gott glauben wolle, so werde er das Ungeheuer vollends töten. Da empfing der König die Taufe und zwanzigtausend Menschen mit ihm. Der König wollte Georg mit Ehren überhäufen und seine Schätze mit ihm teilen. Aber Georg ließ alles an die Armen verteilen, was man ihm geben wollte, umarmte den König, empfahl ihm alle Unglücklichen und kehrte in sein Land zurück.

**1** *Erzählt die Geschichte mit eigenen Worten noch einmal nach.*

**2** *Diskutiert darüber, was die Kernaussage dieser Legende ist.*

**3** *a) Bildet Gruppen zu drei bis fünf Schülerinnen und Schülern, die die Legende aus der Sichtweise eines der Hauptakteure neu schreiben. Ihr könnt wählen zwischen der Perspektive des heiligen Georg, der Königstochter oder der des Drachen.*
*b) Lest euch eure Geschichten vor und vergleicht sie mit dem ursprünglichen Text. Hat sich die Kernaussage durch die andere Sichtweise verändert?*

**4** *a) Lest die „Legende vom heiligen Georg“ sorgfältig durch und überprüft, ob sie durchgehend in der gleichen Zeitform gestaltet ist.*
*b) Schreibt die Verben der Zeilen 20–33 heraus. Setzt sie ins Präteritum und beschreibt die Wirkung dieser Zeitform auf die Geschichte.*

**5** *a) Bestimmt die Wortarten im ersten Satz der Legende.*
*b) Sucht andere Wörter, die zu „ungeheuer“ passen (▷ Z. 2), und gestaltet ein Wortfeld.*

***Zu den beiden Legenden auf S. 229–230***

**6** *Vergleicht die Hauptpersonen in den beiden Legenden vom Rosenwunder und vom heiligen Georg, indem ihr folgende Tabelle in euer Heft übertragt und vervollständigt:*

| | heilige Elisabeth | heiliger Georg |
|---|---|---|
| Eigenschaften | ... | ... |
| Handlungsort | ... | ... |
| Wundertat | ... | ... |
| Wirkung | ... | ... |

**7** *a) Findet heraus, welchen Heiligen die Kirchen in euren Pfarrgemeinden geweiht sind.*
*b) Versucht, über die jeweiligen Heiligen in Erfahrung zu bringen, wann und wo sie gelebt haben und welche Wunder ihnen zugeschrieben werden.*
*c) Stellt eure Ergebnisse in der Klasse vor.*

**8** *Zeigt mit Hilfe der folgenden Informationen, dass es sich bei den Geschichten vom Rosenwunder und dem heiligen Georg um Legenden handelt.*

**!**

**Die Legende**

**„Legende“** stammt von dem lateinischen Wort „legendum“, das so viel wie „das zu Lesende“ heißt und eine **Geschichte über das Leben und Wirken von Heiligen** erzählt.
In den mittelalterlichen Klöstern wurden die Lebensbeschreibungen von Heiligen an deren Namenstag während der gemeinsamen Mahlzeiten der Mönche vorgelesen. Leben und Taten der Heiligen sollten den Mönchen als Vorbild dienen. Wichtiger Bestandteil der Legende waren der tugendhafte Lebenswandel und die Wunder, die der Heilige vollbrachte. Damit bildeten die Heiligenlegenden christliche Gegenstücke zu den heidnischen **Heldensagen,** in denen die Hauptfiguren durch besonders tapferes Verhalten und durch außerordentliche Waffentaten bestechen. Unerheblich für die Legende ist, ob die Person wirklich gelebt hat.
Vorbildlich am Lebenslauf eines Heiligen konnten, ebenfalls in Anlehnung an die Heldensage, der Mut eines Heiligen sein, wie St. Georgs Kampf mit dem Drachen, und seine Tugenden, die sich im Handeln äußerten. So betonen Legenden über den heiligen Martin sein Mitleid mit den Besitzlosen und seine Hilfsbereitschaft, Legenden über Franz von Assisi seine Bedürfnislosigkeit und seine Fröhlichkeit.
Je nach der Hauptfigur der Legende kann man **Christus-, Marien-** und **Heiligenlegenden** unterscheiden. Große Bedeutung erlangte die mittelalterliche Legendensammlung „Legenda aurea“ (entstanden zwischen 1263 und 1273).

**9** *Versucht im Gespräch Gründe dafür zu finden, warum auch heute noch Menschen zu Heiligen erhoben werden.*

# 13.3 Wissenswertes für Bücherwürmer

## Wie lese ich ein Buch?

**1** *Ein Buch lesen, das kann doch jeder! Ja sicher, aber vielleicht könnt ihr es viel interessanter machen, als ihr es bisher gewohnt wart. Hier einige Vorschläge:*

Während des Lesens malt ihr für die wichtigsten Figuren jeweils eine **Lebenskurve.**
Wenn es einer Figur gut geht und wenn sie Freude hat, steigt die Kurve unterschiedlich weit nach oben. Wenn sie Schwierigkeiten oder Kummer hat, geht die Kurve nach unten.
An den Höhe- und Tiefpunkten schreibt ihr kurz auf, was passiert ist. Die Lebenskurve nutzt ihr nachher, um das Buch im Unterricht vorzustellen. Sie ist euer Stichwortzettel.

Wenn ihr ein Buch lest, **telefoniert** ihr an Stellen, die euch besonders bewegt haben, mit einer der Figuren.
Das Gespräch nehmt ihr mit dem Kassettenrekorder auf. Es ist natürlich kein richtiges Telefongespräch. Eigentlich redet ihr mit euch selber. Wenn die Figur aus dem Buch spricht, verstellt ihr einfach eure Stimme. Bringt das aufgenommene „Telefongespräch" in den Unterricht mit, wenn ihr das Buch vorstellen wollt. Spielt es dort vor.

Die wichtigste Figur in eurem Buch schreibt einen **„Brief aus der Zukunft"**.
Ihr stellt euch vor, was die Figur wohl in zehn Jahren über die Ereignisse denken wird, die in dem Buch dargestellt werden.
Ihr schreibt diesen Brief nieder. Auch solche Briefe kann man bei Büchervorstellungen vorlesen.

Ihr schreibt für eine wichtige Figur des Buches eine **Vorgeschichte.**
Darin macht ihr deutlich, wie die Figur so geworden ist, wie sie am Anfang des Buches dann erscheint.

**2** *Sprecht in der Klasse über folgende Fragen:*
- ☐ *Wann liest du Bücher besonders gern?*
- ☐ *Wo kannst du am besten ein Buch lesen?*
- ☐ *Von wem bekommst du die Bücher?*
- ☐ *Was ist im Moment dein Lieblingsbuch?*

# Bücher entdecken und vorstellen

**1** *Überlegt: Was darf man alles erzählen, wenn man andere auf ein Buch neugierig machen will, ohne dabei zu viel zu verraten?*

**2** *Bringt Bücher in den Unterricht mit, die ihr zu Hause gelesen habt, und stellt sie in der Klasse vor:*
*a) Erklärt, worum es in dem Buch geht und wer die Hauptfiguren sind.*
*b) Lest eine besonders interessante Stelle vor.*
*c) Erklärt, warum euch das Buch gut gefallen hat.*

**3** *Eine weitere Möglichkeit der Buchvorstellung:*
*Ihr brecht die Inhaltsangabe eines Buches an einer Stelle ab, an der es gerade besonders interessant zu werden verspricht, und lasst die anderen in der Klasse weiterfantasieren; ihr hört euch einige Vorschläge an und sagt dann erst, welche Richtung der Autor oder die Autorin tatsächlich eingeschlagen hat. Aber noch nicht alles verraten! Vielleicht möchten einige das Buch noch lesen.*

**4** *Stellt eine* ***Hitliste*** *auf: „Die lustigsten/spannendsten/gruseligsten Bücher, die wir kennen“. Dazu müsst ihr über eure Vorschläge abstimmen. Die Bücher mit den meisten Stimmen führen eure Hitliste an.*

**5** *a) Wie informiert ihr euch über Bücher, die ihr einmal lesen könntet?*
*b) Schaut die folgenden Fotos an. Wie informieren sich die Kinder?*
*c) Überlegt euch weitere Möglichkeiten, wie ihr euch über Bücher informieren könnt.*

**6** *Geht mit der Klasse für eine Stunde in die* ***Schülerbücherei*** *eurer Schule oder die Bücherei eurer Gemeinde. Dort könnt ihr euch folgende Fragen stellen:*
- *Welche Abteilung oder welches Regal interessiert euch besonders? Wieso?*
- *Wer kennt einige der Bücher und kann sie vorstellen?*
- *Welche Bücher, die ihr hier vermisst, sollten demnächst angeschafft werden? Stellt eine Liste zusammen. Gebt sie dann demjenigen, der für die Bibliothek zuständig ist.*
- *Was muss man tun, um die Bücher in dieser Bücherei ausleihen zu können?*

## Bücher auswählen und austauschen

Mit dem Bücher-Mischpult könnt ihr ein Buch wählen. Ihr könnt festlegen, welche Eigenschaften es haben soll, indem ihr in jeder Spalte die entsprechende „Taste drückt".

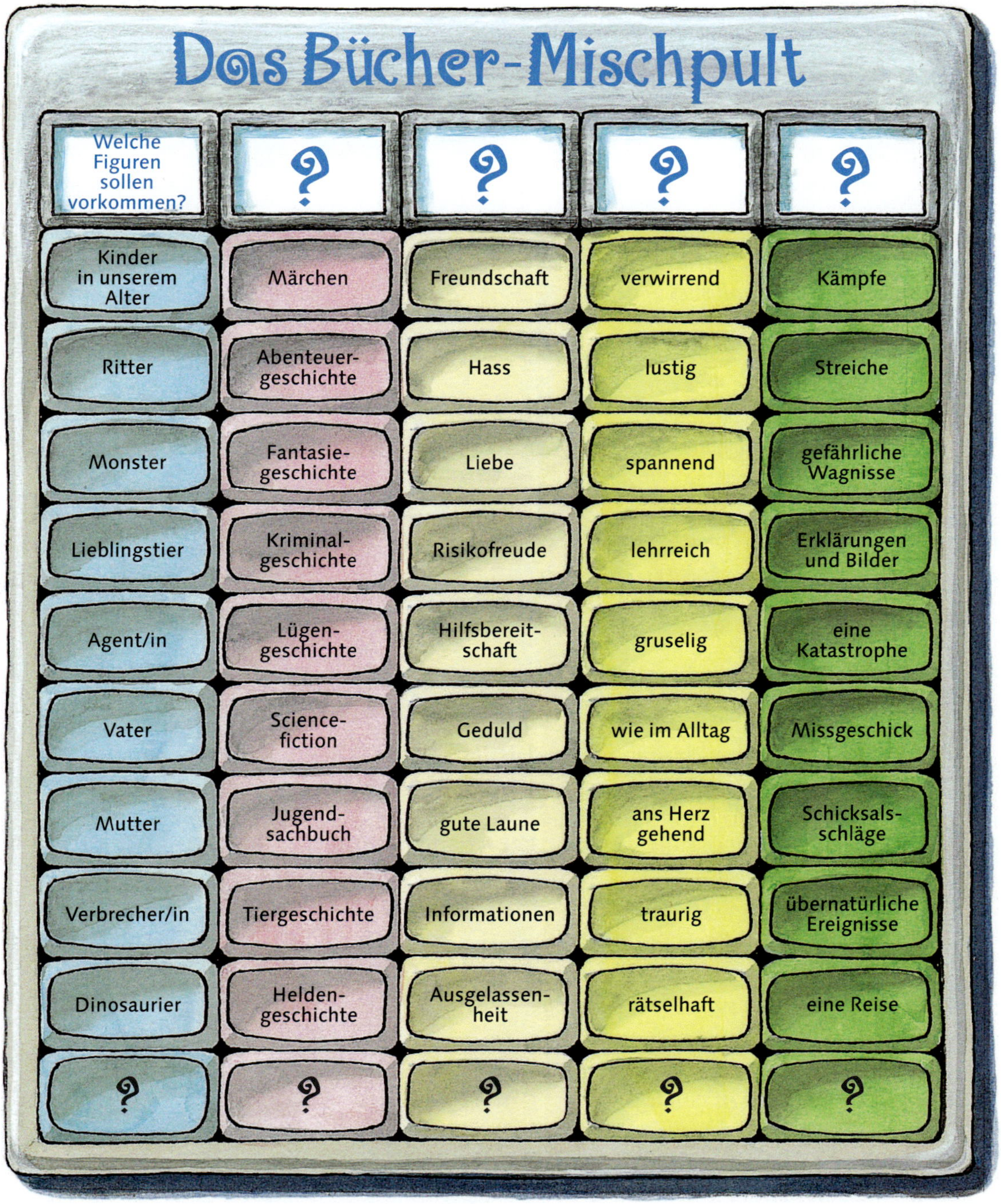


**1** *a) In der Kopfleiste des Mischpultes fehlen einige Fragen. Wie könnten sie lauten?*
*b) Wie könnte man die Spalten ergänzen?*

**2** *a) Verfasst Steckbriefe für Bücher. Verwendet dabei die Begriffe aus dem Bücher-Mischpult (**▷ S. 235**).*

**Gesucht wird:**

- Die Hauptfiguren sind Kinder in unserem Alter.
- Es ist eine Fantasiegeschichte.
- Hauptsächlich geht es um Freundschaft.
- Es ist spannend.
- In ihm kommen gefährliche Wagnisse vor.

*b) Lest die Steckbriefe in der Klasse vor. Wer erinnert sich an ein Buch, auf das die meisten der genannten Eigenschaften zutreffen?*

**3** *Geht in eine Bibliothek. Zeigt eure Bücher-Steckbriefe und fragt, auf welche Bücher sie passen.*

**4** *Ihr könnt in der Klasse ab und zu eine* ***Bücher-Tauschbörse*** *veranstalten:*
*Auf einer Wandzeitung notiert ihr,*

- ☐ *wer*
- ☐ *wann*
- ☐ *welches Buch*
- ☐ *an wen*

*ausgeliehen hat. Außerdem wird aufgeschrieben, welche Ausleihzeit vereinbart worden ist.*

**5** *Vielleicht könnt ihr in der Schule einen* ***„Lesebazillus"*** *durch die Klassen 5 und 6 schicken:*
*Ein Lehrer oder eine Lehrerin bringt eine Kiste mit Büchern mit. Die Kiste wird ausgeleert und alle können sich – vielleicht auch zu zweit – ein Buch schnappen, darin blättern und sich über das Buch unterhalten. Der Lehrer oder die Lehrerin registriert während der Stunde, welches Buch am meisten in Beschlag genommen wird.*
*Dieses Buch ist das „ansteckendste".*
*In jedem Buch liegt eine Karte, auf der sich diejenigen eintragen können, die das Buch ausleihen möchten. Dann wird ausgelost, wer das Buch bekommt. Spätestens in zwei Wochen müssen alle Bücher wieder zurückgegeben werden, dann können die anderen Interessierten sie ausleihen. Nach drei Monaten werden alle Bücher eingesammelt und der „Lesebazillus" wird in eine andere Klasse weitergegeben.*
*Die Bücherkiste kann auch von Schülerinnen und Schülern überreicht werden, die eines der Bücher in der anderen Klasse vorstellen möchten.*

Und hier noch zwei Tipps, die euch bei der Bücherauswahl helfen können:

**TIPP 1**

### Ein Videomagazin mit Buchvorstellungen

Stiftung Lesen
Fischtorplatz 23
55116 Mainz
Tel.: 06131/28890-0
Fax: 06131/230333
E-Mail: Mail@StiftungLesen.de
Homepage: http://www.stiftunglesen.de

Unter dieser Adresse könnt ihr Videokassetten bestellen, die jeweils sechs Ausschnitte aus Jugendbuchverfilmungen enthalten.
Das Motto der Kassetten: „Fortsetzung folgt nicht." Wenn man neugierig geworden ist, muss man in den entsprechenden Büchern nachlesen, wie es weitergeht.

**TIPP 2**

### Empfehlenswerte fantasievolle und spannende Bücher

| | |
|---|---|
| *Michael Ende:* | Momo |
| | Die unendliche Geschichte |
| *Joanne K. Rowling:* | Harry Potter und der Stein der Weisen |
| | Harry Potter und die Kammer des Schreckens |
| | Harry Potter und der Gefangene von Askaban |
| | Harry Potter und der Feuerkelch |
| *John Ronald Reuel Tolkien:* | Der kleine Hobbit |
| *Selma Lagerlöf:* | Wunderbare Reise des kleinen Nils Holgersson |
| *Jonathan Swift:* | Gullivers Reisen |
| *Lewis Carroll:* | Alice im Wunderland |
| *Jules Verne:* | Die Reise zum Mond |
| | Die Reise zum Mittelpunkt der Erde |
| *James Krüss:* | Tim Thaler oder Das verkaufte Lachen |
| *Tonke Dragt:* | Ein Brief für den König |
| | Die Türme des Februar |
| *Nina Rauprich:* | Die sanften Riesen der Meere |

**6** *Viele dieser Bücher könnt ihr in öffentlichen Bibliotheken ausleihen. Schaut euch eine solche Bibliothek an, sucht einige der oben aufgeführten Titel und leiht dasjenige Buch aus, das ihr am liebsten lesen wollt.*

# 14 Unsere Fernsehwelt

## 14.1 Genau hinsehen – besser verstehen

### Unsere Fernsehhelden und wir

**1** *a) Welchen Fernsehhelden oder welche Fernsehheldin seht ihr am liebsten? Erstellt eine Hitliste an der Tafel.*

*b) Fertigt eine Collage mit euren Lieblingsschauspielerinnen und -schauspielern an. Schneidet die Fotos aus Fernsehprogrammzeitschriften aus.*

**2** *a) Beschreibt eine Szene, in der man euren Fernsehhelden oder eure Fernsehheldin besonders gut kennen lernt.*

*b) Spielt eure Lieblingsfigur, ohne den anderen zu verraten, wer es ist. Überlegt vorher genau, was ihr den anderen zeigen wollt. Woran könnten sie die Figur erkennen?*

**3** *Erklärt den anderen, was ihr an eurem Helden gut findet und was ihr fühlt, wenn ihr ihn oder sie seht.*

**4** *a) Beschreibt, was auf den Bildern dargestellt ist:*

*b) Verfasst eine kleine Geschichte zu der Bildfolge.*

**5** *Sprecht über eure Gefühle beim Fernsehen. Warum rufen manche Fernsehfiguren in euch angenehme oder unangenehme Gefühle hervor und manche überhaupt nicht?*

**6** „Unsere Familie beim Fernsehen"

*a) Denkt euch eine Szene zu diesem Thema aus.*

*b) Achtet beim Vorspielen besonders auf die Wiedergabe von Gefühlen. Wird deutlich, um was für eine Sendung es sich handelt (lustig, ernst, spannend ...)?*

**7** *Denkt euch selbst eine Film- oder Fernsehfigur aus. Entwerft sein oder ihr Aussehen, entscheidet euch für bestimmte Eigenschaften und Verhaltensweisen.*

**8** *a) Fast immer gehören im Film oder Fernsehen zwei Figuren zusammen. Oft sind sie gegensätzlich. Fallen euch Beispiele ein?*

*b) Vergleicht Bart und Lisa Simpson miteinander. Übertragt die Liste in euer Heft und ergänzt sie:*

*c) Welcher Wortart gehören die meisten Vergleichswörter an, die ihr gefunden habt?*

**9** *Wie müsste die Gegenfigur zu der von euch erfundenen (▷ Aufgabe 7) aussehen?*

**10** *a) Seht euch einige Filmszenen an, in denen die Hauptfigur auftritt. Achtet dabei auf die Musik: Wird die Hauptfigur immer von einer bestimmten Melodie begleitet?*

*b) Welche Musik passt zu der Figur, die ihr erfunden habt (▷ Aufgabe 7)?*

# 14.2 Wir informieren uns über das Fernsehprogramm

**09.45 ZDF** **10.00 EURO** LIVE **Biathlon-WM**
Die Damenstaffel in Khanty-Mansiyk

Disl: Vorläuferin mit Lücke

Biathlon – Ursula Disl aus Bad Tölz – das deutsche Biathlon-Aushängeschild. Leider mit kleinem Makel. Bis zu dieser WM wartete die 32-Jährige noch immer auf einen großen Sieg im Einzel. Mit Staffelgold kann sie dagegen Handel treiben: 2x Olympia, 4x WM.
11:45 – ZDF VPS aus!
11:45 – Euro

## Kinder

**14.30 SRTL** **Ein Fall für die Inselkinder**
Vier Kinder klären einen angeblichen Unfall auf

Einem Mord auf der Spur?

Krimi (F '92). Dass die alte Martha durch einen Unfall gestorben ist, können die Inselkinder nicht glauben. Bei ihren Nachforschungen erhalten sie im Dorf Hilfe von der neuen Lehrerin Hélène (Brigitte Fossey).
**Altersempfehlung:** ab 8
Geheimnisvolle Ereignisse in einer spannungsvoll inszenierten Geschichte.
16:10 – 100 Min.

## Natur & Reise

**20.15 3 SAT** **Der Hund, das intelligente Wesen**
Ob auf der Jagd, bei Rettungsarbeiten oder im Polizeidienst – Hunde sind unersetzliche Helfer des Menschen Dokumentation ⓒⓓ

In den Alpen spüren Rettungshunde Lawinenopfer auf

Die Intelligenz von Hunden ist ganz erstaunlich. In vielen Dingen sind sie sogar Schimpansen überlegen, etwa in ihrer Fähigkeit, Zeichen und Signale von Menschen richtig zu deuten. Gerade deswegen sind die Vierbeiner nicht nur Freunde, sondern auch Helfer des Menschen. Teil zwei der Reihe „Dogsworld" berichtet u.a. aus Italien. Dort springen Hunde auf Kommando aus Hubschraubern ins Wasser, um Ertrinkende zu retten. In Norwegen leisten die Tiere bei der Elchjagd unverzichtbare Hilfe.
45 Min. → 21:00

**1** *a) Untersucht, welche Informationen die Programmankündigungen enthalten. Beachtet dabei folgende Fragen:*
- ☐ *Was erfahrt ihr in den Texten?*
- ☐ *Welche Absicht haben die Texte?*
- ☐ *Sind die Informationen zu den jeweiligen Sendungen ausreichend oder fehlen euch zusätzliche Informationen?*

*b) Welche der Sendungen würdet ihr euch ansehen? Begründet eure Entscheidung.*

**2** *Was erfahrt ihr über das Programm und die Sendungen, wenn ihr in einer Fernsehzeitschrift nachschlagt? Bringt verschiedene Programmzeitschriften von zu Hause mit und vergleicht die Zeitschriften miteinander. Legt vorher fest, auf was ihr achten wollt, z.B.:*
- ☐ *Ist die Fernsehzeitschrift übersichtlich aufgebaut?*
- ☐ *Sind die Informationen zu den einzelnen Sendungen ausreichend?*
- ☐ *Gibt es spezielle Filmtipps?*
- ☐ *Wie beurteilt ihr die Bildauswahl?*
- ☐ *Wie sind die Sendungen für Kinder gekennzeichnet?*

**REPORTAGE & NATUR** TIPP

## Expeditionen ins Tierreich

**DOKUMENTATION** **Wale im Südpolarmeer – Die seltenen Glattwale**

Die südlichen Glattwale sind vom Aussterben bedroht. Biologen machen sich mit ihrer Forschungsyacht auf den Weg in arktische Gewässer. Sie wollen feststellen, ob die Wale durch die Meeresverschmutzung geschädigt wurden oder ob die Bestände durch Inzucht gefährdet sind. Sie filmten die Giganten der Meere beim Liebesspiel und freundeten sich mit einem Wal-Weibchen und ihrem Jungen an.

L 45 Min. (bis 21:00)

**3** *Lest den Text oben links. Es ist eine Ankündigung einer Sendung über Wale.*
- *a) Klärt im Klassengespräch unbekannte Wörter.*
- *b) Versucht den Inhalt in zwei Sätzen zusammenzufassen.*
- *c) Lest den Text nochmals unter folgender Fragestellung:*
  *Was wollten die Biologen erforschen? Wie versuchten sie das zu erreichen?*

**4** *Welches Foto hättet ihr zu der Programmankündigung für einen Film über Glattwale ausgewählt? Begründet eure Meinung.*

**5** *a) Welche Sendung empfehlt ihr jüngeren Kindern, z. B. euren Geschwistern?*
*b) Stellt eine Kartei zusammen: „Fernsehhits für Kids".*

**Die Sendung mit der Maus**

| Figuren/Personen: | Thema: | Aufbau: | Empfehlung: |
|---|---|---|---|
| ... | ... | ... | ... |
| ... | ... | ... | ... |

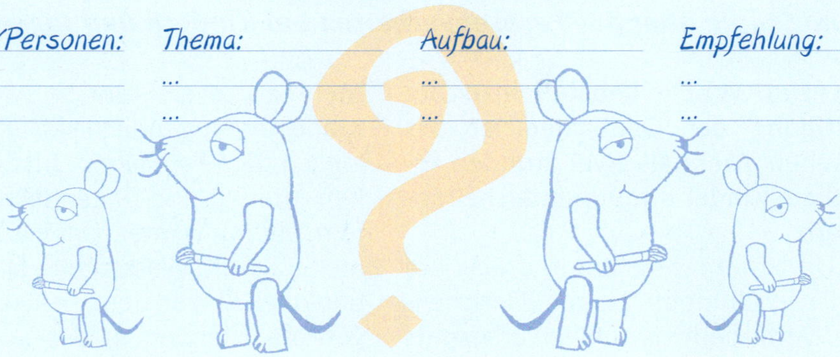

**6** *Erklärt den anderen in der Klasse folgende Begriffe, indem ihr im Lexikon nachschlagt:*

Soap · Talkshow · Videoclip · Sitcom · Sciencefiction · Reality-Soap · Comedy · DVD · d-Box · Live-Act

**7** *Im Unterschied zum Fernsehen unterhält und informiert das Radio (Hörfunk) ohne Bilder.*
*a) Besprecht, in welchen Situationen ihr Radio hört und welche Sender euch besonders gut gefallen. Begründet eure Meinung.*
*b) Überlegt, welche Vor- und Nachteile der Hörfunk gegenüber dem Fernsehen hat.*

**8** *a) Vergleicht das Programm verschiedener Radiosender miteinander.*

| | Musik | Nachrichten | Hörspiel | ... |
|---|---|---|---|---|
| Bayern 3 | Pop-Musik | ... | ... | ... |
| Bayern 5 Aktuell | ... | ... | ... | ... |
| ... | ... | ... | ... | ... |

*b) Wertet eure Notizen aus, indem ihr in ein bis zwei Sätzen die verschiedenen Radiosender beschreibt.*
*c) Überlegt, welche Hörerinnen und Hörer die jeweiligen Radiosender ansprechen.*

# 14.3 Fernsehen – und sonst nichts?

## Fernsehen – unsere liebste Freizeitbeschäftigung?

***Neue Studie über das Fernsehverhalten bei Kindern und Jugendlichen***

**MÜNCHEN (AW) Die liebste Freizeitbeschäftigung der Deutschen ist das Fernsehen. Mehr als zwei Stunden sehen allein Kinder und Jugendliche täglich fern.**

7:00 Uhr. Thomas steht auf, drückt auf den Einschaltknopf: Neben Nachrichten, Wetterbericht und Werbespots kommen die ersten Filme ins Zimmer. Die Zahnbürste bleibt liegen, weil gerade Ausschnitte aus dem neuesten Karatefilm gezeigt werden. Zeit für das Frühstück bleibt kaum, denn die Programmhinweise für den Abend muss er noch mitnehmen. Mist, jetzt muss er zum Bus rennen, sonst ist er weg …

So oder so ähnlich beginnt laut Dr. Katharina Themel der Tagesablauf vieler Kinder und Jugendlicher. 75% der Jugendlichen im Alter zwischen 11 und 15 Jahren geben das Fernsehen als erste Freizeitbeschäftigung an. Erst unter „ferner liefen“ folgen: Sport machen, mit Freunden zusammen sein und Diskobesuche.

Mehr als zwei Stunden widmen sich Kinder und Jugendliche im Durchschnitt täglich dem Fernsehen. Im Sommer sehen Kinder und Jugendliche weniger fern als im Winter, an Wochenenden mehr als an Werktagen. Die Schwerpunktzeiten vor dem Fernsehgerät liegen am Morgen, in der Vorabendzeit und dem Abend (bis etwa 23:00 Uhr).

Alle befragten Kinder und Jugendliche bevorzugten die privaten Sender. Dies spiegelte sich auch bei den Angaben zu Lieblingssendungen wider. Actionfilme, Serien und Talkshows stehen hoch in der Gunst der Jugendlichen.

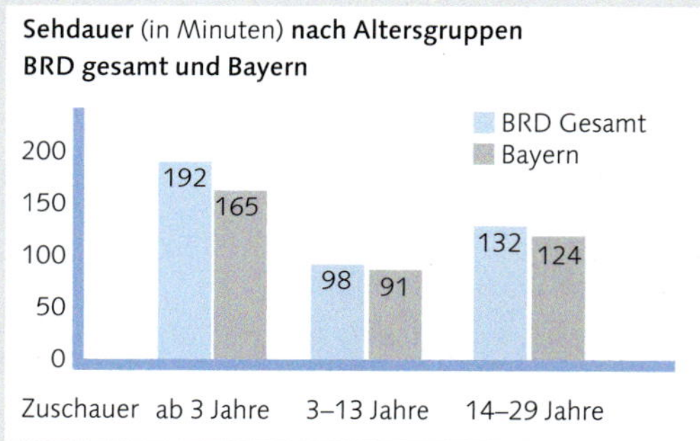


**1** *Worum geht es in dem Zeitungsbericht?*

*a) Lest den Bericht und klärt die Wörter, die ihr nicht versteht.*

*b) Der Bericht ist in verschiedene Sinnabschnitte gegliedert. Findet zu jedem Abschnitt eine passende Überschrift.*

*c) Fasst den Zeitungsbericht in zwei bis drei Sätzen zusammen.*

**2** *Stellt euch vor, Frau Dr. Katharina Themel hätte euch befragt. Besprecht, zu welchen Ergebnissen Sie gekommen wäre.*

**3** *Untersuchungsergebnisse lassen sich oft in Grafiken (Schaubildern) darstellen.*

*a) Beschreibt die Grafik mit eigenen Worten.*

*b) Schreibt einen kurzen Sachtext, der das wiedergibt, was auf der Grafik zu sehen ist.*

### 4 *Das Fernsehen auf der Anklagebank*

*Das Fernsehen ist angeklagt, die Kinder zu verdummen. Deshalb kommt es zu einer Gerichtsverhandlung. Führt in einem Rollenspiel die Gerichtsverhandlung durch. Die nebenstehende Karikatur kann euch als Anregung dienen.*

„Dabei zeigt er andererseits oft eine erstaunliche Intelligenz: So kann er beispielsweise sämtliche TV-Werbespots auswendig aufsagen!“

*Führt das* ***Rollenspiel*** *in folgenden Schritten durch:*

*a) Bildet in der Klasse sechs Gruppen:*
  Richter, Staatsanwälte, Verteidiger, Zeugen der Anklage, Zeugen der Verteidigung und Sachverständige.

*b) Besprecht in den Gruppen, wie ihr euch in eurer Rolle verhalten müsst und was ihr sagen werdet.*

*c) Bestimmt dann aus jeder Gruppe eine/n, die/der in der folgenden Gerichtsverhandlung vor der Klasse die Rolle spielen soll.*

*d) Das Spiel läuft etwa so ab:*
- *Der* Richter *eröffnet die Verhandlung und trägt den Sachverhalt vor.*
- *Der* Staatsanwalt *erhebt die Anklage und wirft dem Fernsehen Verdummung vor. Er begründet seine Anklage.*
- *Daraufhin erteilt der Richter dem* Verteidiger *das Wort, der das Fernsehen mit guten Argumenten vor den Anklagepunkten in Schutz nimmt.*
- *Staatsanwalt und Verteidiger benennen danach ihre* Zeugen*, die vom Richter befragt werden.*
- *Dieser lässt auch* Sachverständige *zu Wort kommen, die sich als Forscher mit dem Thema Fernsehen beschäftigt haben.*
- *Am Schluss spricht der* Richter *sein Urteil.*

*e) Über das Urteil und darüber, wie die „Verhandlung“ abgelaufen ist, sprecht ihr danach in der Klasse:*
- *Haben sich alle an die Regeln gehalten?*
- *Wo gab es Probleme?*
- *Woran lag es?*
- *Wie könnt ihr Rollenspiele künftig noch besser gestalten?*

**5** *Im Lauf eines Tages benutzt ihr wahrscheinlich verschiedene Medien wie Radio, Fernsehen, Zeitschriften, Computer, Bücher usw.*

*a) Entwerft gemeinsam ein Arbeitsblatt, auf dem ihr eintragen könnt, wie viel Zeit ihr am Tag mit Radio, Fernsehen usw. verbringt:*

| Medium | Tag | Zeit | ... |
|---|---|---|---|
| Radio | ... | ca 1/2 Std. | ... |
| ... | ... | ... | ... |
| ... | ... | ... | ... |
| ... | ... | ... | ... |
| ... | ... | ... | ... |
| ... | ... | ... | ... |
| ... | ... | ... | ... |

*b) Fallen euch noch weitere Punkte ein, die ihr ins Arbeitsblatt eintragen wollt?*

*c) Legt fest, über welchen Zeitraum ihr eure Untersuchung durchführen wollt. Kopiert das Arbeitsblatt für jeden in der Klasse und füllt es für den vereinbarten Zeitraum sorgfältig aus.*

**6** *Überlegt, wie ihr die einzelnen Ergebnisse auswertet. Ihr könnt*

- *heraussuchen, womit ihr am meisten Zeit zubringt;*
- *Lieblingsorte zum Lesen, Radiohören, Fernsehen ermitteln;*
- *untersuchen, was ihr am liebsten alleine und was ihr gerne mit anderen zusammen macht.*

**7** *Besprecht, wie ihr eure Ergebnisse darstellen wollt. Ihr könnt z. B.*

- *Thesen (knappe und präzise Aussagen) auf Plakaten festhalten;*
- *verschiedene Diagramme entwerfen. Dabei kann euch vielleicht euer Mathematiklehrer oder eure Mathematiklehrerin helfen.*

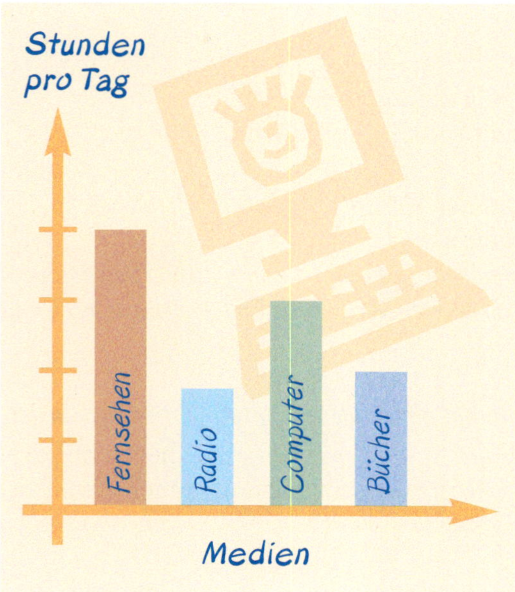


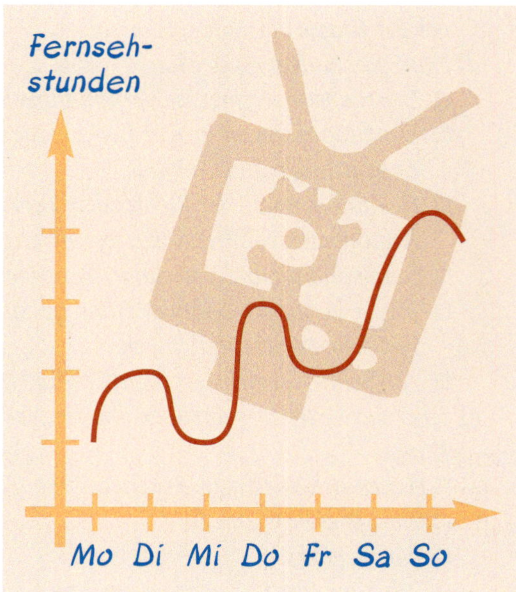

# 15 Wir spielen Theater

Menschen haben schon immer Theater gespielt. Von den alten Griechen sind Theaterstücke überliefert, die zweieinhalbtausend Jahre alt sind. Sie wurden unter freiem Himmel aufgeführt, in halbkreisförmigen Theatern, deren Überreste man sich heute noch ansehen kann.

**1** „Beim Stichwort ‚Theater' denke ich an …" *Notiert eure Einfälle und erklärt sie den anderen.*

# 15.1 In kleinen Schritten auf die große Bühne

## Vom Bild zum Spiel

**1** *Denkt euch in Kleingruppen zu einem der Bilder eine passende Geschichte aus und spielt sie eurer Klasse vor.*

**2** *Wenn ihr über euer Spiel sprecht, können folgende Fragen hilfreich sein:*
- *Worum ging die Auseinandersetzung, der so genannte* ***Konflikt****?*
- *Konnte er gelöst werden?*
- *Sind auch andere Lösungen denkbar?*

**3** *Eignen sich alle Bilder gleichermaßen zum Theaterspielen?*

# Ohne Worte – sprachlos?

Wer von euch schon einmal im Theater war, wird es wissen: Die Darsteller und Darstellerinnen sprechen nicht nur ihren Text, sie gebrauchen ihren ganzen Körper, um Gefühlen und Stimmungen Ausdruck zu verleihen.
Es gibt auch eine Form von Theater, bei der ganz auf Worte verzichtet wird. Wenn Theater nur mit dem Gesichtsausdruck, der Körperhaltung und -bewegung gespielt wird, nennt man dies **Pantomime.**

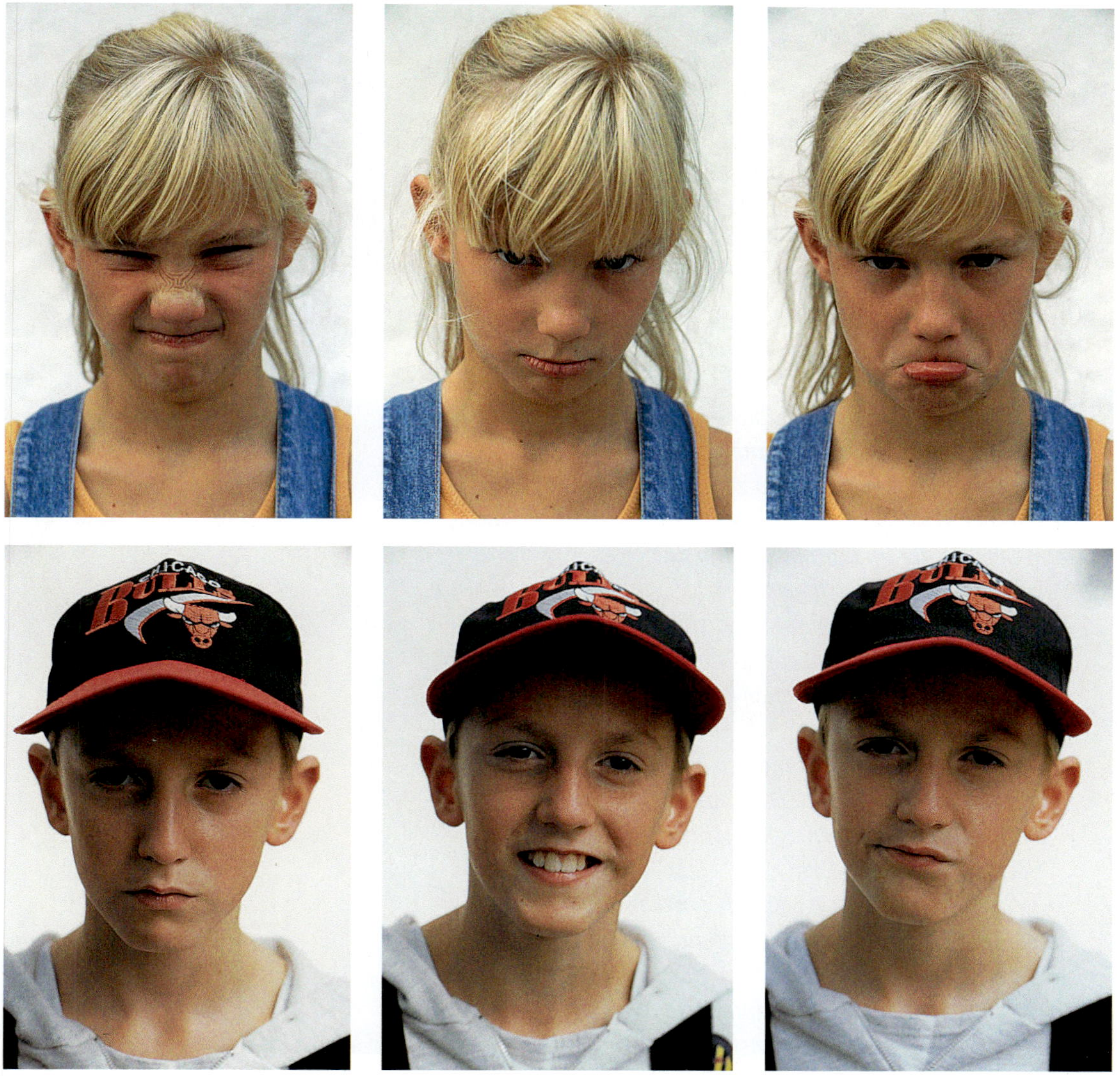

**1** *Das sind Sabine und Max. „Übersetzt“ ihre Gesichtsausdrücke in Worte: Was denken sie gerade? Wem könnten sie gegenüberstehen? Was werden sie als Nächstes sagen?*

**2** *Überlegt euch ein bestimmtes Gefühl. Versucht dieses Gefühl nur mit eurem Gesicht auszudrücken. Eure Nachbarin oder euer Nachbar soll dieses Gefühl erraten.*

**3** *Ihr könnt eure* ***Mimik*** *(so nennt man den Gesichtsausdruck) zu Hause vor dem Spiegel üben.*
*Für Fortgeschrittene: Versucht einmal euer Gesicht langsam von einer Stimmung in eine andere zu verändern, z. B. von Trauer zu Freude; oder von Überheblichkeit zu einem fragenden Gesichtsausdruck.*

**4** *Stell dir vor, du bekommst einen Brief. Zeige nur mit deiner Mimik, was darin zu lesen ist.*

**5** *Spaß macht es auch, pantomimisch ein Stück Obst zu essen. Die anderen müssen dann raten, was ihr verspeist habt. Eine Banane oder einen saftigen Pfirsich? Eine saure Apfelsine? Kirschen?*

**6** *Ein Spiegelbild macht immer genau das, was wir tun – nur eben spiegelverkehrt. Eine besonders schwierige Übung ist deshalb die* ***Spiegelpantomime.***
*Dabei steht ihr euch immer zu zweit gegenüber. Einer tut, als stände er vor dem Spiegel, der andere spielt dann das Spiegelbild. Später wird getauscht.*
*Achtung: Am Anfang müsst ihr euch sehr langsam bewegen, damit euer Gegenüber sich an die Situation gewöhnen kann.*

**7** *a) Es gibt viele Arten, wie man sich zu Fuß fortbewegen kann:* spazieren gehen, wandern, schlendern, schleichen ...
*Setzt das Wortfeld fort.*
*b) Wie wir gehen, hängt oft auch von der Situation ab: vorsichtig barfuß auf heißem Sand, zügig auf dem Weg zum Bus ...*
*Spielt eurer Klasse eine Gangart vor. Wer sie errät, darf die nächste vorführen.*

**8** *Besonders schwierig zu spielen (und zu erraten) sind Bewegungen in Zeitlupe. Probiert es einmal aus.*

**9** *Auch wie wir sitzen, ist abhängig von der Situation. Im Wartezimmer beim Zahnarzt sitzt man anders als vor dem Fernseher.*
*Überlegt euch ähnliche Situationen und spielt sie eurer Klasse vor.*

**10** *Ihr seht: Unser Gesicht, unsere Hände, unser Körper sprechen eine eigene Sprache. „Übersetzt" das, was die Kinder auf dem Foto ausdrücken, in Worte.*

**11** *a) Spielt die folgenden Aussagen als Pantomime:*

- Ich habe gerade gut gegessen.
- Nein danke. Ich möchte nicht.
- Was? Meinst du mich? Ich soll zu dir kommen?
- Das war ich nicht! Damit hab ich nichts zu tun!
- Ich habe Kopfschmerzen, seid bitte nicht so laut!

*b) Sucht weitere Aussagen, die ihr mit eurem Körper darstellen könnt. Eure Klassenkameraden müssen dann erraten, was ihr „sagen" wollt.*

**12** *a) Spielt die folgenden Situationen ohne Worte. Dabei könnt ihr alle Möglichkeiten der Körpersprache ausprobieren.*

- In der Schlange beim Bäcker drängelt sich jemand vor.
- Im Wartezimmer beim Arzt
- Im Zugabteil: Alle Plätze sind besetzt.
- Ein Urlauber versucht in einem fremden Land ein Stückchen Seife zu kaufen.
- Beim Frisör: Der Haarschnitt ist ganz unerwartet geraten.

*b) Sicher findet ihr noch weitere interessante Szenen.*

# Welche Rolle spielst du?

Paul Schorno

## Ich soll den Clown spielen?

*Theaterwerkstatt-Atmosphäre. Kulissenteile und Versatzstücke liegen und stehen herum. Kinder ziehen sich an, lachen dazu: König, Prinzessin, Polizist, Hexe, Magd, Soldat, Zwerg, Riese, Köchin, Tänzerin, Königin, Fuchs, Zauberer, Ritter usw. Ein Bub steht als Einziger noch in seinen Straßenkleidern da. Er hat eine aufstülpbare Clownnase in der Hand, am Boden liegt eine Perücke. Jemand wirft ihm noch die Riesenschuhe eines Clowns zu. Armando, wie der Knabe beispielsweise heißen kann, ist unzufrieden.*

ARMANDO: Ich will nicht den Clown spielen!
*(Niemand reagiert darauf.)*
Ihr mit euren Kostümen – und ich soll nehmen, was übrig bleibt.
*(Den andern ist das egal.)*
Diese blöde Nase. Und diese Schuhe.
Ihr könnt mich nicht zwingen.
*(Einige Kinder beginnen selbstverliebt zu spielen, bewegen sich im Sinne ihrer Figur und üben Posen.)*
Faxen machen und blöde Späße, das kann ich nicht, das will ich nicht.
*(Er hält die Clownnase vors Gesicht, streckt die Zunge heraus und macht ein paar tollpatschige Bewegungen. Einige lachen und sagen: Du kannst es ja!)*
Du kannst es ja, du kannst es ja! Jetzt will ich aber erst recht nicht.
*(Immer mehr setzen sich die Kinder in Szene, laufen umher, verneigen sich, kichern, zupfen an den Kleidern herum und schauen sich gegenseitig an.)*
Ich möchte einen von euch sehen, wie er den Clown spielt, jawohl.

KÖNIG: So wie der Chaplin. Hast ihn ja auch schon im Film gesehen.

RITTER: Weißt du, der mit dem Stöckchen und dem Schnurrbart.
*(Versucht so zu gehen wie Chaplin.)*

KÖCHIN: Er watschelt doch so komisch.
*(Versucht ebenfalls den Watschelgang nachzuahmen.)*

SOLDAT: Das kann ich besser.
*(Er macht das ganz schlecht, sodass alle lachen, weil er's nicht gut macht.)*

ARMANDO: Ja, also. Wenn ihr ihn so gerne spielt, warum muss ich gerade der Clown sein?

KÖNIG: Sei kein Spielverderber.

POLIZIST: Du darfst alle zum Lachen bringen.

PRINZESSIN: Anderswo gibt es Kinder, die gerne den Clown spielen würden.

ARMANDO: Clown, Clown. Ich bin kein Spaßvogel. Ich wäre lieber ein Einbrecher.

KÖNIGIN: Ein Einbrecher. Wie einfältig.

ARMANDO *(spöttisch)*: Natürlich, wenn man Königin ist ...

FUCHS: Wahrscheinlich willst du mich schnappen.

ARMANDO: Ein Einbrecher, ganz genau.
*(Er zeigt das Schleichen in gebückter Haltung vor, tut, als nähme er eine Pistole hervor und ruft:)* Hände hoch!

Hexe: Das ist doch blöd. Immer diese Krimis.

Polizist: Wenn wir einen Krimi spielen, dann kann ich den Mord aufdecken.

Magd: Wir spielen aber keinen Krimi.

[...]

König: Ich befehle dir jetzt, dich als Clown richtig anzuziehen.

Einige: Jawohl. *(Sie gehen auf ihn zu, halten ihn fest, ziehen ihm die Schuhe an, stülpen ihm die Perücke über und befestigen die Nase. Sie verneigen sich vor ihm. Armando wehrt sich schließlich nicht mehr.)*

Alle: So, und jetzt bring uns zum Lachen.

Zwerg: Spiel uns was vor.

Königin: Zuerst müssen wir alle traurig sein.

Polizist: Denkt, ein böser Mann ist im Lande.

Köchin: Oder die Hungersnot.

Tänzerin: Es gibt keine Musik mehr.

Ritter: Keine Pferde.

Prinzessin: Keine Blumen und Schmetterlinge.

Zauberer *(in Zaubererpose):* Ihr – sollt – alle – traurig sein.

*(Einige versuchen eine entsprechende Mimik und Haltung einzunehmen.)*

Tänzerin *(plötzlich):* Wie ist man eigentlich traurig?

Magd: Wie? Einfach so, indem man – traurig ist. Einfach so.

*(Die Magd probiert das Traurigsein. Sie macht Grimassen und wirkt ziemlich verkrampft. Einige lachen.)*

Ritter: Du bist blöd. Wenn man etwas spielt, so muss man es auch spielen können. *(Er probiert es auch, einige andere ebenfalls.)*

Tänzerin: Alle sind jetzt traurig. Und nun kommt unser Clown.

Riese: Der alle zum Lachen bringt.

Hexe: Nein, anders, wir alle müssen den Clown zum Lachen bringen, weil er plötzlich an einer Krankheit leidet, sodass er nicht mehr lachen kann.

Köchin: Gute Idee.

Tänzerin: Das spielen wir später, zuerst muss er uns zum Lachen bringen.

Einige: Genau.

König: Also beginnen wir. [...]

Armando: Ich will ein ganz anderer Clown sein. Nicht so, wie ihr meint.

Tänzerin: Hauptsache, du heiterst uns auf.

Magd: Wir sind neugierig auf deine Taten.

Armando: Ihr werdet Augen machen.

Zauberer: Da sind wir aber gespannt – – –

**1** *a) Welche Vorstellung habt ihr von einem Clown?*
*b) Was erwarten die Personen in dem Stück von einem Clown?*
*c) Vielleicht habt ihr eine Idee, wie Armando den Clown spielen könnte.*

**2** *Im Text kommen noch andere Rollen vor. Sucht Textstellen, an denen die Figuren ihre Rolle bereits spielen.*

**!**

Ein ganz wichtiger Begriff beim Theaterspielen ist der Begriff der **Rolle.** Rolle nennt man die **Figur, die ein Schauspieler verkörpert.** Bekannte Rollen sind z. B. die Rolle des Clowns oder die Rolle der Königin.
Auch im Alltag kennen wir den Ausdruck Rolle: „Aus der Rolle fallen“ sagt man, wenn sich jemand unpassend verhält, also so, wie es die anderen nicht erwarten.

**3** *Ein kurzer, abgeschlossener Teil eines Theaterstücks heißt* ***Szene.*** *Spielt die Szene von Paul Schorno vor der Klasse. Zur Vorbereitung könnt ihr sie mit verteilten Rollen lesen und aus dem Stegreif mit dem Text in der Hand spielen.*

# 15.2 Mit Worten auf der Bühne streiten

Vieles kann man ohne große Worte ausdrücken. Meistens wird im Theater aber auch gesprochen. Wenn sich Personen auf der Bühne unterhalten, nennt man dies **Dialog.**

### Immer Ärger mit der Schule

Natalie hat schon wieder eine Fünf geschrieben. Das ist jetzt schon die dritte in diesem Schuljahr. Na und? Na und. Du bist gut. Wenn sie so weitermacht, bleibt sie kleben. Ach, sie wird's schon schaffen. Nati hat bisher immer alles geschafft. Aber jetzt in der 5. Klasse ist's schwerer. Nun dräng das Mädchen nicht. Sie wird's schon schaffen. Fred, ich weiß nicht, wo du diese Zuversicht hernimmst. Deine Tochter schreibt Fünfer am laufenden Meter und dich interessiert das nicht die Bohne. Erstens ist es nicht meine Tochter, sondern unsere. Und zweitens interessiert es mich sehr wohl. Dann unternimm gefälligst etwas! Und was soll ich deiner Meinung nach unternehmen? Ja, soll ich vielleicht in die Schule gehen ... Zum Beispiel, warum nicht? ... und ihre Klassenarbeiten schreiben ... Natürlich nicht! Aber mit dem Lehrer könntest du reden. Der spinnt doch! Ja, Herr Krämer ist ein ganz mieser Typ! Das finde ich auch! Was machst du denn hier? Um diese Zeit! Herr Krämer hat mich nach Hause geschickt, weil ich zu frech bin, hat er gesagt. Na, er wird's nicht so gemeint haben. Eigentlich ist Herr Krämer doch ganz nett.

**1** *a) In dieser Szene treten folgende Personen auf: Mutter, Vater und Tochter Natalie. Schreibt den Text so auf, dass der Dialog deutlich wird. Dabei steht zunächst der Personenname, dann ein Doppelpunkt, dann folgt der Text. Wenn ihr festlegen wollt, wie ein bestimmter Satz gesprochen werden soll, könnt ihr* ***Regieanweisungen*** *einfügen, zum Beispiel so:*

| | |
|---|---|
| Mutter (verzweifelt): | Natalie hat schon wieder eine Fünf geschrieben. |
| | Das ist jetzt schon die dritte in diesem Schuljahr. |
| Vater (gelangweilt): | Na und? |
| Mutter (entsetzt): | ... |

*b) Möglicherweise hattet ihr bei einigen Sätzen Schwierigkeiten, sie eindeutig zuzuordnen. Habt ihr dafür eine Erklärung?*

**2** *a) Schreibt die Szene zu Ende.*
*b) Spielt einige eurer Dialoge und vergleicht die unterschiedlichen Lösungen.*

**3** *a) Ergänzt den nebenstehenden Dialog. Denkt auch an die Rollenbezeichnungen.*
*b) Spielt oder lest eure Lösung der Klasse vor.*

... Was willst du? ... Ich verbiete es dir! ...
... Und wieso, bitte? ... wieso? ...
... Das weißt du ganz ... nicht immer wiederholen ...
... Ich lasse mir das aber nicht verbieten ...
... werden wir noch sehen ...
... dann werde ich eben ...

# 15.3 Szenen schreiben – Stücke spielen

Helen Gori

## Ein Mensch vor dem Gericht der Tiere

*Im Gerichtssaal sind fast alle Tiere versammelt. Der angeklagte Mensch wird vom Schwein hereingeführt.*

GERICHTSPRÄSIDENT (LÖWE): Darf ich Sie um Ihre Personalien bitten?

MENSCH: Mensch, geborener Affe, auf die Welt gekommen vor etwa 40 000 Jahren, wohnhaft überall auf der Erde.

LÖWE: Der Schreiber wird uns jetzt die Anklageschrift verlesen.

SCHREIBER (TINTENFISCH): Mensch, Sie sind angeklagt, eine unermesslich große Zahl von unschuldigen Tieren umgebracht, gefressen, gequält, geschlachtet, hingerichtet, gejagt, erschossen und überfahren zu haben. Wegen Ihren untierischen Quälereien und Massenmorden stehen Sie vor dem Gericht der Tiere.

LÖWE: Bekennen Sie sich schuldig?

MENSCH: Nicht schuldig.

LÖWE: Dann schreiten wir zur Vernehmung der Zeugen. Herr Staatsanwalt, darf ich bitten?

STAATSANWALT (FUCHS): Mein erster Zeuge ist der Igel.

IGEL *(weinerlich):* Ich wollte eigentlich gar nicht zu dieser Gerichtsverhandlung kommen. Gerade in der heutigen Nacht ist mein lieber Mann, der unvergessliche Kasimir, von einem Eisenteufel überfahren worden. Und ein Mensch saß drin und kümmerte sich überhaupt nicht um ihn.

LÖWE: Wir werden Sie in der Gerichtsverhandlung schonen, wenn es möglich ist. *(Zu Fuchs und Katze, Verteidiger)* Haben Sie noch Fragen an unseren Igel?

FUCHS/KATZE: Nein.

LÖWE: Wer ist Ihr nächster Zeuge, Herr Staatsanwalt?

FUCHS: Der Frosch.

FROSCH: Es ist doch wirklich eine Schweinerei ...

SCHWEIN: Ich protestiere, mein Name darf nicht so missbraucht werden!

FROSCH: Entschuldigung, ich wollte niemanden beleidigen.
Es ist doch wirklich eine Menscherei, wie die Menschen unsere Weiher und kleinen Seen verschmutzen! In diesem Waschmittelschaum kann doch niemand mehr leben! Aber noch schlimmer ist, dass jedes Frühjahr Millionen von Fröschen überfahren werden von diesen merkwürdigen Blechbüchsen, in denen Menschen sitzen.

FUCHS: Das ist ja schrecklich! Und was passiert sonst noch mit deinen Freunden und Verwandten?

FROSCH: Ach ja, die schlimmste Quälerei habe ich doch beinahe vergessen. Diese gemeinen Hunde ...

HUND: Also, ich bin mit diesem Wort wohl kaum gemeint ...

FROSCH: Oh, Entschuldigung, diese gemeinen Menschen reißen uns Fröschen bei lebendigem Leib die Beine aus und braten sie, um sie dann als so genannte Delikatesse zu verspeisen. Wir armen Frösche müssen in einem stundenlangen Todeskampf zugrunde gehen. Ich bin dafür, dass man auch einmal einem Menschen alle seine Beine ausreißt ...

LÖWE: Den Strafantrag stellt später der Staatsanwalt, dazu haben Sie nichts zu sagen! Sind noch Fragen an den Zeugen Frosch?

VERTEIDIGER (KATZE): Haben Sie auch schon die kleinen Zäune gesehen, die von den Menschen nur darum gemacht wurden, damit die Frösche nicht überfahren werden?

FROSCH: Ja, schon, aber die sind doch nur da, weil die Menschen uns lieber essen als überfahren!

FUCHS: Meine nächste Zeugin ist die Schnecke.

SCHWEIN: Die Schnecke ist leider noch nicht da, ich glaube, sie hat sich ein wenig verspätet.

FUCHS: Gut, dann rufe ich zuerst die Schlange in den Zeugenstand.

SCHLANGE: Dass ich jetzt noch lebe und zu Ihnen sprechen kann und dass ich nicht schon in Form eines Geldbeutels oder einer Damenhandtasche vor Ihnen stehe, habe ich nur meiner Intelligenz und meinem feinen Tastsinn zu verdanken, sonst hätten mich die Menschen schon lange umgebracht ...

KATZE: Aber Sie waren doch einst sehr gut befreundet mit den Menschen, wenn man so an die Eva im Paradies denkt ...

SCHLANGE: Das war nur ein raffinierter Trick von mir, sonst hätten die Menschen auch aus dem Paradies einen Schweinestall gemacht!

SCHWEIN: Ich protestiere ...

SCHLANGE: Ja natürlich, ich entschuldige mich in aller Form, ich meine natürlich einen Menschenstall!

FUCHS: Ich bitte das Huhn in den Zeugenstand.

HUHN: Ja, ich warte schon lange darauf, endlich einmal auszupacken! Ich lebe unter unhühnlichen Verhältnissen in einer Geflügelbatterie. Meine ungeborenen Kinder werden mir weggenommen und von den Menschen als Eier gegessen. Mit fünf andern Hühnern bin ich in einem kleinen Käfig eingesperrt. Ich hoffe nur, möglichst bald als Brathuhn gegessen zu werden, damit diese Qual endlich ein Ende hat.

KATZE: Aber wer bringt dir jeden Tag das Futter?

HUHN: Die Menschen natürlich, aber die füttern mich nicht aus reiner Nächstenliebe, sondern weil sie nicht gern zu Skeletten abgemagerte Hühner essen!

FUCHS: Mein nächster Zeuge ist der Blaubock.

*(Niemand erscheint, die Tiere werden unruhig.)*

LÖWE: Ich glaube, Herr Staatsanwalt, es ist Ihrer Aufmerksamkeit entgangen, dass der Blaubock von den Menschen ausgerottet wurde.

*(Entrüstungssturm, die Tiere sprechen alle durcheinander.)*

**1** *Sammelt Ideen, welche weiteren Tiere bei der Gerichtsverhandlung auftreten können. Überlegt, ob auch Tiere auftreten sollen, die den Menschen verteidigen.*

**2** *Bildet Gruppen. Jede Gruppe schreibt eine Szene, in der ein oder zwei der neuen Tiere auftreten. Fügt auch die notwendigen Regieanweisungen ein. Spielt eure Ergebnisse dann der Klasse vor.*

**3** *Aus den verschiedenen Szenen, die ihr gestaltet habt, könnt ihr nun ein gemeinsames Theaterstück zusammenstellen. Überlegt, wie euer Stück enden soll.*

**4** *Wenn ihr das Stück auf dem Elternabend oder Schulfest aufführen wollt, solltet ihr einen „Fahrplan" erstellen.*

## Theater-Fahrplan

– bis Montag, 3.3. – Rollen verteilen ✓
– bis Freitag, 7.3. – alle Requisiten und Kostüme mitbringen ✓
Stock (Michael)
großes Tuch (Johanna)
Kissen (Max)
– bis Samstag, 8.3. – Einladungen/Eltern ✓
– bis Montag, 10.3. – Texte lernen

# 16 Anna und Paul im Land des Lernens

## 16.1 Nachdenkliches übers Lernen

Das sind Anna und Paul. Zwar besuchen sie verschiedene Schulen, aber sie wohnen in derselben Straße. Sie sehen sich regelmäßig und reden auch über das, was sie so in der Schule erleben. Und sie reisen in Gedanken oft ins Land des Lernens.
Wo dieses Land liegt? Überall dort, wo Kinder nicht nur lernen, was ihnen Lehrerinnen und Lehrer in der Schule und die Eltern zu Hause sagen, sondern wo sie selbst darüber nachdenken, wie sie am besten lernen können.
Eines Nachmittags streifen Anna und Paul wieder einmal durch das Land des Lernens. Da entdecken sie unter einem großen Baum eine seltsame „Schulklasse“:

**1** *Sprecht über diese Karikatur. Was haltet ihr von der Aufforderung des „Lehrers“? Was „denken“ wohl die einzelnen Tiere?*

**2** *„Kinder sind zwar alle gleichwertig, aber nicht gleichartig.“ Was meint ihr zu dieser Aussage?*

## Schwierigkeiten beim Lernen

Paul denkt laut nach: „Manches geht mir leichter von der Hand, anderes fällt mir schwerer." „Und was fällt dir eher schwer?", fragt Anna neugierig. Darauf zählt Paul folgende Punkte auf:

- □ *Regelmäßig üben und wiederholen.*
- □ *Vokabeln gründlich lernen.*
- □ *Aus Texten das Wichtigste herausfinden.*
- □ *Schulaufgaben gut vorbereiten.*

„Jetzt musst du mir aber auch sagen, was dir schwerer fällt", fordert Paul. Und auch Anna gibt ganz offen ihre Schwierigkeiten zu:

- □ *Hefte und Mappen ordentlich führen.*
- □ *Die Arbeit sorgfältig planen.*
- □ *Regelmäßig ein Wörterbuch benutzen.*
- □ *Ein Schema oder eine Tabelle erstellen.*

**1** *Welche Schwierigkeiten habt ihr beim Lernen? Schreibt sie auf einen Zettel.*

**2** *a) Tragt eure Lernschwierigkeiten an der Tafel zusammen. Führt Strichlisten bei den Punkten, die von mehreren genannt werden.*
*b) Wertet eure Strichlisten aus: Erstellt eine Rangfolge der Lernschwierigkeiten.*

**3** *a) Jetzt könnt ihr gemeinsam mit eurer Lehrerin/eurem Lehrer entscheiden, mit welchen Punkten ihr euch genauer beschäftigt.*
*b) Sprecht auch mit euern Eltern über die Schwierigkeiten, die ihr notiert habt.*

## Den Zeitdieben auf der Spur

Anna und Paul begegnen eines Tages auf ihrer Reise durch das Land des Lernens einer Bande, die sich darauf spezialisiert hat, Menschen, die lernen wollen, die Zeit zu stehlen. Durch Zufall können sie ein Gespräch der Zeitdiebe belauschen:

*„Sekunden-Ede, du sorgst dafür, dass die Kinder in den fünften Klassen*

- □ *zu oft und zu lange telefonieren,*
- □ *zu viel Zeit vor dem Fernseher und dem Spielecomputer verbringen,*
- □ *herumtrödeln und sich vor unangenehmen Hausaufgaben drücken,*
- □ *oft sehr lange nach irgendwelchen Sachen suchen."*

*„Du, Minuten-Johnny, sorgst dafür, dass die Kinder*

- □ *sich durch Besucher und Unterbrechungen ablenken lassen,*
- □ *gern und oft Musik bei den Hausaufgaben hören,*
- □ *planlos vor sich hin arbeiten,*
- □ *Aufgaben vor sich herschieben,*
- □ *sich leicht durch andere von der Arbeit abhalten lassen."*

**1** *Überlegt, was die Kinder in den fünften Klassen gegen die Zeitdiebe tun können. Formuliert zu jedem Punkt, den die Zeitdiebe ansprechen, einen möglichst wirkungsvollen Ratschlag. Schreibt eure Ratschläge auf Plakate und hängt sie in der Klasse aus.*

# 16.2 Arbeit mit Sachtexten

Im Heimat- und Sachkundeunterricht der Grundschule sowie im Erdkunde- und Biologieunterricht am Gymnasium haben Anna und Paul schon ihre Erfahrungen mit Texten gemacht, die nichts erzählen, sondern einen sachlichen Inhalt haben. Ein solcher **Sachtext** ist zum Beispiel der folgende:

## Lernen mit allen Sinnen

Jeder Mensch nimmt seine Umgebung über seine Sinne wahr. Also über

- ☐ das Sehen (visuell),
- ☐ das Hören (auditiv),
- ☐ das Fühlen (kinästhetisch),
- ☐ das Schmecken (gustatorisch),
- ☐ das Tasten (haptisch)
- ☐ und das Riechen (olfaktorisch).

Auch beim Lernen sind natürlich diese Sinne beteiligt. In der Grundschule lernen Schülerinnen und Schüler noch sehr stark über das Fühlen und das Tasten. Ab der 5. Klasse sind dann vor allem die visuellen und auditiven Fähigkeiten beim Lernen gefragt. Diese sind wichtig,

- ☐ um mit abstrakten Lerninhalten umgehen zu können,
- ☐ um Texte, Diagramme, Tabellen und Schaubilder zu verstehen,
- ☐ um sich einen Überblick über bestimmte Sachen oder ein Thema zu verschaffen,
- ☐ um den Worten der Lehrer/innen und Mitschüler/innen folgen zu können.

So unterschiedlich wie die Menschen in ihrem Äußeren und ihrem Verhalten sind, so verschieden ist auch ihre Art zu lernen. Der eine lernt am besten durch Lesen, die andere hingegen am besten durch Zuhören und du lernst vielleicht ganz gut durchs Sehen oder indem du Sachen einfach ausprobierst.

Der Einfachheit halber unterscheiden wir vier Lerntypen:
1. Lerntyp Lesen,
2. Lerntyp Hören,
3. Lerntyp Sehen,
4. Lerntyp Handeln.

Diese vier Lerntypen kommen in reiner Form natürlich nie vor. In jedem Menschen sind immer alle vier Anlagen vorhanden.

**1** *a) Lest den Text zunächst still für euch durch.*
*b) Danach liest jemand aus der Klasse den Text laut vor.*
*c) Könnt ihr Unterschiede der beiden Lesevorgänge feststellen?*
*Welche Sinne sind bei den verschiedenen Lesevorgängen beteiligt?*

**2** *Neben dem Lesen oder dem Hören ist das* ***Unterstreichen*** *und* ***Markieren*** *eine wichtige Hilfe für das Textverständnis. Macht euch eine Kopie des Textes „Lernen mit allen Sinnen“ und bearbeitet ihn in folgenden Schritten:*
*a) Unterstreicht Wörter oder Sätze, die ihr nicht versteht.*
*Besprecht diese Stellen mit eurem Nachbarn oder eurer Nachbarin.*
*Schlagt im Lexikon nach, wenn nötig.*
*b) Gliedert den Text, indem ihr Abschnitte markiert, und findet für jeden Abschnitt eine Überschrift.*

**3** *a) Versucht nun, anhand eurer Überschriften den Inhalt des Textes mit eigenen Worten wiederzugeben.*
*b) Tragt euch eure Zusammenfassungen gegenseitig vor und verbessert euch.*

Im Biologiebuch finden Anna und Paul eine interessante Zeichnung zum Thema „Lernen“:

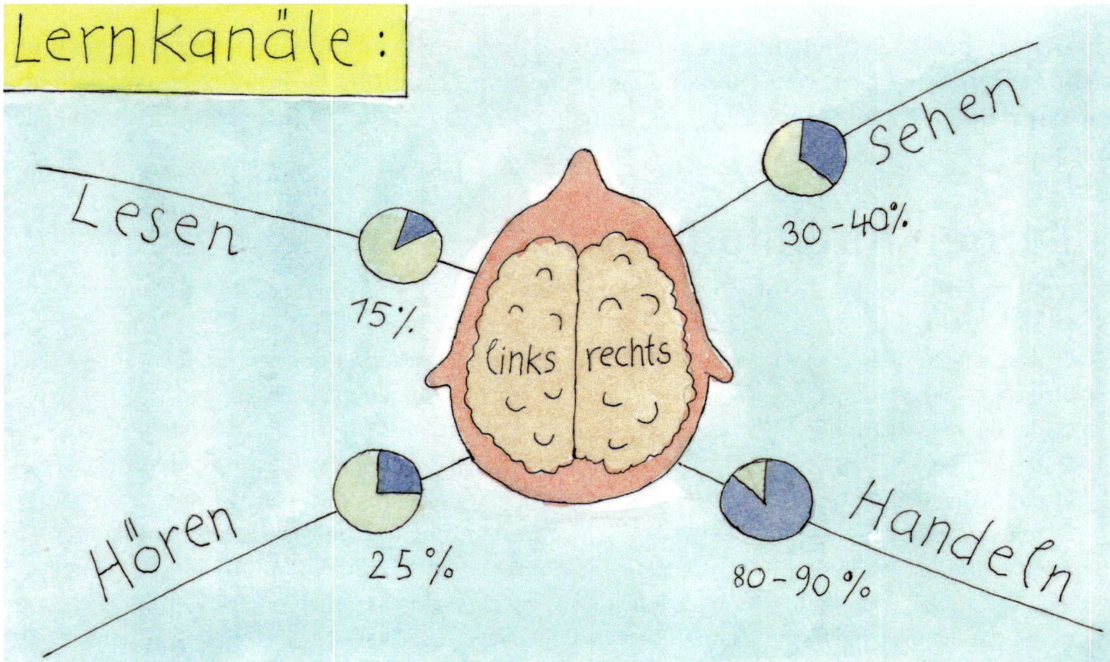


**4** *a) Versucht die Zeichnung mit eigenen Worten zu beschreiben. Wählt für euren Vortrag eine bestimmte „Richtung“, d. h., gebt den Inhalt der Zeichnung von innen nach außen, im Uhrzeigersinn oder von oben nach unten wieder.*
*b) Formuliert in eurem Heft einen zusammenhängenden Sachtext, der das wiedergibt, was auf der Zeichnung zu sehen ist.*

Anna und Paul wollen nun an sich selbst ausprobieren, ob die Informationen über das Lernen stimmen. Ihr könnt das auch tun, indem ihr die folgenden Übungen macht:

**5** *a) Überlegt euch zunächst 15 Nomen und schreibt sie auf.*
*b) Nehmt euch jetzt zehn Minuten Zeit und verbindet die Wörter in der vorgegebenen Reihenfolge zu einer Geschichte. Beachtet dabei:*
- ☐ *Vermeidet Aufzählungen und verbindet jede Einzelinformation mit einer Tätigkeit.* *Beispiel: „... Hund, Haus, ...“ → „Der Hund rannte aus dem Haus und bellte aufgeregt.“*
- ☐ *Versucht euch die Geschichte so echt wie möglich vorzustellen, d. h. Geräusche, Geschmäcke und Gerüche ganz deutlich wahrzunehmen.*
- ☐ *Setzt Mimik und Gestik ein, dann wirkt die Geschichte lebendiger und wirklicher.*

**TIPP**

Diese **Geschichtentechnik** eignet sich besonders gut zum **Vokabellernen.**
Ihr könnt sie aber auch problemlos beim Lernen von Zahlen und Fakten einsetzen, z. B. im Biologie- und Erdkundeunterricht.

**6** *Lesen und Hören im Vergleichstest:*

*a) Lest folgende Reihe von Buchstaben und Zahlen so lange, bis ihr sie auswendig aufschreiben könnt. Die benötigte Zeit vom Lesen bis zum fehlerlosen Aufschreiben stoppt der Partner:*

TA7C3PRF5E4S

*b) Euer Testpartner liest nun folgende Zeile immer wieder langsam vor, damit die Kombination nur durch Hören gelernt wird:*

4RZGL28MAP1X

*Wenn ihr glaubt, die Reihe zu können, sagt ihr „stopp". Dann notiert der Partner und ihr sagt die Kombination auswendig auf. Bei einem Fehler beginnt das Spiel von vorn.*

**7** *Malt das unten stehende Bild in euer Heft.*

*a) Füllt das Bild nach den Informationen von S. 260 und nach euren eigenen Erfahrungen aus.*

*b) Erklärt eurem Lernpartner/eurer Lernpartnerin euer Bild.*

# 16.3 Hausaufgaben und Schulaufgaben

## Hausaufgaben mit Methode

Anna und Paul haben herausgefunden, dass sie unterschiedliche Lerntypen sind. Anna lernt vieles durch Lesen, während Paul eher das behält, was er hört.
In einem aber sind sie gleich. Beide haben nicht so recht Lust auf das Erledigen der Hausaufgaben. In ihrem gemeinsamen Leid kommt beiden eine Idee. Sie wollen einfach mal Luft ablassen und aus vollem Herzen über die Hausaufgaben schimpfen. Sie bauen sich also den Berg von Hausaufgaben für morgen vor sich auf und legen los.

**1** a) *Setzt die „Beschimpfung“ fort. Vermeidet dabei grobe Schimpfwörter. Euch fallen sicherlich originelle Ausdrücke und sprechende Vergleiche ein.*
b) *Wenn ihr einige Sätze gesammelt habt, haltet damit eine Rede vor der Klasse. Achtet dabei auf eure Körperhaltung und den sprachlichen Ausdruck.*

**2** *Macht Vorschläge, was Anna und Paul tun könnten, um mit ihren Hausaufgaben besser fertig zu werden. Sammelt eure Vorschläge an der Tafel.*

**3** a) *Betrachtet die Tabelle auf S. 263 und diskutiert in der Klasse darüber.*
b) *Ergänzt die Tabelle durch eure eigenen Vorschläge und probiert sie einmal selbst aus.*

**TIPP**

## Hausaufgaben erledigen

| Vorschlag | Beispiel | Begründung |
|---|---|---|
| Aufgaben in Portionen aufteilen. | Eine Stunde lernen = drei Portionen à 20 Minuten. | Überblick schaffen, realistische Ziele setzen. |
| Leichte und schwierige Aufgaben ordnen. | Mit dem Lieblingsfach beginnen. An zweiter Stelle nimmt man sich die „härteste Nuss“ vor. Danach eine kurze Pause. Im Endspurt kann's noch einmal schwierig werden. | Den Arbeitsablauf unterteilt man in eine Aufwärmphase, eine Hauptarbeits- oder Konzentrationsphase und eine Schlussphase. |
| Mündliches und Schriftliches abwechseln. | Mathematikaufgaben lösen, anschließend einen Text aus dem Bio-Buch zusammenfassen, danach eine Übersetzung schreiben ... | Mündliche Aufgaben werden oft vernachlässigt. |
| Pausen machen. | Nach 20 Minuten den Arbeitsplatz kurz verlassen. Etwas trinken und Entspannungsübungen machen (▷ S. 264). | Kurz entspannen, neue Kraft schöpfen. |
| Mehrere Lernkanäle verbinden. | Vokabeln lesen, schreiben, auf Kassette sprechen, Aufnahme anhören. | Beide Gehirnhälften aktivieren. |

Zum konzentrierten Arbeiten gehört auch der richtige Arbeitsplatz. Wie ist euer Zimmer, in dem ihr eure Hausaufgaben macht, eingerichtet?

**4** *a) Zeichnet eine Skizze eures Zimmers aus der Vogelperspektive.*
*b) Überprüft: Steht euer Schreibtisch so, dass genügend Licht darauf fällt? Schaut ihr beim Arbeiten auf Dinge, die euch ablenken könnten? Lässt sich euer Zimmer vielleicht so umräumen, dass ihr besser arbeiten könnt?*

**5** *a) Erstellt eine Liste, was bei euren Deutsch-Hausaufgaben auf euren Schreibtisch gehört.*
*b) Prüft immer anhand eurer Liste, bevor ihr mit den Hausaufgaben beginnt, ob alles bereitliegt.*

Während des Arbeitens solltet ihr euch zwischendurch entspannen. Hier einige Tipps:

**TIPP**

- Rechte Hand fasst linken Fuß hinter dem Körper.
- Linkes Knie und rechter Ellbogen treffen sich vor dem Körper.
- Seite wechseln: Linke Hand fasst rechten Fuß ...
- Übung dreimal wiederholen.

**TIPP**

Die „Eule" löst Spannungen, die von langem Sitzen und Lesen herrühren. Paul macht die Eule so: Er umfasst die Schulter und drückt die Muskeln fest zusammen. Dabei dreht er seinen Kopf und schaut zuerst über die eine, dann über die andere Schulter nach hinten. Danach lässt er den Kopf nach vorn fallen und atmet dabei kräftig durch. Dann umfasst er die andere Schulter und wiederholt den Vorgang.

# Schulaufgaben schreiben ohne Angst

Paul hat immer Angst vor einer Schulaufgabe. Er lernt zwar viel, kann aber manches einfach nicht behalten. Weil er schon böse Erfahrungen mit Schulaufgaben gemacht hat und schlechte Noten bekam, schläft er die Nächte vor Schulaufgaben nicht gut, kann sich am Nachmittag beim Lernen nicht konzentrieren und lässt sich leicht entmutigen, wenn die anderen in der Klasse über ihre Vorbereitung sprechen.
Paul will das ändern, er hat auch gute Vorsätze, aber ihm fehlt eine **Strategie** für das Lernen für Schulaufgaben.

**1** *Bildet in eurer Klasse Expertenteams, die Vorschläge für die sinnvolle Vorbereitung auf Schulaufgaben erarbeiten. In den Teams könnten Themen besprochen werden wie:*

- *Zusammenfassen eines Textes mit Hilfe von Signalwörtern und Zwischenüberschriften*
- *Arbeiten mit der Lernkartei*
- *Wie wiederhole ich Lernstoff effektiv?*
- *Wie plane ich die letzten drei Tage vor einer Mathe-Schulaufgabe?*
- *Wie bereite ich eine Klassenarbeit nach, damit ich aus Fehlern lerne?*

*Wichtig ist, dass ihr eure eigenen Fragen und Probleme besprecht.*

**2** *Schreibt eure Ergebnisse und Ideen auf Karten, stellt sie der Klasse vor und heftet sie mit den anderen Vorschlägen an die Seitentafel oder eine Pinnwand.*

**3** *Redet über folgende Vorschläge. Welche findet ihr hilfreich?*

**TIPP**

### Tipps gegen Angst vor Schulaufgaben

- Rechtzeitig mit der Vorbereitung beginnen. Lernen unter Zeitdruck ist nicht effektiv und verstärkt nur die Angst.
- An Erfolge bei Schulaufgaben denken.
- Mit anderen reden und sich gegenseitig Mut zusprechen.
- Gemeinsam lernen.
- Merksätze aufschreiben. Was man einmal geschrieben hat, behält man leichter.
- Probetests schreiben. Dabei die vorgegebene Zeit einhalten.
- Am Tag vor der Schulaufgabe nichts Neues mehr lernen, nur das bisher Gelernte noch einmal kurz durchgehen.

**4** *Gestaltet eine Wandzeitung mit Tipps zur Vorbereitung von Schulaufgaben und hängt sie in der Klasse aus.*

# 1 Sprechen und Schreiben

## 1.1 Miteinander sprechen

### Gesprächsregeln

▷ S. 21–23

**Gespräche,** in denen eine Entscheidung über verschiedene Meinungen herbeigeführt werden soll, sollten nach bestimmten Regeln ablaufen, damit die Verständigung erleichtert wird. Die wichtigsten **Regeln** sind:

- Jede/r äußert sich nur zu dem Thema, um das es geht.
- Wir melden uns zu Wort und reden nicht einfach los.
- Wir hören den anderen Gesprächsteilnehmern aufmerksam zu.
- Wir fallen den anderen Gesprächsteilnehmern nicht ins Wort.
- Niemand wird wegen seiner Äußerung beleidigt, verspottet oder ausgelacht.
- Wir befolgen die Hinweise des Gesprächsleiters oder der Gesprächsleiterin.

## 1.2 Briefe schreiben

### Persönliche Briefe

▷ S. 31–36

**Briefkopf**
Jeder Brief trägt rechts oben das Datum, an dem er geschrieben wurde. Meist wird auch der betreffende Ort genannt. Zwischen Orts- und Datumsangabe steht ein Komma. Achte auch auf den Artikel.

*Nürnberg, den 15. 08. 2006*
*Liebe Anna!*
*Wir haben schöne Ferien verbracht ...*
*Es grüßt dich herzlich*
*deine Sabine*

**Anrede**

Nach der Anrede in Briefen kann man

ein Ausrufezeichen setzen, danach schreibt man groß weiter.

ein Komma setzen, danach schreibt man klein weiter.

*Rosenheim, den 30. August 2006*
*Lieber Herr Meier,*
*leider sind unsere Ferien schon zu Ende.*
*Wir danken für Ihre guten Reisetipps ...*
*Mit herzlichen Grüßen*
*Ihre Familie Fischer*

Bei befreundeten Personen verwendet man die **Anredepronomen** „du" und „ihr". Sie können in allen Formen klein- oder großgeschrieben werden („du/Du", „dein/Dein", „ihr/Ihr" usw.). Bei Personen, die man nicht duzt, benutzt man das Höflichkeitspronomen „Sie", das in allen Formen **großgeschrieben** wird („Sie", „Ihr", „Ihnen", usw.).

**Briefschluss**
Den Brief beendest du mit einer Grußformel, die auch in den Schlusssatz einbezogen werden kann. Die Grußformel und die Unterschrift stehen jeweils in einer eigenen Zeile. Am Ende setzt man weder Punkt noch Ausrufezeichen.

**Briefinhalt**
- Wähle einen klar gegliederten inhaltlichen Aufbau:
  - Einleitungsteil
  - Hauptteil
  - Schlussteil
- Gehe auf den Empfänger/die Empfängerin ein:
  - Überlege, was ihn/sie interessiert, beantworte Fragen, stelle Fragen.
  - Rede den Empfänger/die Empfängerin immer wieder direkt an.
  - Baue Anreize ein, die den Empfänger/die Empfängerin deines Briefes dazu anregen, einen Antwortbrief zu schreiben.
  - Denke daran, dass jeder Brief ein Gespräch in schriftlicher Form ist.
- Schreibe unterhaltsam, abwechslungsreich und natürlich.
- Denke bei den Formulierungen immer daran, an wen du schreibst.

## Sachliche Briefe

▷ S. 37–38

**Sachliche Briefe** schreibt man, um ein Anliegen vorzubringen, z. B. eine Anfrage, einen Antrag, eine Entschuldigung oder eine Beschwerde. Meist richtet man sich an Amtspersonen oder Leute, die man nicht persönlich kennt. Deshalb hält man sich strenger an bestimmte Regeln als im persönlichen Brief:

- Man bringt sein Anliegen genau, aber **knapp** und **sachlich** vor.
- Man verwendet die **Anredepronomen** der Höflichkeitsform („Sie", „Ihnen" usw.). Sie werden **großgeschrieben.**
- Wenn man nicht weiß, wer den Brief bearbeitet, verwendet man die Anrede „Sehr geehrte Damen und Herren".
- Das Schriftbild ist ordentlich, die Seitenaufteilung **übersichtlich.** Meistens werden sachliche Briefe mit dem PC oder der Schreibmaschine geschrieben.
- Der Brief wird handschriftlich unterschrieben.
- Für die äußere Form gibt es die nebenstehenden Vorgaben.

Name des Absenders — Ort, Datum
Straße und Hausnummer
PLZ und Ort

Name des Empfängers
Straße und Hausnummer
PLZ und Ort

**Betreff** (in möglichst wenigen Stichworten, worum es geht)

Sehr geehrte Frau ..., /
Sehr geehrter Herr ...,

Text

Mit freundlichen Grüßen
Unterschrift

# 1.3 Erzählen

## Die Erlebniserzählung

▷ S. 49–54

Beachte bei der **Erlebniserzählung** folgende Regeln:

- Erzähle, was du wirklich erlebt hast oder erlebt haben könntest.
- Erzähle nur **ein Erlebnis,** das zum **Thema** passt.
- Gliedere deine Erlebniserzählung in drei Teile: **Einleitung, Hauptteil** und **Schluss.** Im Hauptteil führen mehrere **Erzählschritte** zum **Höhepunkt** hin. Zeichnet man den Aufbau der Geschichte nach, entsteht die so genannte **„Spannungsmaus“.**

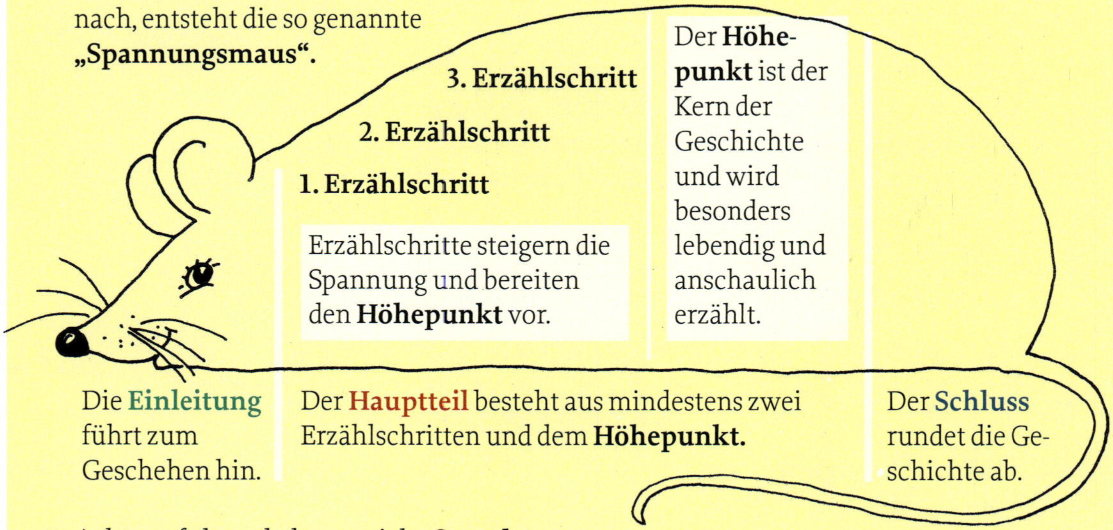


- Achte auf abwechslungsreiche **Sprache.**
- Erzähle im **Präteritum** (1. Vergangenheit).
- Die **Ich-Form** eignet sich zum Erzählen von Erlebnissen besonders gut.

## Die Fantasieerzählung

▷ S. 55–57

In **Fantasiegeschichten** passieren **ungewöhnliche Dinge,** wie sie in der Wirklichkeit nicht geschehen. Häufig treten **seltsame Wesen** (Zauberer, Hexen, Riesen) auf, Tiere und Gegenstände können sprechen. Zu viel Außergewöhnliches macht die Erzählung aber unübersichtlich und unverständlich. Deshalb musst du darauf achten, dass auch in einer Fantasiegeschichte die **Personen, Gegenstände und Ereignisse zueinander passen** und das **Geschehen in logischer Reihenfolge** abläuft.

Für die Fantasieerzählung gelten zudem die allgemeinen Regeln des Erzählens:

- Erzähle nur ein Erlebnis, das zum Thema passt.
- Gliedere die Geschichte in Einleitung, Hauptteil und Schluss.
- Führe in einigen Erzählschritten zum Höhepunkt hin.
- Gestalte den Höhepunkt lebendig aus.
- Wähle als Zeitstufe das Präteritum.
- Erzähle die Geschichte sprachlich anschaulich und abwechslungsreich.

## Geschichten nach Bildern erzählen

▷ S. 69–75

Beachte beim Erzählen von **Geschichten nach Bildern** folgende Regeln:

- Die **vorgegebenen Bilder** zeigen die wichtigsten Momente im Ablauf der Handlung. Was davor, dazwischen und danach passiert, musst du meistens sinngemäß ergänzen. Diese **Verknüpfungsteile** verbinden die in den Bildern dargestellten Handlungsschritte.
- Halte dich beim Aufbau der Geschichte an eine **sinnvolle Reihenfolge der Erzählschritte.**
- Überlege genau, **in welchem Bild der Höhepunkt** liegt.
- Wäge sorgfältig ab, ob du die Geschichte in der **Ich-Form** oder in der **Er-/Sie-Form** erzählst. Manchmal ist die Sichtweise in der Aufgabenstellung vorgegeben.
- Berücksichtige bei den **Personen** neben dem Aussehen auch Eigenschaften und Verhaltensweisen. Gib ihnen **treffende Namen.**
- Erzähle, was die Personen empfinden und denken (Mimik, Gestik und Körperhaltung), und füge **wörtliche Rede** ein.
- Überlege dir eine **Überschrift,** die zur Geschichte passt, aber nicht zu viel verrät.

Zudem gelten die allgemeinen Regeln des Erzählens:

- Einleitung und Schluss rahmen den Hauptteil der Geschichte ein. Sie sind kurz und im Aufsatz durch Absätze erkennbar.
- Die Einleitung sollte folgende Fragen beantworten: Wer sind die Hauptpersonen? Wann und in welchem Zusammenhang hat sich die Geschichte ereignet? Wo spielt sie?
- Gestalte den Höhepunkt lebhaft und anschaulich.
- Erzähle die Geschichte im Präteritum (1. Vergangenheit).

## Nach Reizwörtern erzählen

▷ S. 76

Die Wortketten von **Reizwortgeschichten** lösen eine Geschichte im Kopf aus, die wie ein Film abläuft. Ähnlich wie Bildergeschichten bilden die **einzelnen Wörter Vorgaben** zu einer Erzählung.
Beim Schreiben von Reizwortgeschichten müsst ihr auf Folgendes achten:

- **Alle Reizwörter** müssen in der Geschichte wörtlich oder sinngemäß **verwendet werden** und eine wichtige Rolle spielen.
- Sie geben meist einen Hinweis darauf, ob eine **Erlebnis- oder** eine **Fantasiegeschichte** erzählt werden soll.
- Oft sind die Reizwörter bereits in sinnvoller Reihenfolge geordnet, sie dürfen aber auch umgestellt werden.
- Die **Überschrift** muss die Reizwörter nicht enthalten, aber zur Geschichte passen.

Zudem gelten die allgemeinen Regeln des Erzählens:

- Einleitung und Schluss rahmen den Hauptteil der Geschichte ein. Sie sind kurz und im Aufsatz durch Absätze erkennbar.
- Die Einleitung sollte folgende Fragen beantworten: Wer sind die Hauptpersonen? Wann und in welchem Zusammenhang hat sich die Geschichte ereignet? Wo spielt sie?
- Gestalte den Höhepunkt lebhaft und anschaulich.
- Erzähle die Geschichte im Präteritum (1. Vergangenheit).

## 1.4 Berichten

### Der Bericht

▷ S. 83–91

- Ein **Bericht** stellt den **Ablauf des Geschehens vollständig** und **genau** dar.
- Er beschränkt sich auf die **wesentlichen Informationen.**
- Im Bericht müssen **sechs W-Fragen** beantwortet werden:

| | |
|---|---|
| **Was** ist geschehen? **Wer** war beteiligt? **Wo** geschah es? **Wann** geschah es? | Die **Einleitung** informiert möglichst in einem Satz, worum es geht. |
| **Wie** geschah es genau? | Der **Hauptteil** zeigt den Verlauf des Geschehens in Einzelheiten. |
| **Welche Folgen** hatte das Geschehen? | Der **Schluss** gibt Auskunft über Auswirkungen des Geschehens. |

- Die Sprache im Bericht ist **sachlich** und **nüchtern.** Die eigene Meinung, Gefühle und erzählende Ausschmückungen gehören nicht in den Bericht.
- Ein Bericht steht im **Präteritum** (1. Vergangenheit).

# 2 Nachdenken über Sprache

## 2.1 Wortarten

### Wortarten im Überblick

▷ S. 93–112

**Wortarten**

**flektierbar** (durch Beugung veränderbar)

**deklinierbar**
- Nomen („Gabel“, „Lamm“)
- Artikel („eine“, „das“)
- Pronomen („ich“, „unser“)
- Adjektiv („schnell“, „gut“)
- Numerale („zwei“, „vierter“)

**konjugierbar**
- Verb („essen“, „üben“)

**nicht flektierbar** (unveränderbar)
- Adverb („morgen“, „stets“)
- Präposition („auf“, „nach“)
- Konjunktion („und“, „weil“)

## Nomen

▷ S. 95–99

Die meisten Wörter in unserer Sprache sind **Nomen** (Substantive, Hauptwörter). Sie bezeichnen
- Personen und Eigennamen, z. B. „Mitschüler", „Lehrerin", „Jan",
- andere Lebewesen, z. B. „Delphin", „Baum",
- Gegenstände, z. B. „Schreibtisch", „Kassettenrekorder",
- gedachte oder vorgestellte Dinge/Begriffe, z. B. „Traum", „Freundschaft", „Schönheit".

**Nomen** werden immer **großgeschrieben.**

### Flexion der Nomen

- **Genus**

  Jedes Nomen hat ein Genus (grammatisches Geschlecht), das man an seinem Artikel (Begleiter) erkennen kann: Ein Nomen ist entweder ein
  - **Maskulinum** (männliches Nomen), z. B. „*der* Löffel", oder
  - **Femininum** (weibliches Nomen), z. B. „*die* Gabel", oder
  - **Neutrum** (sächliches Nomen), z. B. „*das* Messer".

  Das grammatische Geschlecht muss mit dem natürlichen Geschlecht nicht übereinstimmen; so kann „*das* Kind" sowohl einen Jungen als auch ein Mädchen bezeichnen.

- **Numerus**

  Nomen haben einen Numerus (Anzahl):
  - **Singular** (Einzahl), z. B. „*das* Kind",
  - **Plural** (Mehrzahl), z. B. „*die* Kinder".

- **Kasus**

  In Sätzen erscheinen Nomen immer in einem bestimmten Kasus (grammatischer Fall). Der Kasus ist meist am Artikel des Nomens zu erkennen und manchmal auch an der Endung des Nomens. Im Deutschen gibt es **vier Kasus.**

  Man kann den Kasus eines Nomens und seines Begleiters durch Fragen ermitteln:
  - Der **Nominativ** antwortet auf die Fragen **„Wer ...?" oder „Was ...?"**, z. B.: „*Wer* rettete den Jungen? – *Die Feuerwehrleute* retteten den Jungen." – „*Was* hat zuerst nicht funktioniert? – *Eine Drehleiter* ..."
  - Nach dem **Genitiv** fragt man mit **„Wessen ... ?"**, z. B.: „*Wessen* Drehleiter funktionierte nicht? – Die Drehleiter *der Feuerwehrleute* ..."
  - Mit der Frage **„Wem ... ?"** ermittelt man den **Dativ,** z. B.: „*Wem* dankten die Eltern für die Rettung? – Die Eltern dankten *den Feuerwehrleuten* ..."
  - Den **Akkusativ** erhält man auf die Fragen **„Wen ...?" oder „Was ...?"**, z. B.: „*Wen* haben die Anwohner benachrichtigt? – Die Anwohner haben *die Feuerwehrleute* ..." – „*Was* haben die Feuerwehrleute repariert? – Die Feuerwehrleute haben *die Drehleiter* ..."

  Wenn man ein Nomen und seinen Artikel in einen Kasus setzt, nennt man das **deklinieren** (beugen).

| Kasus | Singular | Plural |
|---|---|---|
| 1. Fall<br>**Nominativ**<br>„Wer?" oder „Was?" | *der Löffel*<br>*die Gabel*<br>*das Messer* | *die Löffel*<br>*die Gabeln*<br>*die Messer* |
| 2. Fall<br>**Genitiv**<br>„Wessen?" | *des Löffels*<br>*der Gabel*<br>*des Messers* | *der Löffel*<br>*der Gabeln*<br>*der Messer* |
| 3. Fall<br>**Dativ**<br>„Wem?" | *dem Löffel*<br>*der Gabel*<br>*dem Messer* | *den Löffeln*<br>*den Gabeln*<br>*den Messern* |
| 4. Fall<br>**Akkusativ**<br>„Wen?" oder „Was?" | *den Löffel*<br>*die Gabel*<br>*das Messer* | *die Löffel*<br>*die Gabeln*<br>*die Messer* |

## Artikel

▷ S. 100

Man unterscheidet den **bestimmten Artikel,** z. B. „*der* Mann", „*die* Frau", „*das* Kind", und den **unbestimmten Artikel,** z. B. „*ein* Freund, „*eine* Freundin". Artikel stehen in demselben Kasus wie die Nomen, die sie begleiten, z. B.: „*den* Kindern" (Dativ Plural).

## Adjektive

▷ S. 101

**Adjektive** (Eigenschaftswörter) dienen dazu, Personen, Dinge usw. genauer zu beschreiben. Adjektive lassen sich wie Nomen flektieren (beugen): „ein *neues* Bett", „eine *neue* Lampe". Adjektive lassen sich – bis auf Ausnahmen wie „einzig" oder „tot" – steigern:

- Man benutzt für den Normalfall die Grundform des Adjektivs, den **Positiv**, z. B. „alt".
- Will man zwei Dinge oder Personen miteinander vergleichen, so braucht man den **Komparativ** des Adjektivs, z. B.: „Melanie ist *älter* als Anne."
- Bei Vergleichen zwischen mehreren Dingen oder Personen kann man mit dem **Superlativ** das Adjektiv noch weiter steigern, z. B.: „Von den drei Schwestern ist Maria *am ältesten.* Sie ist *die älteste* Schwester."

## Numeralia

▷ S. 102

**Numeralia** (Singular: das Numerale) sind **Zahlwörter.** Sie gehören meist zu den Adjektiven. Man unterscheidet unter anderem:

- Kardinalzahlen legen eine Anzahl fest, z. B.: „eins", „hundert", „zwei Millionen".
- Ordinalzahlen legen eine Reihenfolge fest, z. B.: „der/die/das Erste", „der achte Tag".

## Pronomen

▷ S. 103–105

Pronomen (Fürwörter) können als **Stellvertreter** an Stelle eines Nomens oder einer Wortgruppe mit Nomen gebraucht werden: „*Die Frauen* spielen Karten. *Sie* sitzen im Wohnzimmer."

Es gibt verschiedene Arten von Pronomen, unter anderem

- **Personalpronomen** (persönliche Fürwörter), z. B.: „ich", „du", „er/sie/es", „wir", „ihr", „sie" und
- **Possessivpronomen** (besitzanzeigende Fürwörter), z. B.: „mein", „dein", „sein", „unser", „euer", „ihr" usw.

Bei der Verwendung von Pronomen muss man besonders darauf achten, dass immer deutlich ist, worauf sich das Pronomen **bezieht**. Sonst kann es zu Missverständnissen kommen wie in den Sätzen: „Die Zoobesucher freuten sich über die Affen. *Sie* lausten sich gegenseitig."

## Präpositionen

▷ S. 106

Wörter wie „in", „auf", „nach", „vor" nennt man **Präpositionen** (Verhältniswörter). Sie bezeichnen oft **räumliche Verhältnisse** (z. B. „*vor* der Kiste"). Präpositionen können aber auch **zeitliche Beziehungen** ausdrücken (z. B. „*in* drei Stunden"), einen **Grund** angeben(z. B. „*wegen* der vielen Hausaufgaben") oder die **Art und Weise** bezeichnen (z. B. „*mit* Tomatensoße").

Präpositionen bestimmen den Kasus des nachfolgenden Worts oder der Wortgruppe, z. B.: „in das Haus", „neben dem Haus", „wegen des Hauses".

## Verben

▷ S. 107–110

Verben (Zeitwörter) geben an, was ist, was geschieht oder was jemand tut, z. B. „haben", „regnen", „gehen".
Wenn wir Verben in Sätzen verwenden, bilden wir aus dem **Infinitiv** (Grundform) des Verbs meistens die **Personalform**, z. B.: „gehen" → „er geht".
Setzt man Verben in die verschiedenen Personalformen, nennt man dies **konjugieren** (beugen).

Weitere unveränderliche Formen des Verbs sind das **Partizip I**, z. B. „gehend", und das **Partizip II**, z. B. „gegangen".

Die Befehlsform des Verbs ist der **Imperativ**. Er kann an Einzelne oder an mehrere Personen gerichtet sein, z. B.: „Geh(e)!" – „Geht!"
Achte auf den richtigen Imperativ, z. B.: „geben → gib", „sehen → sieh", „essen → iss"

**Tempus der Verben**
Verben lassen sich in verschiedene **Tempora** (Zeitformen/Singular: das Tempus) setzen:

- Mit dem **Präsens** können wir ausdrücken, dass etwas in der Gegenwart geschieht: „Ich *lese* gerade." Im Präsens stehen aber auch solche Aussagen, die immer gelten, z. B.: „Ferien *machen* Spaß."
- Mit dem **Futur** können wir auf Zukünftiges verweisen, z. B.: „Ich *werde* ans Meer *fahren*." Häufig benutzen wir Zeitangaben, um die Zukunft anzuzeigen, die Verbform kann dann im Präsens bleiben, z. B.: „*Morgen fahre* ich ans Meer."
- Mit dem **Perfekt** wird meistens in mündlichen Erzählungen Vergangenes ausgedrückt. Bildung des Perfekts: Personalform von „haben" oder „sein" im Präsenz + Partizip II des Verbs, z. B.: „Ich *habe gesehen.*" – „Ich *bin gegangen.*"
- Das **Präteritum** wird bei schriftlichen Erzählungen und Berichten für die Wiedergabe des Vergangenen genutzt, z. B.: „ich *ging*", „ich *sah*".
- Das **Plusquamperfekt** wird für den Ausdruck der Vorzeitigkeit verwendet, z. B.: „Nachdem ich alles *erfahren hatte*, bin ich fortgegangen." – „Wir *waren* gerade *eingeschlafen*, als das Gewitter losbrach." Es handelt sich dabei um eine Zeitform, die nur in Beziehung zu einem anderen Tempus gebraucht wird. Sie ist daher hauptsächlich in Satzgefügen (Haupt- und Nebensatz) zu finden. Das Plusquamperfekt wird gebildet aus der Personalform der Hilfsverben „haben" oder „sein" im Präteritum („ich hatte"/„wir waren") und dem Partizip II des Vollverbs („gegessen"/„eingeschlafen").

## Konjunktionen

▷ S. 111

**Konjunktionen** (Bindewörter) verbinden Wörter oder Sätze miteinander.

- **Nebenordnende Konjunktionen** wie „und" oder „oder" verknüpfen Wörter, Wortgruppen oder Hauptsätze.
  Beispiele: „Hund *und* Katze spielen im Garten." „Friederike besitzt einen Hund *und* ihre Freundin Nina hat nun einen Hamster."
- **Unterordnende Konjunktionen** wie „weil", „obwohl" oder „dass" leiten Nebensätze ein.
  Beispiel: „Der Hund gehorcht Friederike nicht immer, *weil* sie ihn kaum erzogen hat."

## Adverbien

▷ S. 112

Wörter, die nähere Angaben zu einem Geschehen machen, bezeichnet man als **Adverbien** (Umstandswörter, Singular: das Adverb). Sie erklären genauer, **wo, wann, wie** oder **warum** etwas geschieht, und sind nicht flektierbar (veränderbar). Wir unterscheiden:

- **Lokaladverbien** (Adverbien des Ortes), z. B.: „hier", „dort", „draußen".
- **Temporaladverbien** (Adverbien der Zeit), z. B.: „heute", „abends", „erst".
- **Modaladverbien** (Adverbien der Art und Weise), z. B.: „genauso", „eilends", „einigermaßen".
- **Kausaladverbien** (Adverbien des Grundes), z. B.: „folglich", „daher", „deshalb".

# 2.2 Wortbildung

## Ableitungen

▷ S. 116–117

Viele Wörter sind aus verschiedenen Wortbausteinen zusammengesetzt. Der bedeutungstragende Kern heißt **Stamm.** Die angefügten Elemente nennt man **Präfix** (vor dem Stamm) und **Suffix** (nach dem Stamm). Fügt man an einen Stamm Präfixe oder Suffixe an, so nennt man diese Art der Wortbildung **Ableitung.** Dabei kann sich die Wortart ändern, z. B.:

| **Präfix** | **+ Stamm** | **+ Suffix** | **= abgeleitetes Wort** |
|---|---|---|---|
| *er-* | *teil* | *-en* | *erteilen* (Verb) |
| *un-* | *teil* | *-bar* | *unteilbar* (Adjektiv) |

## Zusammensetzungen

▷ S. 118–120

Fügt man zwei oder mehr Wortstämme zusammen, so nennt man diese Art der Wortbildung **Zusammensetzung.** Man kann Wörter aus Nomen, aber auch aus Adjektiven und Verben zusammensetzen. Manchmal braucht man ein Fugenelement, um die Wörter zu verbinden, z. B.:

| **Wortstamm** | **+ Fugenelement** | **+ Wortstamm** | **= zusammengesetztes Wort** |
|---|---|---|---|
| *Arm-* | | *Band* | *Armband* |
| *Schwan-* | *en-* | *Hals* | *Schwanenhals* |
| *Geburt-* | *s-* | *Tag* | *Geburtstag* |
| *geh-* | | *Stock* | *Gehstock* |
| *Bild-* | | *schön* | *bildschön* |

Die Teile einer Zusammensetzung nennt man **Grundwort und Bestimmungswort.** Das Grundwort steht immer an letzter Stelle, es enthält den Grundbegriff, der durch das Bestimmungswort näher bestimmt wird, z. B.:

| **zusammengesetztes Wort** | **= Grundwort** | **+ Bestimmungswort** |
|---|---|---|
| Ein *Gartenhaus* ist | ein *Haus,* | das im *Garten* steht. |

## Wortfamilien

▷ S. 121

Wörter mit dem gleichen Stamm sind sprachlich verwandt und werden deshalb **Wortfamilie** genannt. Die Wörter einer Wortfamilie können gebildet werden durch

- Ableitungen mit Präfix, z. B.: *finden – **er**finden – **be**finden;*
- Ableitungen mit Suffix, z. B.: *brauchen – brauch**bar** – Brauch**tum;***
- Zusammensetzungen, z. B.: *bilden – Bild**hauer** – Spiegel**bild.***

# 2.3 Wort und Bedeutung

## Wortfeld

▷ S. 122

Eine Gruppe von sinnverwandten Wörtern bildet ein **Wortfeld.** Wörter mit fast gleicher Bedeutung heißen **Synonyme,** z. B.: „trödeln – bummeln". Wer die verschiedenen Wörter eines Wortfelds kennt und richtig einsetzt, kann beim Sprechen oder Schreiben unterschiedliche Wirkungen erzielen und vor allem sehr genau beschreiben.

## Mehrdeutige Wörter

▷ S. 123

Gleich lautende Wörter, die zwei oder mehr Bedeutungen haben, nennt man **Homonyme.** Welche Bedeutung gemeint ist, wird nur im Sinnzusammenhang klar, z. B.: „Der *Hahn* tropft." – „Der *Hahn* kräht." – „Der *Hahn* wird gespannt."

# 2.4 Satzarten

▷ S. 124–125

Es gibt verschiedene Arten von Sätzen. Wir unterscheiden den
- **Aussagesatz,** z. B.: *Alle Pfadfinder freuen sich auf die Wanderung.*
  Der Aussagesatz schließt mit einem **Punkt.**
- **Fragesatz,** z. B.: *Kommt Maria auch mit?*
  Den Fragesatz beendet man mit einem **Fragezeichen.**
- **Aufforderungs-** und **Ausrufesatz,** z. B.: *Bring eine warme Jacke mit! Vorsicht!*
  Am Ende des Aufforderungssatzes und des Ausrufesatzes steht ein **Ausrufezeichen.**

# 2.5 Satzglieder

## Satzglieder im Überblick

▷ S. 126–134

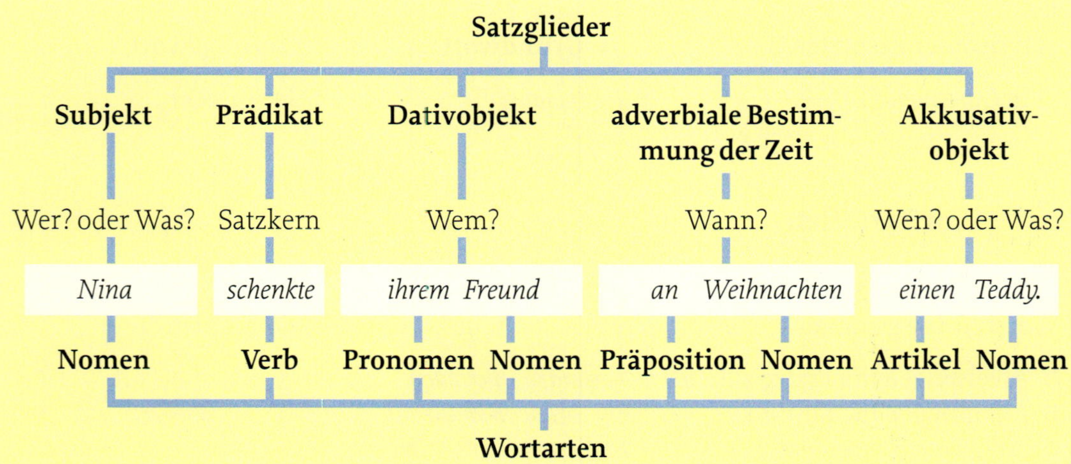

## Der einfache Satz: Subjekt – Prädikat – Objekte

▷ S. 126–133

Ein Satz setzt sich aus verschiedenen **Satzgliedern** zusammen. Ob ein einzelnes Wort oder eine ganze Wortgruppe ein Satzglied bildet, erkennt man daran, dass man Satzglieder innerhalb eines Satzes umstellen kann, ohne den Sinn des Satzes zu verändern. (Es ändert sich allerdings die Betonung.) Die Normalstellung Subjekt – Prädikat – Objekt wird verändert.

**Umstellprobe:**

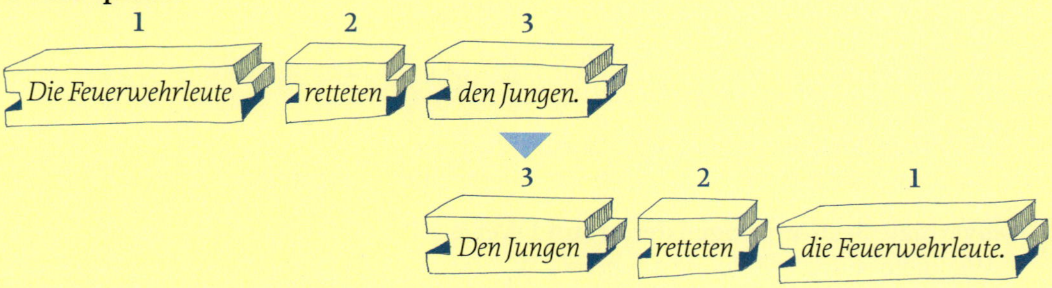


Der Kern des Satzes ist das **Prädikat** (Satzaussage). Prädikate werden durch Verben gebildet. Es gibt einteilige Prädikate (z. B. „Sie *retteten* ihn.") und mehrteilige Prädikate (z. B. „Sie *haben* ihn *gerettet*.") Der Teil des Prädikats, der im Aussagesatz nach dem ersten Satzglied steht, ist die Personalform des Verbs, z. B.: „Sie *haben* ihn gerettet."
Bei **mehrteiligen Prädikaten** bilden die Personalform des Verbs und die übrigen verbalen Teile des Satzes eine so genannte **Prädikatsklammer,** z. B.:
„Die Feuerwehrleute *haben* sofort die Leiter *ausgefahren*."

**Fragenprobe:**
Um die weiteren Satzglieder im Aussagesatz zu bestimmen, stellen wir vom Prädikat ausgehend Fragen.
Die erste Frage lautet: **„Wer ...?" oder „Was ...?"**, die Antwort darauf ist das **Subjekt** (Satzgegenstand oder Handlungsträger), die wichtigste Ergänzung zum Prädikat, z. B.:
„*Wer* hat ihn gerettet? – *Sie* haben ihn gerettet."
Subjekt und Prädikat sind eng miteinander verbunden. Sie stimmen in der Person (1., 2. oder 3. Person) und im Numerus (Singular oder Plural) überein, z. B.:
„*Ein Junge **sitzt*** auf dem Dach. – *Viele Jungen **schauen*** nach oben."

- Mit **„Wen ...?" oder „Was ...?"** erfragen wir das **Akkusativobjekt,** z. B.:
  „*Wen* haben sie gerettet? – Sie haben *ihn* gerettet."
- Mit **„Wem ...?"** fragen wir nach dem **Dativobjekt,** z. B.:
  „*Wem* wurde die Auszeichnung überreicht? – *Den Feuerwehrmännern* ..."
- Mit **„Worüber ...?", „Worauf ...?", „Wofür ...?"** usw. fragt man nach dem **Präpositionalobjekt,** z. B.:
  „*An was* erinnerten sie sich? – Sie erinnerten sich *an die Musik*."
- Das **Genitivobjekt** wird nur noch selten gebraucht. Wir erfragen es mit **„Wessen ...?",** z. B.:
  „*Wessen* erinnerte er sich? – Er erinnerte sich *des Vorfalls*."

### Adverbiale Bestimmungen

▷ S. 134

**Adverbiale Bestimmungen** (Umstandsbestimmungen) sind Satzglieder, die man mit den Fragen **„Wann ...?“**, **„Wo ...?“**, **„Warum ...?“**, **„Wie ...?“** ermittelt.
Sie geben die näheren Umstände eines Geschehens oder einer Handlung an.

Man unterscheidet:

- **adverbiale Bestimmungen der Zeit,** z. B.:
  „*Wann* treffen wir uns? – Wir treffen uns *am Montag.*“
- **adverbiale Bestimmungen des Ortes,** z. B.:
  „*Wo* sehen wir uns? – Wir sehen uns *in der Schule.*“
- **adverbiale Bestimmungen des Grundes,** z. B.:
  „*Warum* kamen wir zu spät? – *Wegen des Regens* kamen wir zu spät.“
- **adverbiale Bestimmungen der Art und Weise,** z. B.:
  „*Wie* folgte er uns? – Er folgte uns *neugierig.*“

## 2.6 Der zusammengesetzte Satz

### Haupt- und Nebensätze

▷ S. 135

Es gibt **Hauptsätze** und **Nebensätze.** Ein Nebensatz kann nicht ohne einen Hauptsatz stehen. Der Nebensatz wird oft durch eine **unterordnende Konjunktion** (z. B. „dass“, „wenn“, „weil“, „obwohl“) eingeleitet und durch **Komma** vom Hauptsatz abgetrennt. Nebensätze können an verschiedenen Stellen im Satz stehen.
Die Personalform des Verbs steht im Nebensatz am Ende, z. B.:

„*Wenn* es dunkel wird, zünden die Pfadfinder ein Lagerfeuer an.“
—— Nebensatz ——, —— Hauptsatz ——.

Zum Schlafen schlüpfen sie in ihre Schlafsäcke, *damit* ihnen warm ist.
—— Hauptsatz ——, —— Nebensatz ——.

Früh am Morgen, *wenn* die Sonne aufgeht, putzen sie sich die Zähne.
— Hauptsatz —, —— Nebensatz ——, — Hauptsatz (Forts.) —.

## 2.7 Zeichensetzung im Überblick

**Satzschlusszeichen**
Der **Aussagesatz** schließt mit einem **Punkt,** z. B.:
*Morgen besuche ich meine Freundin.*
Der **Fragesatz** endet mit einem **Fragezeichen,** z. B.:
*Hast du noch ein Stück Schokolade?*
Der **Aufforderungs-** und **Ausrufesatz** endet mit einem **Ausrufezeichen,** z. B.:
*Mach bitte die Tür zu! Achtung!*

**Das Komma zwischen Sätzen**
Das **Komma** steht **zwischen Hauptsätzen,** z. B.:
„Thomas isst Nudeln, seine Schwester trinkt ein Glas Kakao."
Das **Komma kann entfallen,** wenn die Hauptsätze durch nebenordnende Konjunktionen wie „und" oder „oder" verbunden sind, z. B.:
„Katharina ging in die Bücherei und ihre Freundin kam mit."
Ein **Komma** steht **zwischen Hauptsatz und Nebensatz.** Der Nebensatz wird oft durch eine unterordnende Konjunktion (z. B. „weil", „dass", „obwohl", „nachdem") eingeleitet, z. B.:
„Ich fahre in die Stadt, *weil* ich mir eine neue Hose kaufen will."
„*Obwohl* ich pünktlich aufgestanden war, kam ich zu spät zur Schule."
„Früh am Morgen, *wenn* die Sonne aufgeht, bin ich gut gelaunt."

**Das Komma bei Aufzählungen**
**Aufzählungen** können aus Wörtern oder aus Wortgruppen bestehen. Sie werden durch ein **Komma** getrennt, z. B.:
„Sie wollte um sechs Uhr nach Hause kommen, Aufgaben machen, dann schwimmen gehen."
**Wenn** die Wörter oder Wortgruppen in Aufzählungen durch **nebenordnende Konjunktionen** wie „und", „oder", „entweder ... oder", „sowohl ... als auch" oder „weder ... noch" verbunden sind, **entfällt das Komma,** z. B.:
„Wir fahren bei sonnigem *oder* trüben Wetter los."

**Die Zeichensetzung bei der wörtlichen Rede**
Die **wörtliche Rede** steht in **Anführungszeichen.** Der Redebegleitsatz kann der wörtlichen Rede vorangestellt, nachgestellt oder in die wörtliche Rede eingeschoben sein.
Nach einem **vorangestellten Redebegleitsatz** weist ein **Doppelpunkt** auf die folgende wörtliche Rede hin, z. B.:
*Sie sagte:* „Ich besuche dich bald."
Der **nachgestellte Redebegleitsatz** wird durch **ein Komma** von der wörtlichen Rede abgetrennt, z. B.:
„Halt! Stehen bleiben!", *riefen die Polizisten.*
Der **eingeschobene Redebegleitsatz** wird durch **zwei Kommas** von der wörtlichen Rede abgetrennt, z. B.:
„Ich suche das Buch", *sagte sie,* „weißt du, wo es sein könnte?"

# 2.8 Rechtschreibung

## Tipps zum Rechtschreiben

▷ S. 145–149

### Richtig abschreiben

So machst du beim Abschreiben von schwierigen Wörtern keine Fehler:
1. **Lies** dir das Wort **genau** durch.
2. Überlege, was dir daran **schwierig** erscheint.
3. **Gliedere** das Wort in Teile, die du schon kennst. Präge dir besonders die Teile ein, die neu für dich sind.
4. **Schreibe** das Wort jetzt **auswendig** hin.
5. **Kontrolliere** deine Schreibung, indem du sie Buchstabe für Buchstabe mit der Vorlage vergleichst.

Mit **Texten** kannst du genauso verfahren:
1. Teile die Sätze in kleinere Sinneinheiten auf.
2. Nimm dir immer nur Teile vor, die du auswendig aufschreiben kannst.
3. Wenn du den Text geschrieben hast, kontrolliere Wort für Wort.
4. Streiche Fehlerwörter durch und schreibe sie richtig darüber.
5. Wenn du viele Fehler gemacht hast, schreibe den Text noch einmal ab.
6. Nimm Wörter, bei denen du häufig Fehler machst, in deine Rechtschreibkartei auf.

### Lesbar schreiben

Schreibe deine Buchstaben **deutlich** und **gleich groß.** Andere müssen deine Sätze problemlos lesen können.

### Sich erinnern

Denke nach, ob du das Wort, bei dessen Schreibweise du unsicher bist, schon einmal geschrieben gesehen hast.

### Schreibweisen ausprobieren

1. Wenn du bei einem Wort, das du eigentlich schon kennst, unsicher bist, hilft es manchmal, einfach auf einem Blatt das Wort in unterschiedlichen Schreibweisen aufzuschreiben. Was dir fremd erscheint, scheidet aus. Wenn dir Zweifel bleiben, lieber im Wörterbuch nachsehen!

2. Um zu durchschauen, wie Wörter geschrieben werden, kannst du verschiedene Proben anwenden:
   - das Wort **verlängern,** z. B.: „Wald – Wälder“, „Weg – Wege“
   - die **Grundform** eines Worts suchen, z. B.: „Bäume – Baum“, „willst – wollen“
   - ein zusammengesetztes Wort in seine **Bestandteile zerlegen,** z. B.: „Sperrmüllplatz – Sperr + müll + platz“

**Das Wörterbuch – dein starker Helfer**
Du kannst Fehler vermeiden, wenn du bei Zweifeln über die richtige Schreibweise im Rechtschreibwörterbuch nachsiehst. Beachte dabei:

- Verben sind im Wörterbuch unter der **Grundform** (Infinitiv) verzeichnet.
- Bei zusammengesetzten Nomen muss man manchmal mehrmals nachschlagen, z. B. „Vanillepudding“ unter „Vanille“ und „Pudding“.
- Voraussetzung für das Nachschlagen: Du musst das **Alphabet** beherrschen!

**Die Silbentrennung**
Mehrsilbige Wörter trennt man nach **Sprechsilben,** die man bei langsamem, betontem Sprechen hören kann, z. B.: „Spa-zier-gang“, „Kas-ten“, „Lap-pen“.
Einzelne Buchstaben werden nicht abgetrennt, z. B.: „Abend“, „Kleie“.
Faustregel für Zweifelsfälle: Nur *ein* Konsonant kommt auf die neue Zeile.

**Die Rechtschreibkartei**
Eine Rechtschreibkartei ist eine Wörtersammlung, die du auf **Karteikarten** führen kannst. Dabei musst du sorgfältig und fehlerfrei schreiben, damit du dir nichts Falsches einprägst. In die Kartei nimmst du alle Wörter auf, bei denen du Fehler machst.

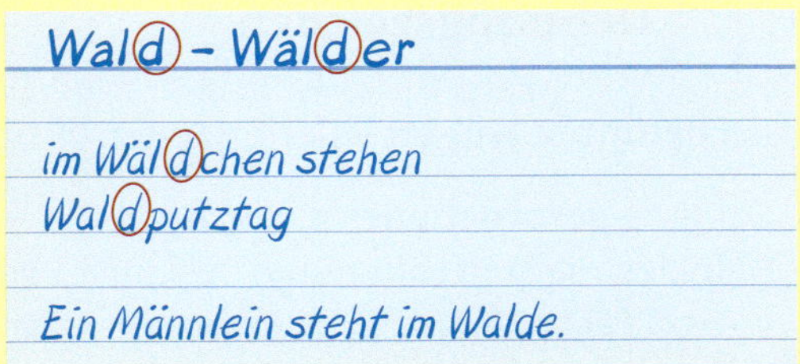


**Das Partnerdiktat**
1. Zuerst lest ihr euch gemeinsam den Diktattext durch und besprecht, welche Wörter euch Schwierigkeiten bereiten könnten.
2. Ihr schreibt und diktiert abwechselnd.
3. Treten beim Schreiben Unsicherheiten auf, helft ihr euch gegenseitig: Der/die Schreibende fragt nach, wenn er/sie ein Wort nicht schreiben kann; der/die Diktierende stoppt den Schreibenden, wenn etwas falsch geschrieben ist.
4. Am Ende kontrolliert jeder seinen Teil, anschließend den Text des Partners.

## Laute und Buchstaben

▷ S. 150–151

Wir benennen die einzelnen Laute unserer Sprache mit einem oder mehreren Buchstaben.
**Vokale** (Selbstlaute) nennt man Laute, die man alleine sprechen kann, diese sind **a, e, i, o, u.**
**Konsonanten** (Mitlaute) müssen von einem Vokal begleitet werden, damit man sie aussprechen kann. Beispiele hierfür sind **b, d, g, m, s** und **t.**
Hinzu kommen die **Umlaute (ä, ö, ü)** sowie Doppellaute, die man auch **Diphthonge** nennt **(au, ai/ei** und **äu/eu).**

## Doppelkonsonanten

▷ S. 152

**Nach betonten kurzen Vokalen** folgen fast immer **zwei Konsonanten.**
- In den meisten Fällen kann man sie beim Hören gut unterscheiden, z. B.: *Ende, Topf, Karte, denken, Hunger, Samt, fremd, halten, kalt.*
- Hört man nur einen Konsonanten, wird der beim Schreiben verdoppelt, z. B.: *knabbern, Pudding, Koffer, Bagger, Ball, schwimmen, Brunnen, Suppe, irren, vergessen, schütteln.*

Es gibt zwei Sonderfälle:
- Statt verdoppeltem **k** schreibt man **ck,** z. B.: *Glück, gucken, Hecke, wackeln, zwicken, Sack, wecken, hocken.*
- Statt verdoppeltem **z** schreibt man **tz,** z. B.: *Katze, Schutz, Hitze, trotz.*

*Nach l, m, n, r* – das merke ja – steht *nie tz* und *nie ck.*

## Dehnungszeichen

▷ S. 153–157

Bei **betonten langen Vokalen** unterscheiden sich die Schreibungen.

Für **lang gesprochenes a, e, o, u** gilt:
- In den meisten Fällen sind die langen Vokale a, e, o, u **gar nicht gekennzeichnet,** z. B.: *Bart, Haken, fragen, lesen, Regen, fegen, Hof, Lob, rot, rufen, suchen.*
- Zu einem kleinen Teil werden sie mit **nachfolgendem h** geschrieben. Das **h** erscheint oft – aber nicht immer! – in den Verbindungen **hl, hm, hn, hr** und bleibt auch in den verwandten Wörtern erhalten, z. B.: *Stahl, Wahl, hohl, fühlen, lahm, zahm, Lehm, Bühne, Fahne, Lohn, Sohn, Hahn, mehr, sehr, führen, Rohr, Uhr.*
- Nur wenige Wörter werden mit **Doppelvokal** geschrieben, z. B.: *Haare, Paar, Saal, Beere, Beet, Fee, Tee, Kaffee, Meer, Boot, Zoo, doof.*
  - Wenn sich von diesen Wörtern Ableitungen mit Umlaut bilden lassen, entstehen **einfache Umlaute,** z. B.:
    *Paar – Pärchen,*
    *Saal – Säle,*
    *Boot – Bötchen.*

Für das **lang gesprochene i** gilt:
- Die meisten Wörter mit lang gesprochenem i werden mit **ie** geschrieben, z. B.: *Kies, Wiese, kriechen, Tier, lieb, hier, viel, vielleicht, ziemlich.*
- Nur in den Pronomen **ihm/ihn/ihr** wird das lang gesprochene i als **ih** geschrieben, z. B.: *Wir schenken **ihm** ein Buch und **ihr** eine CD.*
- Sehr selten sind Wörter mit **ieh,** z. B.: *ziehen, fliehen, geliehen, Vieh.*
- In **Fremdwörtern** wird das lang gesprochene i oft mit einfachem **i** geschrieben, z. B.: *Maschine, Bleistiftmine, Apfelsine, Ski, Rosine, Klima, Motiv, Stil.*

## Schreibung des s-Lauts

▷ S. 158–160

Wichtig für die Schreibung des s-Lauts ist die Unterscheidung zwischen **stimmhaftem s** (z. B. in *Wiese*) und **stimmlosem s** (z. B. in *Füße*).

**Stimmhaftes s**
... wird immer als **s** geschrieben, z. B.: *Riese, rasen, Hose, Gemüse.*

**Stimmloses s**
- **Nach langem Vokal** und **nach Diphthong** (Doppellaut, z. B.: *ei, au* ...) kann **s** oder **ß** stehen. Mit Hilfe der Verlängerungsprobe kann man entscheiden, welche Schreibung am Wortende die richtige ist:
  - Wird der **s-Laut stimmhaft,** endet das Wort auf **s,** z. B.: *Haus – Häuser.*
  - Bleibt der **s-Laut stimmlos,** steht **ß,** z. B.: *Fuß – Füße.*

  Hört man im Wortinnern am Silbenanfang einen stimmlosen s-Laut, wird **ß** geschrieben, z. B.: *au-ßen, Stra-ße, drei-ßig, genie-ßen, sto-ßen.*
- **Nach betontem kurzem Vokal** wird der folgende stimmlose s-Laut fast immer **ss** geschrieben, z. B.: *Nuss, müssen, nass, Tasse, Riss, Kissen* ...

**Das s in wechselnden Verbformen**
- Steht im Infinitiv ein stimmhaftes s, bleibt nach dem Stammprinzip die s-Schreibung in allen Verbformen erhalten, z. B.: *er rast, er ist gerast; es saust.*
- Wechselt bei Verbformen die Vokallänge, dann beeinflusst das die Schreibung des s-Lautes.
  - **Nach kurzem Vokal** steht **ss,** z. B.: *essen – er isst, reißen – es riss, lassen – er lässt.*
  - **Nach langem Vokal** und **Diphthong** steht **ß,** z. B.: *essen – er aß, reißen – es reißt, lassen – er ließ.*

**„dass“ oder „das“?**
**„das“** wird mit **s** geschrieben, wenn es sich
- um den **bestimmten Artikel** „das“ handelt, z. B.: „*das* Äffchen“.
- um das **Demonstrativpronomen** „das“ handelt, z. B.: „*Das* ist das Äffchen von vorhin“. Das Demonstrativpronomen „das“ kann durch „dieses“ ersetzt werden.
- um das **Relativpronomen** „das“ handelt, z. B.: „Das Äffchen, *das* ich vorhin gesehen habe, klammert sich gerade am Gitter fest.“ Das Relativpronomen „das“ kann durch „welches“ ersetzt werden.

**„dass“** wird mit **ss** geschrieben, wenn es sich
- um die **Konjunktion** „dass“ handelt. Durch „dass“ wird immer ein Nebensatz eingeleitet, z. B.: „Ich glaube, *dass* ich jetzt im Zoo genug erlebt habe.“

## Die Vorsilbe „Miss-“/„miss-“ und die Nachsilbe „-nis“

▷ S. 161

Die Vorsilbe **„Miss-“/„miss-“** wird stets mit **ss** geschrieben (z. B. *Missgeschick, missmutig*).
Die Nachsilbe **„-nis“** wird mit **s** geschrieben (z. B. *Ereignis*).
**Vorsicht:** Im Genitiv (z. B. *des Ereignisses*) und im Plural (z. B. *die Ereignisse*) wird daraus **ss!**

### Groß oder klein?

▷ S. 162–163

**Satzanfänge** und **Nomen** werden **großgeschrieben.**

Wörter, die auf **-heit, -keit, -nis, -ung, -tum, -schaft, -in** enden, sind **Nomen** und werden großgeschrieben.

**Nominalisierung von Verben und Adjektiven**
Verben und Adjektive werden großgeschrieben, wenn sie als Nomen gebraucht werden. Man erkennt solche **Nominalisierungen** an bestimmten Signalen, z. B.:

- an einem vorausgehenden **Artikel:** „*das* Lachen", „*ein* Großer",
- an einer **Präposition** (oft mit Artikel): „*zum* Weinen",
- an einer **Mengenangabe:** „*alles* Gute", „*etwas* Schönes" oder
- an einem **Possessivpronomen:** „*dein* Zögern", „*ihr* Liebster".

# 3 Umgehen mit Texten und Medien

## 3.1 Erzählende Literatur

### Das Märchen

▷ S. 168–182

**Volksmärchen** folgen im Allgemeinen einem festen **Schema:**

- Die Begegnung mit dem Wunderbaren gilt als selbstverständlich und natürlich.
- Ort und Zeitpunkt der Handlung sind nicht festgelegt.
- Oft enthalten sie feste **sprachliche Formeln,** z. B. „Es war einmal ...", „Und wenn sie nicht gestorben sind ..."
- **Gut und Böse** treffen aufeinander. Am Ende siegt das Gute und das Böse wird bestraft. Dieser Gegensatz wird manchmal auch als fleißig – faul, arm – reich, schön – hässlich u. Ä. dargestellt.
- Es treten **typische Personen** auf, z. B. König und Königin, Prinz und Prinzessin, Handwerker und Gesellen, die böse Stiefmutter, aber auch **fantastische Figuren** wie sprechende Tiere, Feen, Hexen, Riesen, Zwerge, Zauberer.
- Häufig muss der Held Prüfungen bestehen und dabei kommt es zu wunderbaren Begebenheiten. Alltägliche Gegenstände können Zauberkraft haben.
- Oft spielen **magische Zahlen** eine Rolle, z. B.: drei (Wünsche), sieben (Zwerge, Geißlein).

In anderen Kulturen, z. B. bei den Indianern in Nord- und Südamerika, wird in den Märchen häufig der Ursprung der Sterne, der Lebewesen, von Sonne und Mond und von Naturereignissen so erzählt, wie ihn sich die Menschen erklären.

## Die Lügengeschichte

▷ S. 183–200

**Lügengeschichten** erzählen von ganz unmöglichen oder bis zur Unwahrscheinlichkeit übertriebenen Begebenheiten. Im Gegensatz zu den Lügen im Alltag will der Erzähler von Lügengeschichten seine Zuhörer/innen nicht täuschen, er will sie mit seinen fantastischen Erfindungen unterhalten. Daher gibt er augenzwinkernd zu verstehen, dass er das Blaue vom Himmel herunterlügt. Häufig tut er das gerade dadurch, dass er allzu auffällig betont, die reine Wahrheit zu sagen.

In vielen Lügengeschichten werden **Lügenketten** gebildet, eine Lüge folgt der anderen. Häufig geschieht das nach dem Gesetz der Steigerung: Einer dicken Lüge folgt eine faustdicke usw.

Lügengeschichten werden in der Regel in der **Ich-Form** erzählt, um den Zuhörern zu versichern, die Erzählerin oder der Erzähler habe das, was sie/er erzählt, wirklich erlebt. Häufig spricht sie/er auch die Zuhörer bzw. Leser direkt an. So entsteht immer der Eindruck, die Lügengeschichten würden mündlich in einem Zuhörerkreis erzählt. Sie eignen sich daher besonders gut zum Vorlesen.

Sprachliche Hauptmerkmale der Lügengeschichten sind die **Übertreibung** und der **übertreibende Vergleich.**

## Der Schelmenstreich

▷ S. 187–190

**Schelmengeschichten** handeln von gewitzten, frechen Jungen und Mädchen, Männern und Frauen, die sich allein durchs Leben schlagen müssen. Ihre **Streiche und Gaunereien** richten sich fast immer **gegen die Reichen und Mächtigen.** Deshalb wurden diese Geschichten im Volk auch so gerne gehört, weitererzählt und schließlich aufgeschrieben. Darin gleichen sie den Märchen. Anders als die Lügen in den Lügengeschichten gehören die Lügen der Schelme in den Bereich der Betrügereien oder Notlügen.

Besonders bekannt sind die Streiche und Schelmenstücke **Till Eulenspiegels,** eines fahrenden Handwerksburschen aus dem ausgehenden Mittelalter. Um 1500 wurden die Geschichten als Volksbuch veröffentlicht. Der Schelm Eulenspiegel wendet sich gegen Dummheit und engstirniges Verhalten seiner Mitmenschen. So erteilt er seinen Herren und Auftraggebern eine Lehre, indem er deren Aufträge wörtlich nimmt und nicht im gemeinten Sinne ausführt.

Eine ebenso bekannte und beliebte Figur wie Eulenspiegel in der deutschen Volksliteratur ist der **Nasreddin Hodscha** in der orientalischen. „Hodscha" bedeutet „Weiser". Nach glaubhaften Quellen hat er in der Türkei gelebt, doch werden seine Geschichten auch in allen benachbarten Ländern erzählt.

## Die Sage

▷ S. 224–228

Ursprünglich mündlich überlieferte kurze Erzählungen unbekannter Verfasser nennt man **Sagen,** wenn sie folgende Merkmale aufweisen:

- Die Begegnung mit dem Übersinnlichen wird als unheimlich und schrecklich empfunden.
- Sagen sind an einen Ort und eine bestimmte Zeit gebunden.
- Sie knüpfen an einen äußeren Anlass wie Unwetter, Feuersbrunst oder die Taten außergewöhnlicher Menschen an und sind als wahre Berichte gemeint.
- Sie möchten die Leserinnen und Leser über bestimmte Sachverhalte informieren, ihnen oft auch Verhaltensregeln nahebringen.
- Die Ereignisse werden auf wunderbare, übersinnliche und fantastische Art ausgestaltet.

Es gibt **Volkssagen, Ortssagen, Heldensagen** und **Geschichtssagen.** Manche Sagenmotive wie der Kampf zwischen Vater und Sohn werden von verschiedenen Völkern zu verschiedenen Zeiten ähnlich gestaltet. Man spricht dann von einer **Wandersage.**

## Die Legende

▷ S. 229–231

**„Legende"** stammt von dem lateinischen Wort „legendum", das so viel wie „das zu Lesende" heißt und eine **Geschichte über das Leben und Wirken von Heiligen** erzählt.
In den mittelalterlichen Klöstern wurden die Lebensbeschreibungen von Heiligen an deren Namenstag während der gemeinsamen Mahlzeiten der Mönche vorgelesen.
Leben und Taten der Heiligen sollten den Mönchen als Vorbild dienen. Wichtiger Bestandteil der Legende waren der tugendhafte Lebenswandel und die Wunder, die der Heilige vollbrachte. Damit bildeten die Heiligenlegenden christliche Gegenstücke zu den heidnischen **Heldensagen,** in denen die Hauptfiguren durch besonders tapferes Verhalten und durch außerordentliche Waffentaten bestechen. Unerheblich für die Legende ist, ob die Person wirklich gelebt hat.
Vorbildlich am Lebenslauf eines Heiligen konnten, ebenfalls in Anlehnung an die Heldensage, der Mut eines Heiligen sein, wie St. Georgs Kampf mit dem Drachen, und seine Tugenden, die sich im Handeln äußerten.
Je nach der Hauptfigur der Legende kann man **Christus-, Marien-** und **Heiligenlegenden** unterscheiden. Große Bedeutung erlangte die mittelalterliche Legendensammlung „Legenda aurea" (entstanden zwischen 1263 und 1273).

## Die Fabel

▷ S. 136–139

In der **Fabel** handeln und sprechen zumeist **Tiere.** Viele dieser Tierfiguren verkörpern feststehende menschliche Charaktereigenschaften: Der Fuchs gilt als schlau, der Esel als dumm, der Löwe als mächtig, der Wolf als gierig. Aus den Fabeln soll man **Lehren** für das eigene Verhalten gegenüber anderen Menschen ziehen.
Fabeln können wie Gedichte in Versen oder aber auch in Prosa (als kurze Erzählung) geschrieben sein.

## 3.2 Gedichte

▷ S. 201–216

- **Vers/Strophe:** Die Zeilen eines Gedichts heißen **Verse,** die Abschnitte **Strophen.**
- **Reim:** Ein wichtiges Gestaltungsmittel von Gedichten ist der **Reim.** Zwei Wörter reimen sich, wenn sie vom letzten betonten Vokal an gleich klingen, z. B.: „Haus – Maus", „singen – entspringen".
  - **Paarreim:** Wenn sich zwei Verse reimen, die aufeinander folgen, sprechen wir von einem **Paarreim.** Man kann die Verse, die sich reimen, mit den gleichen Kleinbuchstaben bezeichnen, dann ergibt sich die Reimanordnung „aabb".
  - **umarmender Reim:** Wird ein Paarreim von zwei Versen umschlossen, die sich ebenfalls reimen, spricht man von einem **umarmenden Reim.** Die Reimanordnung ist „abba".
  - **Kreuzreim:** Beim **Kreuzreim** reimen sich der 1. und 3. sowie der 2. und 4. Vers: „abab".
- **Refrain:** Wenn sich bestimmte Verse am Ende jeder Strophe wiederholen, sprechen wir von einem **Refrain.** Das ist ein Gestaltungsmittel, das auch in vielen Liedern vorkommt.

## 3.3 Fernsehen

▷ S. 238–246

In **Fernsehfilmen** und **Fernsehserien** rufen die **Hauptfiguren** besondere Wirkungen beim Zuschauer hervor. Seine Gefühle bestimmten Fernsehhelden gegenüber sollte man sich bewusst machen und überlegen, warum unterschiedliche Film- oder Fernsehfiguren einen in unterschiedlicher Weise ansprechen.
**Programmzeitschriften** informieren über Filme und Fernsehsendungen. Programmankündigungen versuchen oft, Filme durch die besondere Wortwahl und Auswahl von Informationen und Bildern anzupreisen. Man sollte genau prüfen, ob der angekündigte Film das Anschauen wert ist.

## 3.4 Theater

▷ S. 247–256

- **Konflikt:** Auseinandersetzung oder Streit, der den Kern einer Handlung auf der Bühne bildet.
- **Pantomime:** Theater ohne Worte. Die Darstellung von Gefühlen und Situationen auf der Bühne geschieht allein durch die **Körpersprache,** also durch **Gestik** und **Mimik** (Gesichtsausdruck).
- **Rolle:** Gestalt oder Figur, die ein Schauspieler auf der Bühne verkörpert.
- **Dialog:** Gespräch zwischen den Personen auf der Bühne. Ein Selbstgespräch auf der Bühne nennt man **Monolog.**
- **Szene:** Kurzer abgeschlossener Teil eines Theaterstücks. Eine Szene endet, wenn Schauspieler auf- oder abtreten oder wenn das Licht ausgeht.
- **Regieanweisung:** Anweisung an Regisseure und Schauspieler, wie eine bestimmte Szene gespielt werden soll. Regieanweisungen helfen außerdem dem Leser, sich die Personen und das Geschehen vorzustellen.

# 4 Arbeitstechniken und Methoden

## 4.1 Hausaufgaben erledigen

▷ S. 262–264

| Vorschlag | Beispiel | Begründung |
|---|---|---|
| Aufgaben in Portionen aufteilen. | Eine Stunde lernen = drei Portionen à 20 Minuten. | Überblick schaffen, realistische Ziele setzen. |
| Leichte und schwierige Aufgaben ordnen. | Mit dem Lieblingsfach beginnen. An zweiter Stelle nimmt man sich die „härteste Nuss“ vor. Danach eine kurze Pause. Im Endspurt kann's noch einmal schwierig werden. | Den Arbeitsablauf unterteilt man in eine Aufwärmphase, eine Hauptarbeits- oder Konzentrationsphase und eine Schlussphase. |
| Mündliches und Schriftliches abwechseln. | Mathematikaufgaben lösen, anschließend einen Text aus dem Bio-Buch zusammenfassen, danach eine Übersetzung schreiben, ... | Mündliche Aufgaben werden oft vernachlässigt. |
| Pausen machen. | Nach 20 Minuten den Arbeitsplatz kurz verlassen. Etwas trinken und Entspannungsübungen machen. | Kurz entspannen, neue Kraft schöpfen. |
| Mehrere Lernkanäle verbinden. | Vokabeln lesen, schreiben, auf Kassette sprechen, Aufnahme anhören. | Beide Gehirnhälften aktivieren. |

## 4.2 Tipps gegen Angst vor Schulaufgaben

▷ S. 265

- Rechtzeitig mit der Vorbereitung beginnen. Lernen unter Zeitdruck ist nicht effektiv und verstärkt nur die Angst.
- An Erfolge bei Schulaufgaben denken.
- Mit anderen reden und sich gegenseitig Mut zusprechen.
- Gemeinsam lernen.
- Merksätze aufschreiben. Was man einmal geschrieben hat, behält man leichter.
- Probetests schreiben. Dabei die vorgegebene Zeit einhalten.
- Am Tag vor der Schulaufgabe nichts Neues mehr lernen, nur das bisher Gelernte noch einmal kurz durchgehen.

**Unbekannte/ungenannte Autorinnen und Autoren**

# BILDQUELLENVERZEICHNIS

**S. 9, 21, 23, 32 Mitte und unten rechts, 197, 234 (3), 249, 250, 251:** Thomas Schulz, Hohen Neuendorf
**S. 10:** Angelika Wagener, Berlin
**S. 12:** Ravensburger Buchverlag, Ravensburg
**S. 31:** Zeichnungen von F. J. Tripp aus: Michael Ende, Jim Knopf und die Wilde 13. © K. Thienemann Verlag, Stuttgart, Wien 1962 (Ausschnitt v. Cover und S. 31)
**S. 32 oben links und unten links, 234 unten rechts:** Pressefoto Michael Seifert, Hannover
**S. 32 oben rechts:** Bildagentur Bongarts, Hamburg
**S. 42:** Umschlagillustration v. Sabine Wilharm aus: Joanne K. Rowling, Harry Potter und die Kammer des Schreckens. Carlsen Verlag, Hamburg
**S. 47:** Illustration v. Udo Kruse-Schulz aus: Was ist was, Bd. 52: Briefmarken. Tessloff Verlag, Nürnberg 2001
**S. 55:** Thomas Carl, Passau
**S. 58, 217:** dpa, Berlin
**S. 58, 61:** Frauke Trojahn, Berlin
**S. 61, 224:** bpk, Berlin
**S. 63:** DIZ/Süddeutscher-Verlag Bilderdienst, München
**S. 69:** Artothek, Weilheim
**S. 78:** aus: R. Goscinny, A. Uderzo, aus: Obelix GmbH & Co. KG. © 2001 Egmont Foundation/Egmont Ehapa Verlag, Berlin/Les Éditions Albert René, Paris
**S. 81:** Archiv Gerstenberg, Wietze
**S. 101:** Peter Kunz, Berlin
**S. 118:** Artothek, Weilheim: © 2003 VG Bild-Kunst, Bonn
**S. 180/181, 182:** Stiftung Deutsche Kinematek, Berlin
**S. 201:** Silke Pabelick, Köln
**S. 226:** Museum für Puppentheater, Sammlung Fritz Fey jun., Lübeck
**S. 228:** Fremdenverkehrsamt Regensburg
**S. 233:** Umschlagillustration von Gunnar Matysiak aus: Uwe Timm, Rennschwein Rudi Rüssel, Verlag Nagel & Kimche, Zürich/Frauenfeld 1989
**S. 233:** Umschlagillustration von Dagmar Geisler aus: Regina Rusch, Johanna, wir sind stark. © 1995 by Arena Verlag, Würzburg
**S. 233:** Cover von: Max von der Grün, Vorstadtkrokodile. Bertelsmann Jugendbuch Verlag, München 2002. Umschlagbild: Heinz Edelmann
**S. 233:** Umschlagillustration von Christine Georg aus: Andreas Steinhöfel, Paul Vier und die Schröders. Deutscher Taschenbuch Verlag, München 1999
**S. 233:** Cover von: Astrid Lindgren, Ronja Räubertochter. © Verlag Friedrich Oetinger, Hamburg
**S. 233:** Cover von: Erich Kästner, Emil und die Detektive. C. Dressler Verlag, Hamburg / © Atrium Verlag, Zürich
**S. 233:** Cover von: Nina Rauprich, Die sanften Riesen der Meere. Deutscher Taschenbuch Verlag, München 1991; Illustration von Carmen Kromer-Maurer
**S. 233:** Cover von: Christine Nöstlinger, Wir pfeifen auf den Gurkenkönig. Beltz Verlag, Weinheim und Basel 1996, Programm Beltz & Gelberg, Weinheim
**S. 238:** Fernsehserie „Schloss Einstein" © MDR, Leipzig
**S. 238:** Fernsehserien „Die Kinder vom Alstertal" und „Die Pfefferkörner" © StudioHamburg Fernseh Allianz GmbH, Hamburg
**S. 238:** Fernsehserie „fabrixx" © SWR, Baden-Baden
**S. 239:** aus: Sempé, Umso schlimmer. © 1978 by Diogenes Verlag, Zürich
**S. 240 oben:** Corel Library
**S. 240 unten:** © 2002 Bongo Entertainment. Inc. The Simpson & © Katten Muchin Zavis Rosenman, Los Angeles, USA
**S. 242:** Okapia, Berlin: **oben rechts und Mitte links:** Jeff Foot: **Mitte rechts:** François Gohier; **unten links:** Kim Westerskov/OSF; **unten rechts:** NAS P. & T. Leeson
**S. 245:** Wolter / CCC.www.c5.net
**S. 247 oben:** © HB Verlag, Ostfildern
**S. 247 unten:** Martin Hann, München
**S. 257:** Hans Traxler, Frankfurt/M.

Zu diesem Buch gibt es ein passendes Arbeitsheft (ISBN 978-3-464-60357-4), einen Schulaufgabentrainer (ISBN 978-3-464-60386-4), eine begleitende Lernsoftware (Home-Einzel-Lizenz: ISBN 978-3-464-60075-7) sowie ein Hörbuch (ISBN 978-3-464-60377-2).
Die Grundlage für dieses Werk wurde erarbeitet von Heinrich Biermann, Gerd Brenner, Wolfgang Dengler, Christel Ellerich, Dietrich Erlach, Ute Fenske, Karlheinz Fingerhut, Margret Fingerhut, Cordula Grunow, Rolf Kauffeldt, Marlene Koppers, Markus Langner, Monika Lenkaitis, Norbert Pabelick, Bernd Schurf, Guido Stein und Andrea Wagener.

Redaktion: Matthias Grupp, Kirsten Krause

Illustrationen: Thomas Binder, Klaus Ensikat, Wolfgang Mond, Klaus Müller, Barbara Schumann
Umschlaggestaltung: Katharina Wolff (Foto: Thomas Schulz, Illustration: Barbara Schumann)
Layoutkonzept: Katharina Wolff
Technische Umsetzung: werkstatt für gebrauchsgrafik, Berlin

**www.cornelsen.de**



2. Auflage, 3. Druck 2009 / 06

Alle Drucke dieser Auflage sind inhaltlich unverändert und können im Unterricht nebeneinander verwendet werden.



Druck: CS-Druck CornelsenStürtz, Berlin

ISBN 978-3-464-60351-2

Inhalt gedruckt auf säurefreiem Papier aus nachhaltiger Forstwirtschaft.

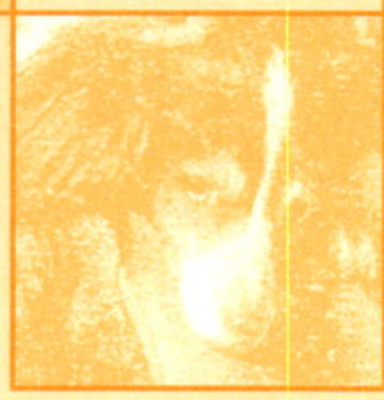